Friedberth Riedel

MOS-Analogtechnik

Informatik · Kybernetik · Rechentechnik

Herausgegeben von der Akademie der Wissenschaften der DDR
Zentralinstitut für Kybernetik und Informationsprozesse

Band 19
MOS-Analogtechnik

von Friedberth Riedel

MOS-Analogtechnik

von Dr. sc. techn. Friedberth Riedel

Mit 123 Abbildungen und 27 Tabellen

Akademie-Verlag Berlin 1988

Verfasser: Dr. sc. techn. Friedberth Riedel

Akademie-Verlag Berlin ISBN 3-05-500338-1
R. Oldenbourg Verlag München Wien ISBN 3-486-20507-2

ISSN 0232-1351
Erschienen im Akademie-Verlag Berlin, DDR-1086 Berlin, Leipziger Straße 3–4

Lizenznummer: 202 · 100/524/88
Printed in the German Democratic Republic
Gesamtherstellung: VEB Druckhaus „Maxim Gorki“, 7400 Altenburg
Lektor: Dipl.-Phys. Gisela Lagowitz
LSV 1085
Bestellnummer: 763 724 4 (9046)

05400

Vorwort

"It's about time that linear design be demystified and taken out of the black magic stage"
(A. Grebene) [Tsan 84].

MOS-Analogschaltkreise nehmen in ihrem Marktanteil im Vergleich zu ihren digitalen Partnern zwar einen deutlich geringeren Platz ein, dennoch sind sie aufgrund sämtlicher Umsetzungsprozesse zwischen den in der Natur vorkommenden analogen Signalen in digitale Größen und umgekehrt als eine der hochinnovativen Schlüsselpositionen anzusehen. Der daraus resultierende Problemkreis besteht einerseits in der gemeinsamen Integration von VLSI-Digitalstrukturen mit den auf niedriger Komplexität bzw. maximalen LSI-Niveau befindlichen Analogstrukturen. Andererseits ist die Entwicklung analoger MOS-Spezialschaltkreise vorzunehmen. Jeder, der sich mit der Spezifik dieses Aufgabengebietes vertraut macht, muß, um effiziente Leistungen zu vollbringen, nach wie vor schaltungstechnisches-, halbleiterelektronisches-, technologisches- und Entwurfs-Software-orientiertes Wissen in sich vereinigen. Somit richtet sich dieses Buch weniger an den Applikationsingenieur, sondern vielmehr an den Schaltkreisentwerfer, der auf dem Gebiet der Nachrichtentechnik bis hin zur medizinischen Elektronik tätig sein will.

Aufgabe dieses Buches ist es, die grundlegenden Methoden zur layoutorientierten Schaltungsberechnung und dem Entwurf der Analogstrukturen zu vermitteln, um selbständig dieses Fachgebiet weiter erschließen zu können. Die Möglichkeit, diese Methoden zu algorithmisieren und in Programme umzusetzen, wird teilweise dargestellt. Die Auswahl der vorgestellten Schaltungen und Schaltungsprinzipien ist sorgfältig nach dem Grad ihrer Anwendungsbreite vorgenommen. Natürlich mußten dabei entsprechend dem Umfang des Buches Abstriche gemacht werden. Gleichfalls wurden NMOS- und CMOS-Technologie in einem ausgewogenen Kompromiß zueinander behandelt, d. h., eine reine CMOS-Analogtechnik würde gewisse Vorzüge der NMOS-Technologien und Spezialanwendungen ausschließen und erscheint für Grundlagenlehrbücher nicht sinnvoll. Um stets einen leichtverständlichen Weg bei der Abhandlung der Probleme einzuschlagen, wurden vorrangig Langkanaltechnologien mit einfachen Modellkonzeptionen angesetzt. Die sich ergebenden Konsequenzen im modernen Kurzkanalentwurf sind dabei nicht außer Acht gelassen und in diskutierten Skalierungsprinzipien berücksichtigt.

Gemäß dem hierarchisch orientierten Entwurfsstil ist auch die Zusammenstellung der Abschnitte ausgewählt: Nach einem einführenden Abschnitt zur Problematik der integrierten MOS-Analogtechnik werden zuerst die Grundstrukturen, wie Verstärker, Schalter, Kapazitäten, Widerstände, dann die Blockstrukturen, wie Operationsverstärker, Steilheitsverstärker usw., und schließlich ausgewählte Funktionseinheiten in Gestalt der A/D-D/A-Umsetzer behandelt. Den Abschluß bildet die Darstellung über computergestützte Verfahrensweisen im halb-kundenspezifischen Entwurf von MOS-Analogschaltkreisen. Getreu dem Anliegen der Arbeit wurde bewußt die Kanalstrom- und Kapazitätsmodellierung des integrierten MOS-Transistors in einer prägnanten Form in den Anhang verlagert.

Der Verfasser möchte sich abschließend für manche klärende Diskussion bei einigen seiner Dresdner Kollegen bedanken. Mein besonderer Dank gilt den Herren Prof. Dr. sc. techn. F. Rößler, Prof. Dr. sc. techn. W. Schwarz und Doz. Dr. sc. techn. A. Reibiger. Gleichfalls sei verschiedenen ausländischen Wissenschaftlern gedankt, die mit ihren Beiträgen zur Abrundung der gewählten Thematik halfen. Mein Dank gilt dem Akademie-Verlag und insbesondere seiner Lektorin Frau Lagowitz für die angenehme und verständnisvolle Zusammenarbeit.

Dresden, im Mai 1986 F. Riedel

Inhaltsverzeichnis

1. Zur Problematik der integrierten MOS-Analogtechnik

Seit der Entwicklung der ersten LSI-fähigen p-Kanal-Metall-Gate-Technologien zur digitalen Signalverarbeitung in den Jahren 1967 bis 1969 bleibt bis zur Gegenwart und auch in naher Zukunft das grundsätzliche Anliegen nach hochleistungsfähigen Interface-Schaltkreisen zur Umsetzung der in der Natur vorkommenden verschiedensten Formen analoger Signale in digitale Informationen und umgekehrt bestehen (vgl. Abb. 1.1). Der Vorteil der integrierten MOS-Analogtechnik gegenüber der Digitaltechnik liegt einerseits in der Möglichkeit der Signalverarbeitung bei sehr hohen Frequenzen, andererseits aber auch bei extrem niedrigen Verlustleistungen. Die Nachteile der anlogen Signalverarbeitung ergeben sich dadurch, daß sämtliche Operationen mit elektrischen Größen ausgeführt werden müssen, so daß der Dynamikbereich einzelner Schaltkreiskomplexe durch Offset, Rauschen und Verzerrungen beeinflußt wird, Strukturabweichungen der integrierten linearen Bauelemente wirken dazu parallel mit [Vitt 85].

Wenn etwa 1975 der integrierten MOS-Analogtechnik als industriell bedeutungsvollem Fachgebiet der Durchbruch gelang, wurde dies zuerst durch die Nachfrage nach linearen A/D-D/A-Umsetzern im Zusammenhang mit der Serienfertigung der ersten Mikroprozessoren 1974 initiiert. Im gleichen Zeitraum begann im Fernmeldewesen die Entwicklung der PCM-Technik für die Sprachübermittlung in Gestalt von MOS-Coder/ Decoder- (kurz Codec-) Schaltkreisen einschließlich ihrer Sende- und Empfangsfilter. Gerade solche Operationen zur analogen Signalverarbeitung, wie die Filterung verschiedener Frequenzbereiche mit Hilfe von Schalter-Kondensator-Filtern (Switched Capacitor Filter: SC-Filter) oder die arithmetische Verknüpfung von Signalgrößen, sind bis heute aktuell geblieben.

Alle genannten Aufgaben erforderten die gründliche Beschäftigung mit Entwürfen von präzise abstimmbaren Widerständen oder Kapazitäten bzw. ihrer Verhältnisse, MOS-Analogschaltern, offsetkompensierten Komparatoren, Operations- und Steilheitsverstärkern mit und ohne interne Frequenzgangkompensation, SC-Integratoren, verschiedenen Sample-and-hold-Verstärkerprinzipien und temperaturstabilen Referenzquellen [Hodg 78].

Der Übergang zu digitalen MOS-VLSI-Technologien und geeigneten Softwareunterstützungen ab 1977/78 führte zur Integration ganzer Analogsysteme. Mit Beginn der achziger Jahre sei der Telekommunikationsbereich hierzu als ein neues hochinnovatives Fachgebiet hervorgehoben. Wenn in den nächsten Jahrzehnten die Entwicklung der diensteintegrierenden Digitalnetze (ISDN: Integrated Services Digital Network) zum einheitlichen Übertragen und Vermitteln von Sprache, Text, Daten und Bild als eine wesentliche Säule zur Erhöhung der Arbeitsproduktivität angesehen werden muß,

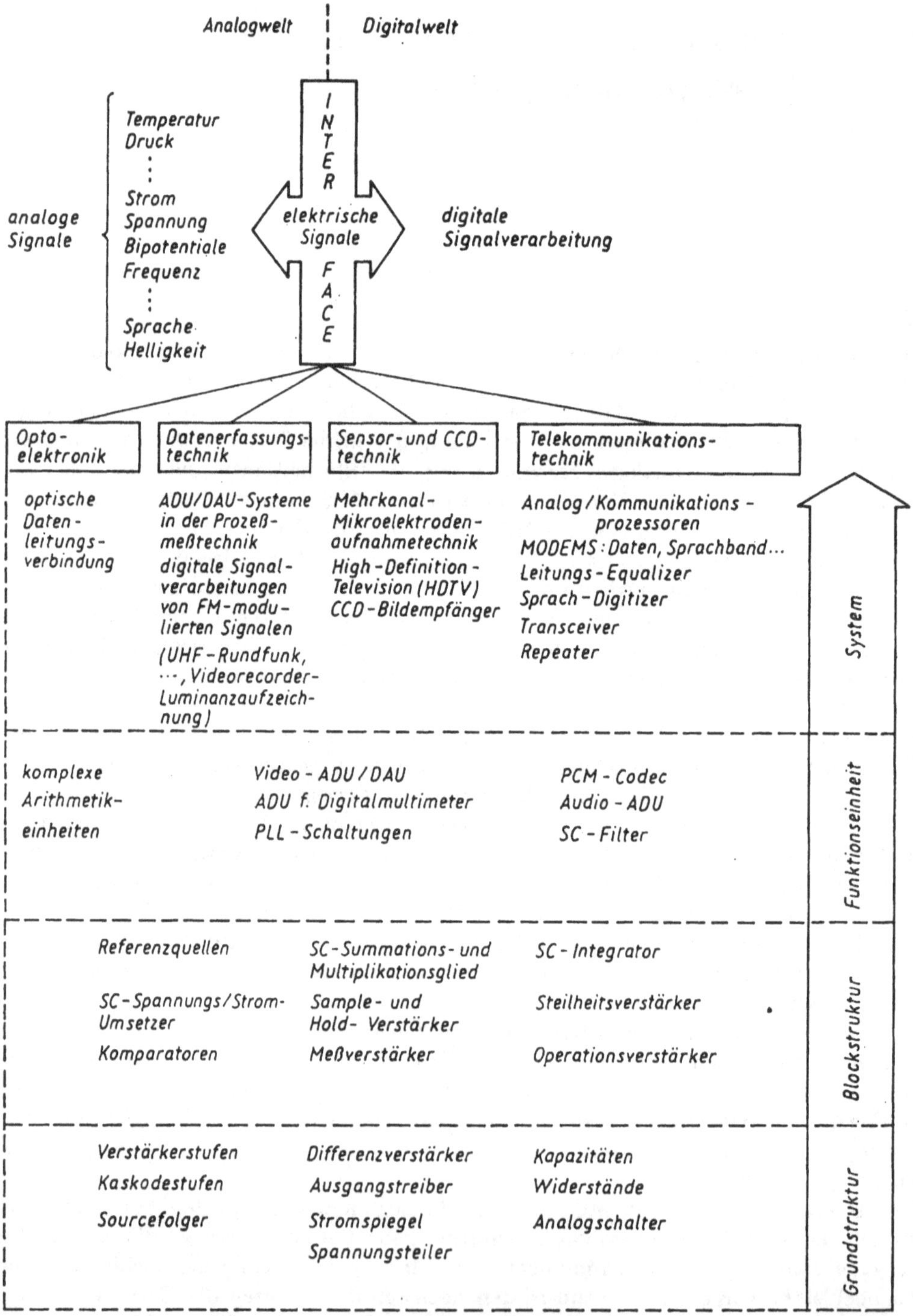

Abb. 1.1 Interface-Wirkung zwischen Analog- und Digitaltechnik in ausgewählten Fachgebieten und daraus abgeleitete hierarchisch orientierte Gliederung der integrierten Analogstrukturen

ergeben sich auch daraus neue Herausforderungen an die MOS-, insbesondere CMOS-Analogtechnik. Als grundlegende Analogkonzeptionen haben sich hierbei bereits

- Parallel- oder Flash-Architekturen für A/D-D/A-Umsetzer mit extrem hohen Abtastraten,
- kostengünstige höherauflösende A/D-Umsetzungen mit Sigma/Delta-Modulation,
- sukzessive Approximationsarchitekturen mit digitalem Selbstabgleich zwecks Umgehung der durch die technologischen Prozeßungenauigkeiten hervorgerufenen Abweichungen der linearen Bauelemente,
- die Oversampled-Data-Technik zur effektiven Offset- und Rauschverminderung,
- erweiterte Einbeziehung von Differenzkonfigurationen und
- streuinsensitive Arithmetik- und SC-Filterarchitekturen

bewährt. Diese Konzeptionen gewinnen zunehmend an Bedeutung, zumal im Hinblick auf die aus wirtschaftlichen Gründen auf einem Chip zu integrierenden Analog/Digitalstrukturen unter der Orientierung von Low-cost-VLSI-Speicher- und Mikroprozessortechnologien in Digitalrichtung optimierte Prozesse zur Verfügung stehen. Jeder zusätzliche, für Analogtechnologien angepaßte Technologieschritt drängt diese Schaltkreise systematisch aus dem Digital-Technologieprozeß in den Bereich kostenunfreundlicher Spezialtechnologien. Mit anderen Worten, je komplexer Analogschaltkreise werden und zwangsläufig technologische Sonderschritte benötigen, um so mehr sind speicher- und mikroprozessorfremde Technologien nötig. Folglich besteht ein grundsätzliches Bestreben, bei der gemeinsamen Realisierung von Analogstrukturen mit bisher maximalem LSI-Integrationsniveau und VLSI-Digital-Strukturen einen Kompromiß zwischen gewissen Technologieoptimierungsmöglichkeiten und der Minimierung der Sonderschritte zu finden. Als gelungene Beiträge sind hier Digital/Analogfilter als gemeinsame Verarbeitungseinheit zu nennen [Brod 85]. Flash-A/D-D/A-Umsetzer mit höchsten Abtastraten (8 bit/20 MHz ... 4 bit/100 MHz), die keine wesentlichen Sonderschritte benötigen, sind in der Datenerfassungstechnik sowohl für sehr schnelle Prozeßmessungen als auch für die digitale Signalverarbeitung von FM-modulierten Signalen, beispielsweise bei Kameras und Empfängern der HDTV (High Definition Television)-Norm als Massenartikel, kostengünstige Konfigurationen [Youn 85], [Miki 86]. Gleichfalls gilt dies für Ladungsdetektoren und -verstärker innerhalb der CCD-Bildempfänger, wo nach wie vor prozeßimplizierte einfache NMOS-E/D-Technologien verwendet werden.

Originelle technisch/technologische Verfahrensweisen bietet die Sensortechnik, die den Interfacecharakter der MOS-Analogtechnik in der unmittelbaren Realisierung, beispielsweise von integrierten Temperatur- und Druckfühlern für Steuerungs- und Regelungsaufgaben, bis hin zur medizinischen Elektronik verständlich macht. So können Operationsverstärker direkt in Mikroelektroden integriert werden, um hochsensible und sehr kleine Signale zu registrieren [Nafi 86]. Sensoraufgaben bleiben in der Regel Spezialaufgaben und unterstreichen noch einmal die Spezifik der MOS-Analogtechnik.

Wenn die Komplexität der integrierten MOS-Analogtechnik zur Digitaltechnik deutlich niedriger ausfällt, liegt dies nicht nur an den bisher enger begrenzten Problemstellungen, sondern auch daran, solche Schaltkreise primär mit Langkanaltechnologien zu fertigen. Mit den oben beschriebenen Konzeptionen werden zwar im angrenzenden Kurzkanaltechnologieniveau beachtliche Erfolge erzielt, dennoch darf die Tatsache darüber nicht hinwegtäuschen, daß für Langkanaltechnologien durch die größeren Bauelemente-

abmessungen die relativen Strukturabweichungen geringer sind, Offsetwerte, wenn nicht durch dynamische Techniken kompensiert, niedriger ausfallen und der Signal-Rauschabstand vorteilhafterweise ansteigt. Weiterhin führen die niedrigeren Drainleitwerte zu größeren Verstärkungen und eine TTL-Kompatibilität ist gesichert. Einfachere Modellierungsmöglichkeiten, eine höhere technologische Präzision bzw. bessere Reproduzierbarkeit der Parameter und in der Regel größere Schaltkreisausbeute von datenhaltigen Typen unterstreichen diese Feststellungen. Vor allem für Kanallängen um 1 μm und im Submikrometerbereich ergeben sich die Schwierigkeiten der analogen Signalverarbeitung durch die Herabsetzung der Betriebsspannungen auf 2 V bis 3 V und die damit verbundene rapide Abnahme des linearen Aussteuerbereiches infolge der zu Langkanaltechnologien nur geringfügig veränderten Schwellspannung (vgl. Gl. (2.205)). Gleichzeitig vermindern sich spürbar NF-Verstärkung und Signal-Rauschabstand (vgl. Tab. 2.3, Tab. 2.4). Hier sind technologische Sonderschritte gefragt, da solche wichtigen Aufgaben wie A/D-Umsetzungen einschließlich Sample- und Hold-Verstärker und Referenzquellen nach wie vor ausgeführt werden müssen. Einige Aufgaben zur analogen Signalverarbeitung werden dann vorteilhafterweise durch Lösungen mit Signalprozessoren ersetzt, vollkommen neue Analogarchitekturen sind denkbar.
Wenn insgesamt die MOS-Analogtechnik in den letzten Jahren an Bedeutung für ein breites Aufgabenfeld deutlich zugenommen hat, ist es notwendig, die Stellung dieses Fachgebietes zur Bipolartechnik zu bewerten, da die Bipolartechnik bisher als Hauptfeld der integrierten Analogtechnik anzusehen ist. Somit ist es sinnvoll, die wichtigsten Parameter innerhalb des Entwurfes analoger Strukturen für beide Technologien einander gegenüberzustellen. Abb. 1.2a) zeigt den Vergleich zwischen den Steilheiten g_m der Bipolar- und MOS-Transistoren [Tsiv 178]. Daraus wird ersichtlich, daß die Steilheiten der MOS-Transistoren um ein bis zwei Größenordnungen unter denen der Bipolartransistoren liegen. Größere Steilheiten können in der MOS-Technik nur durch sehr große B/L-Werte erzielt werden, d. h., sie sind mit einem extremen Flächenverbrauch verbunden. Aus diesem Grund sind die maximalen Querströme unter sinnvollem Flächenverbrauch auf ca. 20 mA begrenzt. Große Stromstärken von z. B. 1 A werden, abgesehen von VMOS-Technologien, in der Regel durch Bipolartechnologien zur Verfügung gestellt [Hodg 78]. Außerdem besteht die Möglichkeit, einzelne vertikale und laterale Bipolartransistoren mit Stromverstärkungsfaktoren von 20 bis 500 in den CMOS-Technologien zu kombinierten Schaltungsentwürfen zu verwenden.
Der große Nachteil niedriger Steilheiten wirkt sich vor allem auf die Verstärkung V, das Verstärkungs-Bandbreite-Produkt ω_T, den Offset U_{off}, den Signal-Rauschabstand SNR, den Ausgangswiderstand R_A, die Verlustleistung P_V und den Flächenverbrauch A aus. Folglich konzentriert sich eine Vielzahl von Aktivitäten darauf, mit Hilfe von schaltungstechnischen Maßnahmen, technologischen Einflußgrößen und der Wahl der Betriebsbedingungen der Transistoren bestimmte Analogparameter der Strukturen so zu verbessern, daß diese zu ihren bipolaren Partnern durchaus vergleichbar werden. Vorteilhaft für die MOS-Technik sind vor allem die hohe Gleichstromimpedanz (MOS: ca. $10^{14}\,\Omega$, Bipolar: ca. $10^3\,\Omega$), eine geringere Temperaturabhängigkeit der Analogparameter (Driftverhalten) und eine höhere Kreuzmodulationsfestigkeit durch die quadratische Kennlinie im Pinch-off-Bereich (Strong-inversion-Fall vgl. Anhang A1). Dafür spielt aber der MOS-Schalteroffset infolge der parasitären Kanalrückwirkungskapazitäten (Feedthrough-Error) im wesentlichen bei den Langkanaltechnologien (vgl. Abb. 2.52) eine recht nachteilige Rolle. Da innerhalb der analogen Signalverarbeitung

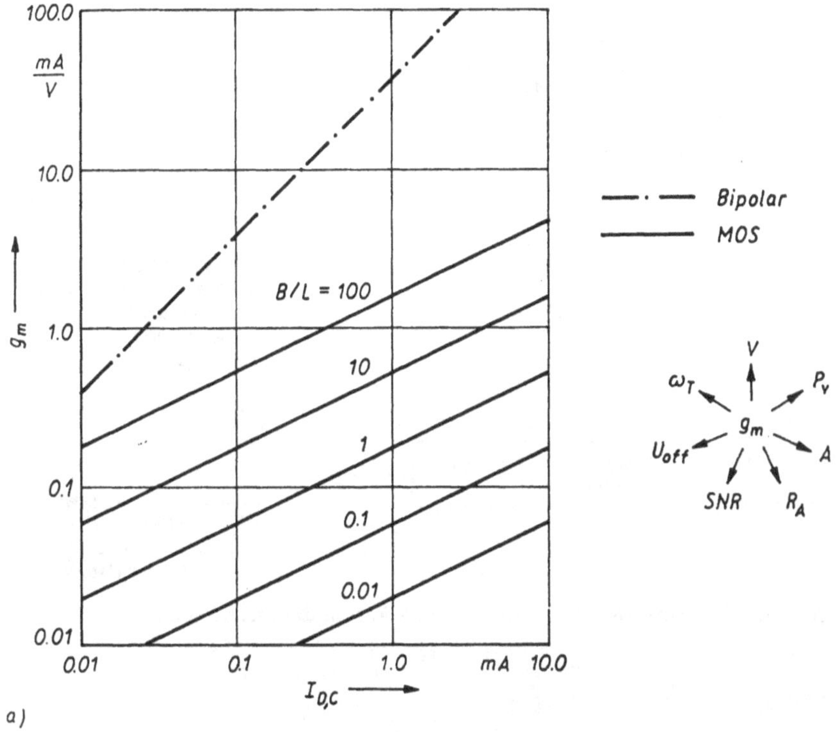

Abb. 1.2 Entwurfsproblematik der integrierten MOS-Analogtechnik;

a) Darstellung der niedrigen MOS-Steilheiten $g_m = \sqrt{(0{,}04\ \mathrm{mA/V^2})\frac{B}{L} I_D}$ in Abhängigkeit der B/L-Werte im Vergleich zur Bipolarsteilheit $g_m = I_C/(25\ \mathrm{mV})$ für verschiedene Ruheströme $I_{D,C}$ und Angabe der Steilheitswirkung g_m auf einzelne Analogparameter

aus Gründen der Offset- und Rauschminimierung die meisten Schaltungen getaktet betrieben werden (Auto-zero-Techniken s. Abb. 3.23), kann der nicht vollständig unterdrückbare Schalteroffset z. B. die Auflösung eines A/D-Umsetzers maßgeblich verringern.

Den Entwurfsablauf einer allgemeinen Verstärkerschaltung als wichtigste Komponente der MOS-Analogtechnik zeigt Abb. 1.2b). Hierbei kann es sich um eine einzelne Verstärkerstruktur oder einen mehrstufigen Aufbau, wie bei Operationsverstärkern oder Komparatoren üblich, handeln. Zuerst wird unter stationären Verhältnissen der Arbeitspunkt festgelegt, indem der Querstrom I_D der Stufe und die effektiven Steuerspannungen U_{GSE} der Transistoren vorgegeben werden. Hier sind bereits die Betriebsbedingungen des MOS-Transistors für alle weiteren Überlegungen entscheidend:

a) Weak-inversion-Bereich:
   - niedrige Verlustleistung (Low-power-Entwürfe im μW-Bereich),
   - sehr hohe Verstärkungen,
   - extrem niedrige Bandbreiten und niedrige Verstärkungs-Bandbreite-Produkte,
   - lange Einschwingvorgänge von mehreren μs,

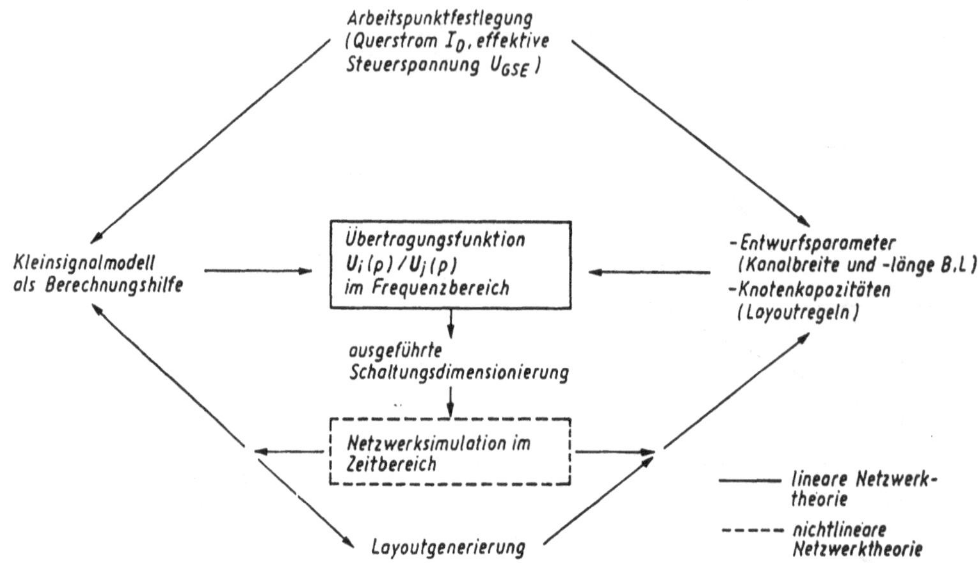

Abb. 1.2 b) allgemeiner Entwurfsablauf für Analogverstärker im umfassendsten Sinn

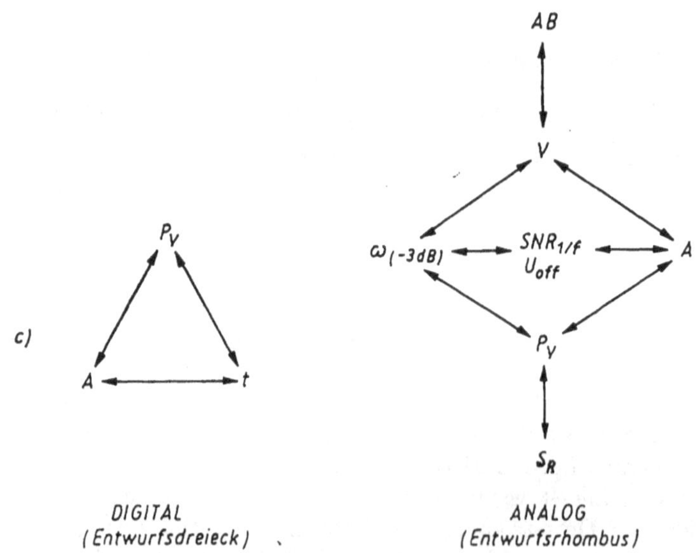

Abb. 1.2 c) Vergleich in der Gegenläufigkeit von Parametern einer integrierten Struktur als Dreiecksmodell in der Digitaltechnik und als Rhombusmodell in der Analogtechnik (P_V: Verlustleistung, A: Fläche, T: Schaltzeit, V: NF-Verstärkung, AB: linearer Aussteuerbereich, $\omega_{(-3dB)}$: Bandbreite, $SNR_{1/f}$: Signal-Rauschabstand im $1/f$-Rauschbereich, U_{off}: Offset, S_R: Slew-Rate)

d)

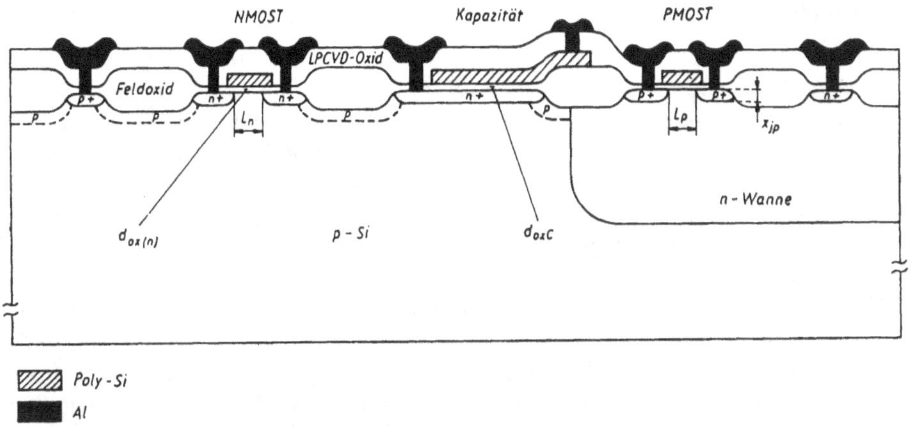

Abb. 1.2 d) Beispiel einer n-Wannen-CMOS-Analogtechnologie, die als Modifikationsschritt die Realisierung von Kapazitäten über hochimplantiertem n^+-Substrat (vgl. 2.7.) in Abweichung zur Digitaltechnologie zuläßt ($d_{oxC}/d_{ox(n,p)} \cong 2$, $x_{jp}/x_{jn} \cong 1{,}5$, $L_n \cong L_p$, $U_{Pon} \cong |U_{Pop}|$; Kurzkanaltechnologien: $d_{oxC} = 60$ nm, $x_{jp} = 0{,}5$ µm, $L = 2$ µm, $U_{Pon} = 0{,}9$ V nach [Kuo 84])

— für die wichtigen Stromspiegelentwürfe werden die Stromabweichungen zwischen zwei Transistoren mit gleicher Gatespannung infolge der Struktur- und Schwellspannungsabweichungen unter Umständen groß,

b) Strong-inversion-Bereich:

— die Verlustleistungen sind um den Faktor 10^1 bis 10^3 größer als in a),
— kleinere Verstärkungen, so daß in der Regel ein mehrstufiger Aufbau unvermeidbar ist,
— größere Bandbreiten und Verstärkungs-Bandbreite-Produkte im MHz-Bereich,
— kurze Einschwingvorgänge meist unter 1 μs,
— für die wichtigen Differenzverstärkerentwürfe ist bei gleichen Drainströmen der Basistransistoren die Gatespannungsdifferenz und damit der Offset infolge der Struktur- und Schwellspannungsabweichungen unter Umständen groß.

Mit der Arbeitspunktfestlegung sind die B/L-Werte der Transistoren als Entwurfsparameter bekannt und damit erste Abschätzungen der Knotenbelastungen, kurz Knotenkapazitäten genannt, möglich. Unter Verwendung des Kleinsignalmodells für jeden Lang- oder Kurzkanaltransistor entsteht insgesamt ein im Arbeitspunkt linearisiertes Netzwerk mit linear gesteuerten Stromquellen, Knotenwiderständen und Knotenkapazitäten. Nach den Rechenregeln der linearen Netzwerktheorie ist das mathematische Abbild ein lineares Gleichungssystem. Die dabei zu ermittelnden Größen sind prinzipiell Strom- oder Spannungsänderungen, die bei sehr tiefen Frequenzen meist nur einmal und sehr langsam oder bei höheren Frequenzen einer Frequenzfunktion folgen. Eine solche Frequenzfunktion kann im einfachen Fall das harmonische Signal $U \cos \omega t$ darstellen.

Da für integrierte MOS-Analogstrukturen in den überwiegenden Fällen die Verhältnisse von Spannungsänderungen gefragt sind, entsteht nach Auflösung der Gleichungssysteme allgemein die Übertragungsfunktion $\boldsymbol{U}_i(p)/\boldsymbol{U}_j(p)$. Diese Übertragungsfunktion nimmt im Schaltungs/Layoutentwurf aus folgenden Gründen eine zentrale Stellung ein:

- Mit der Übertragungsfunktion werden nicht nur Spannungs- oder Differenzspannungsverstärkungen bestimmt, sondern es interessieren auch Aussagen zur Gleichtakt- und Betriebsspannungsunterdrückung CMRR, PSRR der Schaltungen.
- Der Verlauf der Übertragungsfunktion auf der imaginären Achse wird in der Regel mit Hilfe von Näherungsüberlegungen so dargestellt, daß die Zähler- und Nennerpolynome in einer faktorisierten Form auftreten, um explizit die Pol/Nullstellen als Funktion der Kleinsignalparameter (auch B/L-Werte der Transistoren) und Knotenkapazitäten angeben zu können.
- Gegenüber den zeitkontinuierlichen Filtern werden in der MOS-Technik in überwiegendem Maße die zeitdiskreten SC-Filter verwendet. Da somit diskrete Signale verarbeitet werden, wird die Übertragungsfunktion mit Hilfe der **Z**-Transformation definiert. Die mit den Mitteln der Filtersynthese entwickelten **Z**-Übertragungsfunktionen müssen vom Entwerfer in geeignete SC-Strukturen umgesetzt werden.

Gerade durch solche Maßnahmen, wie die Faktorisierung der Zähler- und Nennerpolynome der Übertragungsfunktion, kann der Entwerfer linearer Schaltkreise an seiner Kreativität gemessen werden, geht es doch darum, Frequenzgangkompensationen auszuführen, störende Pol/Nullstellen mittels oft neu auszudenkender Maßnahmen (z. B. Sourcefolger, Bypass-Kapazitäten usw.) zu beseitigen oder spezielle Breitbandentwürfe zu realisieren.

Die Schaltungsdimensionierung ist abgeschlossen, wenn solche Faktoren, wie Verlustleistung, Fläche usw., mit einbezogen wurden. Für viele Aufgaben schließt sich eine Netzwerksimulation der dimensionierten Einzelschaltung im Zeitbereich an, sind doch beispielsweise für SC-Filter oder A/D-Umsetzer Operations- oder Steilheitsverstärker mit kurzen Einschwingzeiten gefragt. Eine nachfolgende Korrektur der Querströme, effektiven Steuerspannungen und damit der Kleinsignalparameter und Knotenkapazitäten führt zu einer erneuten Überprüfung der Übertragungsfunktion. Sind die geforderten Analogparameter der Struktur erfüllt, ist die interaktive Layoutgenerierung vorzunehmen. Eine erst dann mögliche genaue Bestimmung der Knotenkapazitäten zeigt den endgültigen Frequenzgang.

Falls der Entwerfer von digitalen Schaltkreisen mit einer gewissen Skepsis dem Analogentwurf gegenübersteht, liegt dies nicht daran, daß ein Umdenken von Low/High-Pegeln und Störsicherheiten zu einer Betriebsweise im linearen Aussteuerbereich einer Schaltung vorzunehmen ist, sondern an der gegensätzlichen Wirkung der Dimensionierungsgesichtspunkte nach Abb. 1.2c). In der Digitaltechnik unterliegt jeder Layoutentwurf mehr oder weniger dem Entwurfsdreieck, d. h. einer Optimierung zwischen Fläche, Verlustleistung und Schaltzeit. In der MOS-Analogtechnik ist die Anzahl der gegeneinander abzuwägenden Parameter mehr als doppelt so groß. Die Beziehungen zwischen den wesentlichen Parametern lassen sich in Abb. 1.2c) in einem rhombusartigen Diagramm darstellen, das hier kurz als Entwurfsrhombus bezeichnet werden soll. So ist eine Vergrößerung der NF-Verstärkung V durch Knotenwiderstandserhöhung mittels hochohmiger Lasttransistoren immer mit einer Absenkung der Bandbreite $\omega_{(-3\,\mathrm{dB})}$, einem Flächenanstieg A und der Einschränkung des linearen Aussteuerbereiches AB in positiver Richtung verbunden. Ein flächensparsamer Entwurf richtet sich gegen den $1/f$-Signal-Rauschabstand $\mathrm{SNR}_{1/f}$ und den Offset U_{off}, die Verstärkung und die Verlustleistung, da ein größerer Querstrom gewählt werden muß. Ähnliches gilt für den Entwurf hoher Bandbreiten $\omega_{(-3dB)}$. Eine hohe Slew-Rate S_R bzw. maximale Änderungsgeschwindigkeit der Ausgangsspannung als Reaktion auf sprungförmige Eingangssignale ist auch mit einer Querstromvergrößerung verbunden und wirkt sich zuerst auf die Verlustleistung aus. Um sich diese Gegensätzlichkeit der Dimensionierungsgesichtspunkte zu vereinfachen, werden in der MOS-Analogtechnik aufgabenbezogen bestimmte Parameter mit einer sekundären Bedeutung nominiert, d. h., sie gelten als Nebenbedingungen.

Für die Entwurfssoftware setzt sich im hier nur interessierenden halb-kundenspezifischen Entwurf (semi-custom design) üblicherweise der hierarchisch orientierte Entwurfsstil nach Abb. 1.1 auch in der MOS-Analogtechnik durch, d. h., gemäß der Schaltungskomplexität gilt der Aufbau: Grundstruktur, Blockstruktur, Funktionseinheit, System. Vor allem bei der Implementierung von MOS-Analogstrukturen in VLSI-Entwürfen (hohe Stückzahlen, große Komplexität) nimmt der Trend zu Kundenwunschzellen (z. B. Operationsverstärkern) zu, die unter dem Aspekt des Flächen- und Verlustleistungsverbrauches eine bestmögliche Anpassung liefern [Degr 84]. Dabei ist zur Zellenauswahl der interaktive Zugriff zur Analysesoftware notwendig. Hier werden neben der in Abb. 1.2b) beschriebenen Simulation im Zeitbereich (Transientverhalten) auch viele weitere Schritte softwareunterstützt aufgebaut. Beispielsweise läßt sich die Auswertung der Übertragungsfunktion und Berechnung aller Frequenzen durch ein AC-Analyseprogramm erleichtern. Rauschanalyseprogramme verwenden in der Regel unkorrelierte Rauschquellen.

Neben dem zellorientierten Entwurf ist für kleinere Stückzahlen die Gate-Array-Technik eine kostenfreundliche Variante. Die feste Anordnung der Grund- und Blockstrukturen als Layoutuntergrund und die anschließende, nur noch mit der Verdrahtungsebene vorzunehmende Realisierung verschiedenster Funktionseinheiten ist dabei der Standard. Diese Strukturen stellen mit den festgelegten Analogparametern Entwürfe dar, die durch die Verdrahtungsfreiheit bedingten unterschiedlichen Belastungen und gewisse Unempfindlichkeiten gegenüber bestimmten Layouteinflüssen zulassen müssen.

Bereits durch die dynamischen RAM-Speichertechnologien und EPROMs ist die n-Wannen-CMOS-Technologie als eine der effizientesten Varianten vorgeschrieben. Mit nur wenig Modifikationen ist eine Möglichkeit zur n-Wannen-CMOS-Analogtechnik in Abb. 1.2d) dargestellt. Die überwiegenden Vorteile der CMOS-Technologien gegenüber den NMOS-Technologien sind auch auf analogem Sektor eindeutig erfüllt. In Tab. 1.1 werden die wichtigsten Analogparameter zwischen der üblichen NMOS-E/D-Technologie und der n-Wannen-CMOS-Technologie im Langkanalbereich gegenübergestellt. Danach ergeben sich aber auch bestimmte Vorzüge der NMOS-Analogtechnologien allgemein durch die höheren Bandbreiten und geringeren Flächen. Der meist durch Dummy-Kompensation günstigere Restschalteroffset hat für sehr kurze Kanallängen dann keine Bedeutung mehr. So sind die NMOS-Technologien unter skalierten Bedingungen als benötigte Höchstgeschwindigkeitsstrukturen öfters die „Vorreiter" der CMOS-Technologien. Innerhalb der Optoelektronik (vgl. Abb. 1.1) werden z. B. für Breitbandkommunikationszwecke Lichtleiter-Empfängereinheiten benötigt, die mit 750 MHz-Abtastkomparatoren arbeiten. Diesen Anforderungen kann mit 1-µm-NMOS-E/D-Technologien (gegengekoppelte Breitbandverstärkertechnik) entsprochen werden [Soo 85]. In der Telekommunikationstechnik werden 1-µm-NMOS-E/D-Leitungs-Equalizer zur Datenregenerierung eingesetzt, die Verarbeitungsfrequenzen bis 1 GHz folgen. Gelingt es der zur NMOS-Technologie kompatiblen n-Wannen-CMOS-Technologie, diese Vorzüge zu vereinigen, entsteht eine leistungsfähige CMOS-Analog-Technologie. Diese ist kostenunfreundlicher, da der Implantationsschritt für die Depletiontransistoren zusätzlich ausgeführt werden muß.

Tab. 1.1 Eigenschaften von NMOS/CMOS-Langkanaltechnologien.

Parameter	NMOS-E/D-Technologie	n-Wannen-CMOS-Technologie
Verstärkung	*	**
Bandbreite	*	—
Verstärkungs-Bandbreite-Produkt	**	*
1/f-Signal-Rauschabstand	*	**
linearer Aussteuerbereich	*	**
Restschalteroffset	**	*
Schalterwiderstand	*	**
niedrige Verlustleistung	*	**
Flächenverbrauch		
a) Einzelstufe	**	*
b) Operationsverstärker	*	*
c) Komparatoren	**	*

(** besonders günstig; * günstig; — weniger günstig)

2. Integrierte analoge MOS-Grundstrukturen

2.1. Der Inverter als allgemeine Verstärkerstufe

2.1.1. Niederfrequenzverstärkung von Invertern

Betrachtet wird in Abb. 2.1 der n-Kanal-Enhancementtransistor, dessen Drainstrom I_D im allgemeinen von den drei Klemmenspannungen U_{GS} (Gate-Source-Spannung), U_{BS} (Bulk-Source-Spannung) und U_{DS} (Drain-Source-Spannung) gesteuert wird. Die Zusammenschaltung des Transistors mit einem vorerst beliebigen Lastwiderstand R_L

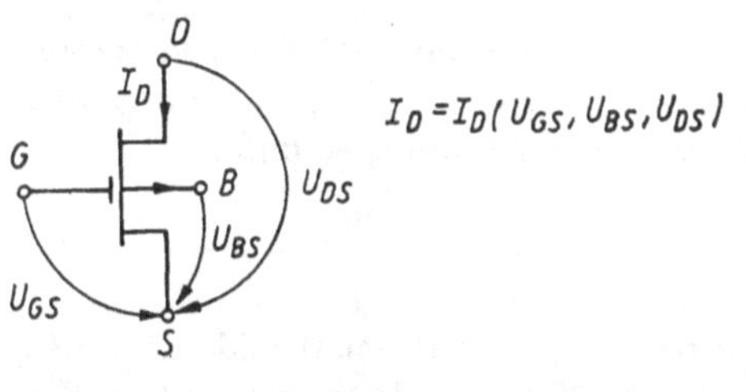

Abb. 2.1 Schaltbild des n-Kanal-Enhancementtransistors und Angabe seiner Klemmenspannungen U_{GS}, U_{DS}, U_{BS}, die den Drainstrom I_D steuern

soll in Abb. 2.2a) einen Inverterverstärker darstellen. Unter Niederfrequenzverstärkung eines Inverters wird nun die Verstärkung verstanden, die sich bei kleiner Signaländerung um einen festen Arbeitspunkt bei tiefen Frequenzen ergibt:

$$V = \frac{dU_A}{dU_E}. \tag{2.1}$$

Wird die Definition in Gl. (2.1) auf den Inverter nach Abb. 2.2a) angewendet, so folgt aus der Maschengleichung

$$U_A + I_D(U_E, U_A)\, R_L = U_{DD} - U_{SS} \tag{2.2}$$

mit $U_{DD} - U_{SS} =$ konst. (Betriebsspannungen) und den existierenden Klemmenspannungen im Arbeitspunkt U_{EA}, U_{AA}

$$\frac{dU_A}{dU_E} + \left(\frac{\partial I_D}{\partial U_E}(U_{EA}, U_{AA}) + \frac{\partial I_D}{\partial U_A}(U_{EA}, U_{AA})\frac{dU_A}{dU_E}\right) R_L = 0. \tag{2.3}$$

Für die partiellen Ableitungen des Drainstromes I_D werden die in der Kleinsignalanalyse üblichen Begriffe

$$\text{Steilheit} \quad g_m = \frac{\partial I_D}{\partial U_E}(U_{EA}, U_{AA}) \tag{2.4}$$

und

$$\text{Kanal- oder Ausgangsleitwert} \quad g_d = \frac{\partial I_D}{\partial U_A}(U_{EA}, U_{AA}) \tag{2.5}$$

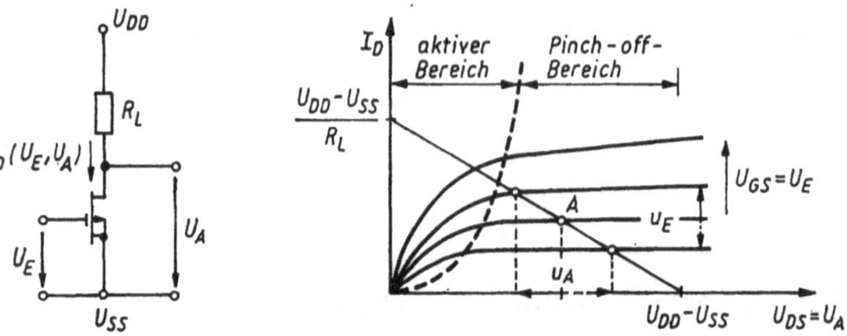

Abb. 2.2 Einfacher MOS-Inverterverstärker mit Lastwiderstand R_L (a) und Darstellung des linearen Aussteuerungsverhältnisses u_A/u_E im Pinch-off-Bereich (b)

eingeführt, so daß sich unter Anwendung von Gl. (2.1) auf Gl. (2.3) die übersichtlichere Darstellungsweise

$$V(1 + g_d R_L) + g_m R_L = 0 \tag{2.6}$$

ergibt. Legt man nach Abb. 2.2b) den Arbeitspunkt in den linearen Drainstromverlauf, d. h. in den Pinch-off-Bereich des MOS-Transistors, so gilt Gl. (2.6) näherungsweise auch für endliche Aussteuerungen u_E und u_A um den Arbeitspunkt, so daß für Gl. (2.1)

$$V = \frac{u_A}{u_E} \tag{2.7}$$

geschrieben werden kann. Daraus läßt sich ein Kleinsignalersatzschaltbild für die Inverterverstärkerstufe herleiten, das die Voraussetzung für eine Netzwerkanalyse darstellt. Hierzu wird Gl. (2.6) mit Gl. (2.7) in die Beziehung

$$u_A(g_d + 1/R_L) + u_E g_m = 0 \tag{2.8}$$

überführt, die als Knotengleichung aufgefaßt, zu Abb. 2.3a) führt. Daraus wird ersichtlich, daß sich das Kleinsignalersatzschaltbild des Inverters aus der Parallelschaltung des Kleinsignalmodells des Basistransistors (---) und des Lastwiderstandes R_L zusammensetzt, d. h., elektrotechnisch äußert sich bei Kleinsignalbetrachtung die vorausgesetzte Konstanz der Betriebsspannungen U_{DD}, U_{SS} als Kurzschluß (vgl. Gl. (2.2), Gl. (2.3)). Durch die nachweisbare Allgemeingültigkeit dieser Verfahrensweise ergibt sich für alle weiteren Schaltungen folgende Methodik bei der Ermittlung der Niederfrequenzverstärkung:

- Einsatz des verallgemeinerten Kleinsignalmodells in Abb. 2.3b) für jeden MOS-Transistor, da durch die mögliche Substratsteuerung $U_{BS} \neq 0$ zusätzlich die sogenannte

  Backgatesteilheit oder Steilheit der Bulk- bzw. Substratsteuerung $$g_{mb} = \frac{\partial I_D}{\partial U_{BS}} (U_{GSA}, U_{BSA}, U_{DSA}) \tag{2.9}$$

  auftreten kann (in Abhängigkeit von der Schaltungsspezifik durch $U_{GS} = 0$ oder/und $U_{BS} = 0$ entfällt die Steuerwirkung von g_m, g_{mb})
- Kurzschluß der konstanten Betriebsspannungen U_{DD}, U_{SS} während der Kleinsignalbetrachtung

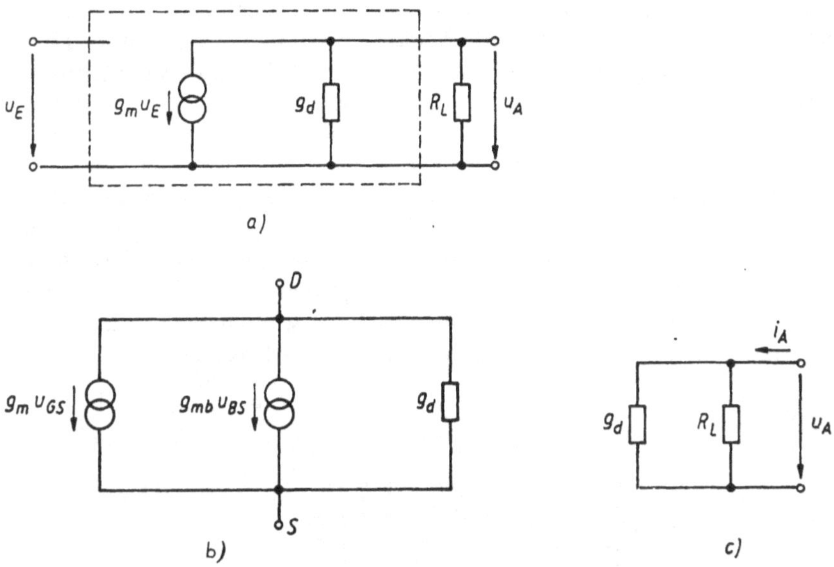

Abb. 2.3 Kleinsignalersatzschaltbild des integrierten Inverterverstärkers nach Abb. 2.2a) in Form der Parallelschaltung des Basistransistors (---) mit dem Lastwiderstand R_L (a), allgemeines Kleinsignalmodell des MOS-Transistors für sehr niedrige Frequenzen (b) und Kleinsignalersatzschaltbild zur Bestimmung des Ausgangswiderstandes R_A (c)

— Aufstellung des Knotengleichungssystems bzw. im einfachsten Fall Aufstellung einer Knotengleichung für das resultierende Netzwerk (Knotenspannungsanalyse) und anschließende Auflösung nach dem Aussteuerungsverhältnis u_A/u_E.

Mit der dargelegten Methodik folgt aus der Knotengleichung (2.8)

$$V = \frac{u_A}{u_E} = -\frac{g_m}{(g_d + 1/R_L)} = -g_m R_P \tag{2.10}$$

mit dem Knotenwiderstand

$$R_P = (g_d + 1/R_L)^{-1}. \tag{2.11}$$

Aus Gl. (2.10) sieht man, daß neben der Steilheit des Basistransistors g_m vor allem die Größe des Knotenwiderstandes R_P die Verstärkung bestimmt. Gleichzeitig fungiert R_P nach Abb. 2.3c) und der Beziehung in Gl. (2.11) als Kleinsignalausgangswiderstand (auch Quellwiderstand genannt), wenn um den Arbeitspunkt U_{EA} keine Aussteuerung stattfindet (vgl. Abb. 2.3a): $u_E = 0$) und eine Ausgangsspannungsänderung u_A eine Stromänderung i_A hervorruft

$$R_A = \frac{u_A}{i_A} = (g_d + 1/R_L)^{-1}. \tag{2.12}$$

Im Gegensatz zum endlichen Ausgangswiderstand nach Gl. (2.12) kann der Kleinsignaleingangswiderstand R_E bei MOS-Verstärkerstufen durch $i_E \to 0$ als

$$R_E = \frac{u_E}{i_E} \to \infty \tag{2.13}$$

angesehen werden, d. h., er wird in den Ersatzschaltungen vernachlässigt. Folglich wird auch R_A durch eine nachfolgende MOS-Verstärkerstufe nicht weiter vergrößert. Der in Abb. 2.2a) allgemein festgelegte Lastwiderstand R_L läßt sich bei konkret integrierten Inverterverstärkern durch verschiedene MOS-Lastelemente realisieren, wie das die Abbildungen 2.4a) bis f) zeigen. Primär besteht der Sinn der einzelnen Varianten in der systematischen Annäherung der Lastelemente zur idealen Konstantstromquelle bzw. einem dynamisch wirksamen sehr großen Lastwiderstand R_L, der somit nach Gl. (2.11) den Knotenwiderstand R_P maximiert, um gemäß Gl. (2.10) die Verstärkung wesentlich zu erhöhen. Diese Aufgabe wird in den Einkanaltechnologien nach Abb. 2.4c) schaltungstechnisch (Kurzschluß der Steuerspannung für g_{m2}) und in den Komplementärtechnologien nach Abb. 2.4e) technologisch (Sourcegebiete werden mit Bulk kontaktiert) realisiert. Aus Gl. (2.12) wird ersichtlich, daß für $1/R_L \to 0$ der maximale Knoten-

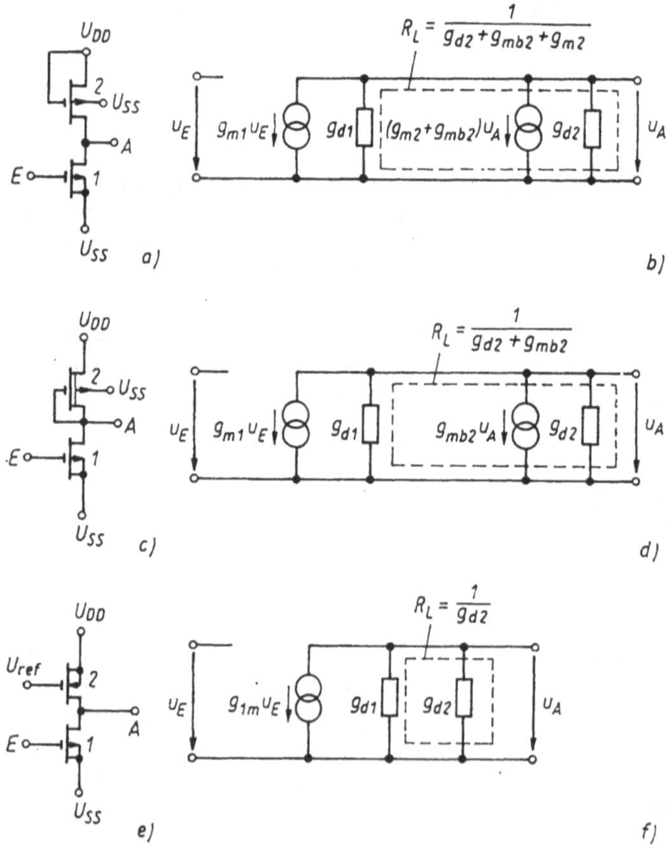

Abb. 2.4 Darstellung der drei wichtigsten integrierten Inverterverstärker in MOS-Technik;
a) mit Enhancement-Lasttransistor (E/E-Inverter)
b) Kleinsignalersatzschaltbild des E/E-Inverters
c) mit Depletion-Lasttransistor (E/D-Inverter)
d) Kleinsignalersatzschaltbild des E/D-Inverters
e) mit p-Kanal-Enhancement-Lasttransistor (N/P-Inverter)
f) Kleinsignalersatzschaltbild des N/P-Inverters

widerstand $R_P = 1/g_d$ betragen kann, d. h., die Maximalverstärkung einer einfachen MOS-Stufe folgt dem Grenzwert

$$V_{max} = -g_m/g_d \tag{2.14}$$

und wird auch als innere Verstärkung des MOS-Transistors bezeichnet.
Der konkrete layoutorientierte Entwurf der Inverterverstärker nach Abb. 2.4a), c), e) ist nur möglich, wenn für den Drainstrom I_D gemäß Gl. (2.4), Gl. (2.5), Gl. (2.9) eine Modellbeziehung bekannt ist. Diese gesuchte Beziehung wird im Anhang A1 in verschiedenen Genauigkeitsstufen angegeben. Ausgehend von der einfachen Kanalstrommodellierung in Gl. (A1.22) folgt unter Berücksichtigung von Gl. (A1.1) für Gl. (2.4), Gl. (2.5), Gl. (2.9) unter Strong-inversion-Bedingungen im Pinch-off-Bereich

$$\begin{aligned} g_m &= \frac{\partial I_D}{\partial U_{GS}}(U_{GSA}, U_{BSA}, U_{DSA}) = K_{1N}(U_{GSA} - U_{Pn}) + K_{1N}K_{4N}U_{DSA} \\ &= 2I_D/(U_{GSA} - U_{Pn}), \end{aligned} \tag{2.15}$$

$$g_{mb} = \frac{\partial I_D}{\partial U_{BS}}(U_{GSA}, U_{BSA}, U_{DSA}) = \lambda g_m \tag{2.16}$$

mit dem Backgatefaktor

$$\lambda = K_{2n}/\left(2\sqrt{-U_{BSA} + 2V_F}\right), \tag{2.17}$$

$$g_d = \frac{\partial I_D}{\partial U_{DS}}(U_{GSA}, U_{BSA}, U_{DSA}) = K_{1N}K_{4N}(U_{GSA} - U_{Pn}) \approx K_{4N}g_m \tag{2.18}$$

und unter Weak-inversion-Bedingungen nach Gl. (A1.38), Gl. (A1.39) für die aus Verstärkungsgründen übliche schaltungstechnische Festlegung des MOS-Transistors mit $U_{BS} = 0$

$$g_m \cong \frac{I_{Dwn}}{(\eta U_T)_n} e^{(U_{GSA} - U_{Pcc})/(\eta U_T)_n} = \frac{I_D}{(\eta U_T)_n}, \tag{2.19}$$

$$g_d \cong I_D/(U_T\, e^{U_{DSA}/U_T}). \tag{2.20}$$

Die Parameter U_{Pn}, K_{2n}, K_{1N}, K_{4N}, I_{Dwn}, η, U_{Pcc}, U_T sind im Anhang A1 durch Gl. (A1.5), Gl. (A1.8), Gl. (A1.17), Gl. (A1.20), Gl. (1.40), Gl. (A1.41) usw. hinreichend beschrieben worden. Damit lautet die für Abb. 2.4b) anzugebende Kleinsignalverstärkung im Strong-inversion-Fall

$$V_{EE} = -\frac{g_{m1}}{g_{d1} + g_{d2} + (1 + \lambda_2)\, g_{m2}} \cong -\frac{g_{m1}}{(1 + \lambda_2)\, g_{m2}}, \tag{2.21}$$

wobei sich für $K_{4N} \to 0$ die einfache Abschätzung

$$\begin{aligned} V_{EE} &\approx -\frac{1}{1 + \lambda_2}\frac{(U_{GSA2} - U_{Pn2})}{(U_{GSA1} - U_{Pn1})} \\ &= -\frac{1}{1 + K_{2n}/\left(2\sqrt{U_{AA} + 2V_F}\right)}\sqrt{\frac{B_1/L_1}{B_2/L_2}} \end{aligned} \tag{2.22}$$

ergibt. Analog folgt für den Verstärkungswert in Abb. 2.4d)

$$V_{\mathrm{ED}} = -\frac{g_{\mathrm{m1}}}{g_{\mathrm{d1}} + g_{\mathrm{d2}} + \lambda_2 g_{\mathrm{m2}}} \cong -\frac{g_{\mathrm{m1}}}{g_{\mathrm{d1}} + \lambda_2 g_{\mathrm{m2}}}, \tag{2.23}$$

der mit Gl. (A1.29) bis Gl. (A1.34) unter der groben Vernachlässigung von g_{d1} und $K_{4\mathrm{N}} \to 0$ auf das zu große Aussteuerungsverhältnis

$$V_{\mathrm{ED}} \approx -\frac{1}{\lambda_2}\frac{(-U_{\mathrm{PD2}})}{(U_{\mathrm{GSA1}} - U_{\mathrm{Pn1}})} = -\frac{2\sqrt{U_{\mathrm{AA}} + 2V_{\mathrm{F}}}}{K_{2\mathrm{n}}}\sqrt{\frac{B_1/L_1}{B_2/L_2}} \tag{2.24}$$

führt. Höchste Verstärkungen in Einkanaltechnologien nach Gl. (2.14) sind mit E/D-Verstärkern realisierbar, die durch schaltungstechnische Möglichkeiten mit näherungsweise Bodyeffekt-kompensierten Depletion-Lastelementen ($U_{\mathrm{BS2}} = 0$) arbeiten, ihr Flächenverbrauch und linearer Aussteuerbereich in positiver Richtung werden aber ungünstig beeinflußt [Ried1 83].
Der CMOS-Verstärker nach Abb. 2.4e) erreicht mit Gl. (2.15), Gl. (2.18) den Verstärkungswert

$$V_{\mathrm{NP}} = -\frac{g_{\mathrm{m1}}}{g_{\mathrm{d1}} + g_{\mathrm{d2}}}$$

$$= -\frac{K_{1\mathrm{N}}(U_{\mathrm{GSA1}} - U_{\mathrm{Pon1}}) + K_{1\mathrm{N}}K_{4\mathrm{N}}U_{\mathrm{DSA1}}}{K_{1\mathrm{N}}K_{4\mathrm{N}}(U_{\mathrm{GSA1}} - U_{\mathrm{Pon1}}) + K_{1\mathrm{P}}K_{4\mathrm{P}}(U_{\mathrm{SGA2}} - |U_{\mathrm{Pop2}}|)}, \tag{2.25}$$

der z. B. mit $K_{1\mathrm{N'}}K_{4\mathrm{N'}} = K_{1\mathrm{P'}}K_{4\mathrm{P'}}$ auf

$$V_{\mathrm{NP}} = -\frac{L_1}{K_{4\mathrm{N'}}}\frac{(U_{\mathrm{GSA1}} - U_{\mathrm{Pon1}}) + K_{4\mathrm{N}}U_{\mathrm{DSA1}}}{(U_{\mathrm{GSA1}} - U_{\mathrm{Pon1}}) + (L_1/L_2)^2(B_2/B_1)(U_{\mathrm{SGA2}} - |U_{\mathrm{Pop2}}|)} \tag{2.26}$$

führt und sich für $(U_{\mathrm{SGA2}} - |U_{\mathrm{Pop2}}|) > (U_{\mathrm{GSA1}} - U_{\mathrm{Pon1}})$ bei vorgegebenem Drainstrom I_{D} durch die quadratische Zunahme von L_2 bis auf

$$V_{\mathrm{NP}} \cong -\frac{g_{\mathrm{m1}}}{g_{\mathrm{d1}}} = -\frac{L_1}{K_{4\mathrm{N'}}}\left(1 + \frac{K_{4\mathrm{N}}U_{\mathrm{DSA1}}}{U_{\mathrm{GSA1}} - U_{\mathrm{Pon1}}}\right) \approx -\frac{L_1}{K_{4\mathrm{N'}}} \tag{2.27}$$

vergrößert und somit der maximalen Verstärkung von Gl. (2.14) entspricht. Dieser maximale Verstärkungswert wird in der CMOS-Technik quantitativ wesentlich erhöht, wenn die innere Verstärkung des Basistransistors im Weak-inversion-Bereich mit Gl. (2.19), Gl. (2.20) genutzt wird, d. h.

$$V_{\mathrm{NP}} = -\frac{g_{\mathrm{m1}}}{g_{\mathrm{d1}}} = -\frac{1}{\eta}\,\mathrm{e}^{U_{\mathrm{DSA}}/U_{\mathrm{T}}}\,.\;(U_{\mathrm{DSA}}/U_{\mathrm{T}} \gg 1)\,. \tag{2.28}$$

Problematisch ist aber in der CMOS-Technik bereits für Gl. (2.25) die genaue Ermittlung der Drainleitwerte g_{d1}, g_{d2} nach Gl. (2.18), da ihre Abweichungen schon z. B. für einen zweistufigen Verstärker quadratisch eingehen und somit zwischen Simulation und Messung Fehler von weit über 100% entstehen können. Grundsätzliche Modellierungskriterien werden hierzu in [Tsiv 84] angegeben, die bei der präzisen Drainstrom- und Leitwertermittlung auf dem Prinzip des kleinsten Fehlerquadrates beruhen.

Zusammenfassend machen alle Ausführungen über die Inverterverstärker eines deutlich:

- Bei vorgegebenen Drainstrom I_D werden einerseits prinzipiell hohe Verstärkungen im Arbeitspunkt durch geringe effektive Steuerspannungen $U_{GSE1} = U_{GSA1} - U_{Pn1}$ des Basistransistors und große effektive Steuerspannungen $U_{GSE2} = U_{GSA2} - U_{Pn/D2}$ bzw. $U_{SGA2} - |U_{Pop2}|$ des Lasttransistors erzielt, andererseits nimmt aber der lineare Aussteuerbereich in positiver Richtung ab, da die Pinch-off-Bedingung des Lasttransistors bzw. allgemein des MOS-Transistors für den linearen Verstärkerbetrieb mit

$$U_{DSA} \geqq U_{GSA} - U_P > 0 \tag{2.29}$$

  nicht verletzt werden darf (U_P: allgemeine Schwellspannung).
- Als Entwurfsbeziehung gilt mit Gl. (A1.17), Gl. (A1.22) für jeden Transistor in einfacher Weise

$$\frac{B}{L} = \frac{2I_D}{K_{1N'}(U_{GSE}^2 + 2K_{4N}U_{GSE}U_{DSA})} \cong \frac{2I_D}{K_{1N'}U_{GSE}^2}, \tag{2.30}$$

  wobei sehr große Drainströme von mehreren 100 µA und zu kleine effektive Steuerspannungen an der unteren Grenze nach Gl. (A1.1) im Strong-inversion-Fall auf zu große Gateflächen führen, was sich ungünstig auf die Frequenzeigenschaften der Verstärkerstufe (vgl. 2.1.2.), aber günstig auf die Rauscheigenschaften (vgl. 2.1.3.) auswirkt. Die durch $2I_D/U_{GSE}^2$ zu treffende Gateflächenfestlegung ist also ein wesentliches Entwurfsproblem. Nach Gl. (A1.7), Gl. (A1.39), Gl. (A1.40) sind diese Aussagen auch auf den Weak-inversion-Bereich übertragbar.

Abschließend sollen unter gleichen Betriebsbedingungen alle drei Verstärkerstufen nach Abb. 2.4a), c), e) bezüglich des linearen Aussteuerbereichs, des Gateflächenverbrauchs und der Niederfrequenzverstärkung einander gegenüber gestellt werden. Übliche Betriebsbedingungen und Technologieparameter (vgl. Anhang A1) einschließlich der daraus nach Gl. (2.30) abgeschätzten B/L-Werte der Transistoren zeigen die Abbildungen 2.5a), b), c), so daß mit Gl. (2.22), Gl. (2.23), Gl. (2.26) die charakteristischen Aussagen nach Tabelle 2.1. entstehen. Daraus geht hervor, daß die CMOS-Technik mit dem N/P-Verstärker (bei vertauschten Eingängen P/N-Verstärker) bezüglich der Niederfrequenzverstärkung und des linearen Aussteuerbereiches die günstigste Lösung darstellt, hinsichtlich des Flächenverbrauches unter zusätzlicher Berücksichtigung des n/p-Wannenentwurfes aber der E/D-Technik als Einkanaltechnologie in der Regel unterlegen ist.

Tab. 2.1 Vergleich verschiedener Inverterverstärker bezüglich linearem Aussteuerbereich, Gateflächenverbrauch und Niederfrequenzverstärkung (Werte teilweise gerundet).

Inverterverstärkertyp	E/E	E/D	N/P
linearer Aussteuerbereich in Volt	−3,6/+3,9	−3,6/+4,6	−3,5/+5,5
Gateflächenverbrauch in µm²	1552	512	768
Niederfrequenzverstärkung	−7	−18	−29

Bisher wurden nur Langkanaltechnologien betrachtet. Für den Verstärkerentwurf mit Kanallängen und -breiten vor allem unter 4 µm treten neben später noch zu nennenden Effekten als wichtigste nachteilige physikalische Erscheinungen

a) der Kurz- und Schmalkanaleffekt (Schwellspannungszusammenbruch/Schwellspannungsanstieg),
b) der Beweglichkeitsabbau der Ladungsträger infolge wachsender Quer- und Längsfelder,
c) die mögliche Ladungsträgergeschwindigkeitssättigung und
d) das Durchgreifen der Drainraumladungszone zum Source (barrierengesteuerte Punch-through-Ströme)

auf. Diese unter Langkanalbedingungen gesehenen Effekte 2. Ordnung (Second-order-effects) spielen bei Verringerung der Bauelementeabmessungen in der Analogtechnik eine wesentlich kritischere Rolle als in der Digitaltechnik, da die oben behandelten Kleinsignalparameter g_m, g_{mb}, g_d stets auf der Differentiation des sich spürbar ändernden Drainstromverlaufes im Pinch-off-Bereich beruhen. So werden die Steilheit g_m und Backgatesteilheit g_{mb} maßgeblich von a), b), c) und dem wachsenden Einfluß des Sourcewiderstandes geprägt [Wong 83]. Da bisher der Drainleitwert g_d sowieso durch die „klassische" Kanallängenverkürzung im Pinch-off-Bereich von Null verschieden war, nimmt dieser besonders durch die Effekte c), d) nach Abb. 2.6. weiter zu und setzt damit die Niederfrequenzverstärkung erheblich herab [Ento 83]. Bei sehr kurzen Kanallängen wird durch d) die Abhängigkeit des Drainleitwertes g_d von der Kanallänge L nach [Wong 83] mit $g_d = \delta g_m/L^3$ eingeschätzt, so daß dadurch die Niederfrequenzverstärkung sehr klein werden kann (δ: Technologieparameter). Durch die einfachen Skalierungs-

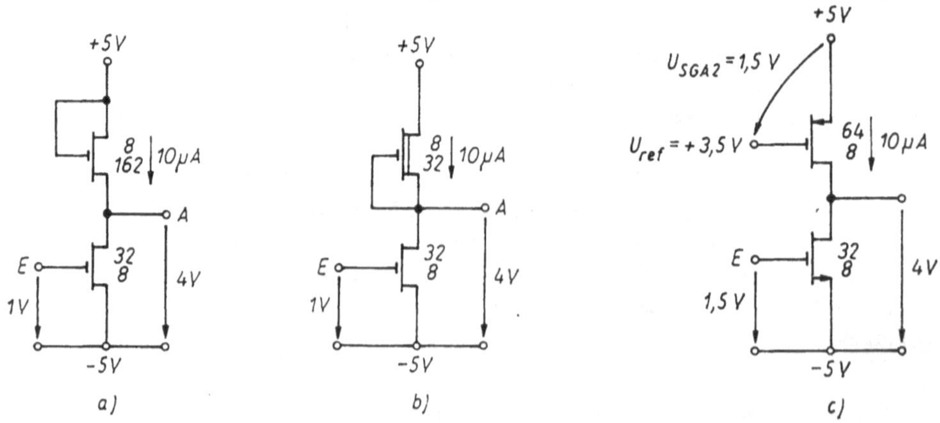

Abb. 2.5 Übliche Betriebsbedingungen für die drei Verstärkerstufen nach Abb. 2.4 mit den Parametern:

$K_{1N'} = K_{1D'} = 2K_{1P'} = 0{,}02$ mA/V², $K_{2n} = K_{2D} = 0{,}73$ V$^{1/2}$, $2V_F = 0{,}6$ V,
$K_{4N'} = K_{4D'} = 0{,}5K_{4P'} = 0{,}1$ µm, $U_{Pon} = 0{,}5$ V, $U_{PoD} = -3$V,
CMOS-Stufe: $U_{Pon} = |U_{Pop}| = 1$ V;

a) E/E-Inverter b) E/D-Inverter c) N/P-Inverter (in allen Bildern Bulkanschlüsse nach den Vorschriften von Abb. 2.4a), c), e) weggelassen)

Tab. 2.2 Skalierungsregeln 1. Ordnung (CEF: Constant-Electric-Field-Skalierung, QCV: Quasi-Constant-Voltage-Skalierung, CV: Constant-Voltage-Skalierung).

	klassisch	Quasiskalierungen	
	CEF	QCV	CV
Spannungen	k^{-1}	$k^{-1/2}$	1
laterale Abmessungen	k^{-1}	k^{-1}	k^{-1}
vertikale Abmessungen	k^{-1}	k^{-1}	$k^{-1/2}$
Substratkonzentration	k	k	k

regeln mit $k \geqq 1$ in Tab. 2.2. können zwar diese Effekte vermindert, aber nicht grundsätzlich beseitigt werden, da das auf diesen Theorien beruhende Kennlinienfeld des Drainstromes kaum dem eines Langkanaltransistors entsprechen kann. Von [Wong 83], [Ento 83] wird gezeigt, daß die QCV-Skalierungsregeln für Analogentwürfe den bestmöglichen Kompromiß für die Niederfrequenzverstärkung, die Verlustleistung, die später noch zu erklärende Slew-Rate (vgl. 3.1.4.) und den Signal-Rauschabstand (vgl. 2.1.3.) bilden. Tab. 2.3. zeigt die auf dieser Basis nach [Ento 83], [Riel 84] mit 2D-Simulationen berechneten Skalierungsregeln für die Kleinsignalparameter und den Drainstrom unter Strong-inversion-Bedingungen. Danach wird ersichtlich, daß der größte Fehlereinfluß auf die Verstärkung eindeutig durch den Kanalleitwert g_d ausgeübt wird. Ein weiteres grundlegendes Problem ist für die Analogtechnik die Skalierung der Betriebsspannung $U_{DD} - U_{SS}$ durch den $k^{-1/2}$-Faktor nach Tab. 2.2., da

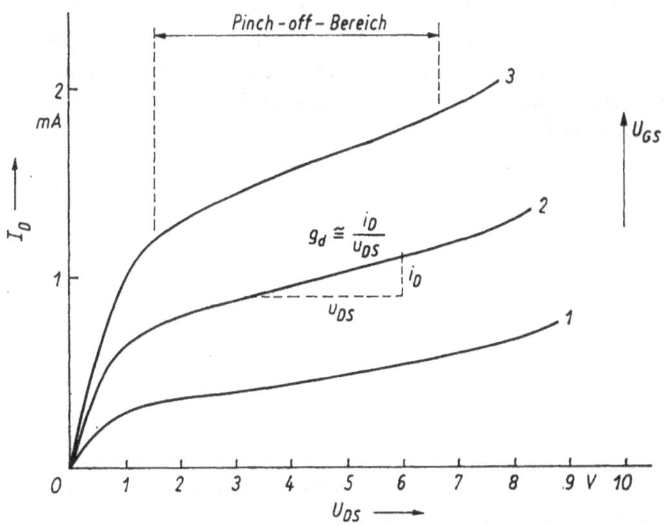

Abb. 2.6 Gemessener Kennlinienverlauf eines Kurzkanal-Enhancementtransistors in n-MOS-Technik nach [Schü 83] (Technologiedaten: Borimplant. $2 \times 10^{11}/cm^2$, $U_{Pon} = 0{,}72$ V, $d_{ox} = 70$ mm, $L = 2$ µm, $B = 30$ µm, $U_{BS} = 0$ V)

Tab. 2.3 Durch 2D-Simulationen gewonnene Skalierungsfaktoren ausgewählter Kleinsignalparameter und des Drainstromes unter Strong-inversion-Bedingungen für einen CMOS-Ausgangstechnologiebereich $k = 1$ mit $L = 8 \ldots 10\ \mu m$, $d_{ox} = 70 \ldots 100$ nm, $x_j = 1 \ldots 1{,}5\ \mu m$, $N_A = 10^{15}$ bis $5 \times 10^{15}\ cm^{-3}$, $U_{DD} - U_{SS} = 10$ V, $U_{GSE} = 1 \ldots 1{,}5$ V und anschließender Abstufung $1 < k \leq 4$ (Kennlinienaufnahme/Parameterberechnung/k^x-Ermittlung).

Parameter	QCV	CV
g_m'/g_m	$k^{(0,33 \ldots 0,63)}$	$k^{(0,5 \ldots 0,55)}$
g_{mb}'/g_{mb}	$k^{(0,18 \ldots 0,38)}$	$k^{(0,5 \ldots 0,55)}$
g_d'/g_d	$k^{(0,83 \ldots 0,85)}$	$k^{(1,0 \ldots 1,07)}$
$[V'/V]_{NP}$	$k^{-(0,22 \ldots 0,5)}$	$k^{-(0,5 \ldots 0,52)}$
I_D'/I_D	$k^{-0,14 \ldots 0,15}$	$k^{(0,5 \ldots 0,55)}$

somit sehr schnell der lineare Aussteuerbereich reduziert wird, was die analoge Signalverarbeitung grundsätzlich in Frage stellt. Unter diesem Aspekt und im Interesse einer TTL-Kompatibilität bilden die CV-Skalierungsregeln mit einer optimierten Analogtechnologie eine sinnvolle Alternative, ansonsten besteht ihr Nachteil in einem in der Regel höheren Verstärkungsverlust und einem weiteren Verlustleistungsanstieg.

2.1.2. Frequenzverhalten von Invertern

Da jede rasche zeitliche Änderung der Ein- und Ausgangsspannung der Verstärkerstufe das reaktive Verhalten des MOS-Transistors bestimmt, sind nun im Kleinsignalmodell seine innerelektronischen und äußeren bzw. Layoutkapazitäten zu berücksichtigen. Gelingt es im Entwurf der Stufe, diese Kapazitäten vorerst näherungsweise zu einer konzentrierten Knotenkapazität C_P am Verstärkerausgang zusammenzufassen, entsteht Abb. 2.7a). Mit der Modellstruktur von Abb. 2.3a) folgen in Abb. 2.7b), c) die verschiedenen Darstellungsweisen der Kleinsignalersatzschaltung einer allgemein frequenzabhängigen MOS-Verstärkerstufe. An die Stelle der in 2.1.1. definierten Verstärkung tritt nun die Übertragungsfunktion

$$\boldsymbol{V}(p) = \frac{\boldsymbol{U}_A(p)}{\boldsymbol{U}_E(p)} = V \frac{1}{1 + p/\omega_{P1}} \tag{2.31}$$

mit V nach Gl. (2.10) und

$$\omega_{P1} = \frac{1}{R_P C_P}. \tag{2.32}$$

Gl. (2.7) stellt also den Spezialfall von Gl. (2.31) für $p = 0$ dar. Nach Gl. (2.31) folgt das Frequenzverhalten der Inverterverstärkung einem Tiefpaß 1. Ordnung. Um den Frequenzgang dieses Verstärkertiefpasses zu analysieren, muß der Einfluß der negativen Polstelle bei $p = -\omega_{P1}$ auf die Übertragungsfunktion $\boldsymbol{V}(p)$ untersucht werden. Eine übersichtliche Darstellung des Polstelleneinflusses auf den Frequenzgang der Verstärkung gestattet das Bode-Diagramm, in dem Betrag und Phase der Verstärkung getrennt in doppelt- bzw. einfach logarithmischer Teilung aufgetragen werden. Zu diesem Zweck wird $V(p)$ für $p = j\omega$ in Betrag (Amplitudengang) und Phase (Phasengang) zerlegt

$$V(j\omega) = |V(j\omega)|\, e^{j\varphi} \tag{2.33}$$

$$|V(j\omega)| = \frac{|V(0)|}{\sqrt{1 + \left(\frac{\omega}{\omega_{P1}}\right)^2}} \tag{2.34}$$

$$\varphi = -\arctan \omega/\omega_{P1}, \tag{2.35}$$

und für Gl. (2.34) die zusätzliche Definition des logarithmischen Amplitudenganges eingeführt

$$|V(j\omega)| \text{ in dB} = 20 \lg |V(j\omega)| = 20 \lg |V(0)| - 20 \lg \left(1 + \left(\frac{\omega}{\omega_{P1}}\right)^2\right)^{1/2}. \tag{2.36}$$

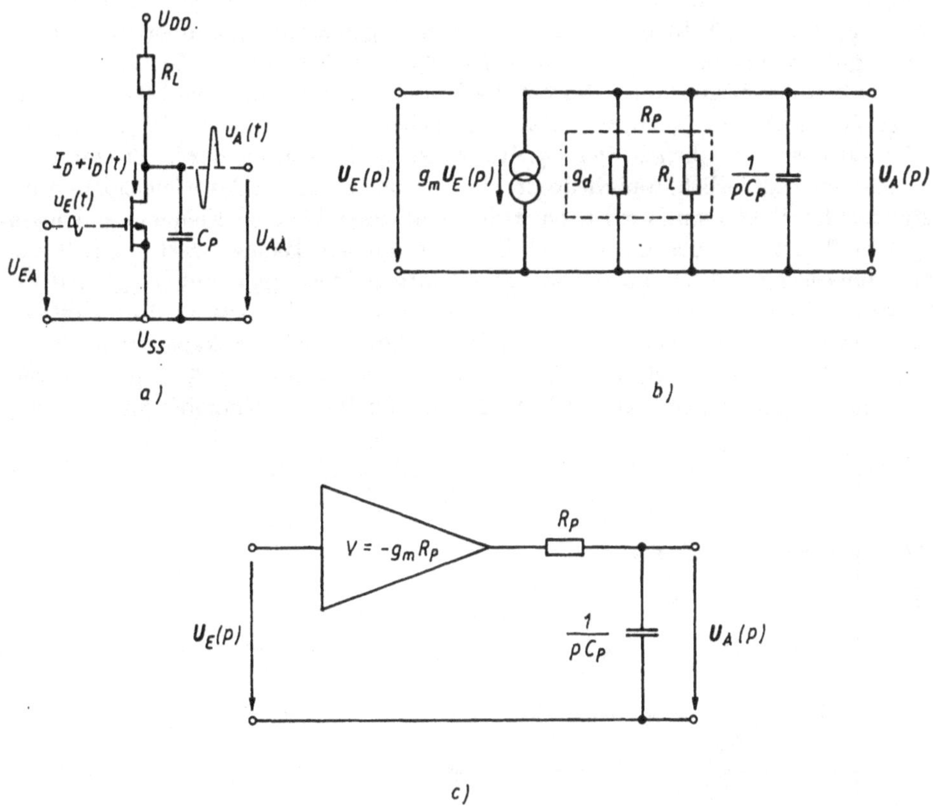

Abb. 2.7 Ableitung der Ersatzschaltbilder zur Beschreibung des Frequenzverhaltens eines Inverterverstärkers;
a) Inverterstufe mit zeitkontinuierlichen Ein- und Ausgangssignalen $u_E(t)$, $u_A(t)$ im linearen Verstärkerbetrieb,
b) Kleinsignalersatzschaltbild eines Verstärkertiefpasses 1. Ordnung,
c) äquivalente Darstellung des Verstärkertiefpasses nach b)

Den Phasen- und Amplitudengang nach Gl. (2.35), Gl. (2.36) eines Inverters zeigen die Abbildungen 2.8a), b). Daraus wird ersichtlich, daß mit steigender Frequenz beim Überschreiten der Polfrequenz ω_{P1} (Grenzfrequenz der Verstärkerstufe bzw. Eckfrequenz im Bode-Diagramm) der Verstärkungsbetrag um 20 dB/Dekade abfällt und eine maximale Phasenrückdrehung von $-90°$ stattfindet. An der Stelle $\omega = \omega_{P1}$ beträgt nach Gl. 2.35) die Phasendrehung $-45°$ und nach Gl. (2.36) der Amplitudenabfall -3 dB, so daß ω_{P1} auch als ($-45°$)- oder (-3 dB)-Frequenz bezeichnet wird

$$\omega_{P1} = \omega_{(-45°)} = \omega_{(-3\,dB)}. \tag{2.37}$$

Verfolgt man den Verstärkungsabfall nach Abb. 2.8a) bis zu der Stelle, wo der Betrag der Verstärkung $|\boldsymbol{V}(j\omega)| = 1$ bzw. $|\boldsymbol{V}(j\omega)|$ in dB $= 0$ wird, ergibt sich die sogenannte Transit- oder 0-dB-Durchgangsfrequenz aus Gl. (2.34) bzw. Gl. (2.36), Gl. (2.37) mit

$$\omega_T = \omega_{(0\,dB)} \cong \omega_{(-3\,dB)}\,|\boldsymbol{V}(0)|. \tag{2.38}$$

Die mit Gl. (2.31) bis Gl. (2.38) angestellten Betrachtungen lassen sich qualitativ auf den E/E-, E/D- und N/P-Inverter nach den Abbildungen 2.4a), c), e) übertragen, d. h., auch hier gilt das analoge Tiefpaßmodell nach Beziehung von Gl. (2.31) für das Frequenzverhalten der Verstärkung. Da die Niederfrequenzverstärkungen schon bekannt sind (vgl. Gl. (2.21), Gl. (2.23), Gl. (2.25)), brauchen nur noch die Polfrequenzen mit ihren Parametern angegeben zu werden. Hierzu ist die Ermittlung der konkreten Knotenkapazitäten erforderlich, was wiederum die Vervollständigung des Kleinsignalersatzschaltbildes des MOS-Transistors nach Abb. 2.3b) unter höheren Frequenzen voraussetzt. Diese Schritte werden im Anhang A2 unternommen. Danach wird deutlich, daß die Gateabmessungen B/L, die Größe der effektiven Steuerspannung U_{GSE} und der damit verbundene physikalische Arbeitsbereich des MOS-Transistors die Wahl des Kleinsignalmodells einschließlich der Genauigkeit der modellierten kapazitiven Zweige bestimmen. Auszugsweise würde sich für Kanallängen $5\,\mu m \leqq L \leqq 10\,\mu m$, größere effektive Steuerspannungen von mehreren 100 mV im Pinch-off-Bereich unter Strong-

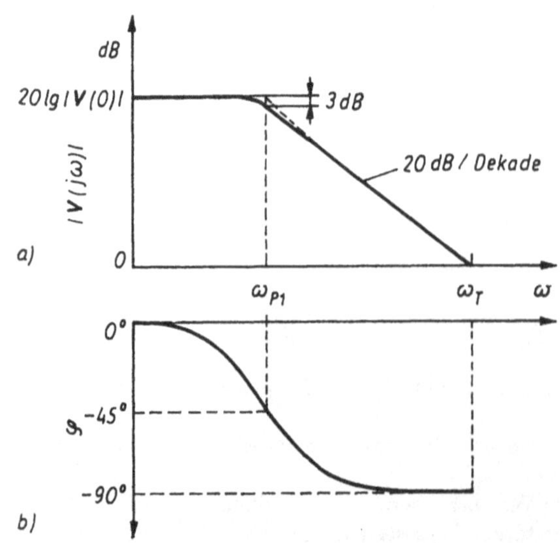

Abb. 2.8 Darstellung von Amplituden (a)- und Phasengang (b) eines Verstärkertiefpasses 1. Ordnung

inversion-Bedingungen mit dem verwendeten Kleinsignalmodell nach Abb. A2.2 für die einzelnen Stufen

E/E-Stufe:

$$C_P \cong C_{DB1} + C_{SB2} + C_{GS2} + C_Z + C_A \tag{2.39}$$

$$\omega_{(-3dB)EE} \cong \frac{(1+\lambda_2)\, g_{m2} + g_{d1} + g_{d2}}{C_P} = \frac{1}{R_P C_P}, \tag{2.40}$$

E/D-Stufe:

$$C_P \cong C_{DB1} + C_{SB2} + C_{GD2} + C_{gbo2} + C_Z + C_A \tag{2.41}$$

$$\omega_{(-3dB)ED} \cong \frac{\lambda_2 g_{m2} + g_{d1} + g_{d2}}{C_P} = \frac{1}{R_P C_P}, \tag{2.42}$$

N/P-Stufe:

$$C_P \cong C_{DB1} + C_{DB2} + C_{GD2} + C_Z + C_A \tag{2.43}$$

$$\omega_{(-3dB)NP} \cong (g_{d1} + g_{d2})/C_P = \frac{1}{R_P C_P} \tag{2.44}$$

ergeben (C_Z: Zuleitungskapazität, C_A: Belastung durch die angesteuerte Stufe). Für die Knotenkapazitäten in Gl. (2.39), Gl. (2.41), Gl. (2.43) wird auf die Beziehungen nach Gl. (A2.10), Gl. (A2.11), Gl. (A2.16) bis Gl. (A2.19), Gl. (A2.21), Gl. (A2.22) verwiesen, wobei die Gate-Drain-Kapazität des Basistransistors C_{GD1} bisher vernachlässigt wurde. In Abb. 2.9a) wird gezeigt, daß für hochohmige Lasttransistoren der E/E- oder N/P-Stufe beispielsweise die Kapazität C_{gbo2} nach Gl. (A2.32) wechselspannungsmäßig kurzgeschlossen ist. Das gemeinsame diffundierte Gebiet $A_{(///)}$ für die Raumladungskapazitäten $C_{DB1} + C_{SB2}$ bzw. $C_{DB1,2}$ im Layoutentwurf verdeutlicht Abb. 2.9b).
Aus dem Vergleich der einzelnen Niederfrequenzverstärkungen mit den Polfrequenzen erkennt man den allgemeingültigen Zusammenhang, daß mit wachsendem Knotenwiderstand R_P die Verstärkung zu- und die Bandbreite $\omega_{(-3dB)}$ abnimmt (vgl. Gl. (2.10) mit Gl. (2.32), Gl. (2.37)). Ein gewisser Kompromiß zwischen diesen gegenläufigen Tendenzen läßt sich dadurch schließen, daß der Querstrom der einzelnen Invertverstärker in Abb. 2.3a), c), e) vergrößert wird. Das geht auf Kosten der Verlustleistung und Layoutfläche, da mit diesen Maßnahmen eine Erhöhung der B_1/L_1- und B_2/L_2-Werte von Basis- und Lasttransistor verbunden ist (s. Gl. (2.30)). Untersucht man als charakteristischen Parameter die Transitfrequenz ω_T (Verstärkungs-Bandbreite-Produkt) nach Gl. (2.38), folgt für sämtliche Inverter mit Gl. (2.15), Gl. (A1.17) bis Gl. (A1.19) die einheitliche Beziehung

$$\omega_T = \frac{g_{m1}}{C_P} = \frac{2 I_D}{(U_{GSA1} - U_{Pn1})\, C_P} \approx \frac{(\mu_n F_n)\, \dfrac{\varepsilon_{ox}}{d_{ox}}\, \dfrac{B1}{L1}\, (U_{GSA1} - U_{Pn1})}{C_P}. \tag{2.45}$$

Unter der Voraussetzung gleicher Betriebsbedingungen hängt das Verstärkungs-Bandbreite-Produkt in Gl. (2.45) nur von den unterschiedlichen Knotenkapazitäten C_P ab und wird technologisch in den überwiegenden Fällen durch die Größe der Gateoxid-

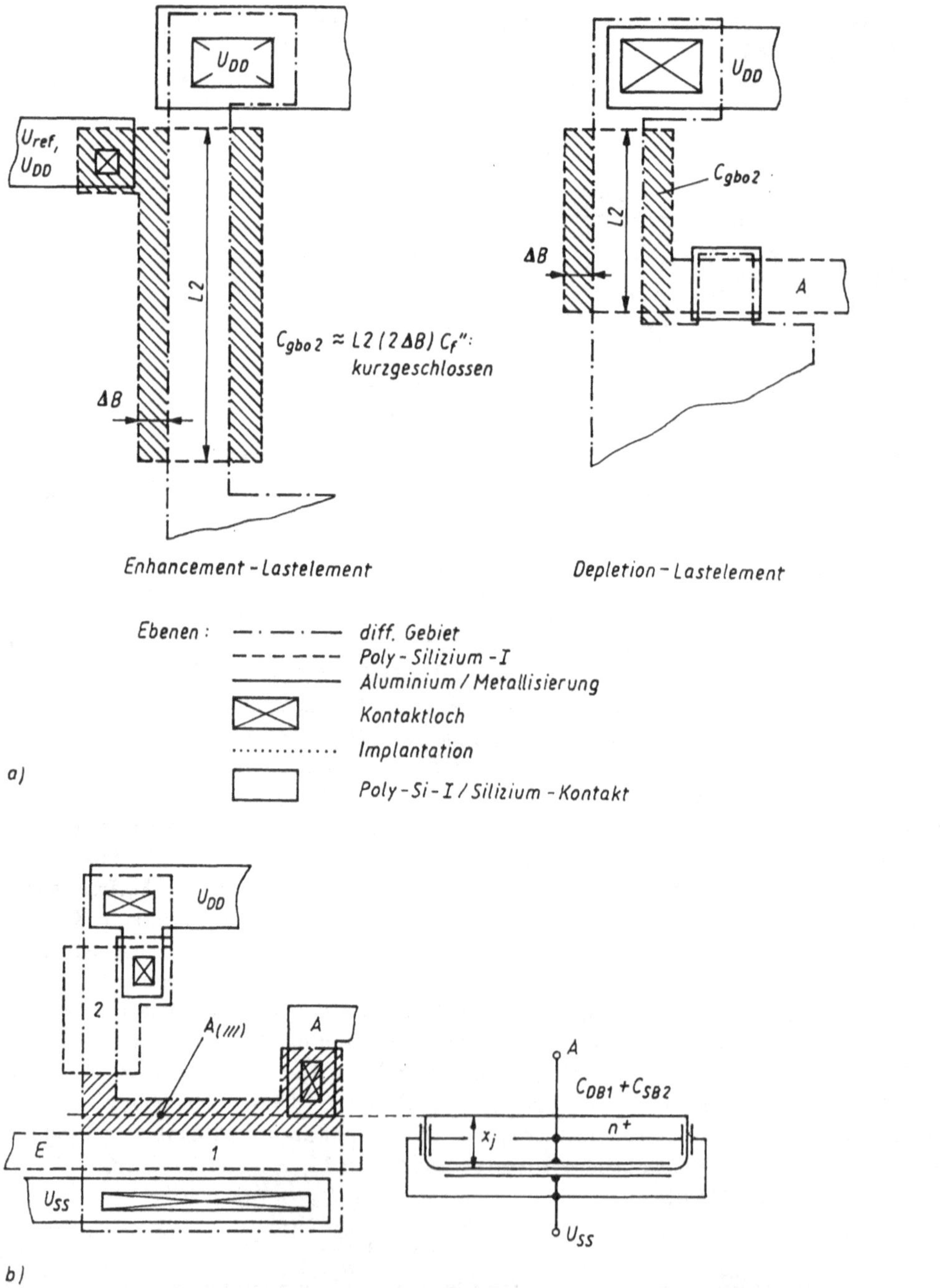

Abb. 2.9 Layout eines nSGT-Inverters;

a) Entwurf von Lasttransistoren unterschiedlicher Technologien und Einzeichnung der Layoutwerte zur näherungsweisen Ermittlung von C_{gbo2},

b) näherungsweise Bestimmung der Fläche $A_{(///)}$ für die Raumladungskapazitäten nach Gl. (A2.16) (zuzüglich Umrandung des diff. Gebietes $\times$ Eindringtiefe x_j)

dicke d_{ox} beeinflußt, d. h.

$$\omega_T \sim \frac{1}{d_{ox}}. \tag{2.46}$$

Liegen die innerelektronischen- und Layoutkapazitäten des Inverterverstärkers in der gleichen Größenordnung wie die Kapazität der angesteuerten Stufenlast C_A, ergeben

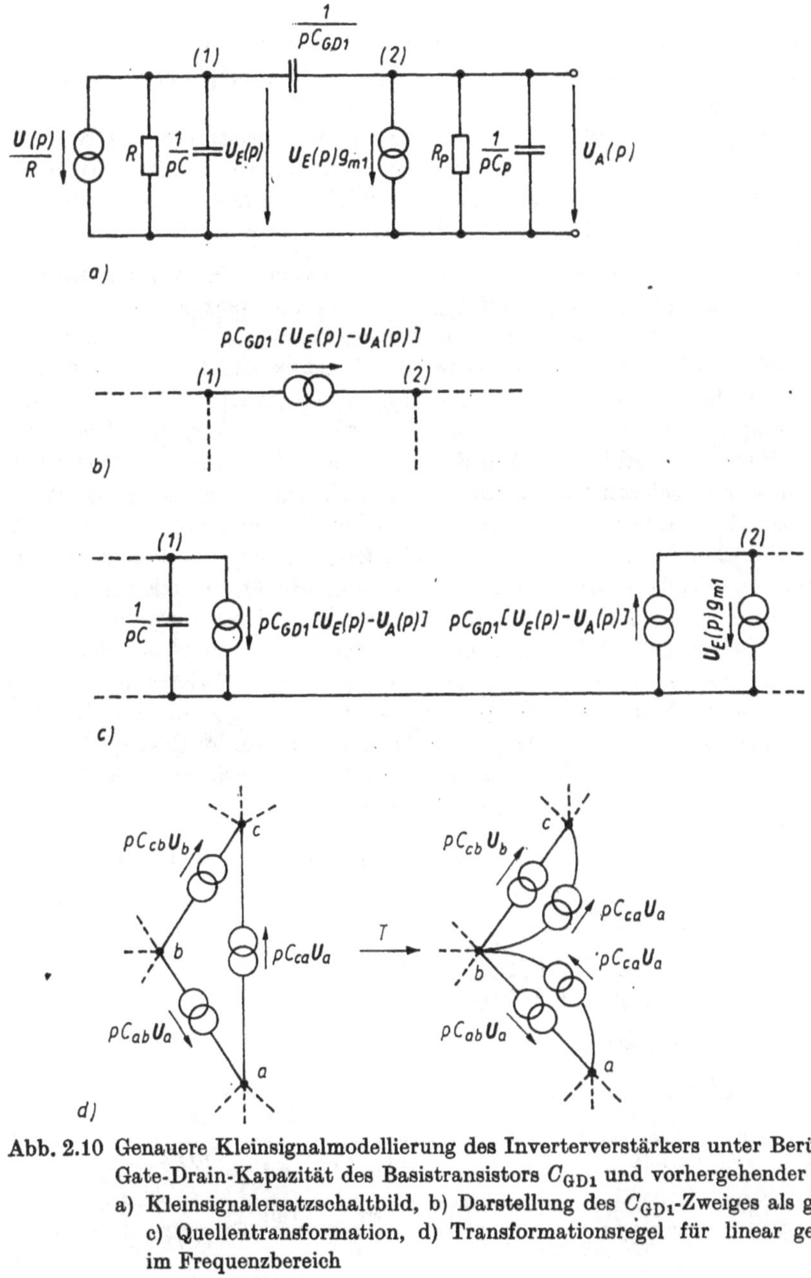

Abb. 2.10 Genauere Kleinsignalmodellierung des Inverterverstärkers unter Berücksichtigung der Gate-Drain-Kapazität des Basistransistors C_{GD1} und vorhergehender Signalquelle;
a) Kleinsignalersatzschaltbild, b) Darstellung des C_{GD1}-Zweiges als gesteuerte Quelle, c) Quellentransformation, d) Transformationsregel für linear gesteuerte Quellen im Frequenzbereich

sich folgende wichtige Aussagen:

- Besonders hohe Transitfrequenzen ω_T lassen sich nach Gl. (2.45) durch Optimierung zwischen der Steilheit des Basistransistors g_{m1} und einem minimierten diffundierten Gebiet zwischen Basis- und Lasttransistor vor allem für die E/D- und N/P-Stufe erzielen, da deren Raumladungskapazitäten $C_{DB1} + C_{DB2}$ nach Gl. (2.41) bzw. $C_{DB1} + C_{DB2}$ nach (Gl. (2.43) für alle Querströme eine dominierende Rolle übernehmen.
- Maximale Transitfrequenzen werden in der Regel in den Einkanaltechnologien erzielt, da ein gemeinsames diffundiertes Gebiet $C_{DB1} + C_{DB2}$ in den Komplementärtechnologien layoutmäßig nicht realisierbar ist.
- Eine Vergrößerung der einstellbaren Bulkdotierung N_B erweist sich als Nachteil für ω_T, da nach Gl. (A2.16), Gl. (A2.17) eine Erhöhung sämtlicher Raumladungskapazitäten stattfindet. Gleichfalls wird nach Gl. (A1.18), Gl. (A1.19) die Beweglichkeit μ_n in Gl. (2.45) durch den Faktor F_n reduziert.

Um anschließend die Auswirkungen der bisher vernachlässigten innerelektronischen- oder im einfachsten Fall äußeren Kapazität C_{GD1} auf den Frequenzgang der Verstärkung $V(p)$ kennenzulernen, wird das in erster Näherung für alle Invertertypen gültige Tiefpaßmodell nach Abb. 2.7b) in Abb. 2.10a) überführt, wobei für R, C (vorhergehende Verstärkerstufe bzw. Signalquelle) und R_P, C_P die jeweiligen Parameter der konkreten Schaltungen z. B. nach Gl. (2.39) bis Gl. (2.44) einzusetzen sind. Der kapazitive Zweig C_{GD1} läßt sich in Abb. 2.10b) in Form einer linear gesteuerten Stromquelle darstellen, die mit der Regel von Abb. 2.10c) transformierbar ist. An dieser Stelle sei hervorgehoben, daß die verallgemeinerte Transformation T einer gesteuerten linearen Stromquelle in Abb. 2.10d) von den Transformationsregeln für unabhängige Strom- und Spannungsquellen abgeleitet wurde, die bei [Rein 76], [Scot 60] zu finden sind. Diese Transformationsregeln gehen letztlich auf die Spannungsquellentransformation nach Blakesley [Blak 94] zurück, d. h., nach mehr als 90 Jahren zeigt das Blakesley-Theorem in modifizierter Form auch in der Kleinsignalanalyse wieder eine nützliche Anwendungsmöglichkeit. Mittels Knotenspannungsanalyse wird nun das Knotengleichungssystem (1), (2) für Abb. 2.10a), c) aufgestellt, dessen Auflösung dann zu einer übersichtlichen Übertragungsfunktion $V(p)$ führt (Faktorisierung des Nennerpolynoms), wenn durch die Größe von C_{GD1} die Näherung

$$\left(RC + R_P(C_{GD1} + C_P) + R(1 + g_{m1}R_P)\,C_{GD1}\right)^2 \gg RR_P\left(C_{GD1}(C + C_P) + CC_P\right) \tag{2.47}$$

gesichert ist. Man erhält

$$V(p) = V(0)\,\frac{(1 - P/\omega_{N1})}{(1 + p/\omega_{\tilde{P}1})\,(1 + p/\omega_{\tilde{P}2})} \tag{2.48}$$

$$\text{mit } V(0) = -g_{m1}R_P, \tag{2.49}$$

$$\omega_{N1} = g_{m1}/C_{GD1}, \tag{2.50}$$

$$\omega_{\tilde{P}1} \cong \frac{1}{RC + R_P(C_{GD1} + C_P) + R(1 + g_{m1}R_P)\,C_{GD1}} \ll \frac{1}{RC}, \tag{2.51}$$

$$\omega_{\tilde{P}2} \cong \frac{RC + R_P(C_{GD1} + C_P) + R(1 + g_{m1}R_P)\,C_{GD1}}{RR_P\left(C_{GD1}(C + C_P) + CC_P\right)} > \frac{1}{R_P C_P}. \tag{2.52}$$

Aus Gl. (2.52) wird deutlich, daß die ehemalige Polfrequenz $\omega_{(-3\,\mathrm{dB})} = 1/(R_\mathrm{P}C_\mathrm{P})$ der Inverter nach Gl. (2.40), Gl. (2.42) oder Gl. (2.44) vergrößert wird, die Polfrequenz der vorhergehenden Stufe $\omega_{(-3\,\mathrm{dB})} = 1/(RC)$ nach Gl. (2.51) aber herabgesetzt wurde (Pole-splitting-Effekt). Gleichzeitig wird im Nenner von Gl. (2.51) der Miller-Effekt deutlich, indem die im wesentlichen um die Niederfrequenzverstärkung $\boldsymbol{V}(0)$ dynamisch vergrößerte Kapazität

$$C_\mathrm{M} = \left(1 + g_{\mathrm{m}1}R_\mathrm{P}\right) C_{\mathrm{GD}1} = \left(1 - \boldsymbol{V}(0)\right) C_{\mathrm{GD}1} \tag{2.53}$$

entstanden ist. Durch ihre Funktion soll $C_{\mathrm{GD}1}$ als Pole-splitting-Kapazität bezeichnet werden. Solange mit dem einfachen Kleinsignalmodell nach Abb. A2.2 gerechnet wird, ist $C_{\mathrm{GD}1}$ im Langkanalbereich als Streukapazität nach Gl. (A2.11) erst für größere Verstärkungsfaktoren $\left(1 - \boldsymbol{V}(0)\right)$ zu berücksichtigen. Dagegen ist nach Gl. (A2.15) im Kurzkanalbereich $C_{\mathrm{GD}1}$ grundsätzlich nicht einfach vernachlässigbar. Wird für Transistoren mit großen Gateabmessungen, z. B. $L > 10\ \mu\mathrm{m}$, $B > 50\ \mu\mathrm{m}$, bei vor allem kleineren effektiven Steuerspannungen U_GSE (Übergang vom Pinch-off- in den Subthreshold-Bereich) mit dem genaueren Kleinsignalmodell nach Abb. A2.7 gearbeitet, folgt für den allgemeinen Inverterverstärker das Kleinsignalersatzschaltbild in Abb. 2.11. Der zu Gl. (2.47) bis Gl. (2.52) analoge Weg führt auf die Pol-Nullstellenfrequenzen

$$\omega_{\mathrm{N}1} = \frac{g_{\mathrm{m}1}}{C_{\mathrm{DG}1} + C_{\mathrm{dg}1}} \tag{2.54}$$

$$\omega_{\tilde{\mathrm{P}}1} \cong \frac{1}{RC' + R_\mathrm{P}(C_{\mathrm{DG}1} + C_\mathrm{P}') + R(1 + g_{\mathrm{m}1}R_\mathrm{P})\, C_{\mathrm{DG}1}} \tag{2.55}$$

$$\omega_{\tilde{\mathrm{P}}2} \cong \frac{RC' + R_\mathrm{P}(C_{\mathrm{GD}1} + G_\mathrm{P}') + R(1 + g_{\mathrm{m}1}R_\mathrm{P})\, C_{\mathrm{DG}1}}{RR_\mathrm{P}\left(C_{\mathrm{DG}1}(C' + C_\mathrm{P}') + (C_{\mathrm{dg}1} + C')\, C_\mathrm{P}'\right)}. \tag{2.56}$$

Bereits für größere effektive Steuerspannungen $U_\mathrm{GSE} \geqq 0{,}5\ \mathrm{V}$ ist nach Gl. (A2.23) bis Gl. (A2.31) zu erkennen, daß die Nullstellenfrequenz ω_N nach Gl. (2.54) durch die genauere Kleinsignalmodellierung deutlich tiefer liegt als in Gl. (2.50) ($C_{\mathrm{GD}1} = C_{\mathrm{DG}1}$, vgl. Gl. (A2.11) mit Gl. (A2.26)). Die Eingangskapazität des Verstärkers C' in Abb. 2.11 ist mit $C' = C_{\mathrm{GB}1} + C_{\mathrm{SG}1} + C_{\mathrm{dg}1} + \cdots = C_{\mathrm{GB}1} + C_{\mathrm{GS}1} + \cdots$ durch $C_{\mathrm{GB}1}$ gegenüber C in Abb. 2.10a) vergrößert worden, für C_P' darf $C_\mathrm{P}' \cong C_\mathrm{P}$ angenommen werden, so daß

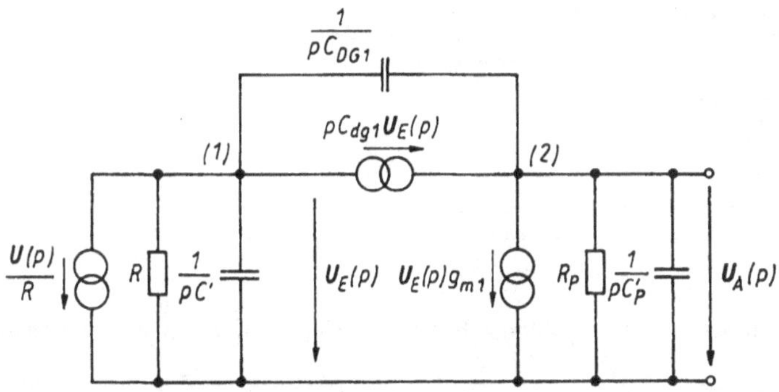

Abb. 2.11 Einsatz des genaueren Kleinsignalmodells nach Abb. A2.7 zur Beschreibung des Frequenzverhaltens des Inverterverstärkers

insgesamt in Gl. (2.55), Gl. (2.56) mit niedrigeren Frequenzwerten gerechnet wird als in Gl. (2.51), Gl. (2.52).
Die nachteilige Wirkung der herabgesetzten Polfrequenzen in Gl. (2.51), Gl. (2.55) kann sich vor allem bei auszuführenden Frequenzgangkompensationen bemerkbar machen, wenn $\omega_{\tilde{P}1}$ nicht zur dominanten Polfrequenz der Verstärkerkette erklärt wird. Als Ausweg bietet sich in diesem Fall der Einsatz einer Kaskodestufe an, die den Einfluß von C_{GD1} auf den Eingang fast vollkommen beseitigen kann (s. 2.2.1.). Neben den diskutierten Polfrequenzverschiebungen einer Verstärkerstufe erzeugt die Pole-splitting-Kapazität C_{GD1} zusätzlich die positive Nullstelle $p = \omega_{N1}$ nach Gl. (2.50) oder genauer nach Gl. (2.54). Diese Nullstelle liegt in der Regel tief in der positiven Halbebene, sollte aber stets im Pol-Nullstellenplan der gesamten Übertragungsfunktion einer Verstärkerkette überprüft werden, damit die von ihr verursachte Phasenrückdrehung bei einer Frequenzgangkompensation die einzuhaltende Phasenreserve nicht beeinträchtigt (s. 3.1.2.).
Alle getroffenen Bemerkungen über den Einfluß von C_{GD1} lassen sich zusammenfassend

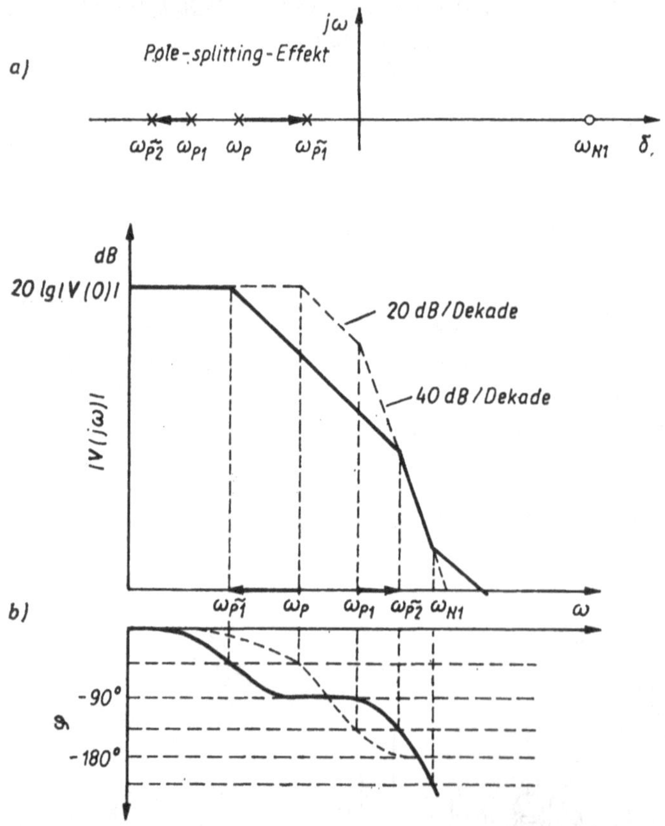

Abb. 2.12 Darstellung der Wirkung der Pole-splitting-Kapazität C_{GD1} auf die Übertragungsfunktion;
a) Pol-Nullstellen-Plan mit $\omega_P = (RC)^{-1}$, $\omega_{P1} = (R_P C_P)^{-1}$,
b) Bodediagramm nach der Pol-Nullstellenverteilung in a) und Gl. (2.57), Gl. (2.58) (−3dB-Abfall bei den Eckfrequenzen näherungsweise vernachlässigt)

im Pol-Nullstellenplan und Bode-Diagramm nach Abb. 2.12a), b) darstellen, wenn analog Gl. (2.32) bis Gl. (2.35) die Übertragungsfunktion in Gl. (2.48) umgeformt wird

$$V(\mathrm{j}\omega) \text{ in dB} = 20 \lg |V(0)| + 20 \lg \left(1 + \left(\frac{\omega}{\omega_{\mathrm{N1}}}\right)^2\right)^{1/2} - 20 \lg \left(1 + \left(\frac{\omega}{\omega_{\tilde{\mathrm{P}}1}}\right)^2\right)^{1/2} - 20 \lg \left(1 + \left(\frac{\omega}{\omega_{\tilde{\mathrm{P}}2}}\right)^2\right)^{1/2}, \tag{2.57}$$

$$\varphi = -\arctan \frac{\omega}{\omega_{\mathrm{N1}}} - \arctan \frac{\omega}{\omega_{\tilde{\mathrm{P}}1}} - \arctan \frac{\omega}{\omega_{\tilde{\mathrm{P}}2}}, \tag{2.58}$$

$$\varphi(\omega \gg \omega_{\tilde{\mathrm{P}}2}) \cong -270°. \tag{2.59}$$

2.1.3. Rauscheigenschaften von Invertern

Betrachtet wird ein E/E-Inverterverstärker, der in einem festen Arbeitspunkt bei einer idealen Eingangsgleichspannung U_{EA} und hoch konstanten Betriebsspannungen U_{DD}, U_{SS} eine stationäre Ausgangsspannung U_{AA} liefert. Diese Gleichspannung am Ausgang ist über einen vorgegebenen Zeitintervall strenggenommen nicht konstant, sondern unterliegt einer statistischen zeitlichen Schwankung, die als Rauschen bezeichnet wird [Müll 79] (s. Abb. 2.13).

Da solche regellosen Schwankungen weder vorhersagbar, reproduzierbar noch analytisch erfaßbar sind, ist man vor allem auf Kenngrößen angewiesen, die zeitlich einen Mittelwert repräsentieren. Hierzu wird die zeitliche Abweichung der Ausgangsspannung $u_{\mathrm{AA}}(t)$ von ihrem Mittelwert

$$\overline{U_{\mathrm{AA}}} = \lim_{T\to\infty} \frac{1}{2T} \int_{-T}^{+T} u_{\mathrm{AA}}(t)\, \mathrm{d}t \tag{2.60}$$

gebildet und als Rauschfunktion bzw. Rauschgröße $r(t)$ bezeichnet [Möwi 77], [Müll 79]

$$r(t) = u_{\mathrm{AA}}(t) - \overline{U_{\mathrm{AA}}}. \tag{2.61}$$

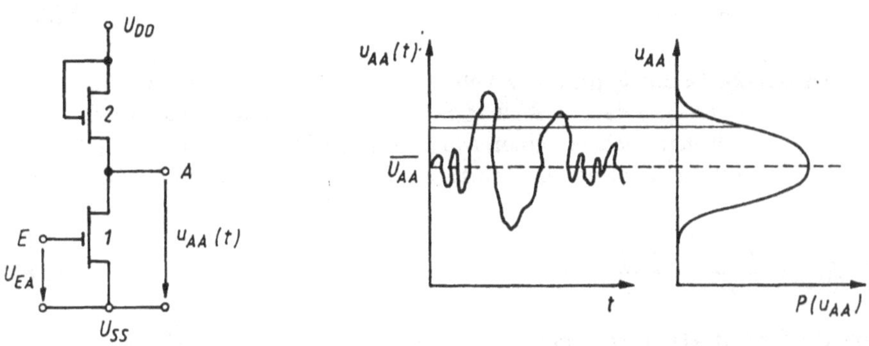

Abb. 2.13 Darstellung der statistischen zeitlichen Schwankung der Inverterausgangsspannung $u_{\mathrm{AA}}(t)$ infolge eines Rauschvorganges

Als Richtwert dieses statistischen Vorganges berechnet sich der interessierende Effektivwert der Rauschgröße $r(t)$, ähnlich dem Effektivwert einer periodischen Funktion, aus dem zeitlichen Mittelwert des Schwankungsquadrates $r^2(t)$ bzw. der Varianz σ^2 mit

$$\sigma = \sqrt{\overline{r^2(t)}} = \sqrt{\lim_{T\to\infty} \frac{1}{2T} \int_{-T}^{+T} \left(r(t)\right)^2 \, dt} \tag{2.62}$$

(σ: rms-value (root mean square value)). Für die praktische Auswertung von Gl. (2.62) hat die durchzuführende Integration zunächst nur formale Bedeutung, so daß zur Bestimmung des Effektivwertes σ ein anderer Weg eingeschlagen werden muß. Untersucht man das Frequenzverhalten der Rauschfunktion $r(t)$ näher, läßt sich daraus eine brauchbare Approximation für σ finden. Nach Abb. 2.13 und Gl. (2.61) kann $r(t)$ alle Frequenzen enthalten, wobei zwischen der Frequenz und der Amplitude von $r(t)$ meist eine Korrelation besteht. Dieser Zusammenhang wird verständlich, wenn man nach Abb. 2.14 innerhalb eines konstanten, in der Regel sehr schmalen Frequenzbandes $\Delta f = f_{i+1} - f_i$ den jeweiligen quadratischen Effektivwert der Rauschgröße

$$\sigma_i^2(f) = S(f_{mi}) \, \Delta f \tag{2.63}$$

registriert. Werden diese quadratischen Effektivwerte summiert, folgt nach [Möwi 77], [Müll 79] näherungsweise

$$\sigma^2 \approx \sum_{i=1}^{n} \sigma_i^2(f) = \sum_{i=1}^{n} S(f_{mi}) \, \Delta f \tag{2.64}$$

bzw. für Gl. (2.62) die entsprechende Abschätzung. Wird das Frequenzband Δf immer weiter verringert, ergibt sich beim Grenzübergang $\Delta f \to df$ in Gl. (2.64) aus der Summation eine Integration $\left(\sigma_i^2(f)\right.$ wird in Abb. 2.14 Spektrallinie $\left.\sigma_i^2(f_{mi})\right)$. Die Ausführung ist meßtechnisch problematisch, d. h., σ^2 ist stets ein Näherungswert. Als Meßsystem für diesen Vorgang dient ein Bandpaß, der ein Frequenzband mit z. B. $\Delta f = 1$ Hz festlegt und in Abhängigkeit der Mittenfrequenz $f_{mi} = f_i + \dfrac{\Delta f}{2}$ beim Durchlaufen des Frequenzbereiches f den zugehörigen spektralen quadratischen Effektivwert gemäß Gl. (2.63)

$$S(f_{mi}) = \frac{\sigma_i^2(f_{mi})}{\Delta f} \tag{2.65}$$

herausfiltert [Aoki 82]. Damit könnte letztlich auf Gl. (2.64) geschlossen werden, wenn der gesamte Frequenzbereich f nach Abb. 2.14 bekannt wäre. In der Praxis ist das nicht immer der Fall, so daß man sich für einen vorgegebenen Frequenzintervall allgemein auf die Darstellung des sogenannten Schmalbandrauschspektrums (spektrale Leistungsdichte) nach [Müll 79] mit

$$S(f) = \frac{\overline{r_s^2(t)}}{\Delta f} = \frac{\sigma_s^2(f)}{\Delta f} \tag{2.66}$$

oder den spektralen Effektivwert selber

$$\sigma_s(f) = \sqrt{S(f)} \sqrt{\Delta f} \tag{2.67}$$

beschränkt (vgl. Gl. (2.65) und Abb. 2.14). Aus diesem Grund werden die weiteren Überlegungen anhand Gl. (2.66) oder Gl. (2.67) durchgeführt.

Da für viele Verstärkerschaltungen der spektrale Effektivwert der Eingangsrauschspannung $e_s(f)$, oder kurz die Eingangsrauschspannung, ein wichtiger Analogparameter ist, wird diese für die Einzelstufen und somit auch für den E/E-Inverter aus dem jeweiligen spektralen Effektivwert der Ausgangsrauschspannung $\sigma_s(f)$, bzw. auch kürzer der Ausgangsrauschspannung, gewonnen. Zur Bestimmung von $\sigma_s(f)$ werden die Abbildungen 2.15a), ..., d) betrachtet. Die hier dargestellte Verfahrensweise läßt sich von den Analysemethoden der Rauschquellenersatzschaltbilder ableiten, die den Regeln der Statistik unterworfen sind. Werden in erster Näherung spektrale unkorrelierte

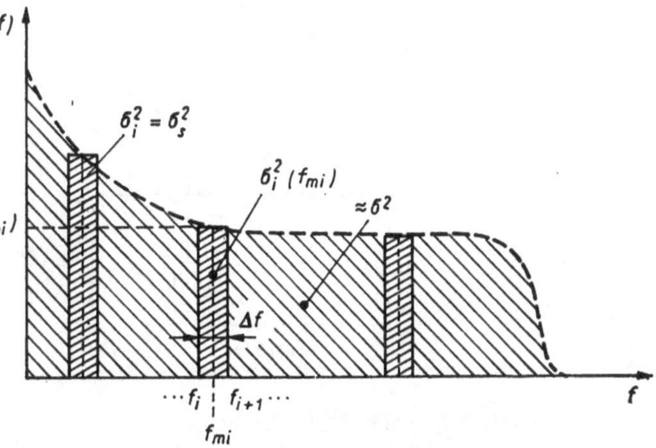

Abb. 2.14 Darstellung des Zusammenhanges zwischen Schmalbandrauschspektrum $S(f)$ nach Gl. (2.66) und dem genäherten Quadrat des Effektivwertes σ^2 der Rauschgröße $r(t)$ nach Gl. (2.64)

Ausgangsrauschquellen des Basis- und Lasttransistors $\sigma_{s1}(f)$, $\sigma_{s2}(f)$ angenommen, lassen sich diese über die Niederfrequenzverstärkungen $V_1(0)$, $V_2(0)$ mit

$$\sigma_{s1}(f) = V_1(0)\, e_1(f) \tag{2.68}$$

$$\sigma_{s2}(f) = V_2(0)\, e_2(f) \tag{2.69}$$

auf den Eingang des zugehörigen Transistors transformieren, so daß nach Abb. 2.15a), c) am Inverterausgang die Einzelwirkungen, herrührend von den äquivalenten spektralen Eingangsrauschquellen, entstehen. Hierbei wurden für Gl. (2.68), Gl. (2.69) die linearen frequenzunabhängigen Kleinsignalersatzschaltbilder 2.15b), d) angesetzt, da sich bei sehr schmalen Bandbreiten Δf die spektralen Effektivwerte $e_1(f)$, $e_2(f)$ als konstante Signalwerte ansehen lassen. Das meßbare spektrale Ausgangsrauschsignal $\sigma_s(f)$ ergibt sich nun infolge des statistischen unkorrelierten Rauschvorganges aus der Überlagerung der Rauschspannungsquadrate $\sigma_{s1}^2(f)$, $\sigma_{s2}^2(f)$, d. h., mit Gl. (2.68) und Gl. (2.69) folgt

$$\sigma_s(f) = \sqrt{\left(e_1(f)\, V_1(0)\right)^2 + \left(e_2(f)\, V_2(0)\right)^2}. \tag{2.70}$$

In Gl. (2.70) wird letztlich die gleichzeitige Wirkung von $e_1(f)$, $e_2(f)$ verdeutlicht, so daß schließlich das einfache Ersatzschaltbild nach Abb. 2.15e) des E/E-Inverters mit den beiden Eingangsrauschquellen entsteht.

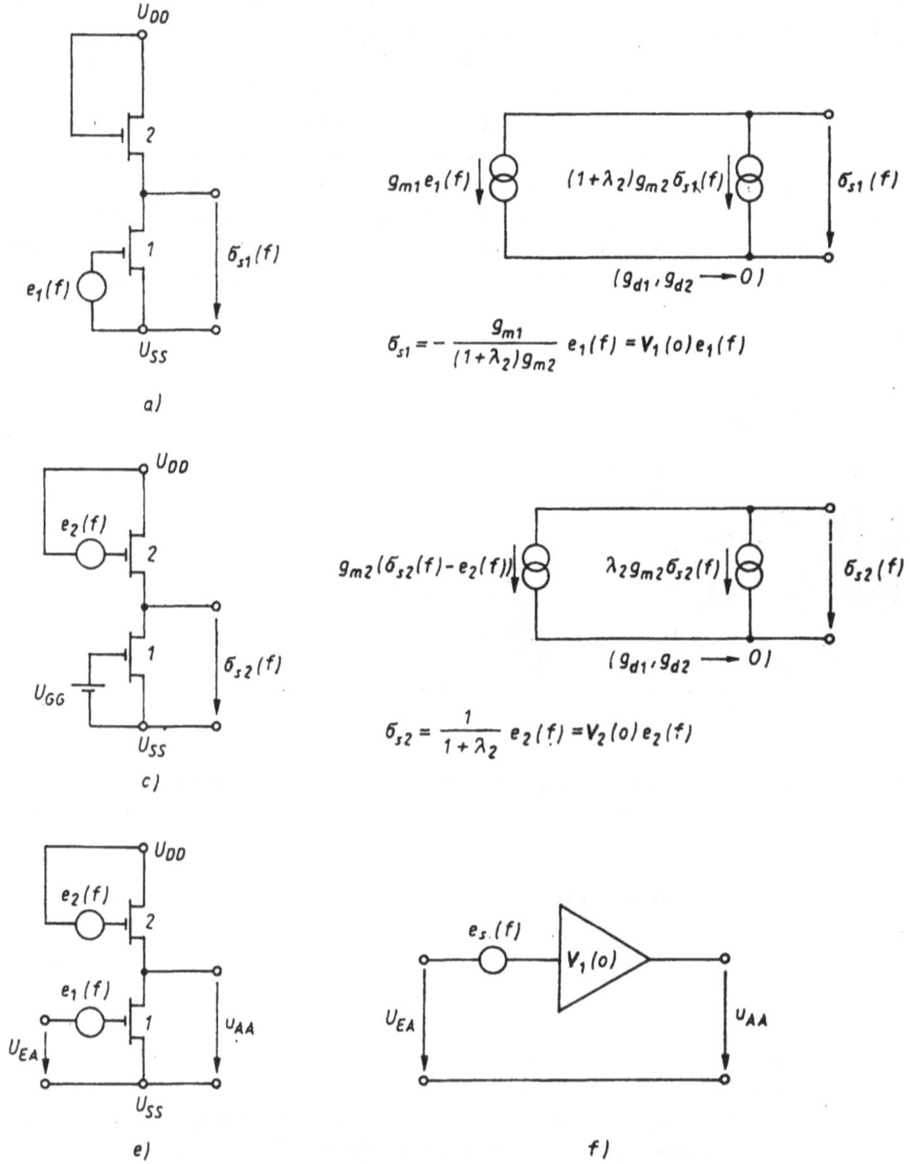

Abb. 2.15 Rauschquellenersatzschaltbilder zur Bestimmung der äquivalenten Eingangsrauschspannung $e_s(f)$ eines E/E-Inverters (Bulkanschlüsse nach der Vorschrift von Abb. 2.4a) der Einfachheit halber weggelassen);
a) ..., d) Verstärkungswege der unkorrelierten Eingangsrauschspannungen,
e) Rauschquellenersatzschaltbild mit den äquivalenten Eingangsrauschspannungen $e_1(f)$, $e_2(f)$,
f) E/E-Inverter mit einer äquivalenten Ersatzrauschquelle $e_s(f)$

Die gesuchte äquivalente Ersatzrauschspannung $e_s(f)$ am Eingang des E/E-Inverters läßt sich, analog Gl. (2.68), aus der einfachen Überlegung

$$\sigma_s(f) = e_s(f)\, V_1(0) \tag{2.71}$$

ermitteln. Damit liefern die Gleichungen (2.70), (2.71) den spektralen Effektivwert der äquivalenten Eingangsrauschspannung des E/E-Inverters

$$e_s(f) = e_1(f) \sqrt{1 + \left(\frac{e_2(f)\, V_2(0)}{e_1(f)\, V_1(0)}\right)^2}. \tag{2.72}$$

In [Bert 79] findet sich der meßtechnische Nachweis, daß Gl. (2.72) das Rauschverhalten eines Inverters mit den für jeden Transistor zugeordneten Rauschspannungsquellen ausreichend für die Praxis widerspiegelt.
Die eingangsseitige Ersatzrauschquelle nach Gl. (2.72), verbunden mit dem nachfolgenden Niederfrequenzverstärker, bildet die typische allgemeine Rauschquellen-Verstärkeranordnung nach Abb. 2.15f.). Eine übliche Kettenschaltung der eingangsseitig rauschenden Stufen geht wieder vom unkorrelierten Verhalten dieser bei der Ermittlung der auf den Eingang bezogenen Gesamtrauschspannung aus.

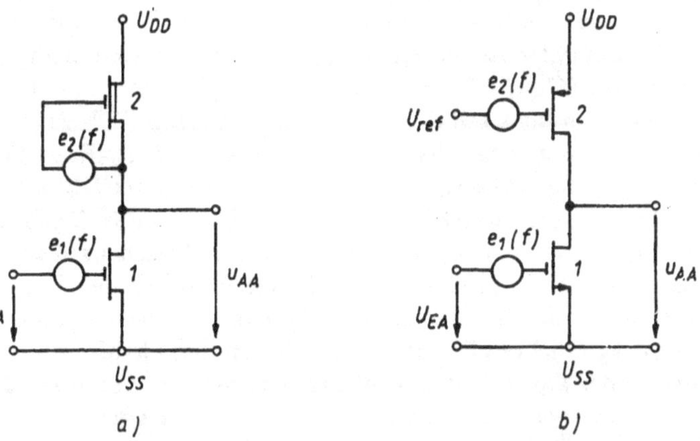

Abb. 2.16 Einfache Rauschquellenersatzschaltbilder für (a) den E/D-Inverter und (b) den N/P-Inverter analog Abb. 2.15e)

Das beschriebene Vorgehen ist auch auf andere Inverterverstärker übertragbar (s. Abb. 2.16a), b)) und führt qualitativ auf den gleichen spektralen Effektivwert wie in Gl. (2.72), wobei für $V_1(0)$, $V_2(0)$ die jeweiligen Niederfrequenzverstärkungen gemäß dem Signalweg von $e_1(f)$, $e_2(f)$ anzunehmen sind [Bert 79]. Um zu konkreten Aussagen bezüglich der Rauschminimierung durch die technologischen und lateralen Entwurfsparameter zu gelangen, ist es notwendig, zuerst die Eingangsrauschspannung $e_1(f)$ des n-Kanal-Enhancementtransistors näher zu untersuchen.
Für den n-Kanal-Enhancementtransistor ergibt sich der spektrale Effektivwert $e_1(f)$ stets aus der Überlagerung mehrerer Rauschspektren, wobei in Abhängigkeit von der Frequenz bestimmte Rauschanteile dominieren. Den für MOS-Transistoren typischen Verlauf des Schmalbandrauschspektrums zeigt Abb. 2.17.

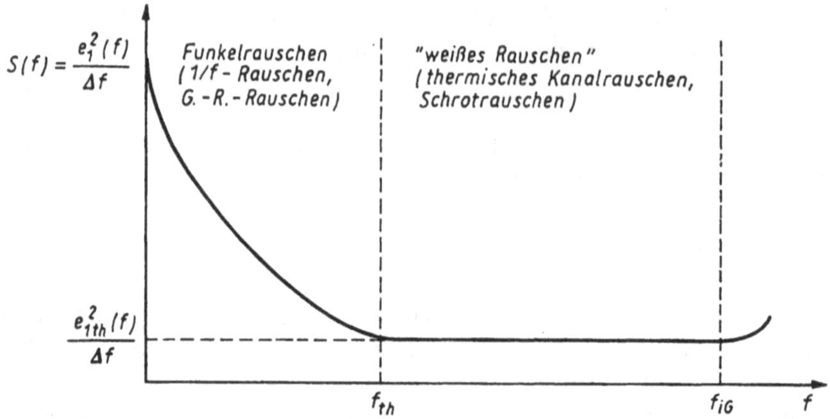

Abb. 2.17 Schmalbandrauschspektrum eines n-Kanal-Enhancementtransistors

Im Bereich niedriger Frequenzen wird das Gesamtrauschen des MOS-Transistors als Funkelrauschen (flicker noise) angesetzt und ergibt sich im wesentlichen aus dem $1/f$-Rauschspektrum infolge der statistischen Besetzung der Oberflächen- und Zwischenschichtzustände mit Ladungen und dem Generations-Rekombinationsrauschspektrum infolge der statistischen Schwankung der Rekombinationszentren in der Raumladungszone zwischen Kanal und Substrat [Möwi 77], [Schu 78]. Da das physikalische Modell des Generations-Rekombinationsrauschens teilweise umstritten ist [Möwi 77], wird das Funkelrauschen näherungsweise durch das physikalische Modell des $1/f$-Rauschens interpretiert, das auf der Tunnelung zwischen Oberflächenladungen und Zwischenschichtzuständen (traps) im Oxid basiert [Aoki 82], [Hsu 70], [Chri 68], [FuSa 72]. Unter der Voraussetzung einer sehr geringen Tiefe d_{oz} der Verteilung der Zwischenschichtzustände im Oxid $d_{ox}(d_{oz} \sim 2\,\text{nm},\ d_{ox} \gg d_{oz}$ [Heim 65]) wird letztlich durch den Tunnelmechanismus der Ladungsträger an der Si/SiO_2-Grenzfläche das Oberflächenpotential moduliert, was eine Ladungsträgerdichteschwankung im Kanal hervorruft, die mit einem Drainrauschstrom bzw. einer äquivalenten Eingangsrauschspannung verbunden ist. Deren spektrales Schwankungsquadrat entspricht nach [Hsu 70] etwa dem $1/f$-Charakter und wird für Metall-Gate-Technologien im Pinch-off-Bereich in der Form

$$e_1^2(f) = \frac{a(f)}{B_1 L_1} \tag{2.73}$$

mit

$$a(f) = \left(\frac{d_{ox}^2 k T N_t h}{4\pi \sqrt{2 m E_B}\,(\mu_n \varepsilon_{ox})^2}\, U(f)\right) \Delta f \tag{2.74}$$

und

$$U(f) \cong \begin{cases} \text{konst. für sehr tiefe Frequenzen } (1\,\text{Hz} <) \\ f^{-x} \text{ mit } x \approx 1 \text{ für mittlere Frequenzen } (1\,\text{Hz} \cdots 10\,\text{kHz}) \\ f^{-x} \text{ mit } x \approx 2 \text{ für höhere Frequenzen } (> 10\,\text{kHz}) \end{cases}$$

angegeben (k: Boltzmann-Konstante, T: absolute Temperatur, N_t: Oberflächenzustandsdichte, h: Plancksches Wirkungsquantum, m: effektive Elektronenmasse, E_B:

Potentialbarriere der Elektronen, die durchtunnelt wird ([Möwi 77], S. 83)). Für den Enhancementtransistor $M2$ des E/E-Inverters lassen sich qualitativ die gleichen Beziehungen von Gl. (2.73), Gl. (2.74) ansetzen

$$e_2^2(f) = \frac{a(f)}{B_2 L_2}, \tag{2.75}$$

so daß mit

$$V_1(0) \cong -\frac{1}{1+\lambda_2}\sqrt{\frac{B_1 L_1}{L_1 B_2}} \quad \text{(vgl. Abb. 2.15b) u. Gl. (2.22))} \tag{2.76}$$

$$V_2(0) \cong \frac{1}{1+\lambda_2} \quad \text{(vgl. Abb. 2.15d))} \tag{2.77}$$

und Gl. (2.72) die Eingangsrauschspannung des E/E-Inverters die Form

$$e_{\mathrm{EE}}(f) = \sqrt{\frac{a(f)}{B_1 L_1}\left(1 + \left(\frac{L_1}{L_2}\right)^2\right)}, \tag{2.78}$$

annimmt [Bert 79]. Anhand Gl. (2.74) und Gl. (2.78) werden die technologischen Maßnahmen zur Reduzierung der Eingangsrauschspannung des E/E-Inverters deutlich:

— Erniedrigung der Oxiddicke

$$d_{\mathrm{ox}} \sim e_{\mathrm{EE}}(f) \tag{2.79}$$

— Verminderung der Oberflächenzustandsdichte N_t durch Wahl des Substratmaterials mit der Kristallorientierung $\langle 100 \rangle$

$$N_t \sim e_{\mathrm{EE}}(f). \tag{2.80}$$

Diese Maßnahmen wurden meßtechnisch bestätigt, wobei eine abschließende Temperung des Schaltkreises die Trapdichte und damit zusätzlich das $1/f$-Rauschspektrum verringert [Hsu 70], [Mant 69]. Weiterhin kann durch Burried-channel-Technik mittels Ionenimplantation generell der leitende Kanal unter die Substratoberfläche verschoben werden, so daß eine Umladung der Oberflächenzustände durch die Trapzentren kaum noch stattfinden kann und das Generations-Rekombinationsrauschspektrum die dominante Rolle übernimmt [Schu 78].

Seitens der lateralen Entwurfsparameter führt nach Gl. (2.73) eine Vergrößerung der Gatefläche des Einzeltransistors zur gewünschten Verkleinerung der Eingangsrauschspannung $e_1(f)$, was durch Messungen mehrfach bestätigt wurde [Mant 69], [Schu 78]. Diesen Zusammenhang auf den Inverterverstärker zu übertragen, wäre zu formal und ungenau. Im Unterschied zu Gl. (2.73) sollte Gl. (2.78) durch B_1- und L_2-Vergrößerung vermindert werden. Damit liefert für Einkanaltechnologien der hochohmige Lasttransistor in der Regel den geringeren Rauschbeitrag als der Basistransistor [Bert 79]. Ein relatives Eingangsrauschspannungsminimum ergibt sich für

$$\frac{\mathrm{d}e_{\mathrm{EE}}(f)}{\mathrm{d}L_1} = 0 \tag{2.81}$$

mit

$$L_1 = L_2. \tag{2.82}$$

Theoretisch wird also immer dann die kleinste Eingangsrauschspannung erzielt, wenn eine ($L_1 = L_2$)-Vergrößerung bei gleichzeitiger Erweiterung der Kanalbreite des Basistransistors B_1 stattfindet, die sich allgemein in einer großen Gatefläche des Basistransistors äußert bzw. insgesamt zu einem unvertretbar hohen Flächenverbrauch führt [Boon 75].
Bedingt durch die physikalischen Unterschiede des n-Kanal-Depletion- und p-Kanal-Enhancementlasttransistors im Vergleich zum n-Kanal-Enhancementbasistransistor werden zur Ermittlung der äquivalenten Eingangsrauschspannungen des E/D- und N/P-Verstärkers für Gl. (2.74) formal andere Spektralwert-Flächen-Produkte angesetzt (durch Schmalbandrauschmessungen an Testtransistoren im Frequenzband von z. B. 10 Hz

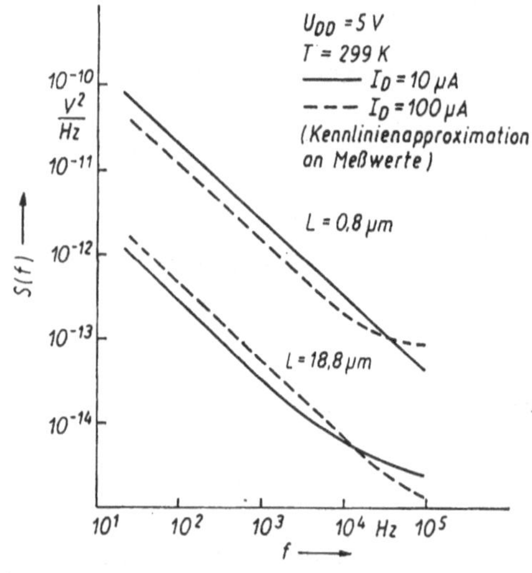

Abb. 2.18 Schmalbandrauschspektrum für n- Kanal-Enhancementtransistoren in einer Silizium-Gate-Technologie mit Kanallängen $L = 18{,}8$ µm und $L = 0{,}8$ µm nach [Aoki 82] (technologische Parameter: $B \cong 15$ µm, $d_{ox} = 50$ nm, Tiefe der p-Wanne: 3...4 µm, $N_A < 10^{15}$ cm^{-3}, Borimplantation $< 10^{12}$ cm^{-2})

bis 10 kHz bestimmen, Maßeinheit in $(\mu V\ \mu m)^2$). Weiterhin wird der Einfachheit halber für die in Gl. (2.85), Gl. (2.86) anzunehmende Silizium-Gate-Technologie die gleiche $e^2(f) \sim (BL)^{-1}$-Abhängigkeit vorausgesetzt wie bei Metall-Gate-Technologien, was nach Abb. 2.18 eine Näherung darstellt. Damit folgt analog Gl. (2.75) bis Gl. (2.82) (s. Abb. 2.16a), b))

E/D-Stufe (g_{d1}, g_{d2} vernachlässigt)

$$V_1(0) \approx -\frac{1}{\lambda_2}\sqrt{\frac{B_1L_2}{B_2L_1}} \tag{2.83}$$

$$V_2(0) \cong \frac{1}{\lambda_2} \tag{2.84}$$

$$e_1^2(f) = \frac{a_{1E}(f)}{B_1L_1} \tag{2.85}$$

$$e_2^2(f) = \frac{a_{2D}(f)}{B_2L_2} \tag{2.86}$$

$$e_{ED}(f) \cong \sqrt{\frac{a_{1E}(f)}{B_1L_1}\left(1 + \frac{a_{2D}(f)}{a_{1E}(f)}\left(\frac{L_1}{L_2}\right)^2\right)} \tag{2.87}$$

$$e_{EDmin}(f):\ L_1 = \sqrt{\frac{a_{1E}(f)}{a_{2D}(f)}}\, L_2 \tag{2.88}$$

N/P-Stufe

$$V_1(0) = -\frac{g_{m1}}{g_{d1} + g_{d2}} \tag{2.89}$$

$$V_2(0) = -\frac{g_{m2}}{g_{d1} + g_{d2}} \tag{2.90}$$

$$e_1^2(f) = \frac{a_{1n}(f)}{B_1L_1} \tag{2.91}$$

$$e_2^2(f) = \frac{a_{2p}(f)}{B_2L_2} \tag{2.92}$$

$$e_{NP}(f) \cong \sqrt{\frac{a_{1n}(f)}{B_1L_1}\left(1 + \frac{K_{1P'}a_{2p}(f)}{K_{1N'}a_{1n}(f)}\left(\frac{L_1}{L_2}\right)^2\right)} \tag{2.93}$$

$$e_{NPmin}(f):\ L_1 = \sqrt{\frac{K_{1N'}a_{1n}(f)}{K_{1P'}a_{2p}(f)}}\, L_2 \tag{2.94}$$

(die Steilheiten $g_{m1,2}$ werden nach Gl. (2.15), Gl. (A1.17), Gl. (A1.18), Gl. (A1.22), Gl. (A1.23), Gl. (A1.26) für $K_{4N,P} \to 0$ mit $g_{m1,2} \approx \sqrt{2I_D K_{1N',P'}\left(\frac{B}{L}\right)_{1,2}}$ abgeschätzt).
Die schon beim E/E-Verstärker behandelten grundsätzlichen Tendenzen bleiben nach Gl. (2.83) bis Gl. (2.94) auch für den E/D- und N/P-Verstärker gültig. Abweichungen hinsichtlich der lateralen Dimensionierung im relativen Rauschspannungsminimum werden hauptsächlich zwischen der Einkanal- und CMOS-Technologie festgestellt (vgl. Gl. (2.82), Gl. (2.94)). Messungen haben gezeigt, daß das Spektralwert-Flächen-Produkt des n-Kanal-Enhancementtransistors $a_{1n}(f)$ selbst für Kurzkanaltransistoren größer ist als das des p-Kanal-Enhancementtransistors $a_{2p}(f)$, da die Trapdichte innerhalb der verbotenen Zone (silicon bandgap) in der Nähe der Leitbandkante höher ist ($N_{tn} > N_{tp}$). Folglich zeigen p-Kanal-Enhancementtransistoren ein niedrigeres Eingangsrauschen als n-Kanal-Enhancementtransistoren (vgl. Abb. 2.19). Somit wäre im Entwurf eine relative Rauschspannungsminimierung nach Gl. (2.94) mit $K_{1N'} \geqq 2K_{1P'}$ (vgl. Gl. (A1.26)) für $L_1 > L_2$ zu erzielen. Im Zusammenhang mit den Ergebnissen nach Gl. (2.82), Gl. (2.88) und Gl. (2.94) folgt aus Gl. (2.72) für die verschiedendsten Technologien allgemein, daß sich die Rauschminimierung einer NMOS/CMOS-Verstärkerstufe stets an der Bedingung

$$\frac{e_2(f)\ V_2(0)}{e_1(f)\ V_1(0)} = 1 \tag{2.95}$$

orientiert. Davon ausgehend werden weitere Optimierungsüberlegungen für eine Silizium-Gate-CMOS-Technologie in 2.4.6. vorgenommen.

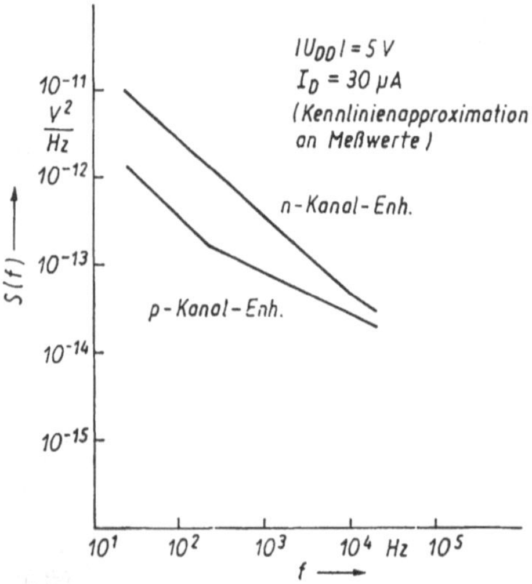

Abb. 2.19 Schmalbandrauschspektrum für n- und p-Kanal-Enhancementtransistoren mit Kanallängen $L = 2{,}3\ \mu$m und $L = 2{,}5\ \mu$m einer CMOS-Technologie nach [Aoki 82] (vgl. auch technolog. Parameter nach Abb. 2.18)

Mit wachsender Frequenz verringert sich in Abb. 2.17 das Funkelrauschspektrum des Einzeltransistors soweit, bis sich ab einer bestimmten Eckfrequenz f_{th} das nahezu konstante niedrige „weiße Rauschspektrum" (white noise) einstellt, das im wesentlichen durch das Spektrum des thermischen Kanalrauschens bestimmt wird (das Schrotrauschen tritt in Form des Sperrstromrauschens der Drain-Bulk- und Source-Bulk-Übergänge auf und spielt eine untergeordnete Rolle). Die integrierten MOS-Schaltungen prinzipiell in diesem Frequenzbereich zu betreiben wäre wünschenswert, ist aber durch die verschiedensten analogen Aufgabenstellungen nicht realisierbar.
Für das thermische Kanalrauschen kann das Kanalgebiet des MOS-Transistors als ein Widerstand R interpretiert werden, in dem auch ohne äußere angelegte Spannungen die darin befindlichen freien Ladungsträger als Folge ihrer thermischen (kinetischen) Energie eine Wimmelbewegung ausführen, so daß die Geschwindigkeit der Ladungsträger statistisch schwankt. Dieser Effekt führt zu statistischen Spannungsschwankungen über dem Widerstand und damit zum spektralen thermischen Schwankungsquadrat

$$e_{1th}^2(f) = (4kTR)\,\Delta f. \tag{2.96}$$

Da im MOS-Transistor die statistischen Schwankungen der Ladungsträgergeschwindigkeit auch bei angelegten Spannungen unabhängig vom Stromfluß erhalten bleiben, wird für den rauschenden Widerstand R der Kanalwiderstand im Pinch-off-Bereich $R = \frac{2}{3}\frac{1}{g_{m1}}$ angesetzt und das konstante spektrale Schwankungsquadrat nach Gl. (2.96) für den n-Kanal-Enhancementtransistor mit

$$e_{1th}^2 = \frac{8}{3}\,kT\,\frac{\Delta f}{g_{m1}} = \frac{a_{th}}{\sqrt{B_1/L_1}} \tag{2.97}$$

gebildet. Hierbei wird unter Verwendung der oben getroffenen einfachen Steilheitsabschätzung für

$$a_{th} \approx \frac{8}{3}\,\frac{kT\sqrt{d_{ox}}\,\Delta f}{\sqrt{2 I_D \mu_n \varepsilon_{ox}}} \tag{2.98}$$

geschrieben [Möwi 77], [Müll 79], [Schu 78], [Boon 75]. Mit den analogen Schritten nach Gl. (2.72), Gl. (2.75), Gl. (2.76), Gl. (2.77) und Gl. (2.97) folgt als thermische Eingangsrauschspannung des E/E-Inverters

$$e_{\text{EEth}} \cong \sqrt{\frac{a_{\text{th}}}{B_1/L_1}\left(1 + \sqrt{\frac{B_2 L_1}{B_1 L_2}}\right)}. \tag{2.99}$$

Nach Gl. (2.97), Gl. (2.99) ergibt sich mit

$$e_{\text{EEth}} \sim 1/\sqrt{g_{\text{m1}}} \tag{2.100}$$

eine Verringerung der thermischen Eingangsrauschspannung prinzipiell durch die Wahl großer Steilheiten g_{m1} der Basistransistoren bzw. großer B_1L_1-Werte oder nach Gl. (2.15) großer $\left(I_{\text{D}}/(U_{\text{GSA}} - U_{\text{Pn}})_1\right)$-Verhältnisse. Eine Extremwertaufgabe wie mit Gl. (2.81), Gl. (2.82) aufgestellt, kann hier nicht formuliert werden. Für die anderen Verstärkerstufen ergeben sich ähnliche Rauschwerte wie in Gl. (2.99), d. h.

$$e_{\text{EDth}} \approx e_{\text{EEth}} \tag{2.101}$$

$$e_{\text{NPth}} \cong \sqrt{\frac{a_{\text{th}}}{\sqrt{B_1/L_1}}\left(1 + \sqrt{\frac{K_{1\text{P}'}}{K_{1\text{N}'}}\,\frac{B_2 L_1}{B_1 L_2}}\right)}. \tag{2.102}$$

Wird die am Eingang eines Verstärkers angelegte zeitkontinuierliche bzw. frequenzabhängige Spannungsfunktion $u_{\text{e}}(f)$ in das Verhältnis zur äquivalenten Eingangsrauschspannung $e_{\text{V}}(f)$ einer Verstärkerstufe gebracht, läßt sich damit der sogenannte Signal-Rauschabstand $\text{SNR} = u_{\text{e}}(f)/e_{\text{V}}(f)$ definieren, der unter Verwendung der Gl. (2.78), Gl. (2.87), Gl. (2.93) auf die verallgemeinerte Proportionalität für tiefe Frequenzen ($1/f$-Rauschspektrum)

$$\text{SNR}_{1/f} \sim \frac{(B_1 L_1)^{1/2}}{d_{\text{ox}}} \tag{2.103}$$

und in höheren Frequenzbereichen (thermisches Kanalrauschspektrum)

$$\text{SNR}_{\text{th}} \sim \left(\frac{B_1 L_1}{d_{\text{ox}}}\right)^{1/4} \tag{2.104}$$

führt. Danach ergeben sich folgende wichtige Zusammenhänge:

- Technologisch wirkt sich eine Oxiddickenverminderung d_{ox} nicht nur günstig auf eine Erhöhung der Transitfrequenz ω_{T} aus (vgl. Gl. (2.46)), sondern auch auf eine Erweiterung des Signal-Rauschabstandes SNR im gesamten Rauschspektrum.
- Als entscheidender Entwurfsparameter ist neben der Wahl hochohmiger Lasttransistoren ($L_2 \gg L_1$) die Vergrößerung der Kanalbreite B_1 des Basistransistors im gesamten Rauschspektrum anzusehen.
- Eine Vergrößerung der Gatefläche des Basistransistors mit $(kB_1) \times (kL_1)$ bedeutet eine lineare Erweiterung des $1/f$-Signal-Rauschabstandes um $k(\text{SNR}_{1/f})$, wobei sich ω_{T} nach Gl. (2.46) etwas verringert, da durch das wachsende diffundierte Gebiet von $C_{\text{DB1}} + C_{\text{SB2}}$ bzw. $C_{\text{DB1,2}}$ die Knotenkapazität C_{P} zunimmt.
- Für den Signal-Rauschabstand im thermischen Kanalrauschspektrum gilt dagegen

$$\text{SNR}_{\text{th}} \sim \sqrt{\omega_{\text{T}}}. \tag{2.105}$$

— Eine allseitige Skalierung der Verstärkerstufe nach den Regeln der Tab. 2.2 wirkt sich auf den Signal-Rauschabstand gemäß Tab. 2.4 in der Regel immer nachteilig aus.

Nach den Meßergebnissen von Abb. 2.20 wird sich die Querstromwahl für n-Kanal-Enhancementtransistoren nicht nach den $1/f$-Rauscheigenschaften orientieren, sondern durch andere praktische Fragen, wie z. B. die Slew-Rate oder die Verlustleistung der Verstärkerstufe, festgelegt. Bei p-Kanal-Enhancementtransistoren ist zumindest im Langkanalbereich bei Querströmen unter 10 μA ein geringeres $1/f$-Rauschverhalten zu registrieren. Im thermischen Kanalrauschspektrum spielt nach Gl. (2.97), Gl. (2.98) die Querstromwahl eine untergeordnete Bedeutung.

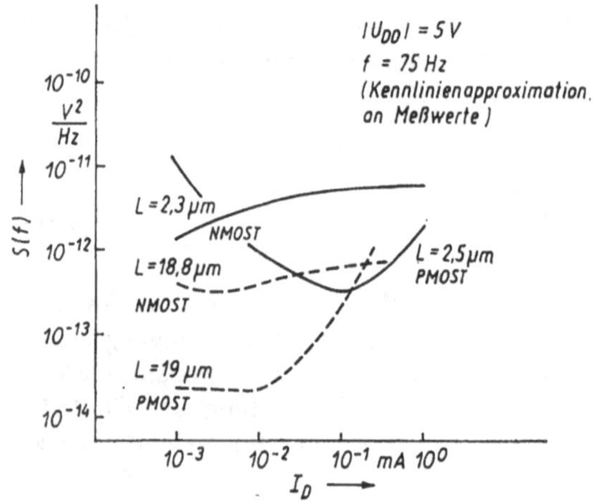

Abb. 2.20 Schmalbandrauschspektrum für n- und p-Kanal-Enhancementtransitoren in Abhängigkeit vom Drainstrom I_D nach [Aoki 82]

Tab. 2.4 Skalierungsregeln 1. Ordnung für den Signal-Rauschabstand SNR m $1/f$- und thermischen Kanalrauschspektrum mit $k > 1$.

Parameter	QCV	CV
$SNR'_{1/f}/SNR_{1/f}$	$k^{-1/2}$	$k^{-1/2}$
SNR'_{th}/SNR_{th}	$k^{-3/4}$	$k^{-1/8}$

2.2. Kaskodestufen

2.2.1. Niederfrequenzverstärkung von Kaskodestufen

Wird der Basistransistor M1 eines in 2.1.1. vorgestellten Inverterverstärkers mit einem zusätzlichen Transistor M3 kaskadiert, entsteht z. B. die Depletion-Kaskodestufe (D/K-Stufe) nach Abb. 2.21a). Anstelle der Depletiontransistoren M2, M3 andere Last- und Kaskodeelemente zu wählen, ist nur ein formaler Schritt. Zunächst werden die Niederfrequenzverstärkungen der D/K-Stufe an den beiden Verstärkerausgängen A1, A2 durch Aufstellung des vollständigen Kleinsignalersatzschaltbildes nach Abb. 2.21b) mit der Methode gemäß 2.1.1. ermittelt. Danach ergibt sich

$$V_{DK}(0) = \frac{U_{A1}(0)}{U_E(0)} = -\frac{g_{m1}}{g_{d1}\left(\dfrac{g_{d2} + g_{d3} + \lambda_2 g_{m2}}{g_{d3} + (1 + \lambda_3)\, g_{m3}} + \dfrac{g_{d2} + \lambda_2 g_{m2}}{g_{d1}}\right)} \tag{2.106}$$

und für $g_{d1}, g_{d2}, g_{d3} \to 0$, $(1 + \lambda_3)\, g_{m3} \gg \lambda_2 g_{m2}$ folgt die Vereinfachung

$$V_{DK}(0) \approx -\frac{g_{m1}}{\lambda_2 g_{m2}}. \tag{2.107}$$

Der andere Signalweg führt auf das Aussteuerungsverhältnis

$$\frac{U_{A2}(0)}{U_E(0)} = -\frac{g_{m1}}{g_{d2} + \lambda_2 g_{m2}} \, \frac{1}{\left(\dfrac{g_{d3} + (1 + \lambda_3)\, g_{m3}}{g_{d2} + g_{d3} + \lambda_2 g_{m2}} + \dfrac{g_{d1}}{g_{d2} + \lambda_2 g_{m3}}\right)} \tag{2.108}$$

bzw. mit $g_{d1}, g_{d2}, g_{d3} \to 0$ auf die praktisch sinnvolle Begrenzung

$$\frac{U_{A2}(0)}{U_E(0)} \approx -\frac{g_{m1}}{(1 + \lambda_3)\, g_{m3}} \leqq -1. \tag{2.109}$$

Anhand von Gl. (2.107), Gl. (2.109) werden die Vorteile der Kaskodestufe gegenüber dem Inverterverstärker deutlich, da bei etwa gleicher Niederfrequenzverstärkung die nachteilige Wirkung der Pole-splitting-Kapazität C_{GD1} auf den Verstärkereingang (vgl. Gl. (2.53)) infolge Gl. (2.109) nahezu aufgehoben wird. Eine weitere Verstärkungserhöhung in den NMOS- bzw. Einkanaltechnologien läßt sich nach Abb. 2.21c) mit Hilfe einer zusätzlichen Stromzufuhr über die Konstantstromquelle M4 erzielen, indem

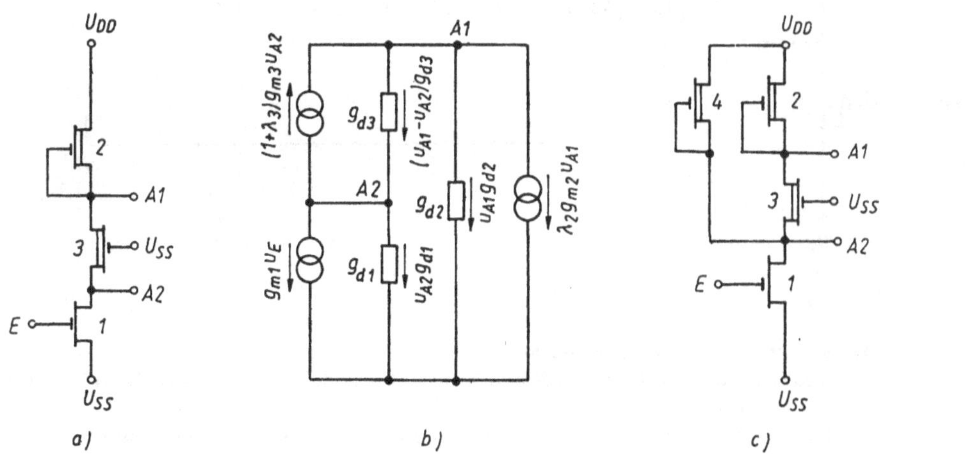

Abb. 2.21 Kaskodestufen in Einkanaltechnik;
a) Depletion-Kaskodestufe (D/K-Stufe),
b) vollständiges Kleinsignalersatzschaltbild zur Bestimmung der Niederfrequenzverstärkung der D/K-Stufe,
c) Stromeinspeisung mittels einer Konstantstromquelle M4 zur Erhöhung der Steilheit des Basistransistors (D/KS-Stufe)

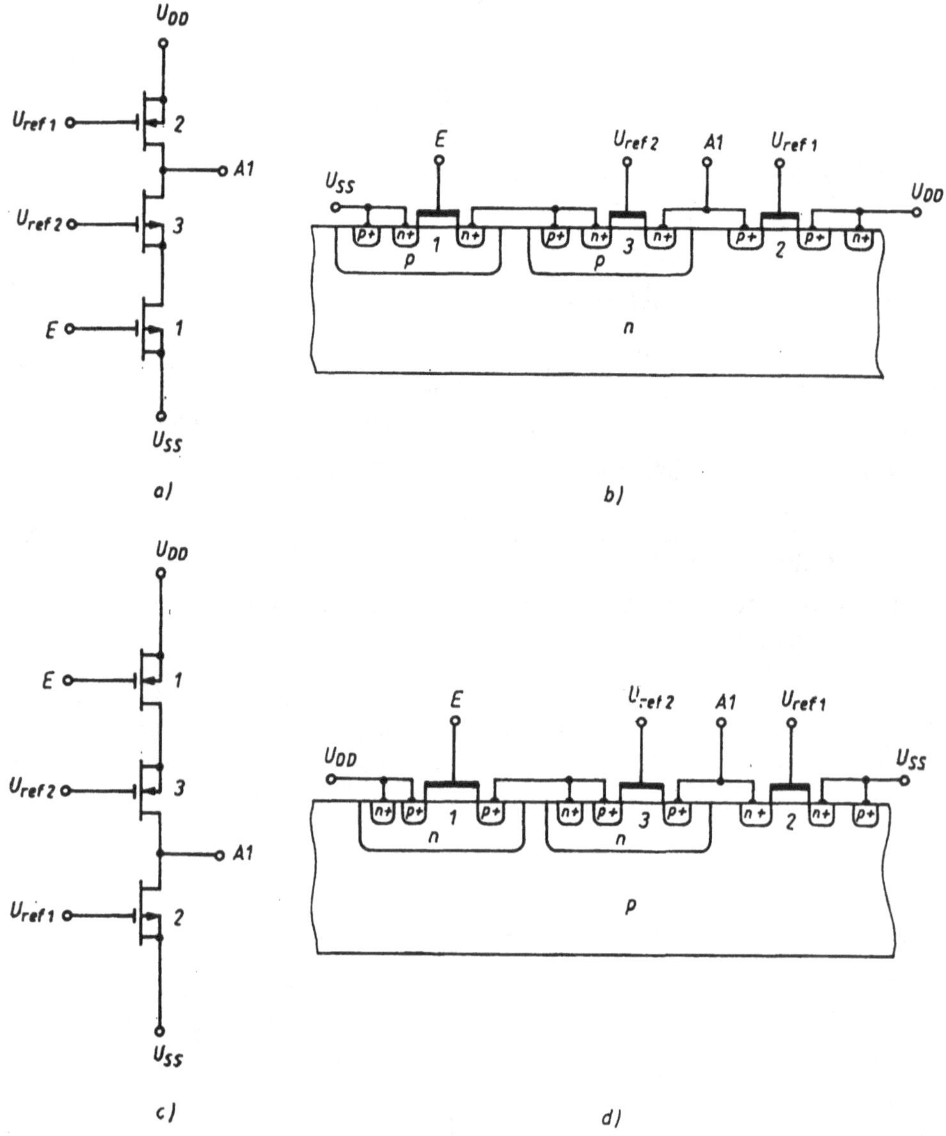

Abb. 2.22 Kaskodestufen in Komplementärtechnik;

a) CMOS-Kaskodestufe mit n-Kanal-Basis-, Kaskode- und p-Kanal-Lasttransistor (N/PK-Stufe),

b) Querschnitt einer p-Wannen-CMOS-Technologie einschließlich der damit realisierten N/PK-Stufe,

c) CMOS-Kaskodestufe mit p-Kanal-Basis-, Kaskode- und n-Kanal-Lasttransistor (P/NK-Stufe),

d) Querschnitt einer n-Wannen-CMOS-Technologie einschließlich der damit realisierten P/NK-Stufe

sich dadurch die Steilheit des Basistransistors M1 vergrößert

$$V_{\mathrm{DKS}}(0) = -\frac{g_{\mathrm{m1}}^*}{\lambda_2 g_{\mathrm{m2}}\left(1 + \dfrac{\lambda_4 g_{\mathrm{m4}}}{(1+\lambda_3)\, g_{\mathrm{m3}}}\right)} \quad (\lambda_3 = \lambda_4) \tag{2.110}$$

mit

$$g_{\mathrm{m1}}^* = \sqrt{2(I_{\mathrm{D3}} + I_{\mathrm{D4}})\, K_{\mathrm{1N'}} B_1/L_1}\,. \tag{2.111}$$

Läßt sich im Entwurf die Bedingung $g_{\mathrm{m3}} \gg g_{\mathrm{m4}}$ (effektive Steuerspannung $U_{\mathrm{GSA3}} - U_{\mathrm{PD3}}$ klein wählen) berücksichtigen, ergibt sich mit Gl. (2.107) und Gl. (2.111) eine Vereinfachung für Gl. (2.110) im Strong-inversion-Fall durch

$$V_{\mathrm{DKS}}(0) \approx V_{\mathrm{DK}}(0)\sqrt{1 + \frac{I_{\mathrm{D4}}}{I_{\mathrm{D3}}}} = -\frac{1}{\lambda_2}\sqrt{\frac{B_1/L_1}{B_2/L_2}}\sqrt{1 + \frac{I_{\mathrm{D4}}}{I_{\mathrm{D3}}}}\,. \tag{2.112}$$

Aus Gl. (2.112) ist ersichtlich, daß z. B. ein Querstromverhältnis $I_{\mathrm{D4}}/I_{\mathrm{D3}} = 3$ zu einer Verdopplung von $V_{\mathrm{DKS}}(0)$ führt.

Für die Realisierung von Kaskodestufen in p- oder n-Wannen-CMOS-Technologien nach Abb. 2.22 brauchen in der berechneten Niederfrequenzverstärkung von Gl. (2.106) nur die entsprechenden Steuerwirkungen für die Backgatesteilheiten $\lambda_2 g_{\mathrm{m2}}$, $\lambda_3 g_{\mathrm{m3}}$ durch den Substratkurzschluß aufgehoben werden, so daß mit der sicheren Entwurfsabschätzung $g_{\mathrm{m3}} \gg g_{\mathrm{d2}}$ die Vereinfachung

$$V_{\mathrm{NPK}}(0) \cong -\frac{g_{\mathrm{m1}}}{g_{\mathrm{d2}}} \tag{2.113}$$

folgt (für eine n-Wannen-CMOS-Technologie wäre nach Abb. 2.22c) in Gl. (2.113) $V_{\mathrm{PNK}}(0)$ zu schreiben). Unter Berücksichtigung von Gl. (2.15), Gl. (2.18), $K_{\mathrm{1N'}} K_{\mathrm{4N'}} = K_{\mathrm{1P'}} K_{\mathrm{4P'}}$, $K_{\mathrm{1N'}} = \xi K_{\mathrm{1P'}} (\xi \geqq 2)$ läßt sich Gl. (2.113) in Abhängigkeit der Arbeitspunkte und Entwurfsparameter mit

$$\begin{aligned} V_{\mathrm{NPK}}(0) &= -\left(\frac{L_2}{L_1}\right)^2 \left(\frac{B_1}{B_2}\right) \frac{(U_{\mathrm{GSA1}} - U_{\mathrm{Pon1}})}{(U_{\mathrm{SGA2}} - |U_{\mathrm{Pop2}}|)} \left(\frac{\xi^2 L_1}{K_{\mathrm{4N'}}} + \frac{U_{\mathrm{DSA1}}}{U_{\mathrm{GSA1}} - U_{\mathrm{Pon1}}}\right) \\ &\sim (L_2/L_1)^2 \qquad (\xi \geqq 2) \end{aligned} \tag{2.114}$$

darstellen. Durch die übliche Festlegung $U_{\mathrm{SGA2}} - |U_{\mathrm{Pop2}}| = U_{\mathrm{DD}} - U_{\mathrm{ref1}} - |U_{\mathrm{Pop2}}| > U_{\mathrm{GSA1}} - U_{\mathrm{Pon1}}$ werden größere Verstärkungswerte bereits unter Strong-inversion-Bedingungen vor allem durch ein großes Kanallängenverhältnis L_2/L_1 zwischen Basistransistor und Lastelement erreicht. Allerdings reduziert sich bei allen Kaskodestufen der lineare Aussteuerbereich in negativer Richtung um den Betrag, den der Kaskodetransistor M3 benötigt, um nicht den Pinch-off-Bereich zu verlassen. Würden in Abb. 2.22a), b) oder c), d) die Lastelemente innerhalb der Wanne integriert, entsteht wie in den Einkanaltechnologien erneut die nachteilige Steuerwirkung der Backgatesteilheit $\lambda_3 g_{\mathrm{m3}}$ des Kaskodetransistors.

2.2.2. Frequenzverhalten von Kaskodestufen

Zur Frequenzanalyse der D/KS-Stufe wird das Kleinsignalersatzschaltbild von Abb. 2.23a) einschließlich der durch den Schaltungs- und Layoutentwurf sinnvollen Voraussetzungen (z. B. Langkanaltechnologie, Strong-inversion-Betrieb) aufgezeichnet und anschließend mittels Knotenspannungsanalyse die Übertragungsfunktion

$$\boldsymbol{V}_{\mathrm{DKS}}(p) = \frac{\boldsymbol{U}_{\mathrm{A1}}(p)}{\boldsymbol{U}_{\mathrm{E}}(p)} = \boldsymbol{V}_{\mathrm{DKS}}(0) \frac{1}{(1 + p/\omega_{\mathrm{P1}})\,(1 + p/\omega_{\mathrm{P2}})} \tag{2.115}$$

mit $\boldsymbol{V}_{\mathrm{DKS}}(0)$ nach Gl. (2.110) oder Gl. (2.112) und

$$\omega_{\mathrm{P1}} \cong \frac{\lambda_2 g_{\mathrm{m2}}\big(1 + g_{\mathrm{m4}}/(g_{\mathrm{m3}}(1 + 1/\lambda_3))\big)}{C_{\mathrm{P1}}} \tag{2.116}$$

$$\omega_{\mathrm{P2}} \cong \frac{g_{\mathrm{m3}} + \lambda_3(g_{\mathrm{m3}} + g_{\mathrm{m4}})}{C_{\mathrm{P2}}} \tag{2.117}$$

abgeleitet. Gl. (2.115) läßt sich wieder in Amplituden- und Phasengang, analog den Schritten Gl. (2.33), ..., Gl. (2.36), darstellen. Abb. 2.23b) verdeutlicht, daß die beiden Polfrequenzen ω_{P1}, ω_{P2} bis auf eine maximale Phasenrückdrehung von $-180°$ führen. Folglich läßt sich aus dem Frequenzgang die wichtige Dimensionierungsbedingung der Kaskodestufe

$$\omega_{\mathrm{P2}} \gg \omega_{\mathrm{P1}} \tag{2.118}$$

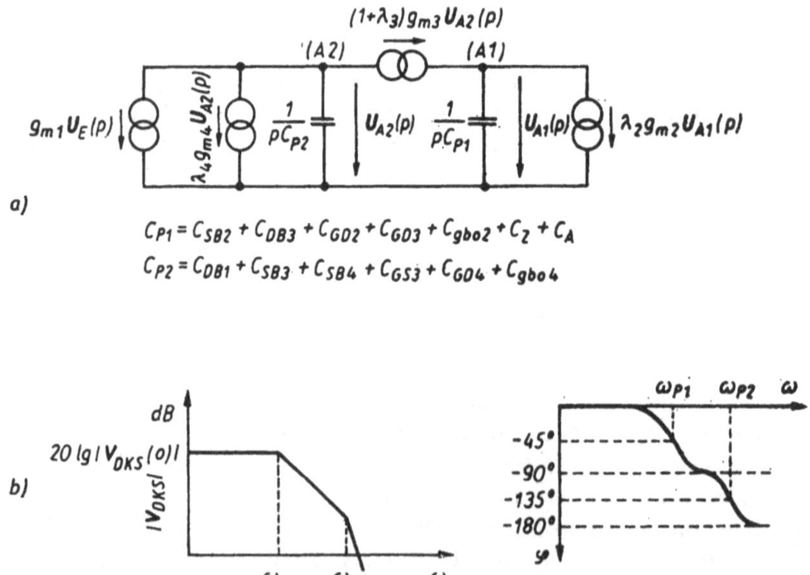

Abb. 2.23 Frequenzverhalten der D/KS-Stufe;

a) Kleinsignalersatzschaltbild ($g_{\mathrm{d1}}, \ldots, g_{\mathrm{d4}} \to 0$, Einfluß von C_{GD1} näherungsweise vernachlässigbar),

b) Amplituden- und Phasengang

schlußfolgern, die durch die schon oben empfohlene große Steilheit g_{m3} und eine kleine Kapazität C_{P2} (Abstand zwischen M1/M3 nach minimalen Entwurfsregeln gestalten) erreicht wird und Gl. (2.115) in dem interessierenden Frequenzbereich näherungsweise als Verstärkertiefpaß 1. Ordnung mit

$$\omega_{(-3dB)DKS} = \omega_{P1} \tag{2.119}$$

approximiert. Für die CMOS-Kaskodestufe ergeben sich die beiden tiefer liegenden Polfrequenzen in der Form

$$\omega_{(-3dB)NPK} = \omega_{P1} \cong g_{d2}/C_{P1} \tag{2.120}$$

$$C_{P1} = C_{DB2} + C_{DB3} + C_{GD2} + C_{GD3} + C_Z + C_A \tag{2.121}$$

$$\omega_{P2} \cong g_{m3}/C_{P2} \tag{2.122}$$

$$C_{P2} = C_{DB1} + C_{SB3} + C_{GS3}. \tag{2.123}$$

2.2.3. Rauscheigenschaften von Kaskodestufen

Die Rauschanalyse geschieht auch für die Kaskodestufen nach dem einfachen Prinzip von Abb. 2.15a), ..., d) und den Beziehungen in Gl. (2.68), ..., Gl. (2.72). Es ergibt sich nach [Rie2 84] für die D/KS-Stufe mit allen äquivalenten Eingangsrauschquellen $e_1(f), \ldots, e_4(f)$ in Abb. 2.24 beispielsweise im $1/f$-Rauschbereich

$$e_{DKS}(f) \cong \sqrt{\frac{a_{1E}(f)}{B_1 L_1} \left(1 + \frac{a_{2D}(f)}{a_{1E}(f)} \frac{L_1^2}{(1 + I_{D4}/I_{D3})} \left(\frac{1}{L_2^2} + \frac{1}{L_3^2} + \frac{1}{L_4^2} \frac{I_{D4}}{I_{D3}}\right)\right)}. \tag{2.124}$$

Gl. (2.124) sagt aus, daß eine Herabsetzung der spektralen Eingangsrauschspannung $e_{DKS}(f)$ durch B_1-, L_2-, L_3- und L_4-Erhöhung erfolgt. Gleichzeitig wirkt sich ein größeres Querstromverhältnis I_{D4}/I_{D3} insgesamt vorteilhaft auf die Rauschspannungsverminderung aus. Diese Aussagen bleiben auch für das thermische Rauschspektrum bestehen, das prinzipiell schon in 2.1.3. nachgewiesen wurde. Die unvermeidliche Gateflächenzunahme

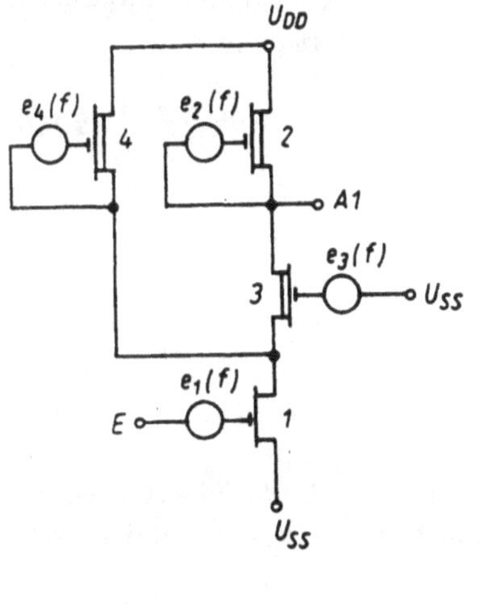

Abb. 2.24 D/KS-Stufe mit den auf jeden Transistor bezogenen äquivalenten Eingangsrauschquellen

der Kaskodestufe wirkt sich genau wie beim Inverterverstärker nachteilig auf den Frequenzgang aus, indem die Polfrequenzen nach Gl. (2.116), Gl. (2.117) oder Gl. (2.120), Gl. (2.122) durch die vergrößerten Knotenkapazitäten C_{P1}, C_{P2} tiefere Werte annehmen. Die zur Gl. (2.124) analog durchzuführende Rauschanalyse für die CMOS-Kaskodestufe nach Abb. 2.22a) (dasgl. für Abb. 2.22c)) würde für das $1/f$-Rauschen den Betrag

$$e_{NPK}(f) \cong \sqrt{\frac{a_{1n}(f)}{B_1 L_1}\left(1 + \frac{K_{1P'}}{K_{1N'}}\,\frac{a_{2p}(f)}{a_{1n}(f)}\,L_1^2(1/L_2^2 + 1/L_3^2)\right)} \tag{2.125}$$

liefern.

2.3. Sourcefolger

2.3.1. Niederfrequenzverstärkung von Sourcefolgern

Sourcefolger dienen im wesentlichen zur Pegelanpassung und in bestimmten Fällen als Ausgangstreiber (buffer stage), wobei stets eine Impedanzwandlung stattfindet. Werden nach [Ried 83] alle Sourcefolgertypen untersucht, zeigt der E/E-Sourcefolger in Abb. 2.25a) bei üblichen NMOS-Technologien den größten linearen Aussteuerbereich am Ausgang. Besonders für Ausgangstreiber ist der in Abb. 2.25b) gezeigte D/D-Sourcefolger die effektivste Lösung, da trotz größerer Querströme von mehreren 100 μA der Flächenverbrauch im Vergleich zu allen anderen Varianten am geringsten ist und der größte absolute Aussteuerbereich sowohl am Eingang als auch am Ausgang erzielt werden kann. Wird der N/N-Sourcefolger nach Abb. 2.25c) innerhalb einer CMOS-Technologie mit p-Wanne integriert, entfällt vorteilhafterweise der Bodyeffekt für den Treiber M2 (umgekehrt gilt dies für den P/P-Sourcefolger in einer n-Wanne). Der Treiber bzw. Emitterfolgertransistor M2 in Abb. 2.25d) entsteht z. B. in einer p-Wannen-CMOS-Technologie automatisch durch Parallelschaltung des lateralen und vertikalen npn-Transistors (vgl. Abb. 2.26), wobei brauchbare Stromverstärkungsfaktoren von $\beta = I_C/I_B > 10$ mit Hilfe der Dimensionierung des vertikalen npn-Transistors realisiert werden. Diese Aufgabe wird auch noch innerhalb der 1-μm-n-Wannen-CMOS-Technologie beherrscht [Momo 85].
Wird für die Sourcefolger nach Abb. 2.25a), b) das einheitliche Kleinsignalersatzschaltbild aufgestellt, läßt sich daraus die allgemeine Niederfrequenzverstärkung

$$V_{SF}(0) = \frac{U_A(0)}{U_E(0)} = \frac{g_{m2}}{g_{d1} + g_{d2} + (1 + \lambda_2)\,g_{m2}} \tag{2.116}$$

herleiten, die unter der Bedingung

$$g_{m2} \gg g_{d1} + g_{d2} \tag{2.127}$$

den einfachen Wert

$$V_{SF}(0) \cong \frac{1}{1 + \lambda_2} < 1 \tag{2.128}$$

annimmt. In Gl. (2.128) wird der durch die Backgatesteilheit des Sourcefolgertransistors M2 hervorgerufene Nachteil der Einkanaltechnologien sichtbar, d. h. ein von der Tech-

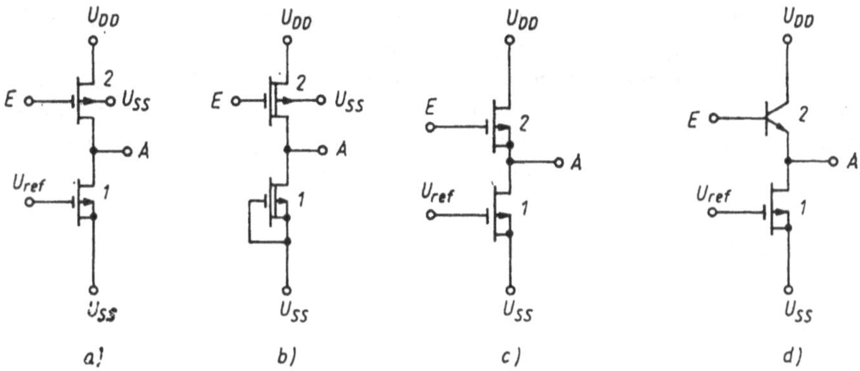

Abb. 2.25 Verschiedene Sourcefolger;
a) E/E-Sourcefolger, b) D/D-Sourcefolger,
c) N/N-Sourcefolger (in p-Wanne)
d) Emitterfolger mit vertikalem npn-Transistor M2 für eine p-Wannen-CMOS-Technologie

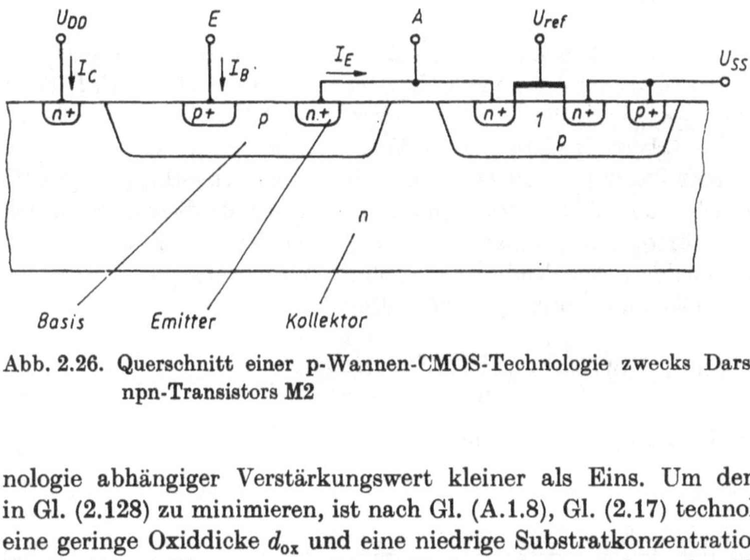

Abb. 2.26. Querschnitt einer p-Wannen-CMOS-Technologie zwecks Darstellung des vertikalen npn-Transistors M2

nologie abhängiger Verstärkungswert kleiner als Eins. Um den Backgatefaktor λ_2 in Gl. (2.128) zu minimieren, ist nach Gl. (A.1.8), Gl. (2.17) technologisch vor allem für eine geringe Oxiddicke d_{ox} und eine niedrige Substratkonzentration N_A zu sorgen. Mit der in Abb. 2.25c) angesprochenen Variante lassen sich in der CMOS-Technologie bei größerem linearen Aussteuerbereich die eigentlich gewünschten Verstärkungen unter Berücksichtigung der Bedingung Gl. (2.127)

$$V_{SFNN}(0) = \frac{g_{m2}}{g_{d1} + g_{d2} + g_{m2}} \to 1 \tag{2.129}$$

besser erreichen. Unter Zuhilfenahme der Hybridersatzschaltung für den npn-Transistor folgt für den bipolaren Emitterfolger schließlich in Abb. 2.25d)

$$V_{SF(npn)}(0) = \left(1 + \frac{r_{BE2}(1 + g_{d1}r_{CE2})}{(1 + \beta)\, r_{CE2}}\right)^{-1} \to 1 \tag{2.130}$$

(für das Verhältnis zwischen bipolarem Ausgangs- und Eingangswiderstand kann in der Regel die Relation $r_{CE2}/r_{BE2} \geqq 1$ und für $\beta \gg 1$ angenommen werden).
Die Impedanzwandlung mittels MOS-Sourcefolger ergibt sich stets als Änderung eines nahezu unendlich großen Eingangswiderstandes R_{ESF} in einen, bedingt durch die in der MOS-Technik niedrige Steilheit des Sourcefolgertransistors g_{m2}, relativ hohen Ausgangswiderstand R_{ASF}. Dieser genügt gemäß Gl. (2.12), Gl. (2.126) Gl. (2.127) der Beziehung

$$R_{ASF} \cong \frac{1}{(1 + \lambda_2)\, g_{m2}} \tag{2.131}$$

bzw. mit Gl. (2.129)

$$R_{ANN} \cong 1/g_{m2} \tag{2.132}$$

und beträgt bei vertretbarem Gateflächenverbrauch $\big((B/L)_{1,2} < 100)\big)$ für maximale Querströme $I_D = 1$ mA etwa 1 kΩ. Hier ist der Emitterfolger nach Abb. 2.25d) deutlich niederohmiger und zeigt den größten linearen Aussteuerbereich.

2.3.2. Frequenzverhalten von Sourcefolgern

Um das Frequenzverhalten eines Sourcefolgers mit Bodyeffekt und einer für alle Transistoren M1 anzusehenden Konstantstromquelle I_Z näher zu untersuchen, wird dieser von einer Signalquelle angesteuert. Die Schaltung zeigt Abb. 2.27a), wobei als Signalquelle allgemein die Verstärkertiefpaßstufe nach Abb. 2.7b) anzunehmen ist. Für die Berechnung der Übertragungsfunktion ist es wichtig, die Kanalrückwirkungskapazität C_2 des Sourcefolgertransistors in die Schaltung mit einzubeziehen, da diese zu negativer Nullstelle führt und das Frequenzverhalten der Stufe entscheidend beeinflussen kann. Dazu wird das Kleinsignalersatzschaltbild nach Abb. 2.27b) aufgestellt und daraus mit den üblichen Näherungen die Übertragungsfunktion

$$\frac{\boldsymbol{U}_A(p)}{\boldsymbol{U}_E(p)} = \boldsymbol{V}(0)\, \boldsymbol{V}_{SF}(0) \frac{(1 + p/\omega_{N1})}{(1 + p/\omega_{P1})\,(1 + p/\omega_{P2})} \tag{2.133}$$

mit $\boldsymbol{V}(0)$, $\boldsymbol{V}_{SF}(0)$ nach Gl. (2.10), Gl. (2.128) und

$$\omega_{N1} = g_{m2}/C_2 \tag{2.134}$$

$$\omega_{P1} \cong \frac{C_1 + C_2 + R_P g_{m2}\big(\lambda_2 C_2 + C_P(1 + \lambda_2)\big)}{R_P\big(C_P(C_1 + C_2) + C_1 C_2\big)} \tag{2.135}$$

$$\omega_{P2} \cong \frac{(1 + \lambda_2)\, g_{m2}}{C_1 + C_2 + R_P g_{m2}\big(\lambda_2 C_2 + C_P(1 + \lambda_2)\big)} \tag{2.136}$$

$$\omega_{(-3dB)SF} = \omega_{P2} = (R_{P2} C_{P2})^{-1} \tag{2.137}$$

ermittelt (f. Gl. (2.137) gilt mit Gl. (2.131): $R_{P2} = R_{ASF}$, $C_{P2} = C_1 + C_2 + g_{m2} R_P \times\big(\lambda_2 C_2 + C_P(1 + \lambda_2)\big)$. Aus Gl. (2.134), Gl. (2.135) und Gl. (2.136) wird ersichtlich, daß mit der Dimensionierung von C_2 bzw. M2 nach Gl. (2.30) entweder eine Pol-Nullstellen-Kompensation in Gl. (2.133) ermöglicht wird (s. 3.1.3: Entwurf des Sourcefolgers mit hoher Bandbreite), oder durch zusätzliche Vergrößerung von C_2

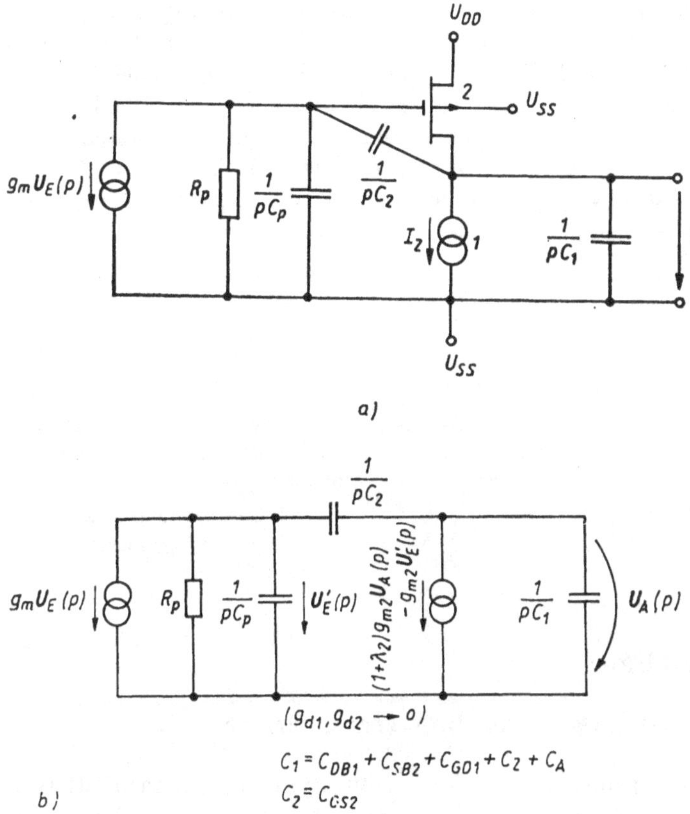

Abb. 2.27. Ersatzschaltbilder zur Bestimmung des Frequenzverhaltens einer Sourcefolgerstufe;
a) NMOS-Sourcefolgerstufe M1, M2 mit allgemeinem Verstärkertiefpaß als Eingangsquelle,
b) Kleinsignalersatzschaltbild für a) mit den Layout- und innerelektronischen Kapazitäten C_1, C_2 unter Strong-inversion-Bedingungen mit Hilfe der einfachen Modellierungskonzeption nach Gl. (A2.10), Gl. (A2.11), Gl. (A2.21), Gl. (A2.22)

mit Hilfe einer Bypass-Kapazität C_B die negative Nullstelle $p = -\omega_{N1}$ zur Kompensation einer anderen negativen Polstelle innerhalb einer Schaltung verwendet wird [Youn 79]. Für den CMOS-Sourcefolger in Abb. 2.25c) ist die Gl. (2.135), Gl. (2.136) einfach $\lambda_2 = 0$ zu setzen.

2.3.3. Rauscheigenschaften von Sourcefolgern

Abb. 2.28 zeigt eine D/D- und N/N-Sourcefolgerstufe mit den äquivalenten Eingangsrauschquellen $e_1(f)$, $e_2(f)$.
Die Bestimmung der eingangsseitigen Ersatzrauschspannung folgt analog Gl. (2.73), Gl. (2.75) bis Gl. (2.78), d. h.

$$e_{SF}(f) = \sqrt{\frac{a_i(f)}{B_1 L_1}\left(1 + \left(\frac{L_1}{L_2}\right)^2\right)}, \qquad a_i(f) \in \{a_{1E}(f), a_{1D}(f), a_{1n}(f)\}. \tag{2.138}$$

Nach Gl. (2.138) sind die entwurfsbezogenen Aufgaben zur Rauschspannungsminimierung der MOS-Sourcefolgerstufen zu denen der MOS-Enhancement-Inverterverstärker gleichwertig, denn für den E/E-, D/D- und N/N-Sourcefolger sind für $a_i(f)$ die jeweiligen Rauschparameter $a_{1E}(f)$, $a_{1D}(f)$, $a_{1n}(f)$ zu setzen (vgl. z. B. Gl. (2.85), Gl. (2.91)). Bei der Bestimmung der äquivalenten Eingangsrauschspannung des Ermitterfolgers nach Abb. 2.25d) kann in der allgemeinen Gl. (2.72) von der Bedingung $e_1(f)\, V_1(0) \gg e_2(f)\, V_2(0)$ ausgegangen werden, so daß näherungsweise $e_{SF}(f) \cong \sqrt{a_{1n}(f)/(B_1 L_1)}$ im $1/f$-Rauschbereich gilt.

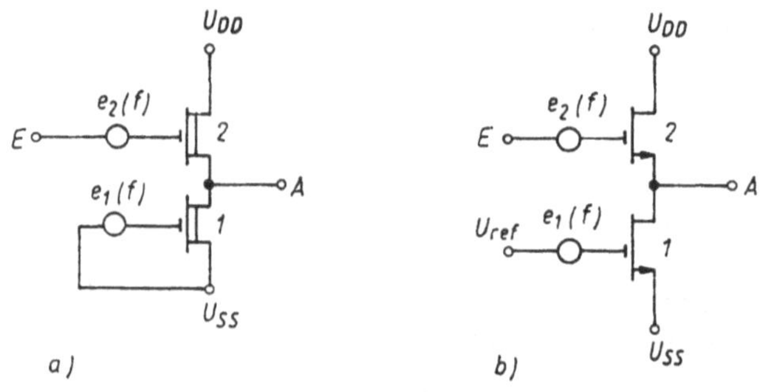

Abb. 2.28 Sourcefolgerstufen mit äquivalenten Eingangsrauschquellen $e_1(f)$, $e_2(f)$;
a) D/D-Sourcefolgerstufe,
b) N/N-Sourcefolgerstufe (in p-Wanne)

2.4. Differenzverstärker

2.4.1. Niederfrequenzverstärkung von Differenzverstärkern

Differenzverstärker sind für Operationsverstärkerschaltungen und gegebenenfalls auch für Komparatoren unentbehrliche Eingangsstufen. Abb. 2.29 zeigt eine NMOS- und CMOS-Schaltungsvariante. Werden beide Eingänge E+, E− z. B. um einen zueinander symmetrischen Betrag $U_{E+}(0) = U_D(0)/2$, $U_{E-}(0) = -U_D(0)/2$ in Abb. 2.29a) ausgesteuert, bleibt die Drain-Sourcespannung $U_{DS3A} = U_Z - U_{SS}$ des Konstantstromquellentransistors M3 konstant und wird nach 2.1.1. als Kurzschluß angesehen. Die Ausgangsspannungen U_{A-}, U_{A+} ändern sich folglich um den mit den Niederfrequenzverstärkungen der Einzelinverter M1′, M2′ bzw. M1, M2 verstärkten Wert der Eingangsspannungsänderungen, d. h., für Abb. 2.29a) gilt $U_{A-}(0) = V_{ED'}(0)\, U_D(0)/2$ und $U_{A+}(0) = V_{ED}(0)\left(-U_D(0)/2\right)$. Unter der Voraussetzung streng symmetrischer Verhältnisse im Layoutentwurf mit M1 = M1′, M2 = M2′ entspricht die Differenzverstärkung der Inverterverstärkung

$$V_{DVED}(0) = \frac{U_{A-}(0) - U_{A+}(0)}{U_D(0)} = V_{ED}(0)\,. \tag{2.139}$$

Diese Aussage läßt sich auch auf alle anderen Differenzverstärker übertragen, so daß für die DV/NP-Stufe nach Abb. 2.29b)

$$V_{DVNP}(0) = V_{NP}(0) = -\frac{g_{m1}}{g_{d1} + g_{d2}} \tag{2.140}$$

gemäß Gl. (2.25) gilt. Im Unterschied zu den einfachen Inverterverstärkern ist hier aber bei vergleichbaren Betriebsspannungen U_{DD}, U_{SS} der lineare Aussteuerbereich infolge der notwendigen Existenz des Konstantstromquellentransistors M3 geringer. Weiterhin sollten bei Differenzverstärkern die Kanalleitwerte in den Kleinsignalverstärkungen strenger berücksichtigt werden, um die relativen Fehler zwischen Messung und Rechnung kleiner als 5% zu halten. Abb. 2.30, 2.31 zeigen zwei unter Strong-inversion-Bedingungen dimensionierte und präparierte Differenzverstärker, die mit Hilfe von Gl. (2.15) bis Gl. (2.18) und vorgegebenen Technologieparametern auf die konkreten Verstärkungen führten und die Brauchbarkeit der Modelle im Anhang

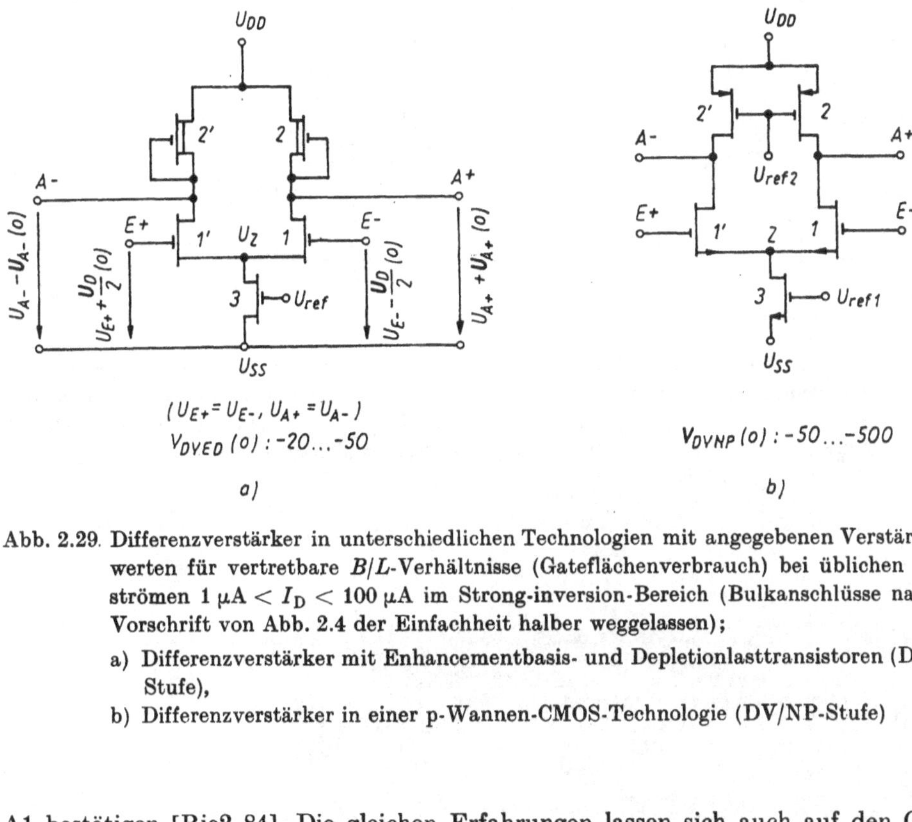

Abb. 2.29. Differenzverstärker in unterschiedlichen Technologien mit angegebenen Verstärkungswerten für vertretbare B/L-Verhältnisse (Gateflächenverbrauch) bei üblichen Drainströmen $1\,\mu A < I_D < 100\,\mu A$ im Strong-inversion-Bereich (Bulkanschlüsse nach der Vorschrift von Abb. 2.4 der Einfachheit halber weggelassen);

a) Differenzverstärker mit Enhancementbasis- und Depletionlasttransistoren (DV/ED-Stufe),

b) Differenzverstärker in einer p-Wannen-CMOS-Technologie (DV/NP-Stufe)

A1 bestätigen [Rie2 84]. Die gleichen Erfahrungen lassen sich auch auf den CMOS-Differenzverstärker nach Gl. (2.140) übertragen, solange im Strong-inversion-Bereich gearbeitet wird. Im Weak-inversion-Bereich können die Abweichungen zu den theoretisch berechneten Werten unter Berücksichtigung von Gl. (2.19), Gl. (2.20), Gl. (A1.42) mit

$$V_{\mathrm{DVNP}}(0) = -\frac{1}{(\eta U_{\mathrm{T}})_1}\left(\frac{1}{U_{\mathrm{T}}\exp\left(U_{\mathrm{DSA1}}/U_{\mathrm{T}}\right)} + \frac{1}{U_{\mathrm{T}}\exp\left(U_{\mathrm{SDA2}}/U_{\mathrm{T}}\right)}\right)^{-1} \tag{2.141}$$

erheblich abweichen, da die Drain-Sourcespannungen der Transistoren im Arbeitspunkt U_{DSA1}, U_{SDA2} praktisch kaum exakt zu den Vorgabewerten infolge der Modellierungsungenauigkeiten des Weak-inversion-Stromes angepaßt werden können. In

Abb. 2.32 ist der qualitative Verlauf der Niederfrequenzverstärkung einer DV/NP-Stufe in beiden Arbeitsbereichen angegeben, wobei der Vollständigkeit halber hier schon das Verstärkungs-Bandbreite-Produkt $f_T = \omega_T/2\pi$ (vgl. Gl. (2.38) u. 2.4.5.) mit eingetragen wurde.

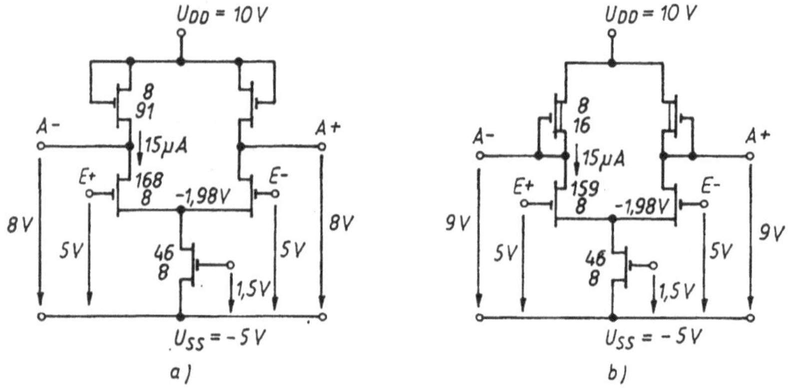

Abb. 2.30 Konkret dimensionierte DV/EE-Stufe (a) und DV/ED-Stufe (b) unter Strong-inversion-Bedingungen zur relativen Fehlerbestimmung zwischen gemessenem und berechneten Niederfrequenzverstärkungswert: $\boldsymbol{V}_{DVEE}(0) = -14{,}2$ ($-14{,}1 \cdots -14{,}5$ als Meßwerte), $\boldsymbol{V}_{DVED}(0) = -40{,}6$ ($-38{,}8 \cdots -39{,}6$ als Meßwerte).

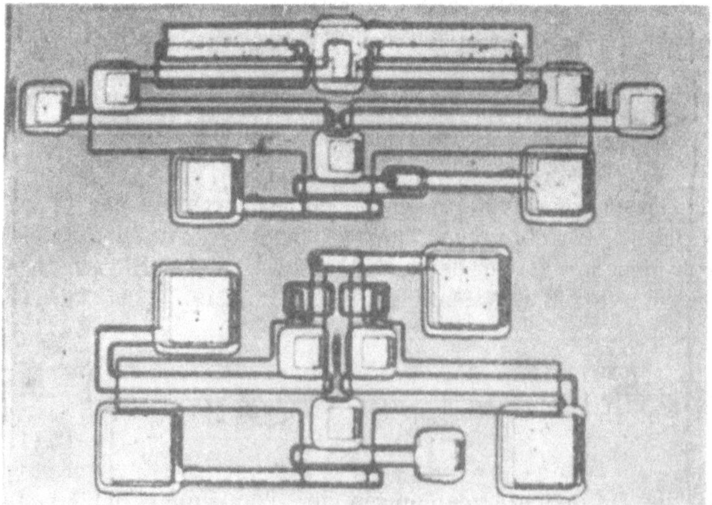

Abb. 2.31 Layoutfoto der präparierten DV-Stufen in einer NMOS-Silizium-Gate-Technologie nach Abb. 2.30

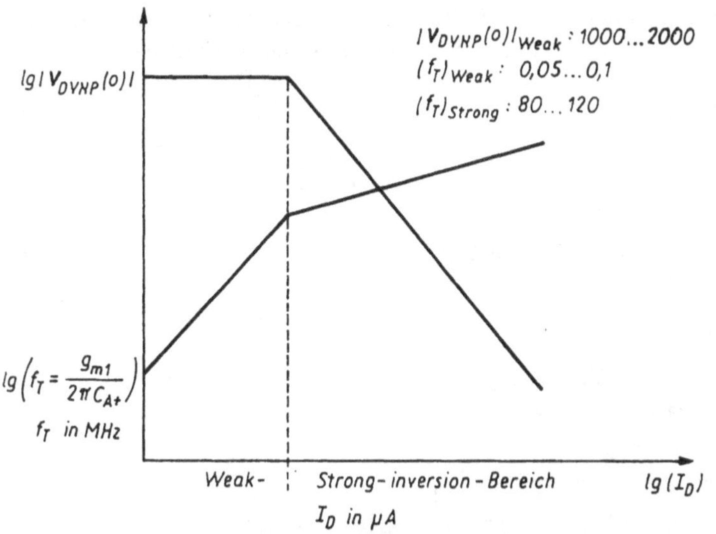

Abb. 2.32 Verlauf der Niederfrequenzverstärkung $V_{DVNP}(0)$ und des Verstärkungs-Bandbreite-Produktes f_T einer CMOS-Differenzverstärkerstufe in Abhängigkeit des Arbeitspunktes bzw. der Querstromwahl I_D

2.4.2. Gleichtaktverstärkung und Gleichtaktunterdrückung von Differenzverstärkern

Neben dem Differenzbetrieb ist auch der Gleichtaktbetrieb der Differenzverstärker von Interesse. Wird an beide Eingänge E+, E− die gleiche Spannung gelegt und die durch ihre Änderung $\boldsymbol{U}_{CME}(0) = \boldsymbol{U}_{E+}(0) = \boldsymbol{U}_{E-}(0)$ verursachte Ausgangsspannungsänderung $\boldsymbol{U}_{CMA}(0) = \boldsymbol{U}_{A-}(0) = \boldsymbol{U}_{A+}(0)$ registiert, ergibt sich die Gleichtaktverstärkung (common-mode gain [Tsivl 78]) mit

$$\boldsymbol{V}_{CM}(0) = \frac{\boldsymbol{U}_{CMA}(0)}{\boldsymbol{U}_{CME}(0)} \to 0 \tag{2.142}$$

(übliche Werte in MOS-Technik $\boldsymbol{V}_{CM}(0)$: $-0{,}01\cdots-0{,}2$). Die Anwendung der Gleichtaktspannungsänderungen auf z. B. Abb. 2.29a) führt zum Kleinsignalersatzschaltbild nach Abb. 2.33. Neben der erneut geforderten Symmetriebedingung M1 = M1′, M2 = M2′ gilt, daß auch bei großen Gleichtaktaussteuerungen $\boldsymbol{U}_{CME}(0)$ am Eingang sämtliche Transistoren im Pinch-off-Bereich arbeiten, d. h. die einzelnen Steilheiten konstant bleiben. Für die DV/ED-Stufe folgt

$$\begin{aligned}\boldsymbol{V}_{CMED}(0) &= -\frac{g_{m1}g_{d3}}{g_{d3}(g_{d1}+g_{d2}+\lambda_2 g_{m2}) + 2(g_{d2}+\lambda_2 g_{m2})\left(g_{d1}+(1+\lambda_1)\,g_{m1}\right)} \\ &\cong -\frac{g_{d3}}{2}\,\frac{1}{(g_{d2}+\lambda_2 g_{m2})\,(1+\lambda_1+g_{d1}/g_{m1})}.\end{aligned} \tag{2.143}$$

Im Falle des CMOS-Differenzverstärkers $\boldsymbol{V}_{CMNP}(0)$ braucht in Gl. (2.143) $\lambda_{1,2} = 0$ gesetzt zu werden, und das Ergebnis ist direkt ablesbar. Eine sinnvolle charakteristische Größe für die Leistungsfähigkeit eines Differenzverstärkers ist die Gleichtaktunterdrückung CMRR (common-mode rejection ratio), die durch das Verhältnis

$$\mathrm{CMRR} = \frac{V_{\mathrm{DV}}(0)}{V_{\mathrm{CM}}(0)} \to \infty \tag{2.144}$$

definiert wird und mit Gl. (2.139), Gl. (2.143) auf die genäherte Beziehung

$$\mathrm{CMRR}_{\mathrm{ED}} \cong \frac{2g_{\mathrm{m1}}}{g_{\mathrm{d3}}} (1 + \lambda_1 + g_{\mathrm{d1}}/g_{\mathrm{m1}}) \tag{2.145}$$

führt. Analog folgt für den CMOS-Differenzverstärker nach Abb. 2.29b)

$$\mathrm{CMRR}_{\mathrm{NP}} \cong \frac{2g_{\mathrm{m1}}}{g_{\mathrm{d3}}} \frac{1 + g_{\mathrm{d1}}/g_{\mathrm{m1}}}{1 + g_{\mathrm{d1}}/g_{\mathrm{d2}}}. \tag{2.146}$$

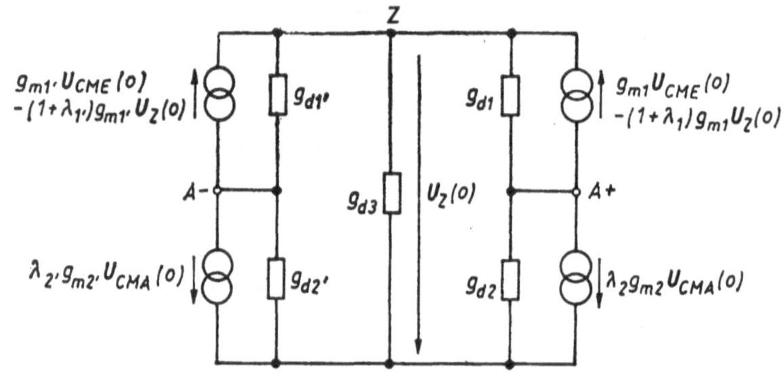

Abb. 2.33 Vollständiges Kleinsignalersatzschaltbild zur Bestimmung der Gleichtaktverstärkung einer DV/ED-Stufe

Aus Gl. (2.145), Gl. (2.146) wird deutlich, daß eine hohe Gleichtaktunterdrückung durch eine große Differenzverstärkung (große Steilheit der Basistransistoren g_{m1}) und eine sehr niedrige Gleichtaktverstärkung (geringer Ausgangsleitwert der Konstantstromquelle g_{d3}) folgt. Damit werden insgesamt die Vorteile des Differenzverstärkers gegenüber dem einfachen Inverterverstärker sichtbar. Sie bestehen darin, daß bei vergleichbarer Niederfrequenzverstärkung z. B. eine zusätzliche temperaturbedingte Änderung der effektiven Steuerspannungen der Basistransistoren (infolge temperaturabhängiger Schwellspannungen gilt $U_{\mathrm{GSE1,1'}}(T) = U_{\mathrm{CME}}(0) - U_{\mathrm{Z}}(0) - U_{\mathrm{Pn1,1'}}(T)$) wie eine Gleichtaktaussteuerung wirkt, die für $V_{\mathrm{CM}}(0) \to 0$ bzw. CMRR $\to \infty$ wirkungslos bleibt. Wegen dieser niedrigen Drift und der niedrigen Offsetspannungsdrift (vgl. 2.4.4.), eignet sich der Differenzverstärker vor allem als Verstärker von Gleichspannungsänderungen, selbst wenn man nur eine Eingangsspannung verstärken will, d. h., darin liegt seine eigentliche Bedeutung. In der Praxis liegt $V_{\mathrm{DV}}(0)$ fest, so daß CMRR vor allem durch eine niedrige Gleichtaktverstärkung $V_{\mathrm{CM}}(0)$ erhöht wird. Diese Aufgabe muß im wesentlichen schaltungstechnisch gelöst werden, da der Entwurf des Konstantstromquellentransistors M3 nach bestimmten Gesichtspunkten (vgl. 2.4.3) erfolgt und damit sein Kleinsignalausgangswiderstand $1/g_{\mathrm{d3}}$ wenig variierbar ist. Abb. 2.34a) zeigt die Erniedrigung der Gleichtaktverstärkung (Stabilisierung der Arbeitspunkte

$U_{A+/-}$), indem eine Gleichtaktregelschleife zwischen dem Ausgang der DV/NP-Stufe und den Transistoren M3, M4 geschaffen wird [Gray 82]. Im symmetrischen Differenzbetrieb bleibt U_{Z2} konstant, so daß M3 als Konstantstromquellentransistor wirkt und somit wieder der einfache Differenzverstärker nach Abb. 2.29b) entsteht. Die Gleichtaktverstärkung beträgt $V_{CMNP}(0) \cong -g_{d3}/g_{m3}$. Diese insgesamt gleiche Funktion verfolgt (Abb. 2.34b) mit dem Vorteil, daß nicht nur bei Schwellspannungsschwankungen (vor allem der Depletiontransistoren M2, M2′) näherungsweise die Gleichtaktausgangsspannungen $U_{CMA} = U_{A+/-}$ konstant bleiben, sondern neben höheren Polfrequenzen an den Ausgängen A_+, A_- (keine zusätzlichen kapazitiven Gateanteile durch M5, M5′), auch eine gewisse Unempfindlichkeit gegenüber anderen Struktur- und Prozeßparameterschwankungen der Basis- und Lasttransistoren entsteht [Fras 80]. Genügt in Abb. 2.34b) die Schleifenverstärkung der Bedingung $V_S(0) \approx g_{m5}/(3\,\lambda_4 g_{m4}) \gg 1$ (M2,2′ = M4) und gilt $3(1+\lambda_1)\,g_{m1} \gg g_{d5}$, folgt damit unter Vernachlässigung einiger Kanalleitwerte

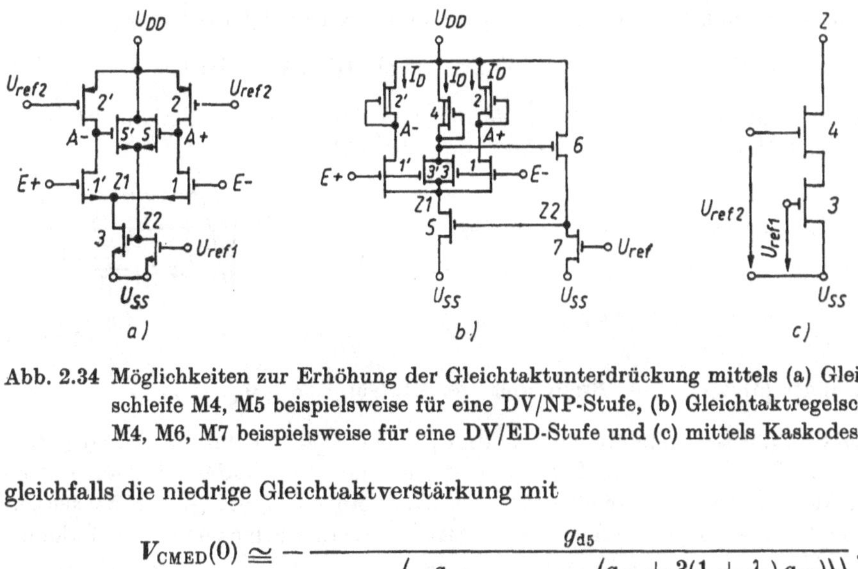

Abb. 2.34 Möglichkeiten zur Erhöhung der Gleichtaktunterdrückung mittels (a) Gleichtaktregelschleife M4, M5 beispielsweise für eine DV/NP-Stufe, (b) Gleichtaktregelschleife M3,3′, M4, M6, M7 beispielsweise für eine DV/ED-Stufe und (c) mittels Kaskodestromquelle

gleichfalls die niedrige Gleichtaktverstärkung mit

$$V_{CMED}(0) \cong -\frac{g_{d5}}{(1+\lambda_1)\left(\dfrac{g_{m5}}{1+\lambda_6} + \lambda_4 g_{m4}\left(\dfrac{g_{d5} + 3(1+\lambda_1)\,g_{m1}}{(1+\lambda_1)\,g_{m1}}\right)\right)}. \qquad (2.147)$$

Weitere Anregungen zur CMRR-Erhöhung sind in [Pouj 78] zu finden. Die einfachste Möglichkeit, mittels Kaskodestromquelle nach Abb. 2.34c) die Gleichtaktverstärkung erheblich zu reduzieren, führt aber zur Einschränkung des linearen Aussteuerbereiches des Differenzverstärkers.

2.4.3. Referenzspannungsbestimmung der Konstantstromquelle und Referenzquellen

Zur Wahl der Referenzspannung $U_{ref} = U_{ref1} = U_{GSA3}$ in Abb. 2.29a), b) sollte genau der Wert herausgesucht werden, bei dem der temperaturinvariante Querstrom $I_Z = I_{D3}$ fließt. Für Temperaturbetrachtungen wird näherungsweise mit Gl. (A1.16) gearbeitet werden, so daß sich die Temperaturabhängigkeit für den Drainstrom $I_{D3} = K_{1n}/2$

$\times (U_{GSA3} - U_{Pon3})^2$ mit Gl. (A1.6) und Gl. (A1.7) durch den Temperaturkoeffizienten

$$TK = \frac{1}{I_{D3}} \frac{dI_{D3}}{dT} = \frac{1}{I_{D3}} \left(\frac{\partial I_{D3}}{\partial \mu_n} \frac{d\mu_n}{dT} + \frac{\partial I_{D3}}{\partial U_{Pon3}} \frac{dU_{Pon3}}{dT} \right) \tag{2.148}$$

beschreiben läßt [Möwi 77]. Für den temperaturunabhängigen Fall des Drainstromes I_{D3} folgt $TK = 0$, so daß sich mit $\partial I_{D3}/\partial \mu_n = \varepsilon_{ox}/d_{ox}(U_{GSA3} - U_{Pon3})^2/2$ und $\partial I_{D3}/\partial U_{Pon3} = -K_{1N}(U_{GSA3} - U_{Pon3})$ Gleichung (2.148) nach der gesuchten Steuerspannung auflösen läßt

$$U_{GSA3} = U_{Pon3} + 2 \frac{dU_{Pon3}/dT}{\frac{1}{\mu_n} d\mu_n/dT}. \tag{2.149}$$

Die beiden Ableitungen dU_{Pon3}/dT und $d\mu_n/dT$ lassen sich für einen Langkanaltransistor in einer n-Kanal-Silizium-Gate-Technologie berechnen. Wird bei der Schwellspannungseinstellung mittels Borimplantation $e \frac{d_{ox}}{\varepsilon_{ox}} D_B''$ nach Gl. (A1.6) berücksichtigt, daß sich die Temperaturabhängigkeit der Tiefe der Kanalraumladungszone ändert, folgt schließlich nach [Rie2 84] unter Beachtung von [Förs 85]

$$U_{GSA3} \cong U_{Pon3} + \frac{4}{3} \left(\frac{U_g}{2} + \frac{3}{2} U_T - V_F \right) \left(1 + \frac{d_{ox}}{\varepsilon_{ox}} \sqrt{\frac{e\varepsilon_H N_A}{V_F - \frac{eN_R y_R^2}{4\varepsilon_H}}} \right) \tag{2.150}$$

(U_g: Spannungsäquivalent für Breite der verbotenen Zone W_g, $V_F = \frac{kT_0}{e} \ln N_A / n_i(T_0)$, T_0 als absolute Bezugstemperatur, z. B. $T_0 = 300$ K, N_R: Konzentration des Borimplantationsprofils, y_R: Tiefe der Implantation). Für homogen dotierte Enhancementtransistoren als Konstantstromquellen ist in Gl. (2.150) $eN_R y_R^2/(4\varepsilon_H) = 0$ zu setzen. Abb. 2.35 zeigt für einen nSGT-Enhancementtransistor das gemessene Transferkennlinienfeld in Abhängigkeit der Temperatur, wonach sich bei $T = T_0$ als Richtwert für die Steuerspannung

$$U_{ref} = U_{ref1} = U_{GSA3} = 1{,}5 \text{ V} \tag{2.151}$$

abschätzen läßt (vgl. auch Abb. 2.30a), b)). Mit bekannter Steuerspannung wird der Entwurf von M3 nur noch von der Querstromvorgabe bestimmt, die ihrerseits durch die Festlegung der Polfrequenzen des Differenzverstärkers (Hochohmigkeit der Lastelemente s. 2.4.5.) und der Slew-Rate (s. 3.1.4) geprägt wird. Einfache Möglichkeiten zur Referenzspannungserzeugung zeigen die Abbildungen 2.36a) bis d). Danach ist es zunächst sinnvoll, die Schaltungen nach dem Stromspiegelprinzip aufzubauen (current mirror), indem in den Abbildungen 2.36a) bis d) der Konstantstrom I_Z einfach mit Gl. (A1.7), Gl. (A1.16) über die Beziehung

$$I_Z = \frac{K_{1n'}(B_3/L_3)}{2} \left(\sqrt{\frac{2I_{ref}}{K_{1n'}(B_4/L_4)}} + U_{Pon4} - U_{Pon3} \right)^2 \tag{2.152}$$

durch Spiegelung eines Referenzstromes I_{ref} entsteht. Gl. (2.152) geht mit der durch den Entwurf und Technologie gesicherten Annahme $U_{Pon3} = U_{Pon4}$ und

$$m_Z = (B_3/L_3)/(B_4/L_4) \tag{2.153}$$

in den einfachen Ausdruck

$$I_Z = m_Z I_{ref} \tag{2.154}$$

über, d. h., der Konstantstrom I_Z ist meist ein ganzzahliges Vielfaches des Referenzstromes I_{ref} oder gleich dem Referenzstrom. Hierbei ist es im Interesse der zu I_Z glei-

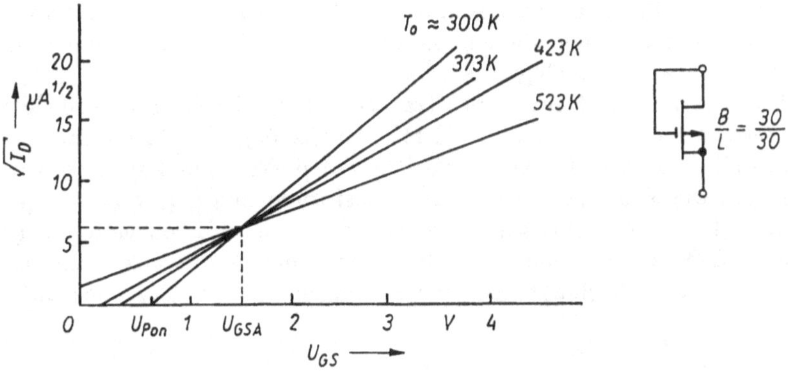

Abb. 2.35 Transferkennlinienfeld eines nSGT-Enhancementtesttransistors in Abhängigkeit der Temperatur nach [Rie2 84]

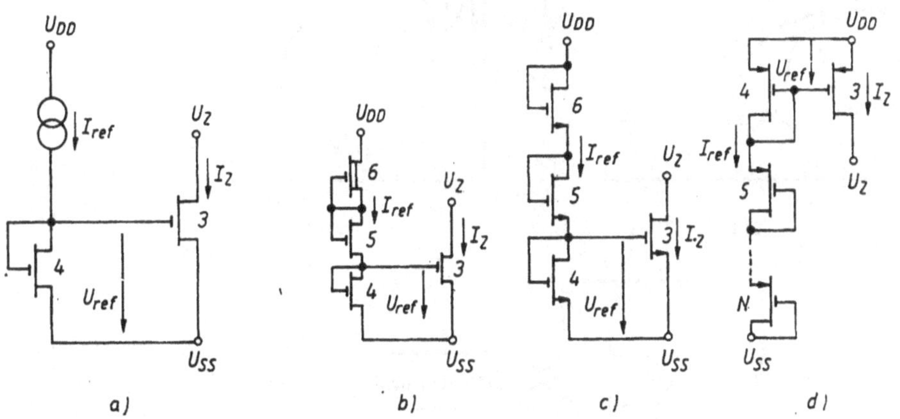

Abb. 2.36 Arten der Referenzspannungserzeugung für Konstantstromquellen;

a) einfaches Stromspiegelprinzip mit Referenzstromquelle I_{ref},
b) Stromspiegel mit Referenzquelle M5, M6 in Enhancement-Depletion-Technik
c) Stromspiegel mit Spannungsteiler M4, 5, 6 in einer p-Wannen-CMOS-Technologie (Substratanschlüsse der Einfachheit halber weggelassen),
d) Stromspiegel mit dem Spannungsteilerprinzip M4, ..., MN für eine n-Wannen-CMOS-Technologie zwecks Einstellung sämtlicher effektiver Steuerspannungen im temperaturinvarianten Teil von I_{re} (Substratanschlüsse der Einfachheit halber weggelassen)

chen Temperaturinvarianz von I_{ref} sinnvoll, in Abhängigkeit der Betriebsspannung $U_{DD} - U_{SS}$ eigentlich so viele Spannungsteilertransistoren M5 bis MN (vgl. Abb. 2.36d)) zu wählen, damit deren U_{GSA}-Werte den Überlegungen von Gl. (2.149) entsprechen. Dabei ist zu beachten, daß für n-Kanal-Enhancementtransistoren mit Substratvorspannung $-U_{BS}$ (s. Abb. 2.36b)) und p-Kanal-Enhancementtransistoren (z. B. $-U_{BS} = 0$ nach Abb. 2.36d)) etwa U_{GSAn}: 1,7 V···2,3 V bzw. $U_{GSAp} \cong 1{,}7$ V $|U_{Pop}| = 0{,}9$ V) anzusetzen sind [Förs 85], [Förs 86]. So sind beispielsweise die Steuerspannungen U_{GSA} der Transistoren M5, M6 in Abb. 2.36c) in der Regel von den temperaturinvarianten Werten noch relativ weit entfernt, ihr Flächenverbrauch ist aber durch die größeren Steuerspannungen geringer.

Im Subthreshold-Bereich läßt sich leider kein temperaturinvarianter Drainstrom wie unter Strong-inversion-Bedingungen finden, so daß solche Konstantstromquellentransistoren M3 stark temperaturabhängig bleiben.

Die bisherigen Überlegungen zum Entwurf der Transistoren wurden im Interesse einer unkomplizierten Betrachtungsweise nach Gl. (2.152), Gl. (2.153), Gl. (2.154) mit dem einfachen Strommodell ohne K_{4N} durchgeführt. Für den praktischen Layoutentwurf ist zu empfehlen, daß die Dimensionierung der Transistoren mit den vollständigen Strommodellen nach Gl. (A1.22) usw. sorgfältig vorgenommen wird, da geringfügige Abweichungen der B/L-Werte zwar nur kleine Referenzspannungsschwankungen hervorrufen, aber insgesamt die Gleichtaktausgangsspannungen $U_{CMA} = U_{A+/-}$ des Diffe-

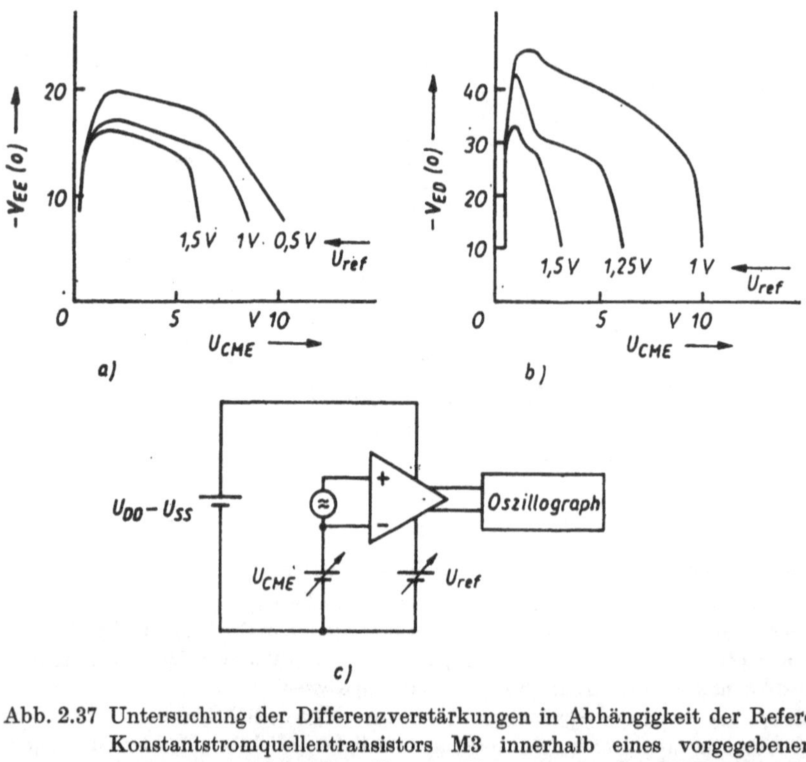

Abb. 2.37 Untersuchung der Differenzverstärkungen in Abhängigkeit der Referenzspannung des Konstantstromquellentransistors M3 innerhalb eines vorgegebenen Gleichtakteingangsspannungsbereiches $U_{CME} = U_{E+/-}$ für a) eine DV/EE-Stufe, b) eine DV/ED-Stufe und c) Meßaufbau

renzverstärkers wesentlich beeinflussen und sich nach Abb. 2.37a), b) die nutzbare Differenzverstärkung innerhalb der Gleichtaktspannungsbereiche verändert. Dieser Vorgang wird quantitativ dadurch erfaßt, daß man die DV/ED- oder DV/NP-Stufe nach Abb. 2.29a), b) wieder im Gleichtaktbetrieb betrachtet. Der Zusammenhang zwischen Referenzspannungsschwankung $\boldsymbol{U}_{\mathrm{ref}}(0)$ und Ausgangsspannungsschwankung $\boldsymbol{U}_{\mathrm{CMA}}(0)$ ergibt sich nach Aufstellung des Kleinsignalersatzschaltbildes für $\boldsymbol{U}_{\mathrm{CME}}(0) = 0$ mit

$$\frac{\boldsymbol{U}_{\mathrm{CMA}}(0)}{\boldsymbol{U}_{\mathrm{ref}}(0)} = -\frac{g_{\mathrm{m3}}}{2\lambda_2 g_{\mathrm{m2}}} \quad \text{bzw.} \quad -\frac{g_{\mathrm{m3}}}{2g_{\mathrm{d2}}}, \tag{2.155}$$

wonach der große Änderungsfaktor zwischen beiden Schwankungen deutlich wird.

2.4.4. Offset und Offsetdrift von Differenzverstärkern

Für die Offsetspannung von Differenzverstärkern mit der allgemeinen Verstärkung $\boldsymbol{V}_{\mathrm{DV}}(0)$ gibt es je nach meßtechnischer Betrachtungsweise zwei Definitionen, die stets dann auf den gleichen Betrag U_{off} führen, wenn dieser nicht so groß ist, daß der lineare Aussteuerbereich am Ausgang überschritten wird. Diese Definitionen lauten

$$U_{\mathrm{off}}(U_{\mathrm{E+}} = U_{\mathrm{E-}}) = \frac{U_{\mathrm{A+}} - U_{\mathrm{A-}}}{\boldsymbol{V}_{\mathrm{DV}}(0)} \tag{2.156}$$

oder

$$U_{\mathrm{off}}(U_{\mathrm{A+}} = U_{\mathrm{A-}}) = U_{\mathrm{E+}} - U_{\mathrm{E-}}, \tag{2.157}$$

wobei U_{off} positive und negative Werte annehmen kann. Der Grund für nicht ideal resultierende gleichgroße Ausgangsspannungen $U_{\mathrm{A+}}$, $U_{\mathrm{A-}}$ bei angelegter Gleichtakteingangsspannung $U_{\mathrm{CME}} = U_{\mathrm{E+}} = U_{\mathrm{E-}}$ ist in der Schwankung der Transistorparameter K_{1N}, K_{1P}, K_{1D}, U_{Pn}, U_{Pp}, U_{PD} infolge der unvollkommenen Technologie oder eventuell ungleichmäßiger Temperaturverteilung auf dem Chip zu suchen [Lin 70], [Zapf 78], [Möwi 79]. Um eine quantitative Vorstellung von Offsetspannungen in der MOS-Technik zu erhalten, wurden in [Rie2 84] für die DV/EE- und DV/ED-Stufe nach Abb. 2.31 beide Histogramme der Offsetspannungsverteilung auf dem Wafer aufgenommen und in Abb. 2.38a), b) dargestellt. Nach Abb. 2.38a) sieht man, daß die Mehrzahl der Chips der DV/EE-Stufe einen geringen Offset aufweisen. Dieses Histogramm läßt sich auch auf einen CMOS-Differenzverstärker mit der gleichen Aussage übertragen [Meye 82].

Eine Offsetanalyse zwecks Offsetminimierung geht in erster Näherung davon aus, daß beide Lastelemente im Differenzverstärker gleichgroß sind und eine Offsetspannung unter Berücksichtigung der hier ausreichenden einfachsten Kennliniengleichung (A1.16) nur durch die Basistransistoren $\mathrm{M}_{1,1'}$ mit Gl. (2.157) in der Form

$$\begin{aligned} U_{\mathrm{off}} &= U_{\mathrm{GSA1'}} - U_{\mathrm{GSA1}} \cong 2\left(\frac{I_{\mathrm{D1'}}}{g_{\mathrm{m1'}}} - \frac{I_{\mathrm{D1}}}{g_{\mathrm{m1}}}\right) + (U_{\mathrm{Pn1'}} - U_{\mathrm{Pn1}}) \\ &= \left(\frac{1}{\sqrt{(K_{\mathrm{1n}}/I_{\mathrm{D}})_{1'}}} - \frac{1}{\sqrt{(K_{\mathrm{1n}}/I_{\mathrm{D}})_{1}}}\right) + (U_{\mathrm{Pn1'}} - U_{\mathrm{Pn1}}) \end{aligned} \tag{2.158}$$

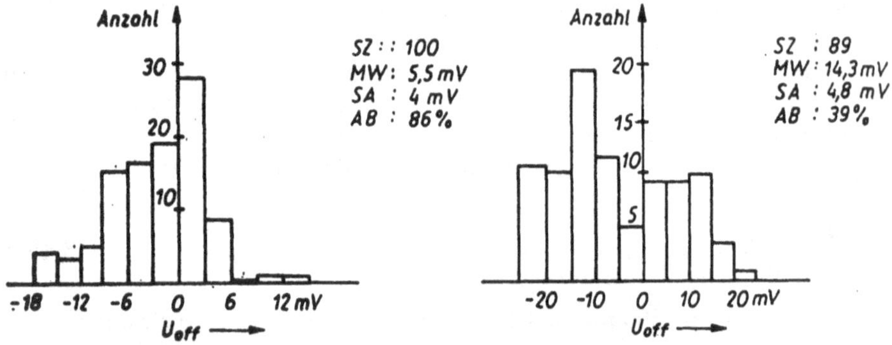

Abb. 2.38. Histogramme der Offsetspannungsverteilungen für (a) die DV/EE-Stufe und (b) die DV/ED-Stufe nach Abb. 2.31 (Symbolik: Stufenzahl $\triangleq$ SZ, Mittelwert $\triangleq$ MW, Standardweichung $\triangleq$ SA, Ausbeute für $|U_{off}| \leqq 10$ mV $\triangleq$ AB)

gebildet wird [Zapf 78]. Nach Gl. (2.158) wird deutlich, daß bei konstant vorgegebener Querstromabweichung $I_{D1'} - I_{D1} \neq 0$ durch die geringeren Steilheiten $g_{m1}, g_{m1'}$ der MOS-Transistoren im Vergleich zu Bipolartransistoren durchaus Offsetspannungen von mehreren mV entstehen, wobei sich auch die Schwellspannungsstreuung über dem gesamten Wafer für Enhancementtransistoren bezüglich $U_{Pn1'} - U_{Pn1} \neq 0$ bemerkbar macht. In zweiter Näherung muß innerhalb der Offsetanalyse bedacht werden, daß die Querstromabweichung gleichfalls durch die Lastelemente M2,2' hervorgerufen werden kann, zumal beispielsweise die Schwellspannungsstreuung der Depletionlasttransistoren nach den Messungen von [Rie2 84] über dem gesamten Wafer etwa viermal größer ist als die der Enhancementtransistoren, das in der Regel auf einen breiteren Anteil höherer Offsetspannungswerte führt (vgl. Abb. 2.38b)). Entsprechende Worst-case-Offsetanalysen wurden von [Möwi 79] zwischen Basis- und Lasttransistoren vorgenommen und sagen in Übereinstimmung mit Gl. (2.158) folgendes aus:

— Nur ein eng benachbarter symmetrischer Entwurf der Basis- und Lasttransistoren mit großen Kanalbreiten und -längen führt zu geringen Abweichungen ΔK_{1n} zwischen den Kennlinienkonstanten und Schwellspannungen $U_{Pn1'}$, U_{Pn1} bzw. $U_{PD2'}$, U_{PD2} (dasgl. gilt für p-Kanal-Enhancementtransistoren).
— Die Wahl kleinerer Drainströme I_{D1} führt bei konstantem relativen Fehler $\Delta K_{1n}/K_{1n}$ zu niedrigeren Offsetspannungen (vgl. Abb. 2.39).

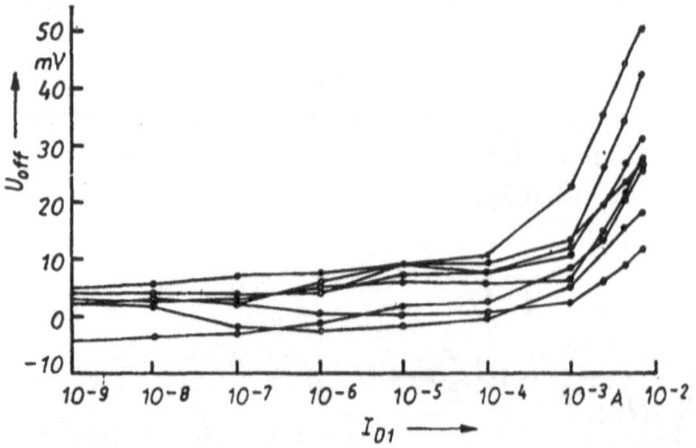

Abb. 2.39 Darstellung der Offsetspannung U_{off} in Abhängigkeit des Drainstromes I_{D1} nach [Kühn 84]

Für die Drift der Eingangsoffsetspannung $\mathrm{d}U_{\mathrm{off}}/\mathrm{d}T = \mathrm{d}U_{\mathrm{GSA1'}}/\mathrm{d}T - \mathrm{d}U_{\mathrm{GSA1}}/\mathrm{d}T$ ist in Gl. (2.148) zusätzlich die Temperaturabhängigkeit der Gate-Sourcespannung $\partial U_{\mathrm{GSA}}/\partial T$ anzunehmen, die erneut mit TK $= 0$, den oben getroffenen einfachen Annahmen und $\mathrm{d}(U_{\mathrm{Pn1'}} - U_{\mathrm{Pn1}})/\mathrm{d}T \cong 0$ im Differenzfall auf

$$\frac{\mathrm{d}U_{\mathrm{off}}}{\mathrm{d}T} \cong \frac{3}{2T}\left(\frac{I_{\mathrm{D1'}}}{g_{\mathrm{m1'}}} - \frac{I_{\mathrm{D1}}}{g_{\mathrm{m1}}}\right) \tag{2.159}$$

führt. Auch in Gl. (2.159) wirken sich kleine Quer- bzw. Drainströme vorteilhaft auf eine niedrigere Temperaturdrift aus (Richtwert: 50 µV/°C). Andererseits befinden sich die Maßnahmen der Offset- und Offsetdriftminimierung vor allem bezüglich der Drainstromreduzierung im Gegensatz zur Vergrößerung der Grenzfrequenz und der Slewrate der DV-Stufe.

2.4.5. Frequenzverhalten von Differenzverstärkern

Um das Frequenzverhalten von Differenzverstärkern zu untersuchen, ist es sinnvoll, diese einschließlich der Signalauskopplung zu betrachten. Zwei typische Schaltungsvarianten in Einkanal- und Komplementärtechnik zeigt Abb. 2.40a), b). Die Aufgabe der Phasenumkehrstufe (differential to single-ended converter) in Abb. 2.40a) besteht darin, möglichst das gesamte Differenzsignal der DV/ED-Stufe einseitig auszukoppeln, indem M4, M5 durch gegenphasige Ansteuerung betrieben werden, wobei an den Basistransistor M4 das mit dem geringen Betrag $V_{\mathrm{SF'}}(0) = g_{\mathrm{m5'}}/\big((1 + \lambda_{5'})\, g_{\mathrm{m5'}} + g_{\mathrm{m4'}}\big) \ll 1$ untersetzte Signal $U_{\mathrm{A-}}(0)$ übermittelt wird. Aus dieser Funktionsweise resultiert unter Beachtung der wichtigen Dimensionierungsbedingung

$$g_{\mathrm{m4}} = g_{\mathrm{m4'}} \gg g_{\mathrm{m5}} = g_{\mathrm{m5'}} \tag{2.160}$$

und

$$g_{\mathrm{m4}}, g_{\mathrm{m5}} \gg g_{\mathrm{d4}}, g_{\mathrm{d5}} \tag{2.161}$$

zunächst für die Niederfrequenzverstärkung der Phasenumkehrstufe

$$\begin{aligned} V_{\mathrm{PU}}(0) &= \frac{g_{\mathrm{m5}}}{g_{\mathrm{m5}}(1+\lambda_5) + g_{\mathrm{d4}} + g_{\mathrm{d5}}}\left(\frac{1}{2} + \frac{g_{\mathrm{m4}}g_{\mathrm{m5'}}}{2g_{\mathrm{m5}}\big(g_{\mathrm{m4'}} + g_{\mathrm{m5'}}(1+\lambda_{5'}) + g_{\mathrm{d4'}} + g_{\mathrm{d5'}}\big)}\right) \\ &\cong \frac{1}{1+\lambda_5} \cong V_{\mathrm{SF}}(0). \end{aligned} \tag{2.162}$$

Ein weiterer Vorteil der Phasenumkehrstufe ergibt sich durch ihre Gleichttaktverstärkung. Damit werden vor allem die durch die Schwellspannungsschwankungen der Depletionstransistoren M2, M2' hervorgerufenen Arbeitspunktverschiebungen $U_{\mathrm{CMA}}(0) = U_{\mathrm{A+}}(0) = U_{\mathrm{A-}}(0)$ am Ausgang $\mathrm{A_+}'$ bei Beachtung von Gl. (2.160), Gl. (2.161) um den Betrag

$$V_{\mathrm{CMPU}}(0) \cong \frac{1}{1+\lambda_5}\left(1 - \frac{g_{\mathrm{m4}}}{g_{\mathrm{m4}} + g_{\mathrm{m5}}(1+\lambda_5)}\right) \to 0 \tag{2.163}$$

unterdrückt, so daß eine unproblematische Anpassung zur nächsten Verstärkerstufe erfolgt. Wird bei einer DV/ED-Stufe nach Abb. 2.40a) das Differenzsignal einseitig

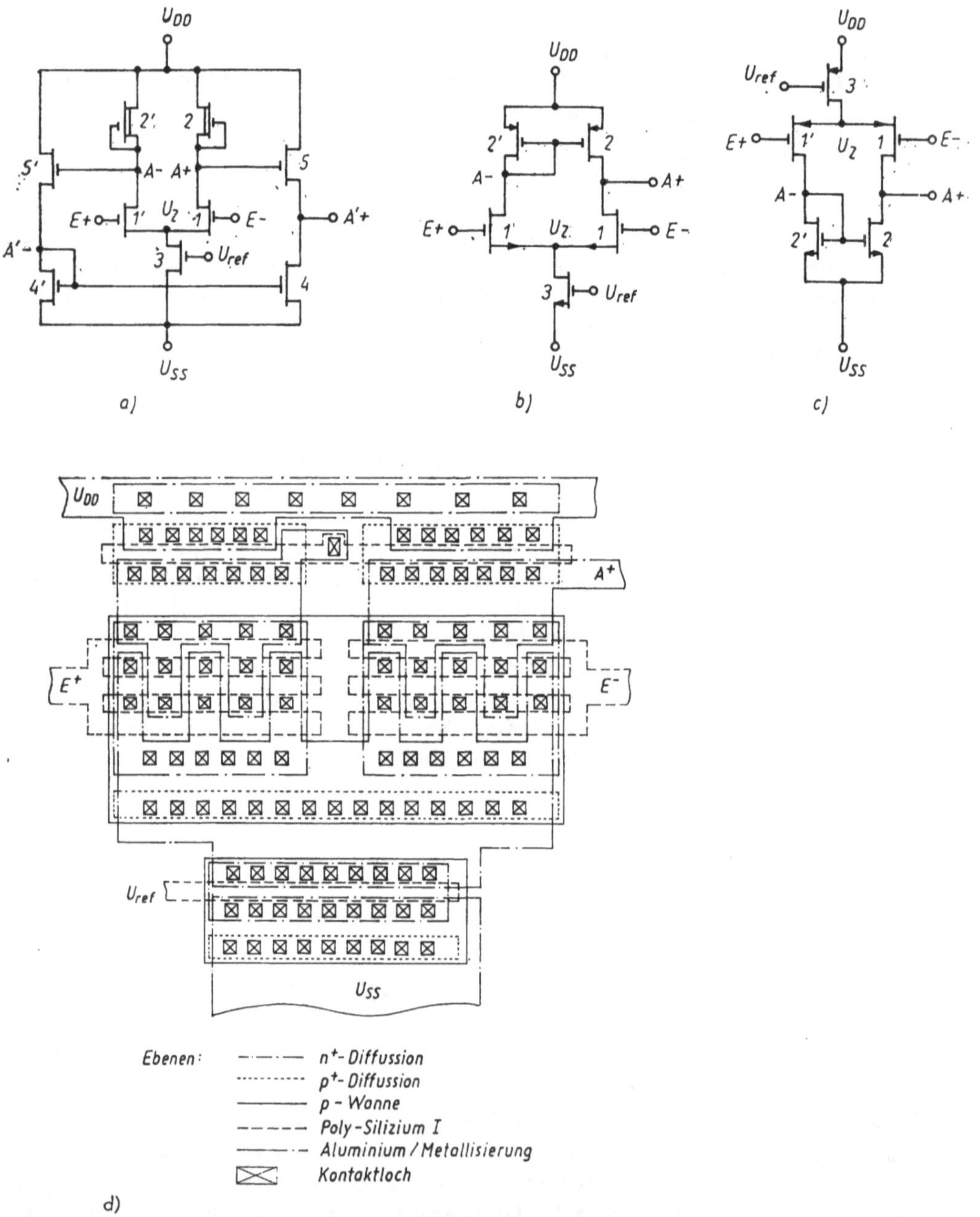

Abb. 2.40 Differenzverstärker mit Signalauskopplung;

a) DV/ED-Stufe mit Phasenumkehrstufe,

b) DV/NP-Stufe mit Stromspiegel (Source-Bulk-Kurzschl. vorhanden),

c) DV/PN-Stufe mit Stromspiegel (Source-Bulk-Kurzschl. vorhanden),

d) übliches Layoutbeispiel für b)

bzw. unsymmetrisch über einen Sourcefolger ausgekoppelt, läßt sich hier eine Technologieunabhängigkeit der Arbeitspunkte bis zu einem bestimmten Grad z. B. über die bereits erwähnte Schaltung nach Abb. 2.34b) erreichen.

Bei der Ableitung der vollständigen Übertragungsfunktion im Frequenzbereich zeigt sich, daß mit der Schaltungsdimensionierung nach Gl. (2.160) Abb. 2.40a) vereinfachend durch einen Verstärkertiefpaß 2. Ordnung mit der Nullstellenfrequenz ω_{N1} der näherungsweise als Sourcefolgerstufe anzusehenden Konfiguration M4, M5 dargestellt werden kann, da die Polfrequenz der linken Seite der DV/ED-Stufe mit der Nullstellenfrequenz $\omega_{N1'}$ von M4', M5' kompensiert wird [Riel 83]. Somit ist die Übertragungsfunktion $U'_{A+}(p)/U_D(p)$ qualitativ mit Gl. (2.133) identisch, wobei für die allgemeine Signalquelle jetzt die DV/ED-Stufe eingesetzt wird, d. h. $V(0) = V_{DVED}(0)$, $\omega_{N1} = g_{m5}/C_2$, in Gl. (2.135), Gl. (2.136) ist für $R_P = (g_{d1} + g_{d2} + \lambda_2 g_{m2})^{-1}$, $C_P = C_{A+} = C_{DB1} + C_{SB2} + C_{GD2} + C_{gdo1} + C_{gbo2} + C_Z$, $C_1 = C'_{A+} = C_{DB4} + C_{SB5} + C_{gdo4} + C_Z + C_A$, $C_2 = C_{GS5}$ und anstelle von g_{m2}, λ_2 jetzt g_{m5}, λ_5 anzunehmen. Die Nullstellenfrequenz ω_{N1} liegt entweder tief in der negativen Halbebene (C_{GS5} klein halten z. B. durch Aufteilung von M5),

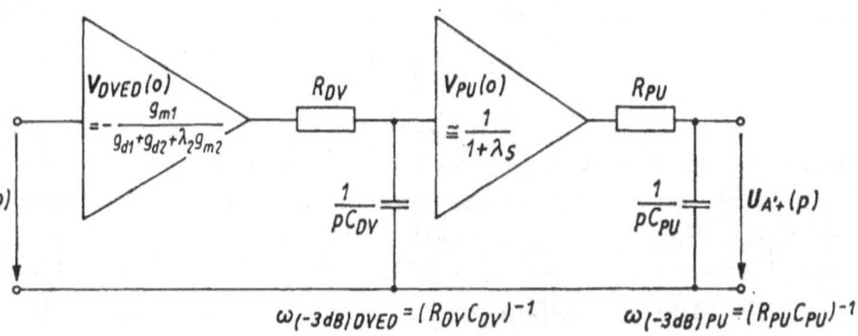

$$R_{DV} = 1/(g_{d1} + g_{d2} + \lambda_2 g_{m2})$$

$$C_{DV} \cong \frac{C_{A+}(C_{GS5} + C_{A'+}) + C_{GS5}\,C_{A'+}}{C_{GS5} + C_{A'+} + \dfrac{g_{m5}}{g_{d1} + g_{d2} + \lambda_2 g_{m2}}\,(\lambda_5 C_{GS5} + C_{A+}(1+\lambda_5))}$$

$$R_{PU} = 1/(1+\lambda_5)\,g_{m5}$$

$$C_{PU} \cong (C_{A+}(C_{GS5} + C_{A'+}) + C_{GS5}C_{A'+})/C_{DV}$$

Abb. 2.41 Verstärkertiefpaß 2. Ordnung zur Beschreibung des Frequenzgangs der DV/ED- und Phasenumkehrstufe

oder wird zur Kompensation einer anderen Polfrequenz benötigt. Unter der Bedingung, daß die Sourcefolgerpolstelle nicht kompensiert wird, ergibt sich die Ersatzschaltung für die DV/ED- und Phasenumkehrstufe zur Beschreibung des Frequenzganges schließlich als Kettenschaltung des Differenzverstärker- und Sourcefolgertiefpasses nach Abb. 2.41, wenn die Darstellungsform von Abb. 2.7c) Verwendung findet. Die äquivalente Aufgabe wird in der CMOS-Technik nach Abb. 2.40b) schaltungstechnisch einfacher gelöst, indem die Lasttransistoren M2,2' als Stromspiegel geschaltet werden und somit durch Phasenumkehr die Auskopplung des gesamten Differenzsignals gestatten. Die Gleichtaktverstärkung ergibt sich vorteilhafterweise mit dem niedrigen Wert

$$V_{CMNP}(0) \cong \frac{g_{d3}}{2g_{m2}}. \tag{2.164}$$

Wird das Kleinsignalersatzschaltbild mit allen parasitären Knotenkapazitäten aufgestellt, folgt daraus für die Übertragungsfunktion unter symmetrischen Bedingungen

$$V_{DVNP}(p) = \frac{U_{A+}(p)}{U_D(p)} = \frac{V_{DVNP}(0)}{(1 + p/\omega_{(-3dB)DVNP})} \frac{(1 + p/\omega_{N1})}{(1 + p/\omega_{P1})} \tag{2.165}$$

mit

$$V_{DVNP}(0) = \frac{1}{2} \frac{g_{m1'}g_{m2} + g_{m1}(g_{m2'} + g_{d1'} + g_{d2'})}{(g_{m2'} + g_{d1'} + g_{d2'})(g_{d1} + g_{d2})} \cong \frac{g_{m1}}{g_{d1} + g_{d2}} \tag{2.166}$$

$$\omega_{N1} = (2g_{m2} + g_{d1} + g_{d2})/C_{A-} \tag{2.167}$$

$$\omega_{P1} = (g_{m2} + g_{d1} + g_{d2})/C_{A-} \cong \frac{1}{2}\,\omega_{N1} \tag{2.168}$$

$$\omega_{(-3dB)DVNP} = (g_{d1} + g_{d2})/C_{A+} \tag{2.169}$$

und

$$C_{A+} \cong C_{DB1} + C_{DB2} + C_{gdo1} + C_Z + C_A \tag{2.170}$$

$$C_{A-} \cong C_{DB1'} + C_{DB2'} + C_{gdo1'} + 2C_{GS2} + C_Z \tag{2.171}$$

(an den Knoten C_{A-}, C_{A+} wird hier durch das Miller-Theorem $\left(1 - 1/V_{NP}(0)\right) C_{gdo1} \cong C_{gdo1}$ berücksichtigt). Auch hier besteht die Aufgabe darin, die beiden Frequenzen ω_{N1}, ω_{P1} (mirror pole) tief in die negative Halbebene zu verschieben, um so die DV/NP-Stufe als einfachsten Verstärkertiefpaß mit $\omega_{(-3dB)DVNP}$ ansehen zu können. Für die DV/PN-Stufe in einer n-Wannen-CMOS-Technologie nach Abb. 2.40c) bleiben sämtliche Aussagen nach Gl. (2.164) bis Gl. (2.171) bestehen, wenn für g_{m1} die Steilheit des p-Kanal-Transistors usw. gesetzt wird.

2.4.6. Rauscheigenschaften von Differenzverstärkern

Gemäß den vorhergehenden Verstärkerstufen werden auch hier die funktionsbedingten Eingangsrauschquellen eingezeichnet und führen für Abb. 2.40a) auf die Ersatzschaltungen in Abb. 2.42a), b) Für den symmetrischen Entwurf der DV/ED-Stufe zerfällt bezüglich der Rauschquellenbetrachtung diese in Abb. 2.42a) in zwei gleiche E/D-Inverterverstärker (U_Z = konst.), deren spektrale Effektivwerte der äquivalenten Eingangsrauschspannungen sich unkorreliert überlagern, d. h., nach Gl. (2.87) folgt die auf den Ausgang A+/— bezogene $1/f$-Ersatzrauschspannung der DV/ED-Stufe mit

$$e_{DVED}(f) = \sqrt{e_{ED}^2(f) + e_{ED'}^2(f)} = e_{ED}(f)\sqrt{2}. \tag{2.172}$$

Bei der Phasenumkehrstufe in Abb. 2.42b) wird die Symmetriebedingung in Gl. (2.160) vorausgesetzt, so daß sich mit den auf den Ausgang A_+' wirkenden Einzelrauschanteilen für die äquivalente $1/f$-Eingangsrauschspannung schließlich unter Beachtung von Gl. (2.138)

$$e_{PU}(f) \approx e_{SF}(f)\sqrt{2} \tag{2.173}$$

ergibt [Rie2 84]. Nach 2.1.3. läßt sich mit Gl. (2.172) und Gl. (2.173) die Rauschquellenersatzschaltung für die gesamte Stufe von Abb. 2.40a) durch Abb. 2.43 angeben, was qualitativ mit den Regeln der Statistik auf das Ergebnis

$$e_{\mathrm{DVP}}(f) = \sqrt{e^2_{\mathrm{DVED}}(f) + \left(\frac{e_{\mathrm{PU}}(f)}{V_{\mathrm{DVED}}(0)}\right)^2} \tag{2.174}$$

führt. Die Beziehung nach Gl. (2.174) verdeutlicht, daß den wesentlichen Rauschbeitrag die DV/ED-Stufe liefert, die hinsichtlich der Minimierung der $1/f$- und thermischen Rauschspannung den zur E/D-Stufe adäquaten Überlegungen in 2.1.3. unterliegt. Erweitert man nun die Betrachtungen beispielsweise im $1/f$-Rauschbereich auf die CMOS-

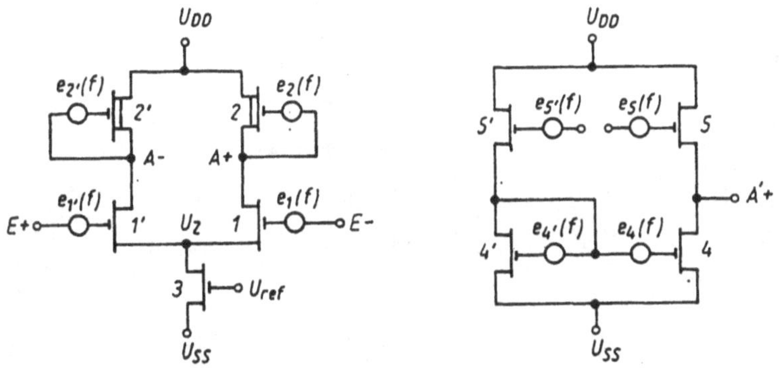

Abb. 2.42 Rauschquellenersatzschaltbilder für (a) DV/ED-Stufe und (b) Phasenumkehrstufe

Differenzverstärkerstufen, folgt für den symmetrischen Entwurf unter Berücksichtigung von Gl. (2.93)
für die p-Wannen-CMOS-Technologie nach Abb. 2.44a)

$$e_{\mathrm{DVNP}}(f) = e_{\mathrm{NP}}(f)\sqrt{2} \tag{2.175}$$

und mit

$$e_{\mathrm{PN}}(f) \cong \sqrt{\frac{a_{1\mathrm{p}}(f)}{B_1L_1}\left(1 + \frac{K_{1\mathrm{N}'}a_{2\mathrm{n}}(f)}{K_{1\mathrm{P}'}a_{1\mathrm{p}}(f)}\left(\frac{L_1}{L_2}\right)^2\right)} \tag{2.176}$$

für die n-Wannen-CMOS-Technologie nach Abb. 2.44b)

$$e_{\mathrm{DVPN}}(f) = e_{\mathrm{PN}}(f)\sqrt{2}. \tag{2.177}$$

Nach Gl. (2.70) bis Gl. (2.72) und Gl. (2.89), Gl. (2.90) ergibt sich allgemein im gesamten Rauschbereich

$$e_{\mathrm{DVCMOS}}(f) \cong \sqrt{2}\sqrt{e_1^2(f) + \left(\frac{g_{\mathrm{m}2}}{g_{\mathrm{m}1}}\right)^2 e_2^2(f)}$$
$$= \sqrt{2}\, e_1(f)\sqrt{1 + \left(\frac{e_2(f)}{e_1(f)}\frac{K_{12'}}{K_{11'}}\frac{B_2L_1}{L_2B_1}\right)^2} \tag{2.178}$$

mit

$$K_{11'} = K_{1\mathrm{N}'},\ K_{12'} = K_{1\mathrm{P}'}\ \text{(p-Wannen-CMOS)} \tag{2.179}$$

$$K_{11'} = K_{1\mathrm{P}'},\ K_{12'} = K_{1\mathrm{N}'}\ \text{(n-Wannen-CMOS)}, \tag{2.180}$$

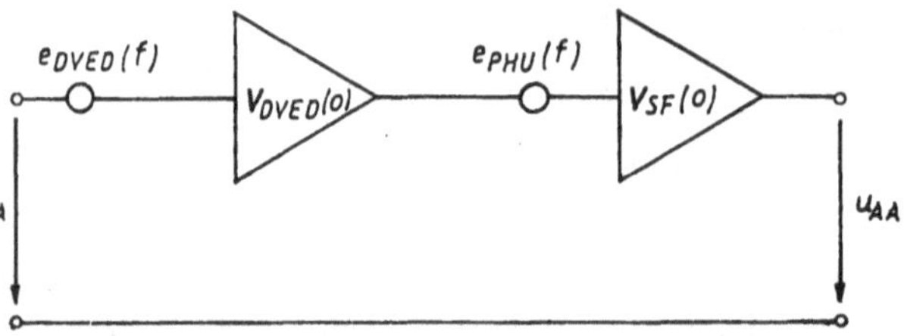

Abb. 2.43 Rauschquellenersatzschaltbild für Abb. 2.40 a)

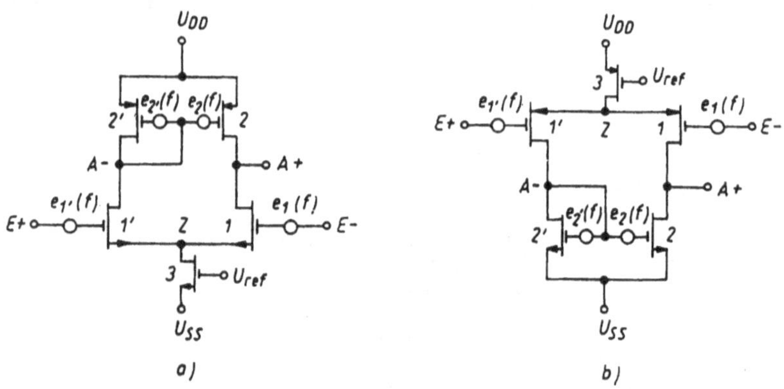

Abb. 2.44 Rauschquellenschaltbilder für (a) DV/NP-Stufe und (b) DV/PN-Stufe

der für den Entwurf folgende grundsätzliche Optimierungswege gestattet:

$$g_{m1} > g_{m2} \tag{2.181}$$

$$e_{DVCMOS}(f) \sim e_1(f) \tag{2.182}$$

nach 2.1.3. und Abb. 2.20 sind flächenintensivere Basistransistoren als p-Kanal-Enhancementtypen bei geringen Querströmen zu wählen

$$g_{m2} > g_{m1} \tag{2.183}$$

$$e_{DVCMOS}(f) \sim e_2(f) \tag{2.184}$$

als Lasttransistoren sind unter den gleichen Kriterien p-Kanal-Enhancementtypen zu wählen.

Die nach Gl. (2.181) bis Gl. (2.184) beschriebenen Optimierungswege tragen formalen Charakter, da die Freiheitsgrade zur Wahl eines rauschärmeren p-Kanal-Basis- oder Lasttransistorpaares immer noch in solchen Grenzen liegen, daß z. B. ein flächenoptimaler Entwurf kaum entsteht. Hier ist es notwendig, auf die grundsätzliche Rauschminimierungsbeziehung von Gl. (2.95) zu verweisen, mit deren Hilfe das technologieabhängige Entwurfskriterium

$$L_1 = F_N \frac{B_1}{B_2} L_2 \tag{2.185}$$

mit dem Rauschkoeffizienten

$$F_N = \left(\frac{K_{12'}}{K_{11'}} \left(\frac{e_2(f)}{e_2(f)} \right)^2 \right)^{-1} \tag{2.186}$$

aus dem letzten Wurzelterm von Gl. (2.178) abgeleitet werden kann. Speziell für eine p-Wannen-Siliziumgate-Technologie folgen als Meßwerte nach [Klei 83] im $1/f$-Rauschbereich

$$F_N = 5{,}5 \tag{2.187}$$

und im thermischen Kanalrauschbereich

$$F_N = 1{,}1. \tag{2188}$$

2.5. Ausgangsstufen

2.5.1. Niederfrequenzverstärkung von Ausgangsstufen

In Ausgangsstufen wird in der Regel ein hoher Aussteuerbereich und ein möglichst großes Verhältnis vom maximalen Ausgangsstrom zum Ruhestrom angestrebt (AB- und B-Betrieb). Aufgrund der geringen Belastung durch chipinterne Schaltungen werden an die Niederohmigkeit des Ausgangs keine extremen Forderungen gestellt. Neben den schon bekannten Inverterverstärkern und Sourcefolgern mit prinzipiell größerer Ruhestromaufnahme (A-Betrieb) werden dafür meist Gegentaktstufen verwendet, die im A-, AB- und B-Betrieb arbeiten und zum Teil über eine interne Gegenkopplung verfügen. Abb. 2.45a) bis e) zeigt für CMOS-Langkanaltechnologien verschiedene einfache Ausgangsstufen, die mit den zugehörigen Angaben in der Regel zu einem angemessenen Flächenverbrauch führen (Gateabmessungen: B/L-Werte < 50). Hiernach wird deutlich, daß die Sourcefolgerkonfigurationen nach Abb. 2.45b), d) grundsätzlich über die niedrigsten Ausgangswiderstände, aber nicht über die größten linearen Aussteuerbereiche verfügen. Umgekehrt verhält sich dies bei den Verstärker- und Differenzgegentaktstufen.

Soll der Ausgangs- bzw. Knotenwiderstand $R_{AS} = R_p$ weiter herabgesetzt werden (R_{AS}: 300 Ω···700 Ω), kommen hierfür nur noch Gegenkopplungstechniken in Frage. Abb. 2.46a), b) zeigt zwei NMOS-Lösungen, die vom schaltungstechnischen Prinzip auch auf Komplementärtechnologien übertragbar sind [Host 79]. Hierbei wird in Abb. 2.46a) über den negativen Rückkopplungswiderstand M2 (shunt-shunt negative feedback) der Inverterverstärker M3, M4 näherungsweise als Spannungsfolger geschaltet, um durch das Gegenkopplungsprinzip den Ausgangswiderstand des Inverters

$$R_{AS} = (g_{d3} + g_{d4} + \lambda_4 g_{m4})^{-1} \cong (\lambda_4 g_{m4})^{-1} \tag{2.189}$$

mit der Schleifenverstärkung von Inverter M3, M4 und wirksamen Sourcefolger M1, M2

$$V_S(0) \cong \frac{g_{m3}}{\lambda_4 g_{m4}(1 + \lambda_2)} \tag{2.190}$$

zu verringern

$$R_{AS'} = R_{AS} \frac{1}{1 + V_S(0)} \cong \frac{1 + \lambda_2}{g_{m3} + \lambda_4 g_{m4}(1 + \lambda_2)}. \tag{2.191}$$

Die Kleinsignalverstärkung ergibt sich aus dem Produkt der Inverterverstärkung von M1, M2 und der Inverterverstärkung von M3, M4 mit dem nach Gl. (2.191) erniedrigten

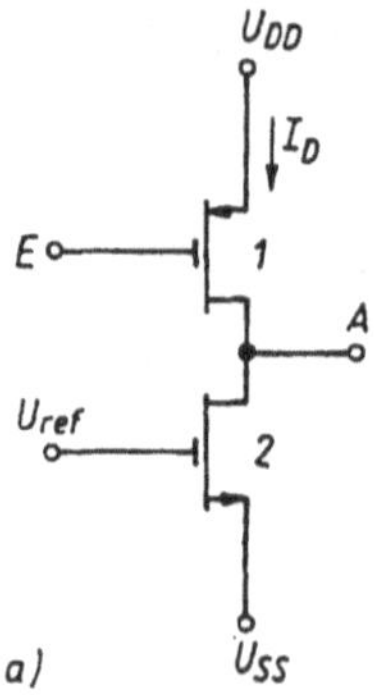

a)

Parameter		I_D: 50 µA ... 100 µA
$V_{AS}(0) = -\frac{g_{m1}}{g_{d1}+g_{d2}}$		-20 ... -30
$R_{AS} = \frac{1}{g_{d1}+g_{d2}}$		50 kΩ ... 150 kΩ
$\frac{AB}{U_{DD}-U_{SS}} \times 100\%$	linear	ca. 80 %
	absolut	100 %

(AB: Aussteuerbereich, $U_{DD} - U_{SS} = 10$ V)

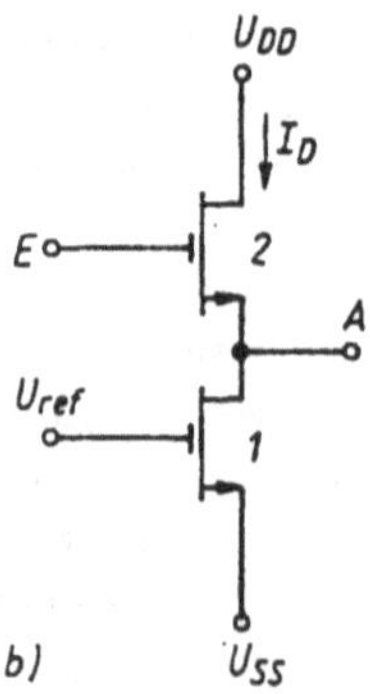

b)

Parameter		I_D: 50 µA ... 100 µA
$V_{AS}(0) = \frac{g_{m2}}{g_{d1}+g_{d2}+g_{m2}}$		$\cong 1$
$R_{AS} \cong 1/g_{m2}$		3 kΩ ... 10 kΩ
$\frac{AB}{U_{DD}-U_{SS}} \times 100\%$	l.	ca. 65 %
	a.	ca. 70 %

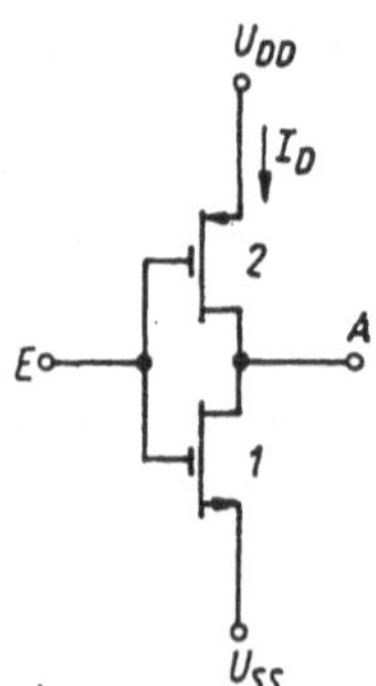

c)

Parameter		I_D: 1 mA
$V_{AS}(0) = -\frac{g_{m1}+g_{m2}}{g_{d1}+g_{d2}}$		-10 ... -30
$R_{AS} = \frac{1}{g_{d1}+g_{d2}}$		40 kΩ ... 60 kΩ
$\frac{AB}{U_{DD}-U_{SS}} \times 100\%$	l.	ca. 40 %
	a.	100 %

Abb. 2.45 Verschiedene Verstärkerstufen als chipinterne Ausgangstreiber einschließlich ihrer wichtigsten Eigenschaften für übliche CMOS-Langkanaltechnologien;
a) P/N-Verstärkerstufe, b) N/N-Sourcefolger, c) N/P-Gegentaktverstärker,
d) komplementäre Sourcefolger-CMOS-Ausgangsstufe im AB-Betrieb,
e) Gegentakt-Differenzstufe

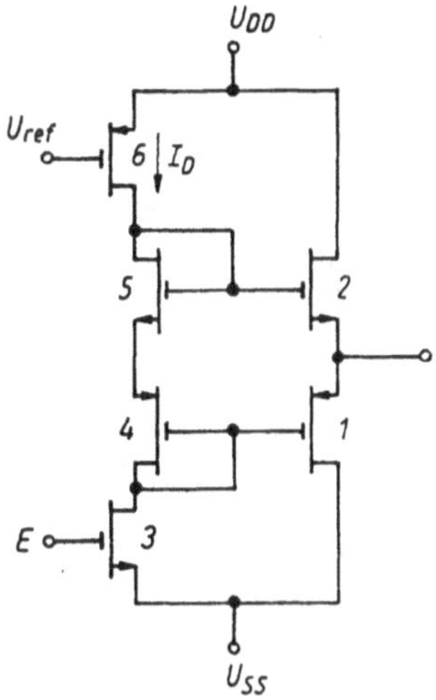

Parameter		I_D: 50µA…100µA
$V_{AS}(0) = -g_{m3} \dfrac{\dfrac{g_{m1}}{g_{m4}} + \dfrac{g_{m2}}{g_{m5}}}{g_{m1} + g_{m2}}$		−10 … −20
$R_{AS} \cong \dfrac{1}{g_{m1} + g_{m2}}$		1,5 kΩ … 5 kΩ
$\dfrac{AB}{U_{DD} - U_{SS}} \times 100\,\%$	l.	ca. 60 %
	a.	ca. 70 %

d)

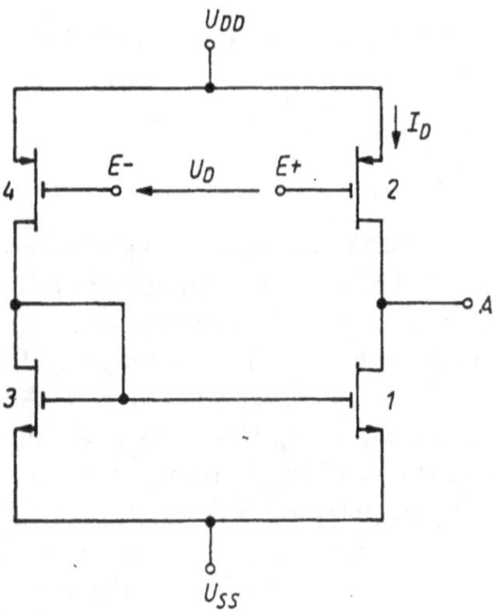

Parameter		I_D: 50µA…100µA
$V_{AS}(0) = -\dfrac{1}{2}\left(g_{m2} + \dfrac{g_{m1} g_{m4}}{g_{d3} + g_{d4} + g_{m4}}\right) \times (g_{d1} + g_{d2})^{-1}$		−30 … −40
$R_{AS} = \dfrac{1}{g_{d1} + g_{d2}}$		50 kΩ … 150 kΩ
$\dfrac{AB}{U_{DD} - U_{SS}} \times 100\,\%$	l.	ca. 85 %
	a.	ca. 95 %

e)

Abb. 2.45

Knotenwiderstand

$$\boldsymbol{V}_{\mathrm{ASED}}(0) \cong \frac{g_{\mathrm{m1}}}{(1 + \lambda_2)\, g_{\mathrm{m2}}}\, g_{\mathrm{m3}} R_{\mathrm{AS'}} \qquad (\boldsymbol{V}_{\mathrm{ASED}}(0)\colon 3 \cdots 5). \tag{2.192}$$

In Abb. 2.46 b) werden bei gleichfalls erniedrigtem Ausgangswiderstand durch die Stromspiegelschaltung M5, M6 insgesamt die Verstärkungswerte auf

$$\boldsymbol{V}_{\mathrm{ASEDS}}(0) \cong \left(\frac{g_{\mathrm{m1}}}{(1 + \lambda_2)\, g_{\mathrm{m2}}} \frac{g_{\mathrm{m5}}}{(g_{\mathrm{m6}} + (1 + \lambda_5)\, g_{\mathrm{m5}})} + \frac{g_{\mathrm{m4}}}{g_{\mathrm{m3}}}\right) \tag{2.193}$$

verringert, die meist $\boldsymbol{V}_{\mathrm{ASEDS}}(0) \cong 1$ betragen. Vorteilhaft ist die bei Technologieschwankung hervorgerufene Unterdrückung der Arbeitspunktschwankung um $\boldsymbol{V}_{\mathrm{SF}}(0) = \dfrac{g_{\mathrm{m5}}}{g_{\mathrm{m6}} + g_{\mathrm{m5}}(1 + \lambda_5)} \leq 0{,}2$.

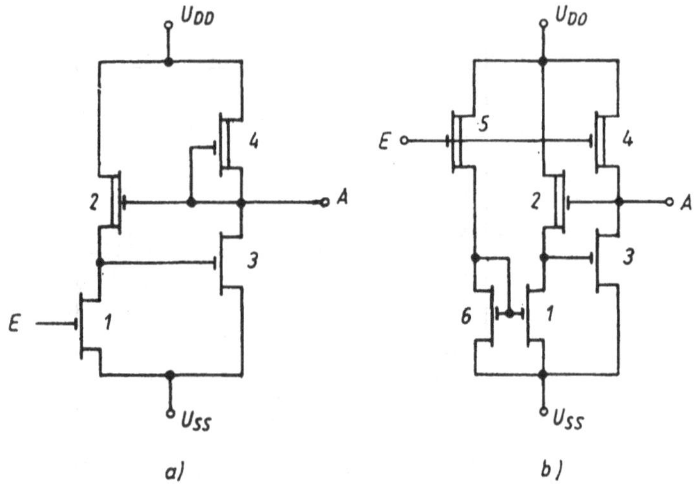

Abb. 2.46 Ausgangstreiber mit erniedrigtem Knotenwiderstand in NMOS-Technologien;
a) E/D-Ausgangstreiber (AS/ED-Stufe),
b) E/D-Ausgangstreiber mit vorgeschaltetem Stromspiegel M5, M6 (AS/EDS-Stufe)

2.5.2. Frequenzverhalten der Ausgangsstufen

Bereits mit den Angaben in Abb. 2.45 wird deutlich, daß sämtliche Ausgangsstufen im Frequenzverhalten wieder einem Verstärkertiefpaß 1. Ordnung folgen. Komplizierter ist das Frequenzverhalten nur bei den intern gegengekoppelten Ausgangstreibern nach Abb. 2.46 zu bewerten. Von [Riel 83] wird gezeigt, daß die Übertragungsfunktion qualitativ dem Amplituden- und Phasengang von Gl. (2.48), (2.57), (2.58) bzw. Abb. 2.12 entspricht. Die störende positive Nullstelle $p = \omega_{N1} = g_{m3}/(C_{GS2} + C_{gdo3})$ (führt zur Phasenrückdehnung vgl. Gl. (2.58)) gibt die entscheidende Entwurfsvoraussetzung für die AS/ED-Stufe, d. h., ω_{N1} ist dann vernachlässigbar, wenn der Basistransistor M3 des Ausgangsinverters eine große Steilheit g_{m3} aufweist und M2 flächenminimal ($B_2/L_2 = 1$) entworfen werden kann. Beiden Faktoren wird durch die Wahl verhältnismäßig großer und zueinander abgestimmter Querströme für M1,2 und M3,4 entsprochen (z. B. $I_{D3,4} = 0{,}4$ mA, $I_{D1,2} \cong 0{,}1$ mA). Mit wenigen Schritten läßt sich für $C_{gdo3} \gg C_{GS2}$

$$\frac{g_{m3}}{C_{GS2} + C_{gdo3}} \sim 1/L_3 \tag{2.194}$$

zeigen. Nach Gl. (2.194) folgt, daß ab gewissen Ausgangsströmen der niedrige Ausgangswiderstand von Gl. (2.191) und eine hohe Nullstellenfrequenz ω_{N1} maßgeblich durch die Erniedrigung der Kanallänge L_3 des Basistransistors M3 bestimmt werden (hier $4\ \mu m \leqq L_3 < 8\ \mu m$ wählen). Damit läßt sich bei den üblichen großen Lastkapazitäten C_L von 50 pF bis 100 pF die AS/ED-Stufe wieder vereinfachend als Verstärkertiefpaß 1. Ordnung mit der dominanten Polfrequenz

$$\omega_{(-3dB)ASED} = \omega_{P1} \cong (R_{AS'}C_L)^{-1} \tag{2.195}$$

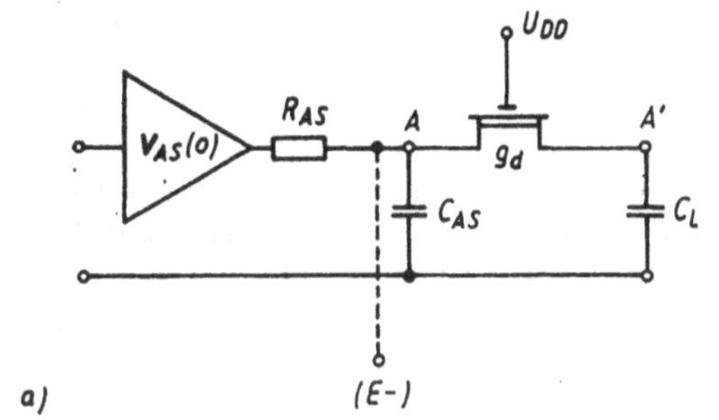

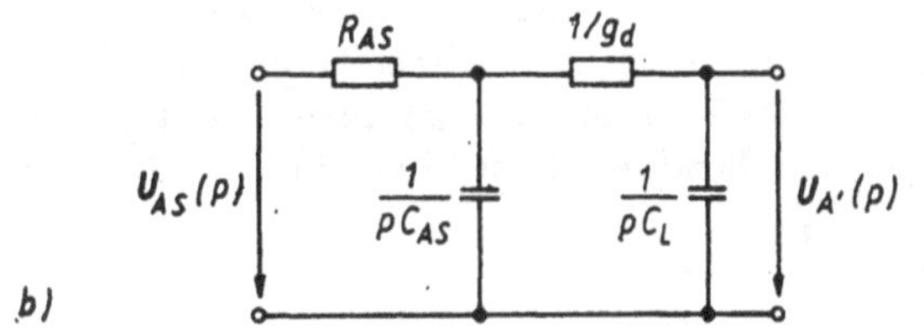

Abb. 2.47 Abspaltung einer größeren Lastkapazität C_L mittels Transfergate vom Ausgangstreiber (a) und Tiefpaß 2. Ordnung als Ersatzschaltbild im Frequenzbereich (b)

darstellen. Die interne wesentlich höher liegende Polfrequenz

$$\omega_{P2} \cong \frac{(1 + \lambda_2)\, g_{m2}}{C_{DB1} + C_{SB2} + C_{GS3} + C_Z} \tag{2.196}$$

sollte dennoch stets abgeschätzt werden. Öfters liegt die Ausgangspolfrequenz $\omega_{(-3dB)AS}$ so tief, daß z. B. für den gegengekoppelten Operationsverstärkerbetrieb kaum eine Frequenzgangkompensation vorgenommen werden kann. Hier wird nach Abb. 2.47a) mittels des Leitwertes g_d eines Transfergates die Lastkapazität C_L vom Ausgangstreiberausgang A abgespaltet. Dieser Vorgang wird durch die Ersatzschaltung in Abb. 2.47b) beschrieben, indem jetzt der Ausgang als ein nichtrückwirkungsfreier Tiefpaß 2. Ordnung mit der Übertragungsfunktion

$$\frac{U_{A'}(p)}{U_{AS}(p)} = \frac{1}{C_{AS}C_L(R_{AS}/g_d)\, p^2 + \big(R_{AS}C_{AS} + C_L(R_{AS} + 1/g_d)\big)\, p + 1} \tag{2.197}$$

angesehen werden muß. Die beiden Polfrequenzen lassen sich aus Gl. (2.197) unter den praktisch wichtigen Näherungsmöglichkeiten einfach ablesen:
für $C_L \gg C_{AS}$ und $R_{AS} \geqq 1/g_d$ folgt

$$\omega_{(-3dB)ASED} \cong (1 + R_{AS}g_d)/(C_{AS}R_{AS}) \tag{2.198}$$

$$\omega_{(-3dB)L} \cong g_d/\big(C_L(1 + R_{AS}g_d)\big). \tag{2.199}$$

Damit ergibt sich, daß der Widerstand des Transfergates

$$1/g_d = \big(K_{1D}(U_{DD} - U_A - U_{PD})\big)^{-1} \tag{2.200}$$

einen gleichen oder geringeren Betrag als R_{AS} der Ausgangsstufe annehmen sollte. Vor allem für große Lastkapazitäten C_L wird damit die Polfrequenz $\omega_{(-3dB)AS}$ sogar noch tiefer in die negative Halbebene verschoben als im Leerlauffall für $C_L = 0$ (Split-Wirkung), d. h.

$$\omega_{(-3\text{dB})\text{AS}} \geqq (R_{\text{AS}} C_{\text{AS}})^{-1}. \tag{2.201}$$

Durch diese Aussagen liegt der Dimensionierungswert des Transfergates in den üblichen Fällen bei $B/L \geqq 1$, wobei die berechneten B/L-Werte auch einen sinnvollen Kompromiß zu den maximalen Lade- und Entladeströmen von C_L bilden (keine Slew-Rate- und Aussteuerbegrenzung durch das Transfergate).

2.6. Analogschalter

2.6.1. Übertragungseigenschaften

Da MOS-Transistoren letztlich gesteuerte Widerstände sind, eignen sie sich besonders zum Schalten analoger Signale. Sie weisen ein nahezu ideales Sperrverhalten auf und der im Durchlaßfall auf der Differentiation des Kanalstromes im aktiven Betriebsbereich $I_D \cong K_{1N}\left((U_{GS} - U_P)\, U_{DS} - U_{DS}^2/2\right)$ beruhende ohmsche Widerstand für $U_{DS} \to 0$

$$R_{\text{on(n)}} = \left(\frac{\text{d}I_D}{\text{d}U_{DS}}\right)^{-1} \cong \frac{1}{K_{1N'} \dfrac{B}{L} (U_{GS} - U_{Pn})} \tag{2.202}$$

kann durch die B/L-Dimensionierung in weiten Grenzen den Erfordernissen angepaßt werden. Die typische Signalspannungsabhängigkeit von R_{on} (Nichtlinearität) ist in Abb. 2.48 für verschiedene MOS-Analogschalter einschließlich konkreter Parameter

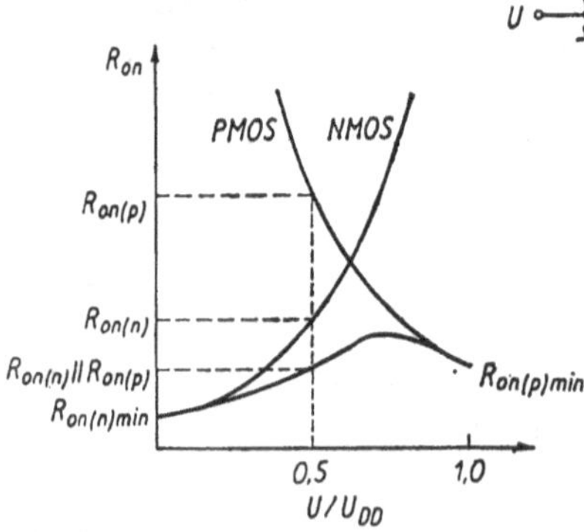

a)

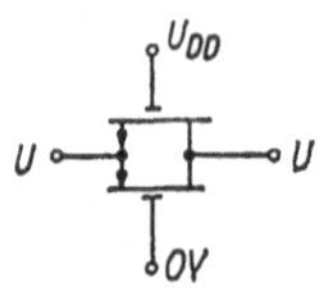

$U/U_{DD} = 0{,}5$	$R_{on(n)}$ kΩ	$R_{on(p)}$ kΩ	$R_{on(n)} \| R_{on(p)}$ kΩ
$(B/L)_{n,p} = 1$	12,5	25	8,3
$(B/L)_{n,p} = 10$	1,25	2,5	0,83

b)

Abb. 2.48 Darstellung der Nichtlinearität der Schalterwiderstände R_{on} des n-Kanal und p-Kanal-Enhancementtransistors einschließlich des resultierenden komplementären Ersatzwiderstandes;

a) allgemein,

b) für unterschiedliche B/L-Werte mit den einfachen technologischen Annahmen $K_{1N'} = 2K_{1P'} = 0{,}02\ \text{mA/V}^2$, $U_{Pn} = U_{Pon} = 1\ \text{V} = |U_{Pp}| = |U_{Pop}|$, $U_{DD} = 10\ \text{V}$, $L_{n\,p} \geqq 4\ \mu\text{m}$ für Gl. (2.202) unter der Betriebsbedingung $U/U_{DD} = 0{,}5$

genannt. Während bei CMOS-Schaltern die Nichtlinearität durch die Parallelschaltung nahezu aufgehoben wird, führt sie bei Einkanalschaltern zu einer Reduzierung des nutzbaren Signalspannungsbereiches.
Das oben betonte ideale Sperrverhalten des MOS-Schalters ist bei genauer Betrachtung von der Wahl der Schwellspannung U_P und dem unterhalb dieses Spannungsbereiches befindlichen Subthreshold-Stromverlauf abhängig. Abb. 2.49a) zeigt einen gesperrten CMOS-Schalter, der ein sehr kleines Signal $U \cong 0$ V von der auf einer Layoutkapazität C (z. B. $C = 1$ pF) aufgeladenen Spannung $U_C \cong 5$ V trennt. Der parasitäre Subthreshold-Strom I_{Doff} ist hierbei soweit zu minimieren, daß die Ladungsverluste innerhalb üblicher Taktfrequenzen $\Phi \geqq 10$ kHz unerheblich bleiben. Hierzu wird Abb. 2.49b) betrachtet. Der Subthreshold-Strom setzt sich allgemein aus weak-inversion- und barrieregesteuertem Punchthrough-Strom infolge des Durchgreifens der Drainraumladungszone zum Source für größere U_{DS}-Werte bzw. bei immer geringer werdenden Kanallängen L zusammen (DIBL: Drain Induced Barrier Lowering). Für $V_S < V_F$ kann der Strom in diesem Spannungsbereich nur noch als Punch-through-Strom angesehen werden. Mit Berücksichtigung von Gl. (A1.39) bis Gl. (A1.42) folgt für den inversen Subthreshold-Anstieg im Weak-inversion-Bereich in Abb. 2.49b)

$$S_I \cong (\eta U_T)_n \ln 10 \cong 125 \text{ mV}, \tag{2.203}$$

der näherungsweise bis $U_{GS} = U_{off}$ existieren soll. Das I_{Don}/I_{Doff}-Stromverhältnis wird nach [Pfie 85] etwa mit

$$R_I = \frac{I_{Don}(U_{GS} = U_{P2V_F})}{I_{Doff}(U_{GS} = U_{off})} = \frac{N_B}{\sqrt{2}\, N_i} \leqq 10^6 \tag{2.204}$$

abgeschätzt, so daß schließlich die minimale Schalterschwellspannung für Lang- und Kurzkanaltransistoren (bis L ca. 0,5 μm) bei $U_{off} \cong 0$ V im Bereich

$$U_{Pon} = U_{P2V_F}\colon 0{,}5 \text{ V} \cdots 0{,}75 \text{ V} \tag{2.205}$$

einzustellen ist. Als technologische Maßnahmen für ein großes I_{Don}/I_{Doff}-Verhältnis bzw. letztlich niedrigem Punch-through-Strom I_{Doff} (Entwurfsregel: $I_{Doff} = 1$ pA $\times B/$μm (B in μm)) wären für n-Kanal-Enhancementtransistoren nach Gl. (2.204) die Bulkdotierungserhöhung $N_B = N_A$ einschließlich einer separaten Tiefenimplantation und für p-Kanal-Enhancementtransistoren eine Implantation an der Oberflächengrenze zur U_{Pop}-Einstellung zu nennen, wobei für sämtliche Schaltertransistoren die Verringerung der Eindringtiefe der diffundierten Source-Draingebiete x_{jn}, x_{jp} bereits durch die formalen Skalierungsregeln von Tab. 2.2 vorgeschrieben wird. Der mit Gl. (2.205) festgelegte Schwellspannungsbereich setzt Betriebsspannungen von wenigstens $U_{DD} - U_{SS} = 5$ V voraus, um in der MOS-Analogtechnik noch gewisse lineare Mindestaussteuerbereiche von $+/-1$ V (ca. $+/-2U_{Pon}$) z. B. bei Differenzverstärkern und Operationsverstärkern zu garantieren. Folglich wäre zu ULSI-Digitalschaltkreisen im Submikrometerbereich mit skalierten Betriebsspannungen $U_{DD} - U_{SS} \cong 2$ V keine Kompatibilität erreichbar, wenn nicht U_{Pon}, U_{Pop} weiter verringert werden, das aber einen I_{Doff}-Anstieg nach sich zieht. Hier treten neue Analogarchitekturen mit höchsten Abtastraten in den Mittelpunkt, wo die Problematik der Ladungsspeicherung gemäß Abb. 2.49a) im wesentlichen gegenstandslos bleibt. Ein Maß für die Abtastrate ist die Schalterzeitkonstante τ. Bereits innerhalb der üblichen Langkanaltechnologien zeigt

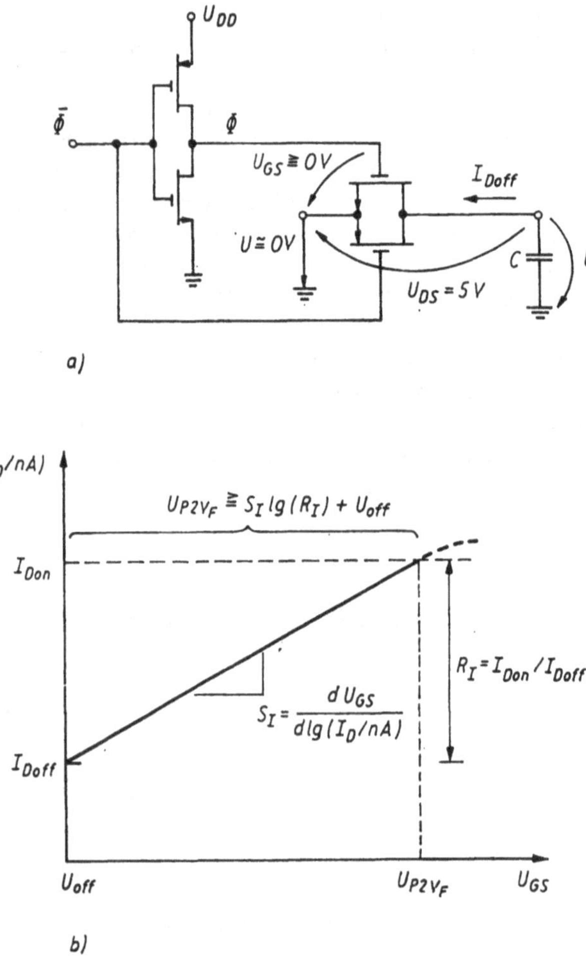

Abb. 2.49 Bestimmung der minimalen Schalterschwellspannung U_{P2V_F} in Abhängigkeit des Subthreshold- bzw. Punch-through-Stromes I_{Doff};

a) gesperrter CMOS-Schalter mit parasitärem Subthreshold-Strom I_{Doff},

b) Ermittlung von U_{P2V_F} aus inversem Subthreshold-Anstieg S_I und Schalterstromverhältnis I_{Don}/I_{Doff}

Abb. 2.50 in Anlehnung an Abb. 2.48 selbst für kleine Schaltergeometrien so kurze Zeitkonstanten τ, daß damit die meisten analogen Signalverarbeitungsaufgaben vom SC-Filterentwurf bis hin zu schnellen Video-A/D-Umsetzern lösbar sind. Unter skalierten Bedingungen sind diese Zeitkonstanten weiter reduzierbar, wenn bei näherungsweiser Berücksichtigung der Abschätzung von Gl. (2.202) für Betriebsspannungen $U_{DD} \leqq 5$ V bzw. $U_{DD} - U_{SS} \leqq 5$ V vor allem die Layoutkapazitätswerte C drastischer verringert werden. Dies bezieht sich zuerst auf die Raumladungskapazitäten der entworfenen diffundierten Gebiete und die Zuleitungskapazitäten, da sich der durch Oxiddickenverminderung hervorgerufene Kennlinienkonstantenanstieg $K_{1N'}$ mit dem

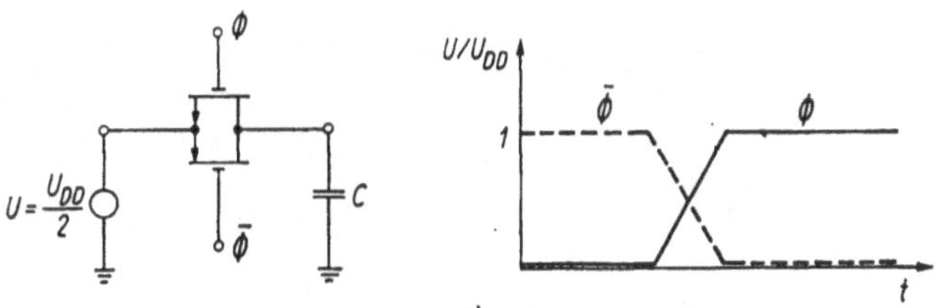

a)

$U/U_{DD} = 0{,}5$		$\tau(C=1\,pF)$ ns	$\tau(C=10\,pF)$ ns	$\tau(C=100\,pF)$ ns
$(B/L)_{n,p}=1$	$R_{on(n)}$	12,5	125	1250
	$R_{on(p)}$	25	250	2500
	$R_{on(n)} \| R_{on(p)}$	8,3	83	830
$(B/L)_{n,p}=10$	$R_{on(n)}$	1,25	12,5	125
	$R_{on(p)}$	2,5	25	250
	$R_{on(n)} \| R_{on(p)}$	0,83	8,3	83

b)

Abb. 2.50 Ermittlung der Aufladezeitkonstanten τ einer unterschiedlich großen Kapazität C in Abhängigkeit der verschiedenen Schalterdimensionierungen und Schaltervarianten von Abb. 2.48

wachsenden flächenbezogenen Gatekapazitätswert C''_{ox} im Produkt $R_{on}C$ kompensiert. Folglich werden die Zeitkonstanten τ für Kurzkanaltechnologien im Submikrometerbereich nur noch von den äußeren parasitären Leitungskapazitäten einschließlich der diffundierten Source/Drain-Anschlüsse bestimmt.

2.6.2. Schalteroffset

In den in der MOS-Analogtechnik häufig anzutreffenden geschalteten Kapazitätsnetzwerken dominiert der Betrieb als Ladungsschalter. Der dabei entstehende statische Schalteroffset (Feedthrough-error) stellt oft eine Grenze für die erreichbaren Genauigkeiten dar und kann neben der niedrigen Steilheit der MOS-Transistoren als einer der gravierendsten Nachteile der MOS-Analogtechnik angesehen werden. Betrachtet wird hierzu Abb. 2.51. Der MOS-Schalter wird, wie jeder MOS-Transistor unter dynamischen Bedingungen als nichtlineare gesteuerte RC-Leitung interpretiert, die sich unter der Voraussetzung $|\mathrm{d}U_G/\mathrm{d}t| \gg \mathrm{d}u_d/\mathrm{d}t$ mit wenigen Schritten in das dargestellte Ersatzmodell überführen läßt [Sheu 84]. Der Knotenpunktsatz führt auf die Differentialgleichung

$$C_L \frac{\mathrm{d}u_d}{\mathrm{d}t} = -i_d' + \left(\frac{C_{ox}}{2} + (Bx_{jn})\, C''_{ox}\right) \frac{\mathrm{d}(U_G - u_d)}{\mathrm{d}t}. \tag{2.206}$$

Die Änderung der Gatespannung ergibt sich als genäherte Rampenfunktion mit der Abfallrate AF in der Form

$$U_G = U_H - (\mathrm{AF})\, t, \tag{2.207}$$

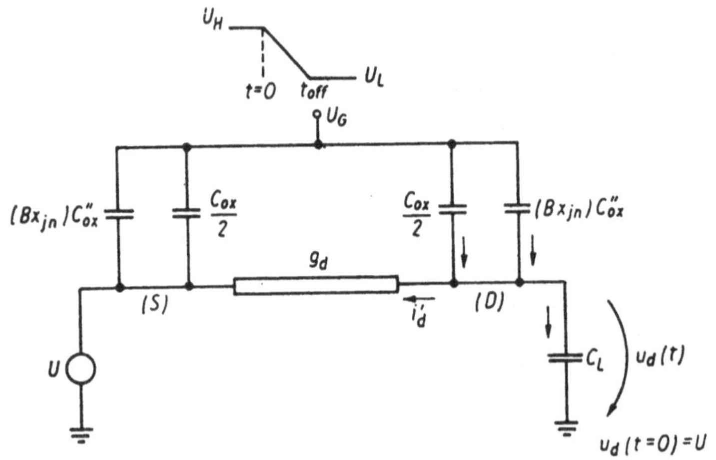

Abb. 2.51 Ersatzmodell des MOS-Transistors im Schalterbetrieb mit dem Übergang vom eingeschalteten in den ausgeschalteten Zustand (bis in der Nähe des Ausschaltpunktes befindet sich der MOS-Transistor im aktiven Betriebsbereich unter Strong-inversion-Bedingungen, so daß für Langkanalmodelle als Kanalrückwirkungskapazität $C_{GD} = C_{GS} = C_{ox}/2 + (Bx_j)\,C''_{ox}$ gesetzt wird, vgl. auch Abb. A2.3 für $U_{GS} > U_{DS} + U_P$)

so daß sich unter der oben getroffenen Voraussetzung Gl. (2.206) in

$$C_L \frac{du_d}{dt} = -i_d' - \left(\frac{C_{ox}}{2} + (Bx_{jn})\,C''_{ox}\right) AF \tag{2.208}$$

vereinfachen läßt. Da der MOS-Schaltertransistor fast während der gesamten Abfallphase der High/Low-Flanke im aktiven Bereich unter Strong-inversion-Bedingungen arbeitet, läßt sich für den zeitabhängigen Kanalstrom mit $U_{HP} = U_{GS} - U_{Pn} = U_H - U - U_{Pn}$

$$i_d' = g_d u_d(t) = K_{1n}\big(U_{HP} - (AF)\,t\big)\,u_d(t) \tag{2.209}$$

schreiben (vgl. auch Gl. (2.202)). Damit ergibt sich schließlich für Gl. (2.208)

$$C_L \frac{du_d}{dt} = -K_{1n}\big(U_{HP} - (AF)\,t\big)\,u_d - \left(\frac{C_{ox}}{2} + (Bx_{jn})\,C''_{ox}\right) AF \tag{2.210}$$

mit der Anfangsbedingung $u_d(t = 0) = U$ und der Lösung

$$u_d(t) = U\left[1 - \left\{\sqrt{\frac{\pi AFC_L}{2K_{1n}}}\left(\frac{\frac{C_{ox}}{2} + (Bx_{jn})\,C''_{ox}}{C_L}\right) e^{\left(\frac{K_{1n}AF}{2C_L}(t - U_{HP}/AF)^2\right)} \times \left(\operatorname{erf}\left(\sqrt{\frac{K_{1n}}{2AFC_L}}\,U_{HP}\right) - \operatorname{erf}\left(\sqrt{\frac{K_{1n}}{2AFC_L}}\,\big(U_{HP} - (AF)\,t\big)\right)\right)\right\}\right]. \tag{2.211}$$

Der maximale Betrag der Spannungsänderung innerhalb Gl. (2.211) ist der Schalteroffset, wenn $u_d(t = 0) = U$ sich auf $u_d(t = t_{off})$ geändert hat und $U_G = U_L$ geworden ist, d. h., für den technisch meist interessanteren Fall AF $\gg (K_{1n} U_{HP}^2)/(2C_L)$ folgt mit $U_H = U_{DD}$, $U_L = 0$ V

$$U_{offS} = \frac{\left(\frac{C_{ox}}{2} + (Bx_{jn})\, C_{ox}''\right)}{C_L} \left(U_{HP} - \frac{K_{1n} U_{HP}^2}{6(\mathrm{AF})\, C_L}\right) + \frac{(Bx_{jn})\, C_{ox}''}{C_L} (U - U_{Pn} - U_L)$$

$$\cong \frac{\left(\frac{C_{ox}}{2} + (Bx_{jn})\, C_{ox}''\right)}{C_L} (U_{DD} - U - U_{Pn}) + \frac{(Bx_{jn})\, C_{ox}''}{C_L} (U - U_{Pn} - U_L)$$

$$\approx \frac{\left(\frac{C_{ox}}{2} + (Bx_{jn})\, C_{ox}''\right)}{C_L} (U_{DD} - U - U_{Pn}) \tag{2.212}$$

(f. die Vereinfachung von Gl. (2.211) muß $\operatorname{erf}(x) \approx \frac{2x}{\sqrt{\pi}} \left(1 - \frac{x^2}{3}\right)$ für $x \ll 1$ angesetzt werden).

In Auswertung von Gl. (2.212) ergeben die Abb. 2.52a), b) neben einigen anderen Schlußfolgerungen die Entwurfshinweise:

- Geringere Flankensteilheiten bzw. Abfallraten AF und größere Signalspannungen U führen zu niedrigen Offsetwerten.
- Eine Verkleinerung der Schaltergatefläche (BL) führt auch bei skalierten Oxiddicken d_{ox} und Eindringtiefen x_j zur drastischen U_{offS}-Reduzierung, so daß für Kurzkanaltechnologien mit $(BL) \leqq 2\ \mu m^2$ der Schalteroffset meist unerheblich bleibt.
- Eine Erhöhung der Substratdotierung N_A führt zur Vergrößerung des Bodyeffektes und somit zur Heraufsetzung der Schwellspannung, das wiederum den Schalteroffset erniedrigt.
- Die parasitären Sourcewiderstände sollten nach [Sheu 84] so niedrig wie möglich gehalten werden.

Für Langkanaltechnologien wird nach Abb. 2.52b) sofort deutlich, daß eine Kompensation des Schalteroffsets unumgänglich ist. Dafür zeigen die Abb. 2.53a), b), c) die entsprechenden Möglichkeiten, Hinweise zur Gestaltung der Layoutentwürfe geben die Abb. 2.54, Abb. 2.55. Durch die gegenphasige Ansteuerung folgt in Abb. 2.53a), b), c) über der Lastkapazität C_L nur noch ein Restschalteroffset aus der einfachen analytischen Abschätzung mit

$$C_{GD1} = C_{ox}/2 + (Bx_{jn})\, C_{ox}'' \tag{2.213}$$

$$\Delta U_H = U_{DD} - U - U_{Pn} \tag{2.214}$$

für

$$U_{offSR(NMOS)} \cong \frac{C_{GD1}}{C_L} \Delta U_H - \frac{C_{GD1'}}{C_L} \Delta U_{H'} \tag{2.215}$$

bzw.

$$U_{offSR(CMOS)} \cong \frac{C_{GDn}}{C_L} \Delta U_{Hn} - \frac{C_{GDp}}{C_L} \Delta U_{Hp}, \tag{2.216}$$

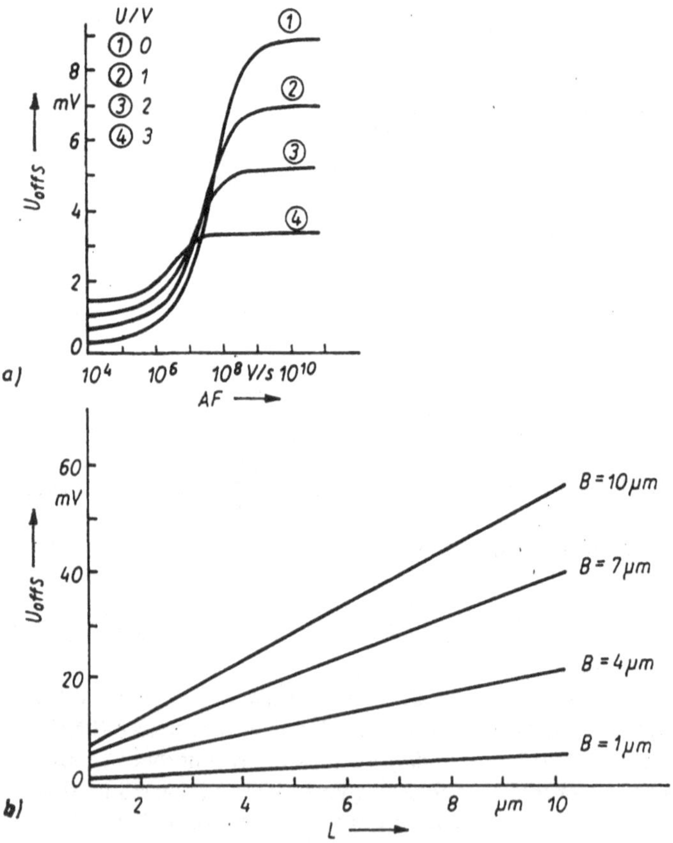

Abb. 2.52 Abhängigkeiten des Schalteroffsets;

a) Schalteroffset in Abhängigkeit der Abfallrate der Ausschaltflanke AF $\cong (U_H - U_L)/\Delta t$ für verschiedene Signalspannungen U (Technologieparameter nach [Sheu 84]: $B = 4$ µm, $L = 3{,}3$ µm, $C_L = 2$ pF, $d_{ox} = 70$ nm, $N_A = 5 \times 10^{14}$ cm^{-3}, $U_{Pon} = 0{,}6$ V, $K_{1n'} = 0{,}025$ mA/V², $U_H = 5$ V, $U_L = 0$ V),

b) Schalteroffset in Abhängigkeit der Kanallänge L für unterschiedliche Kanalbreiten (Technologieparameter wie in Abb. 2.52, AF = 1 V/ns)

die bei symmetrischen Flanken Φ, $\overline{\Phi}$ und gleichen Schwellspannungen $U_{Pn} = U_{Pn'}$ (benachbarter Entwurf der Transistoren), $U_{Pn} = |U_{Pp}|$, für $C_{GD1,n} \cong C_{ox}/2$, $C_{GD1',p} \cong C'_{ox}/2$

$$U_{offSR} \approx \left((C_{ox} - C'_{ox})/(2C_L)\right) \Delta U_H \tag{2.217}$$

vereinfacht, so daß zumindest die Gateoxid- und dabei vor allem die laterale Abweichung beider Transistoren bestehen bleibt. Wendet man unter Vernachlässigung der Streukapazitäten $(Bx_{jn})\, C''_{ox}$ die Beziehung nach Gl. (2.212) auf Gl. (2.217) an, folgt mit

$$K = 1 - C'_{ox}/C_{ox} \tag{2.218}$$

$$U_{offSR} \cong K U_{offS}, \tag{2.219}$$

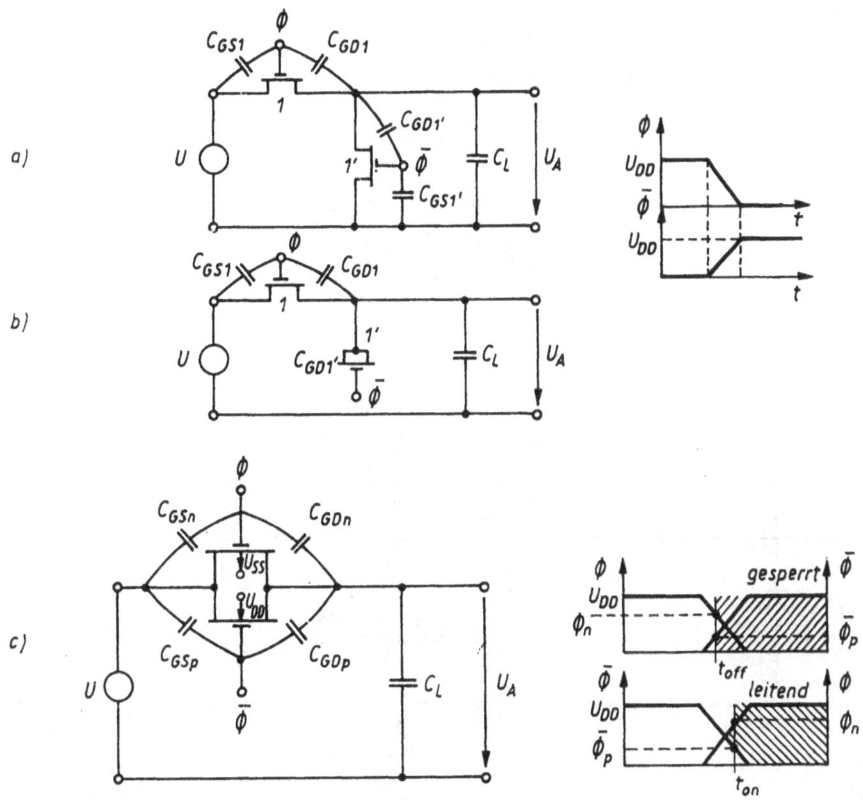

Abb. 2.53 Möglichkeiten zur annähernden Kompensation des Schalteroffsets U_{offs} durch gegenphasige Ansteuerung;

a) zweier NMOS-Schalter,

b) eines NMOS-Schalters mit Dummy-Transistor (MD),

c) eines CMOS-Schalters

d. h., der Restschalteroffset ist wegen des Technologiekoeffizienten K stets ein Bruchteil des Schalteroffsets [Rie2 84]. Tab. 2.5 zeigt, daß der Technologiekoeffizient in der Größenordnung K: 0,05···0,3 liegen kann, und Dummy-kompensierte NMOS-Schalter in der Regel das Signal U geringer verfälschen. Hierfür sind folgende Faktoren aussagekräftig:

- Der Einfluß der Symmetrie der Flankenüberschneidung einschließlich der Linearität und Steilheit wirkt sich nach Abb. 2.56a) bei gegenphasig betriebenen NMOS-Schaltern auf die Einschwingzeit der Knotenspannungen und zweitens auf den Restschalteroffset aus, da das simultane Leit- und Sperrverhalten bzw. der zeitlich sich ändernde Kanalleitwert g_d bei Transistoren gleichen Leitfähigkeitstyps wesentlich günstiger ist, als zwischen p- und n-Kanal-Enhancementtransistoren (strenggenommen: $U_{Pn} \neq |U_{Pp}|$, $\mu_n \neq \mu_p$ usw., vgl. Abb. 2.56b)).
- Durch eine nahezu ideale layoutmäßige $C_{ox}/2$-Kompensation mit Hilfe des Dummy-Transistors (vgl. Abb. 2.54b), c)) wird strenggenommen die kapazitive Abweichung zwischen MS/MD durch die zwei wirksamen Streukapazitäten $2(Bx_{jn})\, C''_{ox}$ von MD

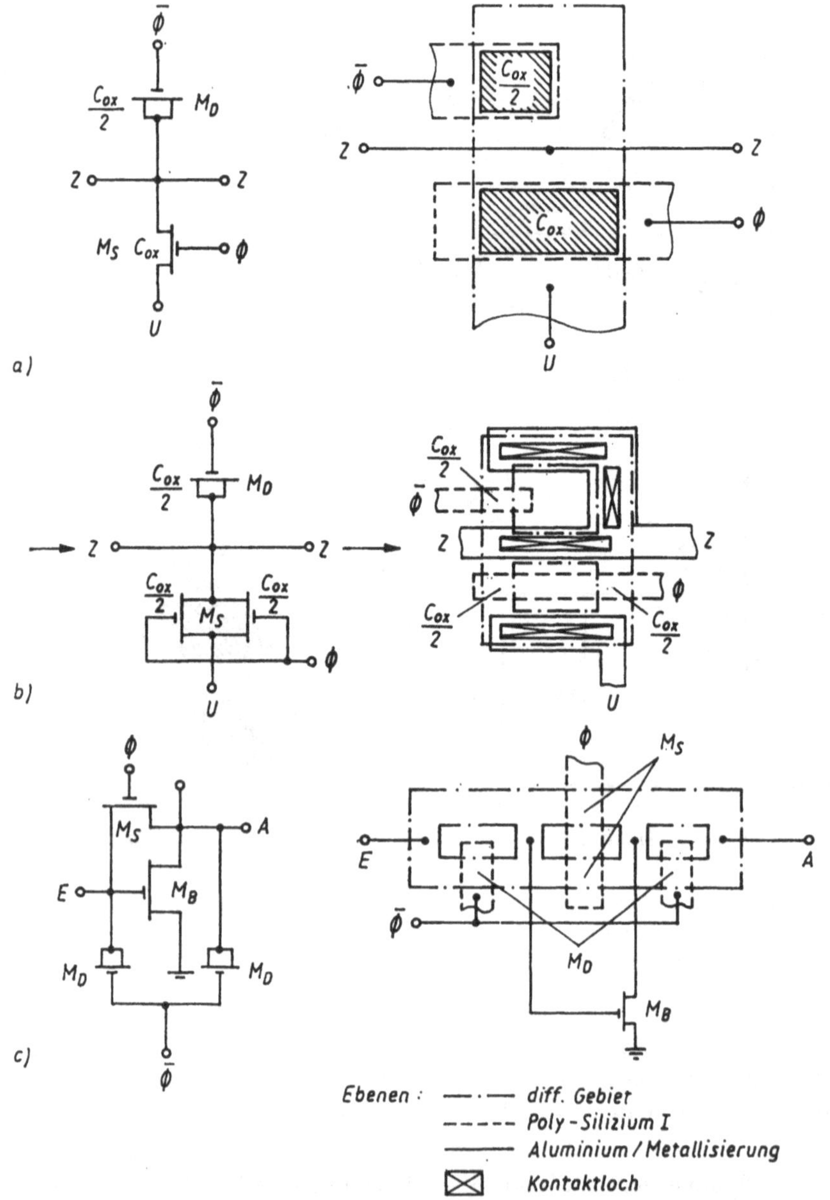

Abb. 2.54 Praktischer Layoutentwurf von Schalter- und Dummy-Transistor MS, MD in NMOS-Technologien;

a) Umsetzung der Schaltungsvariante von Abb. 2.53b) in eine flächensparsame MS/MD-Layoutanordnung mit ungenauer Kompensationsmöglichkeit durch laterale Entwurfsabweichungen zwischen MS und MD,

b) flächenintensivere MS/MD-Layoutlösung der Variante a) mit genauer Kompensation durch Minimierung der lateralen Entwurfsabweichung zwischen M_S und M_D,

c) Beispiel der zweiseitigen MS/MD-Kompensation des Schalteroffsets zwischen Ein- und Ausgangsknoten E, A bei gleichzeitiger Minimierung der lateralen Entwurfsabweichungen

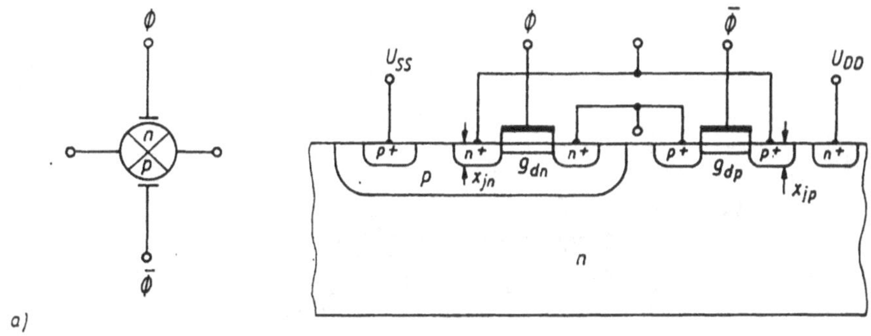

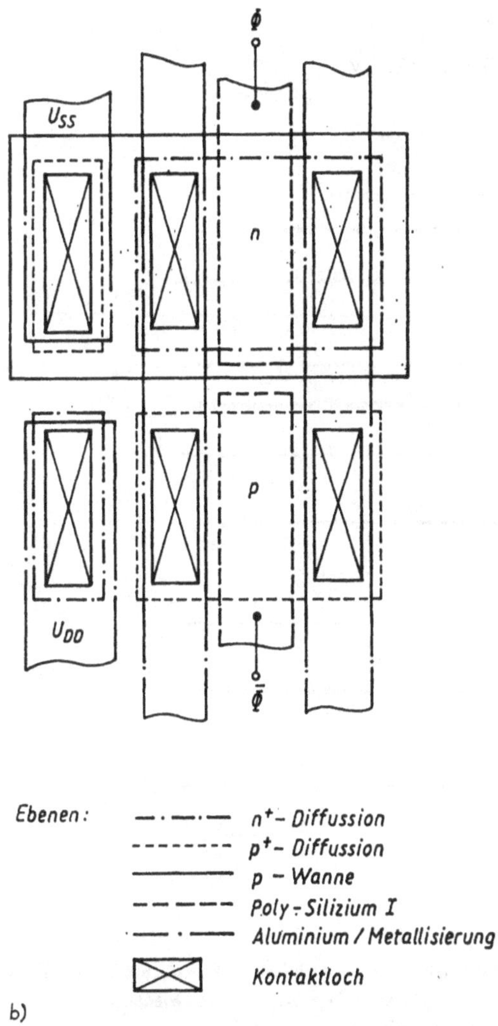

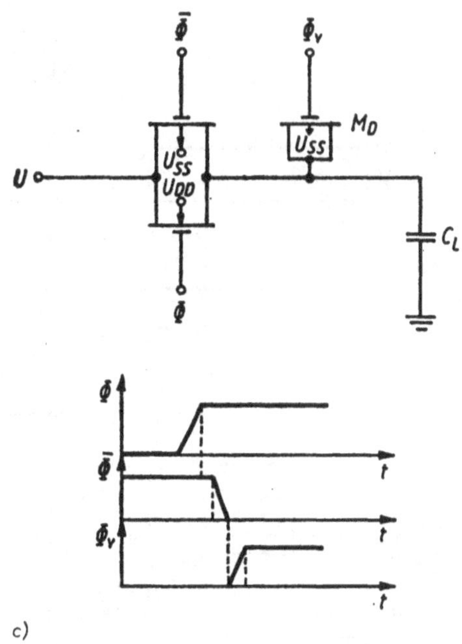

a) Schaltungssymbol des CMOS-Schalters und vereinfachter Layoutquerschnitt (nebeneinanderliegende n-, p-Kanal-Transistoren nur zur Demonstration),
b) Layoutentwurf (Hauptebenen) in einer Silizium-Gate-Technologie,
c) bessere Kompensation des CMOS-Restschalteroffsets, indem zuerst der PMOS-Schalter gesperrt wird und nach Abbau seines Schalteroffsets der dummy-kompensierte NMOS-Schalter wirkt

Abb. 2.55 Layoutmäßige Realisierung eines CMOS-Schalters in einer Silizium-Gate-Technologie und verbesserte Kompensationsmöglichkeiten des Restschalteroffsets;

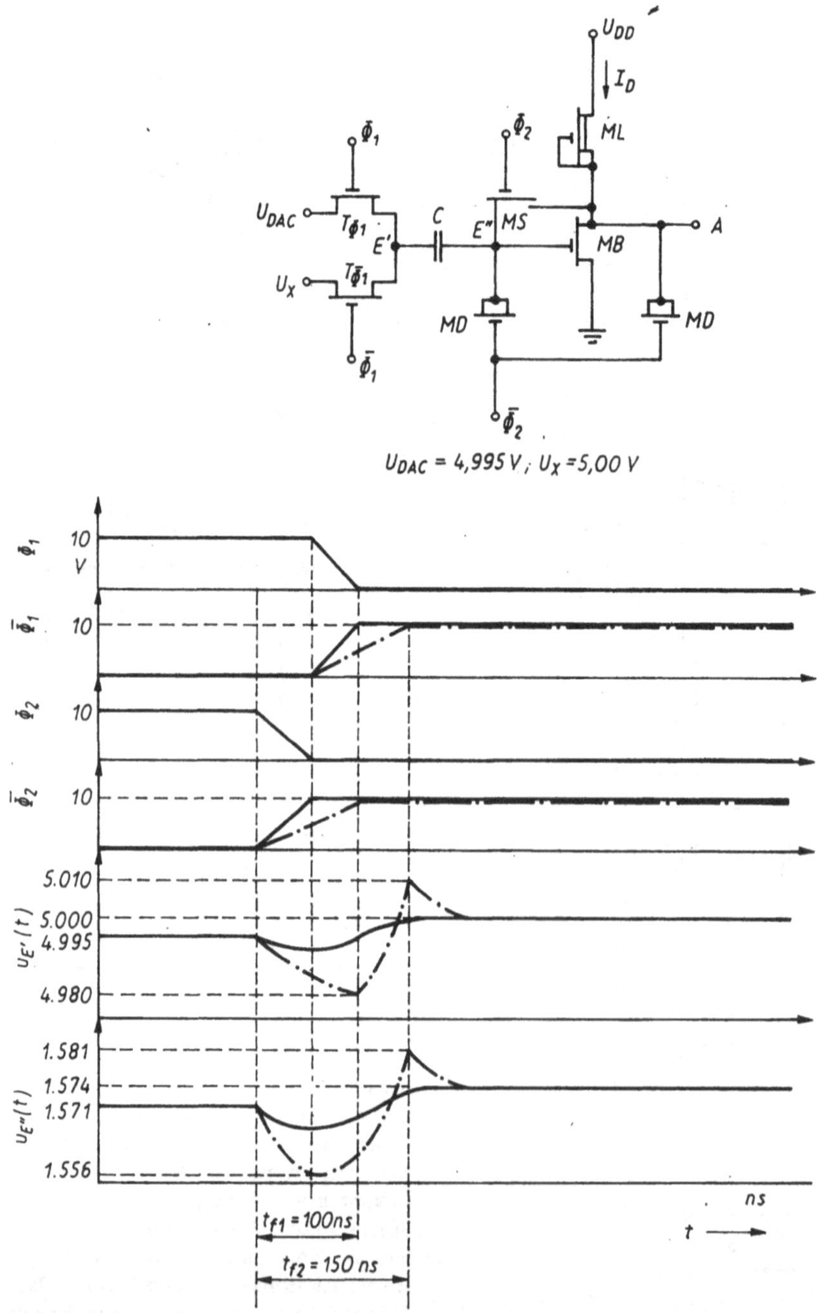

a)

Abb. 2.56 Darstellung der Vergrößerung der Einschwingzeit der Knotenspannungen $U_{E'}$, $U_{E''}$ bei unsymmetrischen Flankenüberschneidungen zwischen Φ_1, $\bar{\Phi}_1$ und zwischen Φ_2, $\bar{\Phi}_2$ (a) und (b) CMOS-Restschalteroffset für kurze Flankenübergangszeiten t_f bei unsymmetrischen und unterschiedlichen Flankensteilheiten nach [Krau 86]

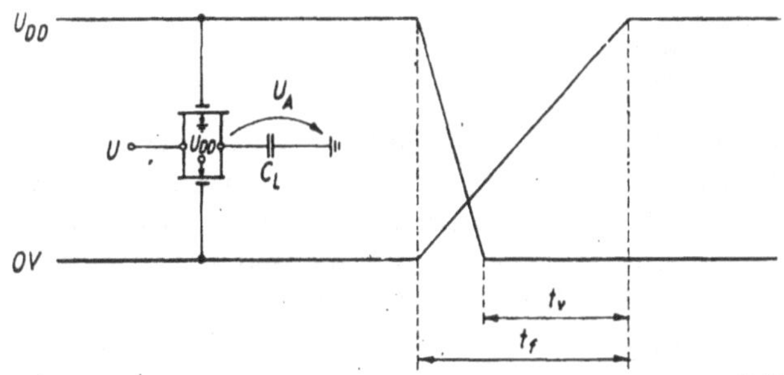

$$U_{offSR(CMOS)} \cong \frac{1}{C_L}\left(\frac{C_{ox}}{2}\Delta U_{Hp} + Bx_{jp}C''_{ox}U_{DD} - \left(\frac{C_{ox}}{2}\Delta U_{Hn} + Bx_{jn}C''_{ox}U_{DD}\right)e^{\left(-\frac{2t_v K1P\Delta U_{Hp}}{C_L}\right)}\right)$$

$$\Delta U_{Hn} = U_{DD} - U - U_{Pn}$$

$$\Delta U_{Hp} = U - |U_{Pp}|$$

Abb. 2.56. b)

Tab. 2.5 Angabe der Kompensation des Schalteroffsets für dummy-kompensierte NMOS-Schalter und CMOS-Schalter in Abhängigkeit von der Symmetrie der Flankenüberschneidung.

Flankenüberschneidung	$F_{NMOS} = 100\left(1 - \frac{U_{offSR}}{U_{offS}}\right)$ in %	F_{CMOS} in %
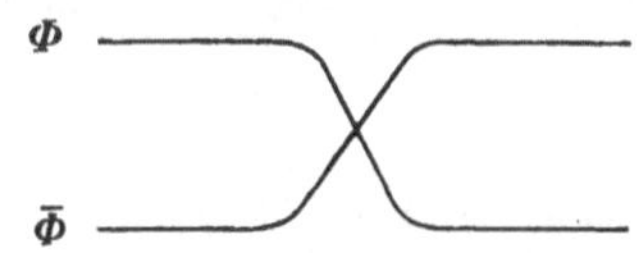	90–95	90
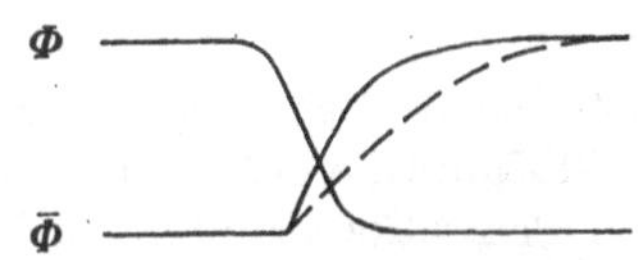	80–90	70–80

zur einfachen Streukapazität von MS hervorgerufen. Beim CMOS-Schalter ergeben sich durch die unterschiedliche Prozeßführung leider auch unterschiedliche Streukapazitäten für n- und p-Kanal-Enhancementtransistoren.

Andere parasitäre Komponenten wie die Sperrströme der Drain/Sourcegebiete der Schaltertransistoren führen in SC-Schaltungen einerseits zu Ladungsverlusten, andererseits werden über die Sperrschichtkapazitäten Störspannungen aus dem Substrat in den Signalweg eingekoppelt. Aus allen genannten Gründen sollen zusammenfassend Analogschalter unter Berücksichtigung der Ladezeit- bzw. Schalterzeitkonstante τ so klein wie möglich entworfen werden, d. h., übliche Gateabmessungen liegen bei B/L: 1…3.

2.7. Kapazitäten

NMOS-, CMOS-Technologien implizieren Kapazitäten auf einfache Weise und genügen auch höheren Genauigkeitsanforderungen. Darüber hinaus weisen CMOS-Schaltungslösungen, die als passive Strukturen ausschließlich Kapazitäten verwenden, die CMOS-spezifischen Vorteile wie eine geringe Verlustleistung auf. Um Filteraufgaben mit geschalteten Kapazitätsnetzwerken für Welligkeiten unter 0,1 dB zu realisieren bzw. speziellen Arithmetikfunktionen innerhalb von A/D-Umsetzern mit Auflösungen von mindestens 8 Bit gerecht zu werden, sind zunächst die Entwurfsrichtlinien zu beachten, die sich vor allem aus den physikalischen Eigenschaften der präparierten Kapazitäten ergeben:

— Prinzipiell sollten Kapazitätsverhältnisse eingehen, damit einerseits nur ein relativer Fehler zwischen den integrierten Lateralstrukturen entsteht, andererseits die Temperaturdrift und Spannungsabhängigkeit der Raumladungszonen diffundierter oder implantierter Gebiete näherungsweise eine vernachlässigbare Rolle spielt. Der typische Wertebereich der präparierten MOS-Kapazitäten liegt zwischen 0,1 pF bis 100 pF, so daß Kapazitätsverhältnisse in einem breiten Spektrum von $10^{-3} \cdots 10^{3}$ entstehen. Nach Tab. 2.6 lassen sich befriedigenderweise relative Geometriefehler zwischen zwei gleichgroßen benachbarten Kapazitäten von

$$\frac{\Delta C_i}{C_i} \leqq 0{,}1\% \tag{2.220}$$

erzielen.

— Durch die nichtidealen Eigenschaften des Kapazitätsbelages sind die Technologien prädistiniert, die geringe Temperatur- und Spannungskoeffizienten der MOS-Kapazitäten hervorrufen. Nach Tab. 2.6 ist zuerst auf MOS-Kapazitäten über hochdotiertem n^+-Substrat innerhalb der NMOS/CMOS-Metall-Gate-Technologien gemäß Abb. 2.57a), b) und innerhalb der NMOS/CMOS-Silizium-Gate-Technologien auf Kapazitäten über hochimplantiertem Substrat und Schichtkapazitäten nach Abb. 2.57c), d) zu orientieren [Dahm 78], [Mcry 81]. Der Temperaturkoeffizient ergibt sich für eine MOS-Kapazität bei hohen Oberflächenkonzentrationen n^+ mit $C \cong C_{ox} = \varepsilon_{ox} A/d_{ox}$ zwischen den Anschlüssen (1), (2) aus der Summe der Temperaturabhängigkeiten durch das Dielektrikum ε_{ox} (Wassereinlagerungen im Oxid), die thermische Ausdehnung von A und d_{ox} und der Temperaturabhängigkeit der

Tab. 2.6 Toleranzen, Temperatur- und Spannungskoeffizienten für Kapazitäten in verschiedenen MOS-Technologien nach [Mcry 75], [Dahm 78], [Ohri 79], [Krau 85].

Fertigungstechnik der MOS-Kapazität	Toleranz geometrisch identischer Strukturen	$\gamma_T = \frac{1}{C(T_0)} \frac{dC}{dT}$	$\gamma_U = \frac{1}{C(U_0)} \frac{dC}{dU}$
Alu — SiO_2 — n^+	$\pm 0{,}03\%$ ($70 \times 70\ \mu m^2$)	$(2{,}6 \cdots 4) \times 10^{-5}/K$	$(1 \cdots 7) \times 10^{-5}/V$
Alu — SiO_2 — p^+		$3 \times 10^{-5}/K$	$(4 \cdots 5) \times 10^{-4}/V$
Poly-Si-I — SiO_2 — Poly-Si-II		$(2 \cdots 5) \times 10^{-5}/K$	$(1 \cdots 10) \times 10^{-5}/V$

gesamten Ladungssteuerung in der Verarmungs- bzw. Anreicherungsrandschicht mit $C_R(T)$, d. h.

$$\gamma_T = \frac{1}{C(T_0)}\frac{dC}{dT} = \frac{1}{\varepsilon_{ox}(T_0)}\frac{d\varepsilon_{ox}}{dT} + \left(\frac{1}{A(T_0)}\frac{dA}{dT} - \frac{1}{d_{ox}(T_0)}\frac{dd_{ox}}{dT}\right) + \left(\frac{C_{ox}}{C_R^2(T_0)}\right)\frac{dC_R}{dT}. \tag{2.221}$$

Für hochdotierte Substrate folgt nach [Mcry 81] bei Raumtemperatur $T = T_0$ und der gültigen Störstellenerschöpfung $N_D \cong n^+$ als Temperaturkoeffizient

$$\gamma_T \cong 26(10^{-6}/K) - \left(\frac{\varepsilon_{ox}k}{2e\sqrt{\varepsilon_{Si}n^+kT}}\right)\left(1 - (2{,}52T)\,10^{-6}/K\right), \tag{2.222}$$

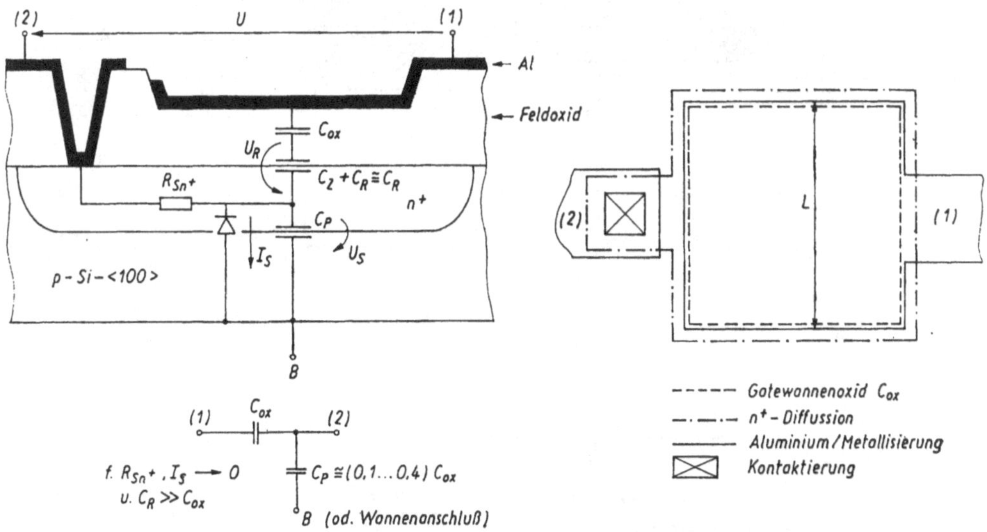

Abb. 2.57 Entwurf einer Metall-Gate-Kapazität über hochdotiertem n^+-Substrat für NMOS-Technologien und p-Wannen-CMOS-Technologien (Wanne einschließlich p^+-Kontaktierung der Einfachheit halber nicht eingezeichnet) und weitere technologische Realisierungsvarianten;

a) Ableitung eines vereinfachten Ersatzschaltbildes der Metall-Gate-Kapazität aus dem nicht maßstabgerechten Vertikalschnitt mit den parasitären Elementen R_{Sn^+}, I_S, C_P (C_Z: Kapazität der Zwischenschichtladungen, Kontaktwiderstände vernachlässigt),

b) zum Vertikalschnitt (a) gehöriger lateraler Entwurf mit Kantenlänge L,

c) in NMOS- und n-Wannen-CMOS-Technologien realisierte Poly-Silizium-Gate-Kapazität über hochimplantiertem Substrat (Phosphor- oder hohe Arsenimplantation zwecks Herabsetzung von γ_U, γ_T),

d) Schichtkapazität in Doppel-Poly-Silizium-NMOS/CMOS-Technologien,

e) Ersatzschaltbild einer Doppel-Poly-Silizium-Kapazität und Einzeichnung der gegensätzlich orientierten elektrostatischen Oberflächenpotentiale φ_1, φ_2

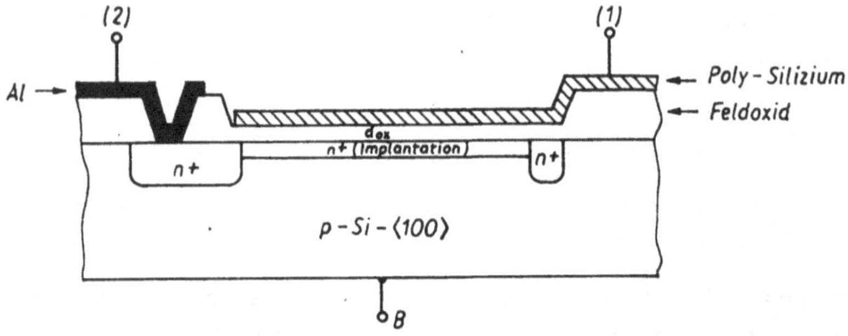
(2)
(1)
Al
Poly-Silizium
Feldoxid
d_{ox}
n+ (Implantation)
n+
n+
p-Si-⟨100⟩
B

c)

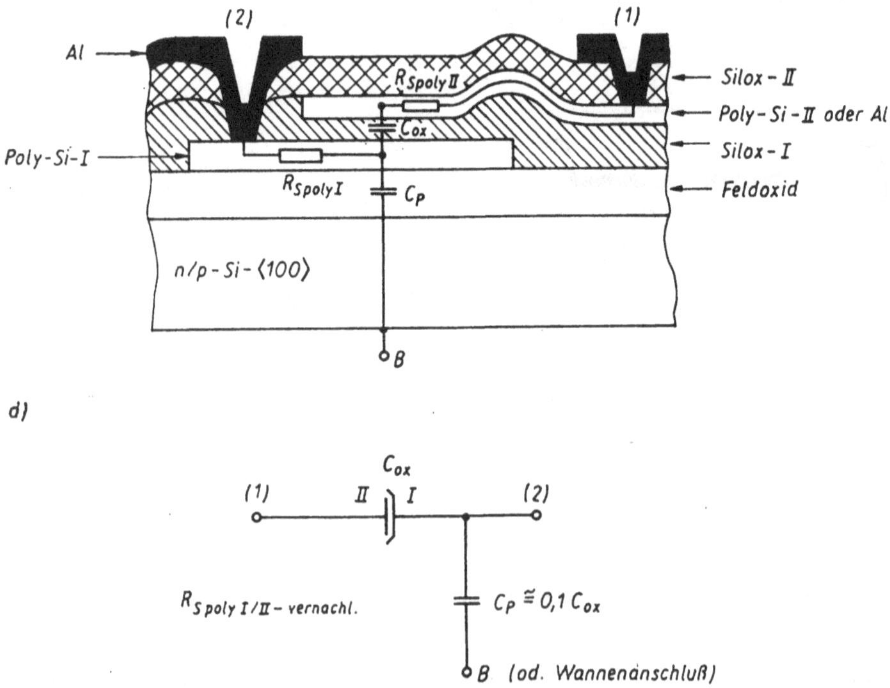
(2)
(1)
Al
$R_{S poly II}$
Silox-II
Poly-Si-II oder Al
C_{ox}
Silox-I
Poly-Si-I
$R_{S poly I}$
C_P
Feldoxid
n/p-Si-⟨100⟩
B
C_{ox}
(1)
II
I
(2)
$R_{S poly I/II}$ - vernachl.
$C_P \cong 0{,}1\, C_{ox}$
B (od. Wannenanschluß)

d)

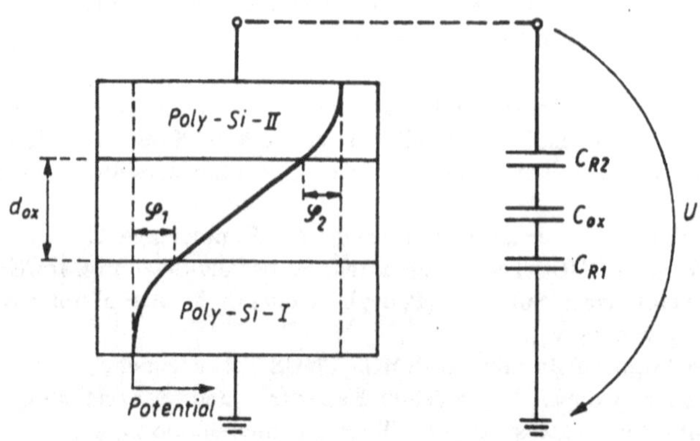
Poly-Si-II
d_{ox}
φ_1
φ_2
Poly-Si-I
Potential
C_{R2}
C_{ox}
C_{R1}
U

e)

Abb. 2.57

dessen Verlauf einschließlich der Meßergebnisse in Abb. 2.58a) dargestellt wurde. Analog läßt sich der Spannungskoeffizient γ_U vor allem durch die Spannungsabhängigkeit der Raumladungskapazität $C_R(U_R)$ beschreiben, der für den Flatband-Fall mit $U_{1,2} \cong U_{FB}$ als $\gamma_U(U_R = 0\ V)$ in Abb. 2.58b) eingetragen wurde [Mcry 81]. In Auswertung von Abb. 2.58b) und [Krau 85] sollten allgemein die Oberflächenkonzentrationen $N_D \cong n^+$ bzw. $N_A \cong p^+$ über den effektiven Zustandsdichten an den Bandkanten mit $N_C = N_V = 5 \times 10^{19}\ cm^{-3}$ eingestellt werden, da in diesem Fall gemäß

$$\gamma_U = \pm\left(\frac{C''^2_{ox}}{3\varepsilon\varepsilon_{Si}N_{C,V}}\right)\frac{N_{C,V}}{N_{D,A}} = \pm 37{,}5(10^{-6}/V)\,\frac{N_{C,V}}{N_{D,A}} \tag{2.223}$$

besonders niedrige Spannungskoeffizienten folgen.

Für Poly-Silizium-Schichtkapazitäten nach Abb. 2.57e) ergibt sich durch die Ersatzschaltung $1/C = 1/C_{ox} + 1/C_{R1} + 1/C_{R2}$ für die entsprechend großen Raumladungs-

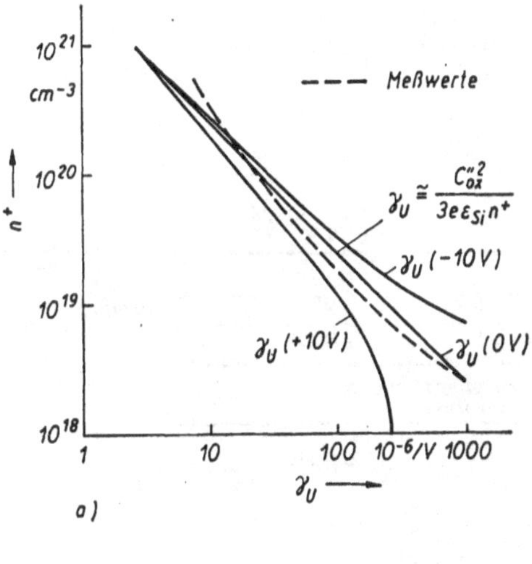

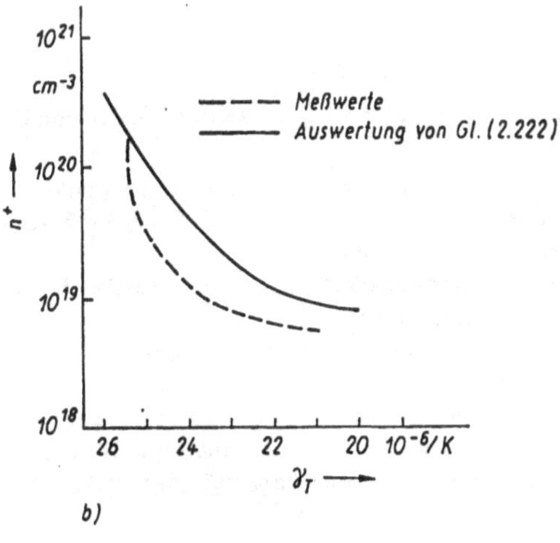

Abb. 2.58 Darstellung des Spannungskoeffizienten γ_U (a) und Temperaturkoeffizienten γ_T (b) einer Metall-Gate-Kapazität in Abhängigkeit der Höhe der n^+-Substratdotierung für verschiedene Spannungsabfälle U_R: 0 V, +10 V, −10 V nach [Mcry 81] ($d_{Al} = 600$ nm, $d_{ox} = 100$ nm, $\varepsilon_{ox} = 3 \times 10^{-12}$ As/Vcm, $\varepsilon_{Si} = 10^{-12}$ As/Vcm, $x_{jn^+}/d_B < 1$, d_B: Bulk- bzw. Substratmaterialdicke)

kapazitäten $C_{R1}, C_{R2} \gg C_{ox}$ die bekannte Beziehung $C \simeq C_{ox}$. Bemerkenswert ist hierbei, daß die elektrostatischen Oberflächenpotentiale φ_1, φ_2 eine entgegengesetzte Orientierung aufweisen, so daß der resultierende Spannungskoeffizient $\gamma_U = \gamma_{U1} - \gamma_{U2}$ genau dann minimiert wird, wenn beide Kapazitätsbeläge wenigstens vom gleichen Leitfähigkeitstyp sind [Mcry 81]. Bei AL-SiO$_2$-Poly-Si-Kapazitätsbelägen ist, falls der Prozeß eine wahlweise Dotierung des Poly-Siliziums vorsieht, eine Parallelschaltung von Kapazitäten beider Typen sinnvoll [Krau 85].

— Die in Abb. 2.57a), d) eingezeichneten parasitären Kapazitäten C_P wirken als Knotenkapazitäten und sind unvermeidlich. Für n$^+$-diffundierte Substrate sollte durch hohe Sperrspannungen U_S (z. B. Substratvorspannung) die spannungsab-

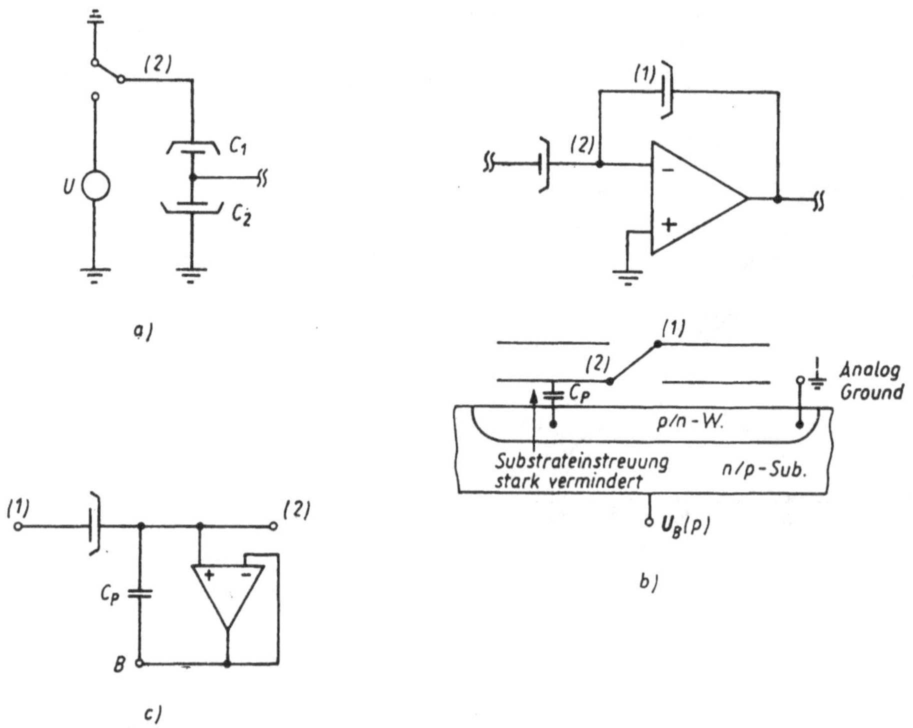

Abb. 2.59 Schaltungsanordnungen, die unempfindlich gegenüber der parasitären Sperrschichtkapazität C_P sind [Krau 85];

a) Anschluß (2) von C wird an eine Spannungsquelle z. B. einem Operationsverstärkerausgang, eine Referenzspannung oder an Masse geschaltet (das C_1/C_2-Verhältnis wird nicht verfälscht, der Einfluß von I_S bleibt bedeutungslos),

b) Anschluß (2) von C wird an einen Operationsverstärkereingang als virtuellen Massepunkt gelegt (Wirkung von C_P wird um Faktor der Schleifenverstärkung verringert, Variante darf nur bei Schichtkapazitäten angewendet werden, da ansonsten I_S eine Ausgangsspannungsdrift bewirkt),

c) Anordnung der Kapazität über eine n/p-Wanne und dynamische Verringerung von C_P durch den Spannungsfolgerbetrieb, da das Potential am Anschluß B dem am Anschluß (2) nachgeführt wird (Fehler durch Eingangskapazität des Spannungsfolgers, Einfluß von I_S vorhanden)

hängige Raumladungskapazität C_P der Sperrschicht herabgesetzt werden. Andere schaltungstechnische Möglichkeiten zur Verminderung des C_P-Einflusses werden in Abb. 2.59 gezeigt. Die parasitären Widerstände R_{Sn^+}, $R_{S\text{polyI/II}} \neq 0$ des diffundierten Gebietes bzw. der nichtidealen Kapazitätsbeläge sind in der Regel vernachlässigbar, da die damit an den Knoten gebildeten sehr niedrigen Zeitkonstanten die auszuführenden Signalverarbeitungen selten beeinträchtigen. Anders verhält es sich mit der in Abb. 2.57a) eingezeichneten Substratdiode. Ein nach [Mcry 75] angegebenes Sperrstrom/Kapazitätsverhältnis von $I_S/C_{ox} \cong 60$ pA/pF ($d_{ox} = 100$ nm) sollte bei kapazitiven Ladungsspeicherungen stets zur Überprüfung der Höhe der Abtastraten in Abhängigkeit der durch die Entladungsvorgänge erzeugten Signalverfälschungen führen.

Die zweite Gruppe der Entwurfsrichtlinien bezieht sich auf die Layoutgestaltung der Kapazitäten:

- Da die Kantenverschiebung keine Proportionalität zur Kantenlänge L aufweist (z. B. KV = (1 ± 0,5) µm), ist eine befriedigende Kompensation der systematischen Fehler üblicherweise nur bei geometrisch identischen Strukturen zu erreichen. Darauf basiert das Prinzip der Einheitskapazität, d. h., das Verhältnis C_1/C_2 wird mittels

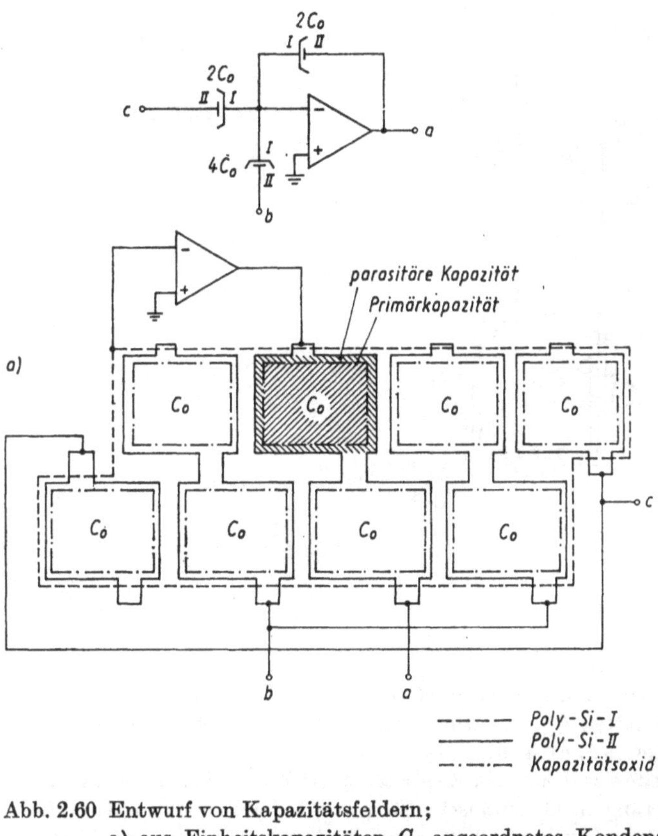

Abb. 2.60 Entwurf von Kapazitätsfeldern;
a) aus Einheitskapazitäten C_0 angeordnetes Kondensatorfeld in einer Doppel-Poly-Silizium-Gate-Technologie,

layoutmäßig identischer Kapazitäten C_0 in der Form mC_0/nC_0 realisiert, wodurch gleichzeitig unwägbare Einflüsse wie parasitäre Kapazitäten durch selektives Kapazitätsoxid und die Anschlußgestaltung mit einzubeziehen sind (vgl. Abb. 2.60: Kantenabmessungen der Kapazitätsoxidschablone außerhalb Poly-Si-II-Gebieten günstiger). Eine exakt gleichverteilte Gewichtung der Anschlüsse zeigt Abb. 2.60b) [Rie2 84].

Für nichtganzzahlige Kapazitätsverhältnisse ist zur Eingliederung der Restkapazität C_{Rest} die Methode des Rechteckkondensators mit identischem Umfang/Flächenverhältnis zur Einheitskapazität nach Abb. 2.61b) hervorzuheben [Krau 85].

— Die laterale Mindestgröße einer quadratischen Einheitskapazität C_0 bzw. ihre Kantenlänge L wird auf Grund des statistischen Geometriefehlers festgelegt (Kantenunsicherheit ΔL ca. 0,05 µm···0,3 µm durch gerätetechnische und physikalische Grenzen bei der Erstellung der Fotoschablone). So existiert beispielsweise für D/A Umsetzer bei der Erzeugung eines quantisierten Analogsignals im Zeitbereich meist ein kritisches Kapazitätsverhältnis $C_m/C_n = m/n$, das die Auflösung bestimmt.

b)

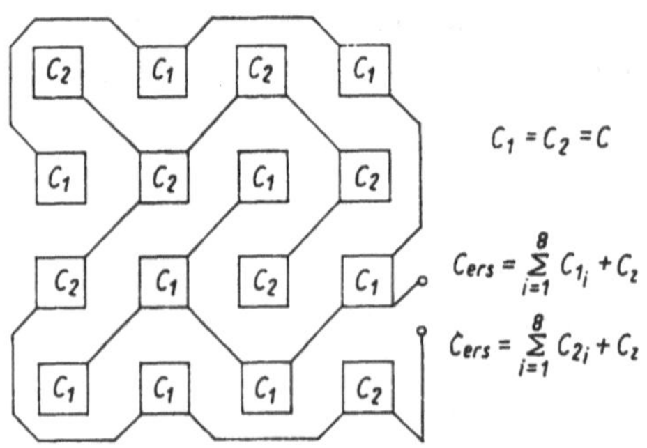

c)

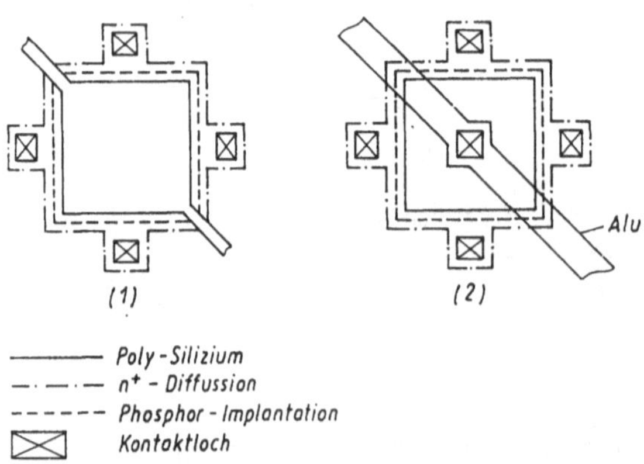

Abb. 2.60 b) segmentierter und zentralisierter Entwurf eines Kapazitätsfeldes mit zwei gleichgroßen Ersatzkapazitäten C_{ers} zur Herabsetzung des Fehlereinflusses des Oxiddickengradienten $d(d_{ox})/d_x$ nach [Rie2 84]

c) Anschlußmöglichkeiten zwischen den Kapazitäten: im Poly-Silizium erwünscht (1), mit Alu-Kontaktierung nicht erwünscht (2) (Anschlußmöglichkeiten des diffundierten Gebietes können auch entfallen, wenn die Kapazitäten in enger Nachbarschaft zueinander angeordnet sind)

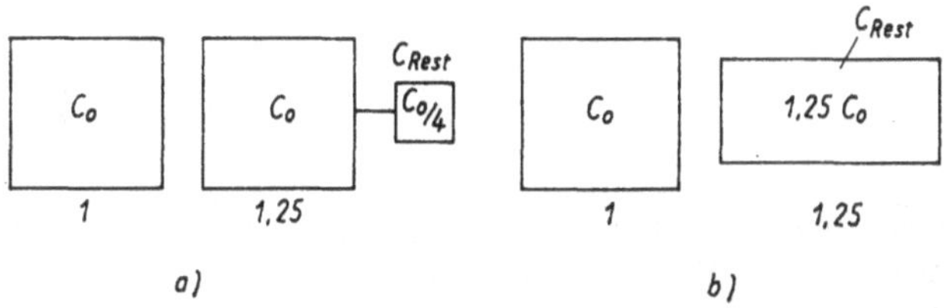

Abb. 2.61 Realisierungsvarianten der Restkapazität am Beispiel $C_1/C_2 = 1{,}25$ nach [Krau 85];
a) mit diskreter Restkapazität C_{Rest},
b) mit Rechteckkapazität

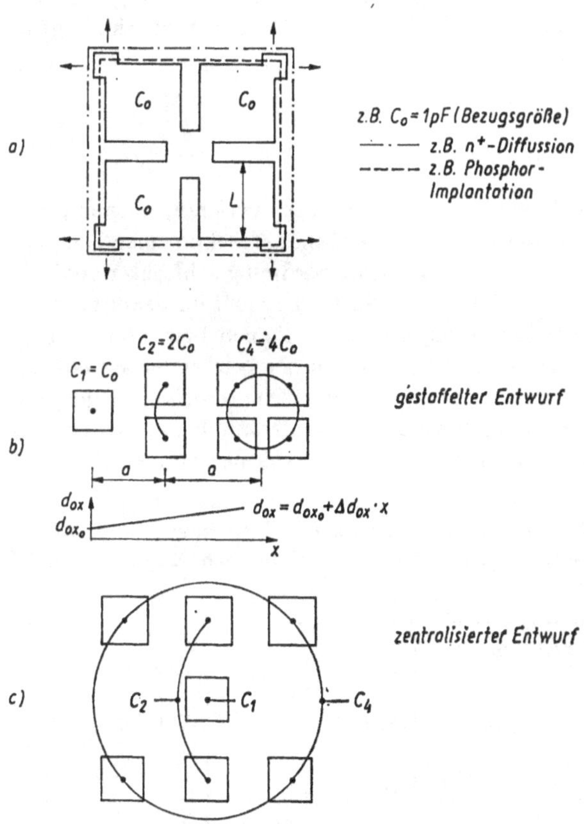

Abb. 2.62 Entwurfshinweise für integrierte MOS-Kapazitäten;
a) segmentierter Layoutentwurf zur Vervielfachung eines Kapazitätswertes C_0 unter Berücksichtigung einer beliebigen Fortsetzung dieses Prinzips ohne Anschlußfehler,
b) lineare Staffelung von Kapazitätseinheiten mC_0 unter Einfluß eines vorgegebenen konstanten Oxiddickengradienten $\mathrm{d}(d_{ox})/\mathrm{d}x$,
c) zentralisierte Anordnung von Kapazitäten zur Fehlerherabsetzung der Oxiddickenschwankung im Vergleich zur linearen Staffelung

Hierfür ergibt sich

$$L \geqq \frac{\sigma_L}{\sigma_{m,n_{max}}} \sqrt{2\left(\frac{m}{n^2}+\frac{m^2}{n^3}\right)} \tag{2.224}$$

mit σ_L als Standardabweichung der Kantenlänge L und $\sigma_{m,n_{max}}$ als Standardabweichung des aus Einheitskapazität gebildeten Verhältnisses [Krau 85]. Übliche minimale Kantenlängen liegen für Langkanaltechnologien bei $L = 20\ \mu m \cdots 50\ \mu m$. Ist die dann entstehende Gesamtfläche der zueinander in Bezug stehenden Einheitskapazitäten C_0 in Form eines segmentierten und gestaffelten Entwurfes nach Abb. 2.62a), b) so groß, daß der Oxiddickengradient $d(d_{ox})/dx$ (nach [Mcry 75] ca. (0,4 bis 4)/$10^{-6}/\mu m$) einen merklichen Einfluß verursachen kann, wird nach Abb. 2.62c) mittels zentralisiertem Entwurf (design centering) und der schon gezeigten gemischten Anordnungen nach Abb. 2.60a), b) dieser Oxiddickengradient in vernachlässigbare Größenordnungen herabgesetzt [Rie2 84].

2.8. Widerstände

Für Signalverarbeitungen nur mit Widerstandsverhältnissen zu operieren, erscheint nach Tab. 2.7 unbedingt erforderlich, da für die angegebenen Standardtechnologien Temperatur- und Spannungskoeffizient um mindestens eine Größenordnung schlechter ausfallen als bei integrierten Kapazitäten (vgl. Tab. 2.6), wobei durch die nicht immer erwünschte Niederohmigkeit sehr flächenintensive Lösungen entstehen können bzw. ohne Zusatzimplantation der Entwurf gar nicht erst ermöglicht wird. Diesen Nachteilen stehen aber solche wichtigen Vorteile wie die Unterdrückung des Restschalteroffsets gegenüber, indem gemäß Abb. 2.63 Analogschalter in Verbindung mit Widerständen als Spannungs- oder Stromschalter auftreten. Weiterhin wird kein technologischer Sonderschritt zur

Tab. 2.7 Toleranzen, Temperatur- und Spannungskoeffizienten für Widerstände in MOS-Standardtechnologien im Vergleich zur Laser-getrimmten Dünn-Film-Technik nach [Kels 73], [Suez 75], [Amya 79], [Gord 78], [Reich 85].

Fertigungstechnik des Widerstandes	mittlere Abweichung in % $\left\|\frac{\Delta R}{R}\right\| = \frac{1}{N}\sum_{i=1}^{N}\frac{\Delta R_i}{R_i}$ ($L_R \gg B_R$, $B_R \cong 10\ \mu m$)	$\gamma_T = \frac{1}{R(T_0)}\frac{dR}{dT}$ K^{-1}	$\gamma_U = \frac{1}{R(U_0)}\frac{dR}{dU}$ V^{-1}
n^+-diffundiert ($R_{Sn^+} = 12\ \Omega$) p^+-diffundiert ($R_{Sp^+} = 135\ \Omega$)	0,14	$(1{,}5\cdots 2) \times 10^{-3}$	2×10^{-4}
Poly-Si ($R_{Spoly} = 34\ \Omega$)	0,11	$(2\cdots 6) \times 10^{-4}$	$\leqq 10^{-1}$
Dünn-Film (NiCr) Laser-Trimmung ($R_{SNiCr} = 1\ k\Omega$)	0,002	$(2\cdots 10) \times 10^{-5}$ (Jahresdrift: $(2\cdots 6) \times 10^{-4}$	$\leqq 10^{-6}$

Realisierung eines hochwertigen, uniformen und dünnen Kapazitätsoxides benötigt und die angegebene mittlere Abweichung $|\Delta R/R|$ führt bei Widerstandsketten zu sehr niedrigen differentiellen Linearitätsfehlern (absolute Kantenabweichungen zwischen zwei benachbarten gleichgroßen Widerständen ca. 0,01 µm···0,02 µm [Reich 85]). Aus diesem Grund sind für Standardtechnologien alle die Analogverfahren gleichfalls bedeutungsvoll, die das Spannungsteilerprinzip durch Kettenwiderstandsanordnungen erlauben.
Beim Entwurf eines planaren diffundierten Widerstandes nach Abb. 2.64a) steht im wesentlichen die Kontaktlochgestaltung sowie ihre Anordnung im Mittelpunkt, um den Einfluß des Kontaktwiderstandes auf den realisierten Gesamtwiderstand zu ermitteln. Der Widerstandswert ergibt sich mit

$$R = R_{Sn^+}\left(\frac{L_R}{B_R}\right) + 2R' = R_{Sn^+}\left(\frac{L_R}{B_R} + 2k'\right), \tag{2.225}$$

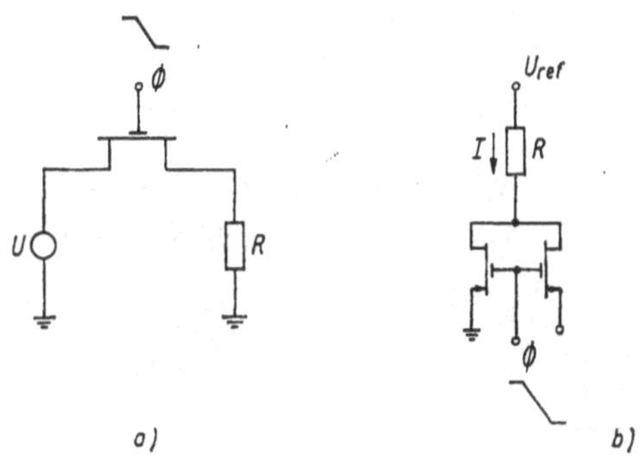

Abb. 2.63 MOS-Analogschalter in Verbindung mit Widerständen;
a) NMOS-Spannungsschalter,
b) CMOS-Stromschalter

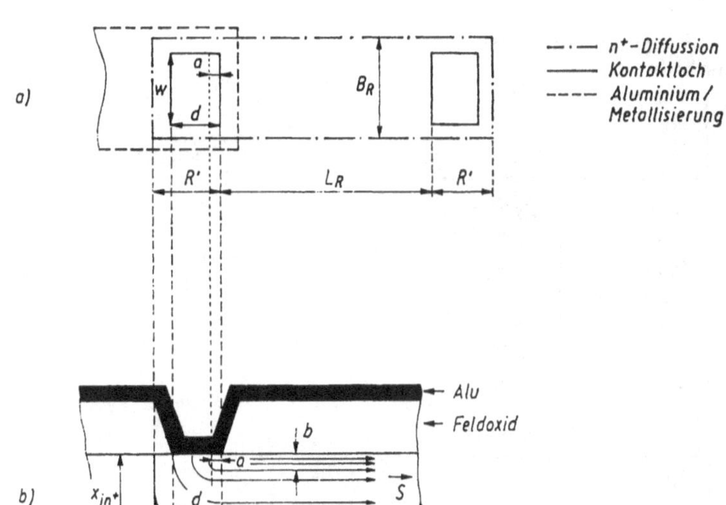

Abb. 2.64 Layoutentwurf eines diffundierten Widerstandes (a) und Vertikalschnitt (b) zur Darstellung des inhomogenen Strömungsfeldes

wobei k' einen Korrekturfaktor beschreibt, der vom flächenbezogenen Kontaktwiderstand p_K, der Kontaktlochweite w, dem Schichtwiderstand des diffundierten Gebietes R_{Sn^+} und der Gestaltung des Strömungsfeldes in der Kontaktlochumgebung abhängt [Murr 69]. Zur qualitativen Abschätzung von k' wird in Abb. 2.64b) die Kontaktstruktur als verlustbehaftete Übertragungsleitung modelliert (TML (Transmission Line)-Modell). Unter der Voraussetzung $d > L = 2\sqrt{Dt}$ (L: Diffusionslänge; D: Diffusionskoeffizient; t: Diffusionszeit), $a \cong b \cong L$, $w \to B_R$ und $\left(\sqrt{R_{Sn^+}/p_K}\right) d \geqq 2$ läßt sich in guter Näherung die Beziehung

$$k' = \sqrt{p_K/(R_{Sn^+}w)} \tag{2.226}$$

angeben, die anhand der konkreten Kontaktlochgeometrien in Abb. 2.65a) den Meßwerten sehr nahe kommt. Für Kontaktkeulen wirkt sich das inhomogene Strömungsfeld in der Kontaktlochumgebung auf die Widerstandsvergrößerung aus, so daß näherungsweise

$$k' = \sqrt{p_K/(R_{Sn^+}w)} + 0{,}12 \tag{2.227}$$

als Richtwert folgt [Lahl 83].

Die mittlere Abweichung eines Einzelwiderstandes $\Delta R_i/R_i$ aus einer Widerstandskette wird für die übliche Entwurfsvoraussetzung $L_R \gg B_R$, konstant vorgegebenen Teil-

Tab. 2.8 Darstellung des Kontaktwiderstandes R_K und des flächenbezogenen Kontaktwiderstandes p_K für die Kontaktlochgeometrien in Abb. 2.65b) bei Sintertemperaturen für Al-Kontakte von ca. 450 °C (5 min in N_2) nach [Nagu 77].

Nr.	$w \times d$ μm^2	R_K Ω	p_K $\Omega\,\mu m^2$
Phosphor-dotierte n^+-Widerstände ($R_{Sn^+} = 9\,\Omega$)			
R_1	20 × 4	0,56	13,97
R_2	20 × 6	0,51	11,58
R_3	20 × 10	0,56	13,92
R_4	12 × 10	0,95	14,46
R_5	8 × 8	1,30	12,03
R_6	6 × 20	1,35	7,29
R_7	6 × 6	1,63	1,50
Phosphor-dotierte Poly-Si-Widerstände ($R_{Spoly} = 26\,\Omega$)			
R_1	20 × 4	2,85	124,22
R_2	20 × 6	2,45	92,56
R_3	20 × 10	1,32	51,00
R_4	12 × 10	3,74	77,56
R_5	8 × 8	5,51	74,69
R_6	6 × 20	6,24	53,21
R_7	6 × 6	7,54	77,74

spannungsabfällen und einer von Widerstand zu Widerstand gleichmäßig angenommenen inhomogenen Stromverteilung im diffundierten Gebiet maßgeblich von

- der Größe des Korrekturfaktors k' bzw. des Kontaktwiderstandes und
- der Kontaktierungsunsicherheit (gerätetechnische und physikalische Grenzen bei der Erstellung der Fotoschablone)

bestimmt. Nach Abb. 2.65a), b) und Tab. 2.8 sind somit größere Rechteckkontakte mit den Mindestabmessungen $20 \times 10\ \mu m^2$ für diffundierte und Poly-Si-Widerstände zu empfehlen, wobei z. B. neben dem hochdotierten n^+-Substrat (ca. $(1 \cdots 7) \times 10^{20}\ cm^{-3}$)

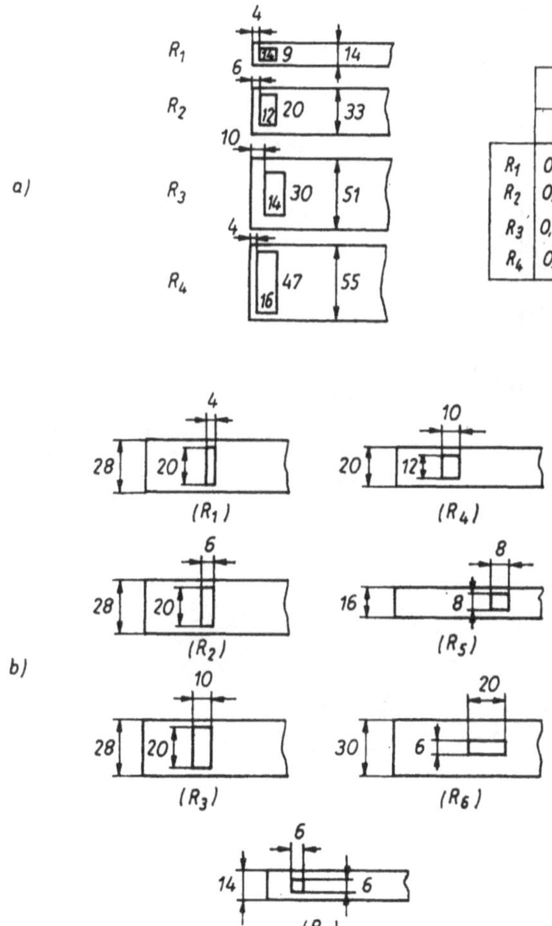

	k'	
	Meßwert	TML
R_1	0,35 ± 0,02	0,27 ± 0,05
R_2	0,09 ± 0,02	0,12 ± 0,01
R_3	0,075 ± 0,02	0,080 ± 0,01
R_4	0,04 ± 0,02	0,055 ± 0,01

Abb. 2.65 Kontaktierungsgeometrien und ihre Gestaltung bei diffundierten- und Poly-Silizium-Gebieten;

a) Ermittlung des in guter Übereinstimmung zwischen Meßwerten und TML-Methode befindlichen Korrekturfaktors $k' = R'/R_{Sp^+}$ nach [Murr 69] ($R_{Sp^+} = 180\ \Omega$, $x_{jp^+} = 0{,}6\ \mu m$, Sindertemperaturen f. Al-Kontakte ca. 500 °C),

b) Ermittlung der Kontaktgeometrie für niedrige Kontaktwiderstände $R_{1,2,3}$ unter Einbeziehung von Tab. 2.8 nach [Nagu 77] die Höhe der Sintertemperatur, die Sinterzeit usw. technologisch einen entscheidenden Einfluß ausüben. Abb. 2.66 zeigt anhand von Serienmessungen für n^+-diffundierte- und Poly-Si-Widerstandsketten eine übliche Fehlerverteilung $\varepsilon_{\Delta U_i}$ der einzelnen Klemmenspannungen. An den jeweils letzten Anzapfungen ist ein geringer Fehleranstieg zu registrieren, das auf eine geringfügige Änderung des Strömungsfeldes in Richtung der Widerstandsabschlüsse hindeutet. Um alle genannten Fehler zu vermeiden, sollten, wenn möglich, die Widerstandsanzapfungen nach Abb. 2.67a) beispielsweise gleich im diffundierten Gebiet geführt werden. Hier machen sich aber erneut durch die U_{ref}/

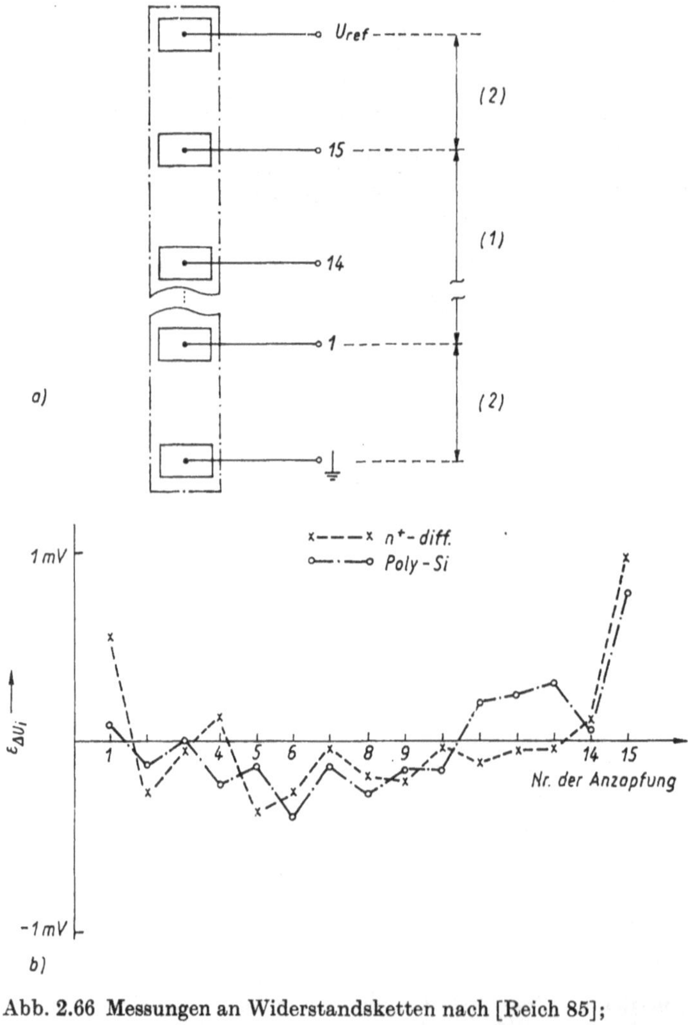

Abb. 2.66 Messungen an Widerstandsketten nach [Reich 85];

a) Darstellung einer n^+-diffundierten- oder Poly-Silizium-Widerstandskette mit dem gleichmäßig gestalteten Strömungsfeld (1) zwischen den Anzapfungen 1 bis 15 und den zu den Widerstandsabschlüssen geringfügig veränderten Strömungsfeldes (2),

b) Mittelwerte (ca. 70 Meßreihen) der Fehlerspannungen $\varepsilon_{\Delta U_i}$, die an jeder Anzapfung für n^+-diffundierte- und Poly-Si-Widerstandsketten gemessen wurden ($R_{Sn^+} = 12\,\Omega$, $R_{Spoly} = 34\,\Omega$, $B_R = 100\,\mu m$, $L_R = 10\,\mu m$, $U_{ref} = 320$ mV, $\Delta U_i = 20$ mV)

Masse-Kontaktierungen Fehler der ersten und m-ten Klemmenspannung bis 13% bemerkbar, die mit Hilfe von geeigneten Widerstands/Kontaktwiderstandsanordnungen in Form von Ersatzschaltbildern auf spezielle Kontaktlochgeometrien nach Abb. 2.67b) führen und Kontaktierungsunsicherheiten einschließlich Kontaktwiderstand stark verringern [Huan 80].

a)

b)

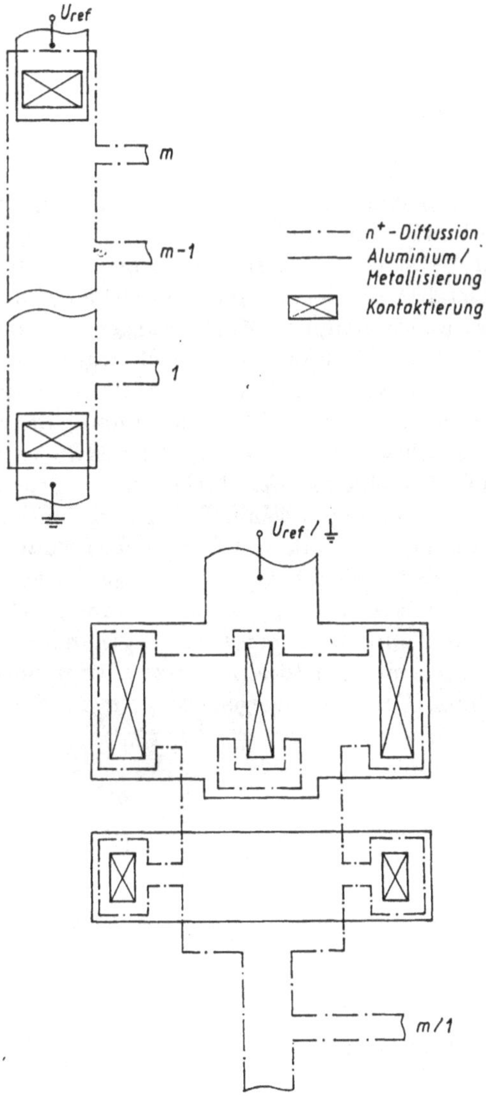

Abb. 2.67 Entwurf der Widerstandsanzapfungen im diffundierten Gebiet zwecks Vermeidung der Kontaktierungsunsicherheiten (a) und Herabsetzung der U_{ref}/Masse-Kontaktierungsunsicherheit durch spezielles Kontaktkeulen-Layout (b) nach [Huan 80]

3. Integrierte analoge MOS- Blockstrukturen

3.1. Operationsverstärker

3.1.1. Aufbau und Kenngrößen von integrierten MOS-Operationsverstärkern

Eine der wichtigsten Schaltungskonfigurationen der Analogtechnik ist der Operationsverstärker (operational amplifier — OPAMP), der gemäß Abb. 3.1 als ideale differenzspannungsgesteuerte Spannungsquelle $U_D \rightarrow U_A$ im Zusammenhang mit seinen Beschaltungsmöglichkeiten vielseitig einsetzbar ist. Nach seiner Entwicklung in monolithischer Bipolar-Technik 1963 schlossen sich adäquate MOS-Lösungen erst ab Mitte der 70er Jahre an, hervorgerufen durch die Nachfrage nach vollintegrierten MOS-A/D-Umsetzer- und Filterschaltkreisen in Einkanal- und Komplementärtechnik. Hierbei läßt sich feststellen, daß sämtliche grundsätzlichen Erkenntnisse und Erfahrungen beim Entwurf bipolarer OPAMPs versuchsweise auf verschiedene MOS-Varianten übertragen wurden. Die dabei erkennbaren Unterschiede bezüglich der Schaltungstechnik und bestimmter OPAMP-Parameter sind vor allem auf die geringen Steilheiten der MOS-Transistoren (Leerlaufverstärkung, Verstärkungs-Bandbreite-Produkt, Verlustleistung, Ausgangswiderstand) und ihrer Bauelementespezifik (Eingangswiderstand, äquivalente Eingangsrauschspannung, Offsetspannung) zurückzuführen. Dennoch kommen die gewünschten Eigenschaften innerhalb eines vorrangig vorgegebenen Systementwurfes auf dem Chip, verglichen mit den Idealparametern eines universell einsetzbaren OPAMPs, dem LSI-gerechten Entwurf entgegen. So steht die Forderung

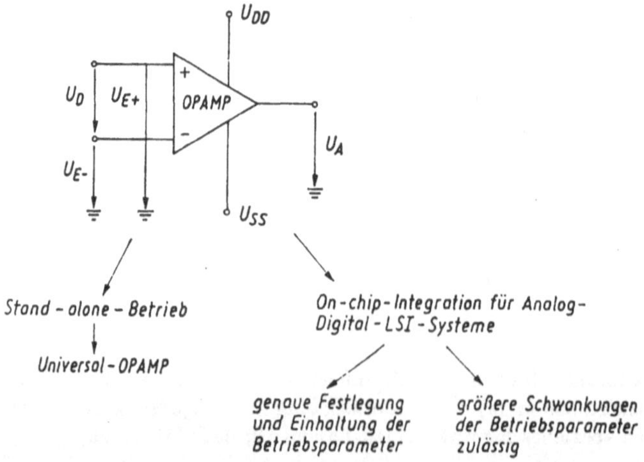

Abb. 3.1 Schaltungssymbol des Operationsverstärkers (OPAMP) und seine allgemeinen Einsatzgebiete

nach einer möglichst kleinen Offsetspannung durch das in MOS-Schaltungslösungen häufig anzutreffende Prinzip der getakteten Signalverarbeitung und der damit verbundenen Möglichkeit der Offset- und Offsetdriftkompensation nicht mehr im Vordergrund. Bei solchen Schaltungen kann davon ausgegangen werden, daß die Sprungantwort eines zum Zeitpunkt t_0 auf den Eingang des gegengekoppelten OPAMPs gegebenen Spannungssprungs in einer durch das System vorgegebenen (Takt-)Zeit ihren stationären Endwert mit der geforderten Genauigkeit erreicht. Dazu sind eine Mindestverstärkung $V_D(0)$ (statischer Fehler) und ein entsprechender Wert für die Großsignaleinschwingzeit, die mit der Slew-Rate S_R und Transitfrequenz f_T verknüpft ist, zu sichern. Diese Parameterwerte unter der Randbedingung kleinstmöglicher Verlustleistung (Low-power-Anwendungen) bei möglichst geringem Flächenbedarf zu erreichen, stellt die zentrale Entwurfsproblematik von MOS-Operationsverstärkern dar. Schließlich ist diese Aufgabe in Schaltungsentwicklungen für größere Betriebsparameterschwankungen (verbesserte PSRR-Eigenschaften, High-Drive-Anwendungen, Einsatz in breiten Temperaturbereichen, ...) oder unter genauer Festlegung bzw. Einhaltung der Betriebsparameter (z. B. für Instrumentationsverstärker, OPAMPs mit niedriger Langzeitdrift, ...) eingebettet.

Zum Aufbau des in Abb. 3.1 allgemein dargestellten OPAMPs werden aus der Vielfalt von Systemlösungen die einfachen Blockstrukturen nach Abb. 3.2 betrachtet. In NMOS-Technologien bestehen die Entwürfe aus einem Differenzverstärker als Eingangsstufe, in der Regel einer Hauptverstärkerstufe (z. B. Kaskodestufe) und einem Ausgangstreiber, wobei zwischen den Stufen meistens eine Pegelanpassung (Phasenumkehrstufe, Sourcefolger) notwendig ist. Daß sich der mehrstufige Aufbau auf eine zweistufige Variante innerhalb der CMOS-Technologien reduzieren läßt, wenn die Eingangsstufe gleichzeitig die Funktion einer Hauptverstärkerstufe wahrnimmt und direkt mit dem Ausgangsverstärker bzw. -treiber für kleinere Lasten koppelbar ist, verdeutlicht den technologieabhängigen Schaltungsentwurf. Damit können für die einzelnen Stufen die in Abschnitt 2. angeführten Grundstrukturen je nach Verwendungszweck des OPAMP eingesetzt werden. Aus der resultierenden Gesamtschaltung und den Einsatzbedingungen ergeben sich folgende Kenngrößen:

— Niederfrequenz- oder Leerlaufverstärkung (low frequency gain/open loop gain):

$$\boldsymbol{V}_D(0) = \frac{\boldsymbol{U}_A(0)}{\boldsymbol{U}_D(0)} \quad \text{bzw.} \quad V_D(0) \text{ in dB} = 20 \lg |\boldsymbol{V}_D(0)|$$

— Gleichtaktaussteuerbereich (common-mode range):

$$U_{CME/A} = \pm U_{CM}$$

— Gleichtaktverstärkung (common-mode gain):

$$\boldsymbol{V}_{CM}(0) = \frac{\boldsymbol{U}_A(0)}{\boldsymbol{U}_{CME}(0)} \; .$$

— NF-Gleichtaktunterdrückung (common-mode rejection ratio (DC)):

$$\text{CMRR} = \frac{\boldsymbol{V}_D(0)}{\boldsymbol{V}_{CM}(0)} \quad \text{bzw.} \quad \text{CMRR in dB} = 20 \lg |\text{CMRR}|$$

— Betriebsspannungen (power supply voltage):

$$U_{DD}, U_{SS}$$

— Verlustleistung (power consumption/power dissipation):

$$P_V = (U_{DD} - U_{SS})\, I$$

— NF-Betriebsspannungsunterdrückung (power supply rejection ratio (DC)):

$$PSRR^{+/-} = V_D(0) \left(\frac{U_{CMA}(0)}{U_{DD,SS}(0)}\right)^{-1} \quad \text{bzw.} \quad PSRR^{+/-} \text{ in dB} = 20 \lg |PSRR^{+/-}|$$

— Eingangs-Offsetspannung (input offset):

$$U_{offOA}(U_A = 0\ V) = U_{E+} - U_{E-}$$

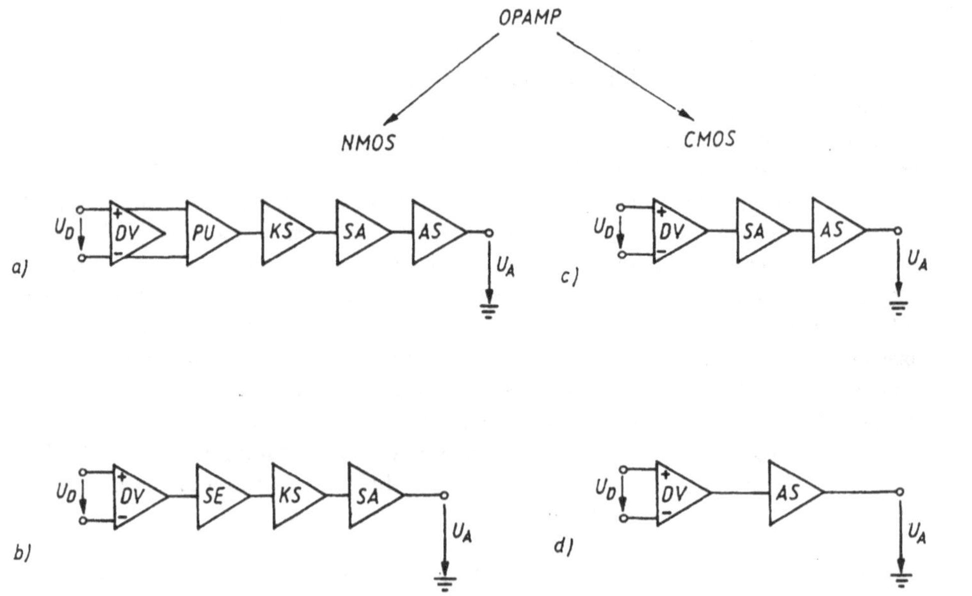

Abb. 3.2 Einfache Möglichkeiten im Stufenaufbau von NMOS/CMOS-OPAMPs;

a) Konfiguration: DV (Differenzverstärker als Eingangsstufe vgl. Abb. 2.29a)) — PU (Phasenumkehrstufe zur Auskopplung des Differenzsignals und Pegelanpassung vgl. Abb. 2.40a)) — KS (Kaskodestufe als Hauptverstärker vgl. Abb. 2.21)) — SA (Sourcefolger SF am Ausgang zur Pegelanpassung vgl. Abb. 2.25a), b)) — AS (Ausgangstreiber vgl. Abb. 2.46a)),

b) Konfiguration: DV (einseitige Auskopplung des Differenzsignals vgl. Abb. 2.34b)) — SE (Sourcefolger SF am Eingang zur Pegelanpassung vgl. Abb. 2.34b)) — KS — SA (Sourcefolger SF am Ausgang zur Pegelanpassung und gleichzeitig als Ausgangstreiber AS),

c) Konfiguration: DV (Differenzverstärker mit Stromspiegelauskopplung vgl. Abb. 2.40b), c)) — SA (Sourcefolger SF zur Pegelanpassung am Ausgang und gleichzeitiger Ansteuerung als Ausgangstreiber vgl. Abb. 2.25c)) — AS (Ausgangstreiber als Gegentaktstufe für größere ausgangsseitige Belastungen C_L vgl. Abb. 2.45c)),

d) Konfiguration: DV — AS (Verstärkerstufe als Ausgangstreiber für niedrigere ausgangsseitige Belastungen C_L vgl. Abb. 2.45a))

— Offsetspannungsdrift:

$$\Delta U_{\mathrm{offOA},T} = \frac{\partial U_{\mathrm{offOA}}}{\partial T}\,\Delta T \qquad (\Delta T\text{: Temperaturänderung})$$

— Langzeitdrift:

$$\Delta U_{\mathrm{offOA},t} = \frac{\partial U_{\mathrm{offOA}}}{\partial t}\cdot\Delta t \qquad (\Delta t\text{: 1 Monat}\cdots\text{1 Jahr})$$

— äquivalente Eingangsrauschspannung (equivalent input noise voltage):

a) Breitbandrauschwert (z. B. von 10 Hz···10 KHz) (rms value/RMS — noise):

$$e_{\sigma\mathrm{OA}} = e_{\sigma\mathrm{OA}}(f)$$

b) Schmalbandrauschwert (z. B. bei $f = 1$ kHz):

$$e_{\mathrm{OA}} = e_{\mathrm{OA}}(f)$$

— Slew-Rates S_{R}^{+} und S_{R}^{-} im Spannungsfolgerbetrieb (unity gain slew-rate)

— 0,1% — Einschwingzeit im Spannungsfolgerbetrieb (unity gain settling time to 0,1 percent):

$$t_{\mathrm{ST}} = t_{\mathrm{ST}}\left(\frac{u_{\mathrm{A}}}{\dfrac{V_{\mathrm{D}}(0)}{1 + V_{\mathrm{D}}(0)}\,U_{\mathrm{E+}}} = 1 \pm 0{,}001\right)$$

(z. B. $U_{\mathrm{E+}}$: Spannungssprung am nichtinvertierenden Eingang)

— Transitfrequenz/0-dB-Bandbreite/Verstärkungs-Bandbreite-Produkt (unity gain frequency/unity gain bandwidth/gain-bandwidth product):

$$f_{\mathrm{T}} = f_{\mathrm{T}}\big(|V_{\mathrm{D}}(p)| = 1\big)$$

— Phasensicherheit/Phasenrand (phase margin):

$$\alpha = -\big(180^\circ + \varphi(f_{\mathrm{T}})\big)$$

— Chipfläche (circuit area):

$$A_{\mathrm{C}}.$$

Quantitative Angaben der wichtigsten Kenngrößen sind in Tab. 3.1 zusammengestellt. Hierbei werden Low-power-Entwürfe (µW) mit CMOS-OPAMPs unter Weak-inversion-Bedingungen realisiert, das aber die Transitfrequenz f_{T} in den kHz-Bereich herabsetzt und bereits bei kleinen kapazitiven Belastungen $C_{\mathrm{L}} \cong 1$ pF auf Einschwingvorgänge von mehreren µs führt. Demgegenüber lassen sich beispielsweise in NMOS-Technologien unter Strong-inversion-Bedingungen bei Verlustleistungen von einigen mW sehr schnelle OPAMPs mit Transitfrequenzen von über 10 MHz entwickeln. Skalierte MOS-OPAMPs können durchaus unter Strong-inversion-Bedingungen Leerlaufverstärkungen um 70 dB, Verstärkungs-Bandbreite-Produkte von 70 MHz bis 100 MHz bzw. Slew-Raten über 200 V/µs ($C_{\mathrm{L}} = 1$ pF) innerhalb eines niedrigen Chipflächenbereiches von 0,005 mm² bis 0,01 mm² und Verlustleistungen um 2 mW erreichen (1,5-µm-CMOS-Technologie [Milk 85]).

Tab. 3.1 Vergleich von realen Kennwerten integrierter NMOS/CMOS-Operationsverstärker mit ihren Idealwerten für Langkanaltechnologien im Weak- und Strong-inversion-Betrieb.

Kenngrößen von NMOS/ CMOS-Operations-verstärkern	Einheit	real	ideal
$V_D(0)$	dB	40···120	∞
$U_{CME/A}/(U_{DD} - U_{SS})$	V/V	0,5···1	1
CMRR	dB	50···120	∞
U_{DD}/U_{SS}	V/V	+2,5/−2,5···+10/−10	–
P_V	mW	0,005···50	–
$PSRR^{+/-}$	dB	50···100	∞
$U_{off\,OA/mV}$	mV	1···50	0
$e_{\sigma OA}$	µV	10···100	0
e_{OA} (b. 1 kHz)	nV	$50 \frac{1}{\sqrt{Hz}} \cdots 1000 \frac{1}{\sqrt{Hz}}$	0
C_L	pF	0,5···50	–
$S_R{}^{+/-}$	V/µs	0,02···20	∞
$0{,}1\% - t_{ST}$	µs	0,5···5	0
f_T	MHz	0,05···15	∞
α		−45°···−65°	–
A_C	mm² (mil²)	0,05 (75)···0,5 (750)	–

3.1.2. Frequenzgangkompensation integrierter MOS-Operationsverstärker

Die zentrale Aufgabe im Entwurf und der Dimensionierung von Operationsverstärkerschaltungen ist die Suche nach einer geeigneten Frequenzgangkompensation, da OPAMPs in der Regel im gegengekoppelten Betrieb arbeiten. Ort und Spezifik der Frequenzgangkompensation bestimmen, wie die weiteren Ausführungen zeigen werden, maßgeblich viele der in Tab. 3.1 angegebenen Kenngrößen.

Aus den im Abschnitt 2. gemachten Ausführungen läßt sich mit den Übertragungsfunktionen der Einzelstufen schlußfolgern (vgl. Gl. (2.119), Gl. (2.137), Gl. (2.169), Gl. (2.195)), daß der OPAMP nach den Abbildungen 3.2a) bis d) und allen weiteren Konfigurationen letztlich eine Kettenschaltung von Verstärkertiefpässen ist (Tiefpaßverhalten höherer Ordnung), wobei die Gesamtübertragungsfunktion allgemein auch über postive und negative Nullstellen verfügt, da vor allem Sourcefolger zur Pegelanpassung und in Phasenumkehrstufen (vgl. Gl. (2.133) u. 2.4.5.ff.), Differenzverstärker mit Stromspiegelauskopplung (vgl. Gl. (2.165)) und Inverter vor allem als Ausgangstreiber oder intern gegengekoppelte Ausgangstreiber (vgl. Gl. (2.48) u. 2.5.2.ff.) als negative oder positive Nullstellenlieferanten dienen. Die Bedeutung und Wirkung der positiven und negativen Nullstellen ist bereits in 2.1.2., 2.3.2., 2.4.5. usw. behandelt worden. Danach folgt, daß durch sachgemäße Dimensionierung diese Nullstellen weit in die positive oder negative Halbebene verschoben bzw. negative Nullstellen eventuell auch zur Kompensation negativer Polstellen herangezogen werden (Erweiterung des Verstärkungs-Bandbreite-Produktes), so daß die allgemeine Übertragungsfunktion des unkompensierten OPAMP ($n \geqq m$)

$$\boldsymbol{V}_D(p) = \frac{\boldsymbol{U}_A(p)}{\boldsymbol{U}_D(p)} = \boldsymbol{V}_D(0) \frac{(1 \pm p/\omega_{N1}) \cdots (1 \pm p/\omega_{Nm})}{(1 + p/\omega_{P1}) \cdots (1 + p/\omega_{Pn})} \tag{3.1}$$

mit

$$\boldsymbol{V}_D(0) = \boldsymbol{V}_1(0)\, \boldsymbol{V}_2(0) \cdots \boldsymbol{V}_n(0) \tag{3.2}$$

und

$$\omega_{N/Pi} = (R_{N/Pi} C_{N/Pi})^{-1} \qquad (i = 1, \ldots, m, n) \tag{3.3}$$

in die näherungsweise nullstellenfreie Form

$$\boldsymbol{V}_D(p) = \frac{\boldsymbol{U}_A(p)}{\boldsymbol{U}_D(p)} \cong \boldsymbol{V}_D(0) \frac{1}{(1 + p/\omega_{P1}) \cdots (1 + p/\omega_{Pn})}. \tag{3.4}$$

überführt werden kann, um in unkomplizierter Weise die Frequenzgangkompensation zu vollziehen. Für die in Gl. (3.4) angegebene Tiefpaßfunktion n-ter Ordnung sind in der Praxis bezüglich des Amplitudenganges nur die ersten drei Polfrequenzen (Eckfrequenzen im Bodediagramm) relevant, da höhere Eckfrequenzen schon in Bereichen liegen, bei denen die gesamte Leerlaufspannungsverstärkung kleiner Eins ist. Wird in Gl. (3.4) zusätzlich abgesichert, daß

$$\omega_{P1} < \omega_{P2} < \omega_{P3} \ll \omega_{P4}, \ldots, \omega_{Pn} \tag{3.5}$$

gilt, sind auch für den Phasengang nur die ersten drei Polfrequenzen bedeutungsvoll, d. h., die Übertragungsfunktion nach Gl. (3.4) wird in der vereinfachten Form

$$\boldsymbol{V}_D(p) = \frac{\boldsymbol{U}_A(p)}{\boldsymbol{U}_D(p)} \cong \boldsymbol{V}_D(0) \frac{1}{(1 + p/\omega_{P1})(1 + p/\omega_{P2})(1 + p/\omega_{P3})} \tag{3.6}$$

dargestellt, wobei Abb. 3.3 das Schaltungsmodell einschließlich des zugehörigen Amplituden- und Phasenganges wiedergibt (die festgelegte Polfrequenzrelation von ω_{P1}, ω_{P2}, ω_{P3} in Gl. (3.5) ist willkürlich). Der Vorteil dieser vereinfachten Übertragungsfunktion liegt nicht nur in der Übersichtlichkeit einer später durchzuführenden Frequenzgangkompensation, sondern auch in einer über die Hilbert-Transformation eindeutigen Zuordnung zwischen Amplituden- und Phasengang, die bekanntlich nur bei Mindestphasensystemen möglich ist. Einem Amplitudenabfall von k (20 dB)/Dekade ist eine Phasenrückdrehung von k (−90°) zugeordnet ($k = 1, 2, \ldots$). Durch diese Zuordnung braucht nur der Amplitudengang von Gl. (3.6) in Abb. 3.3 hinsichtlich des Frequenzverhaltens untersucht zu werden. Für den gegengekoppelten Betrieb soll auf die Vielzahl der Aufgaben und der daraus resultierenden schaltungstechnischen Lösungen an dieser Stelle nicht eingegangen werden. Allgemein wird der Gegenkopplungsfall durch die gemäß Abb. 3.4a) entstehende Übertragungsfunktion

$$\boldsymbol{V}(p) = \frac{\boldsymbol{U}_{\mathrm{A}}(p)}{\boldsymbol{U}_{\mathrm{E}}(p)} = \frac{\boldsymbol{V}_{\mathrm{D}}(p)}{1 + \boldsymbol{K}(p)\,\boldsymbol{V}_{\mathrm{D}}(p)} \tag{3.7}$$

beschrieben. Die einfachste gegengekoppelte Betriebsart des OPAMP ist die direkte Gegenkopplung bzw. der Spannungsfolgerbetrieb nach Abb. 3.4b), der sich aus Gl. (3.7) für das Rückkopplungsnetzwerk $\boldsymbol{K}(p) = 1$ ergibt

$$\boldsymbol{V}(p) = \frac{\boldsymbol{U}_{\mathrm{A}}(p)}{\boldsymbol{U}_{\mathrm{E}}(p)} = \frac{\boldsymbol{V}_{\mathrm{D}}(p)}{1 + \boldsymbol{V}_{\mathrm{D}}(p)}. \tag{3.8}$$

Aus Gl. (3.8) ist ersichtlich, daß eine Selbsterregung (Mitkopplung) für

$$\boldsymbol{V}_{\mathrm{D}}(p) = |\boldsymbol{V}_{\mathrm{D}}(\mathrm{j}\omega)|\,\mathrm{e}^{\mathrm{j}\varphi} = -1 \tag{3.9}$$

erfolgt. Um eine Aussage für das Bodediagramm zu erhalten, ergibt sich nach Gl. (3.9) für Betrag und Phase die Mitkopplungsbedingung

$$|\boldsymbol{V}_{\mathrm{D}}(\mathrm{j}\omega)| \geqq 1 \tag{3.10}$$

$$\varphi = -180^\circ. \tag{3.11}$$

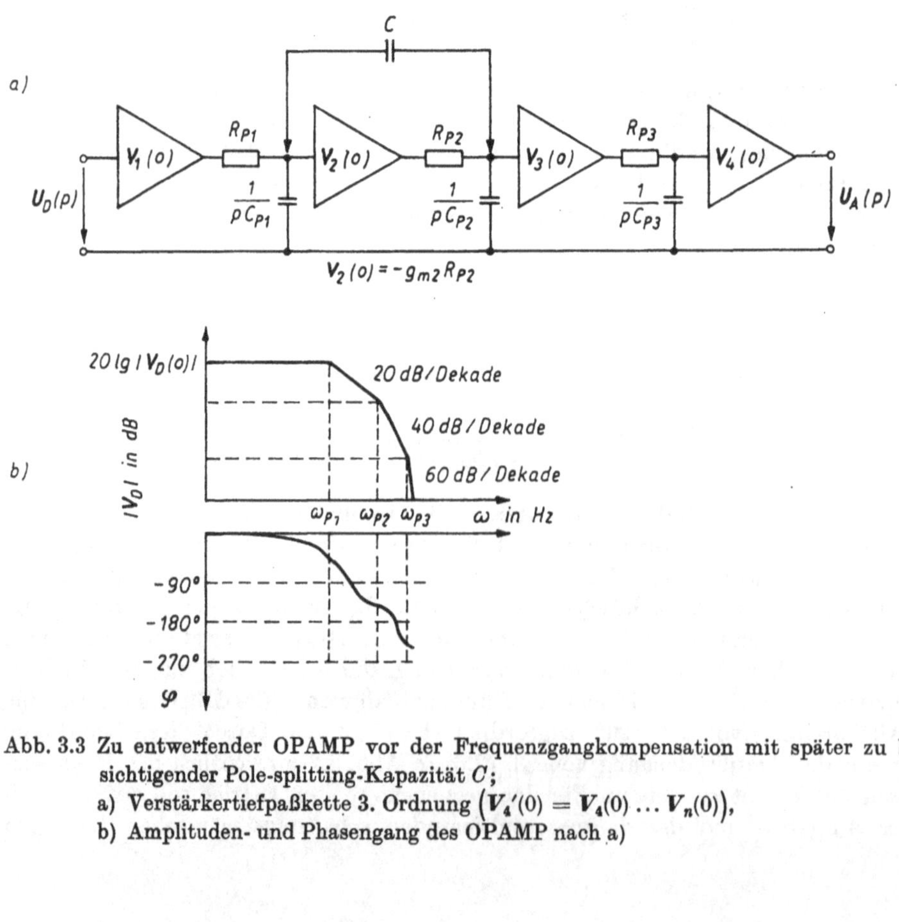

Abb. 3.3 Zu entwerfender OPAMP vor der Frequenzgangkompensation mit später zu berücksichtigender Pole-splitting-Kapazität C;
a) Verstärkertiefpaßkette 3. Ordnung $(\boldsymbol{V}_4'(0) = \boldsymbol{V}_4(0) \dots \boldsymbol{V}_n(0))$,
b) Amplituden- und Phasengang des OPAMP nach a)

Folglich bleibt ein Spannungsfolger dann stabil, wenn für den Amplitudengang der Leerlaufverstärkung bis $|\boldsymbol{V}_D(j\omega)| = 1$ (0-dB-Durchgang) der Phasengang $\varphi > -180°$ gesichert ist. Diese Aussage stimmt im Vergleich mit Abb. 3.3 überein, d. h., ab einer bestimmten Frequenz eilt die Ausgangsspannung $\boldsymbol{U}_A(p)$ dem Differenzeingangssignal $\boldsymbol{U}_D(p)$ um 180° nach, wobei $|\boldsymbol{V}_D(j\omega)| > 1$ ist. Somit würde dieser OPAMP im Spannungsfolgerbetrieb bei dieser Frequenz instabil.

Um das OPAMP-Tiefpaßmodell 3. Ordnung nach Abb. 3.3 dem Stabilitätskriterium für den Spannungsfolgerbetrieb anzupassen, besteht die Aufgabe der Frequenzgangkompensation in folgendem grundlegenden Korrekturschritt:

Die Schaltung ist in einen Verstärkertiefpaß 1. Ordnung zu überführen, indem die erste Eckfrequenz ω_{P1} soweit erniedrigt wird, daß die durch den konstanten 20 dB/Dekade-Abfall auftretende 0-dB-Durchgangs- bzw. Transitfrequenz ω_T am einfachsten mit der ehemaligen Lage von ω_{P1} zusammenfällt (vgl. Abb. 3.5). Diese Maßnahme wird als

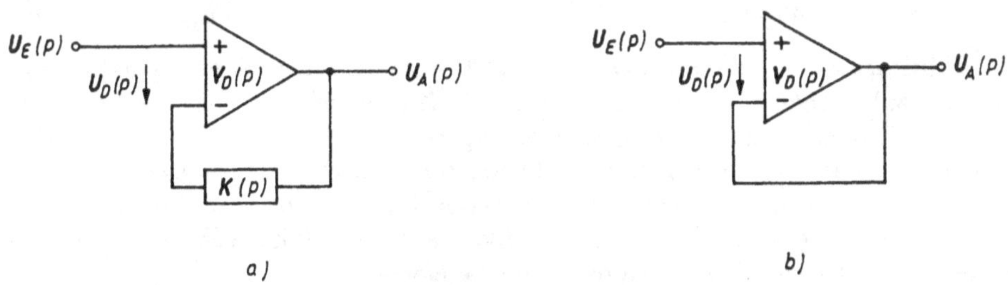

Abb. 3.4 OPAMP im gegengekoppelten Betrieb;
a) mit allgemeinem Gegenkopplungsnetzwerk $\boldsymbol{K}(p)$,
b) im Spannungsfolgerbetrieb

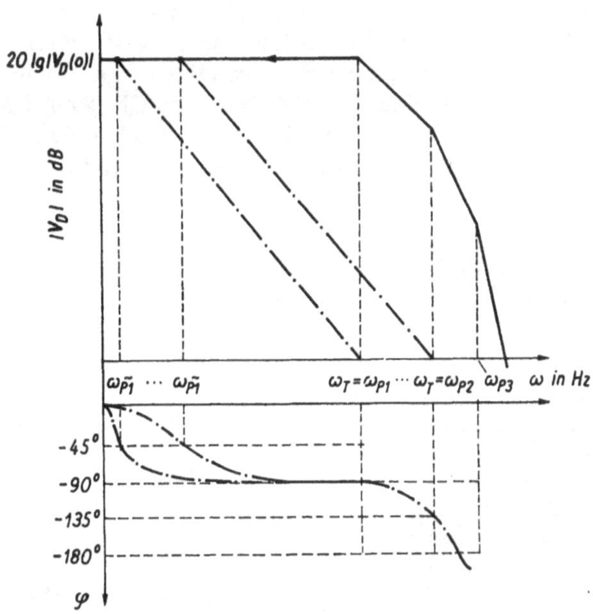

Abb. 3.5 Amplituden- und Phasengang eines frequenzgangkompensierten OPAMP mit Transitfrequenzen für Phasenwinkel zwischen −90° bis −135°

Universalfrequenzgangkompensation bezeichnet. Aus Gl. (3.6) folgt unter Berücksichtigung von Abb. 3.5 für den universalkompensierten OPAMP

$$\boldsymbol{V}_{\mathrm{D}}(p) = \boldsymbol{V}_{\mathrm{D}}(0)\,\frac{1}{(1 + p/\omega_{\tilde{\mathrm{P}}1})} \tag{3.12}$$

mit dem bereits bekannten Amplituden- und Phasengang nach Gl. (2.34), Gl. (2.35). Für die Transitfrequenz ergibt sich analog Gl. (2.34), Gl. (2.38)

$$|\boldsymbol{V}_{\mathrm{D}}(p = \mathrm{j}\omega_{\mathrm{T}})| = 1 = \left(1 + \left(\frac{\omega_{\mathrm{T}}}{\omega_{\tilde{\mathrm{P}}1}}\right)^2\right)^{-1/2} |\boldsymbol{V}_{\mathrm{D}}(0)| \tag{3.13}$$

$$\omega_{\mathrm{T}} = \omega_{\tilde{\mathrm{P}}1}\,|\boldsymbol{V}_{\mathrm{D}}(0)|\,, \tag{3.14}$$

wobei der Phasenwinkel

$$\varphi = -\arctan \omega_{\mathrm{T}}/\omega_{\tilde{\mathrm{P}}1} \cong -90^\circ \tag{3.15}$$

beträgt. Wird der universalkompensierte OPAMP als Spannungsfolger geschaltet und die daraus resultierende Übertragungsfunktion im Zeitbereich nach der Reaktion auf Sprungfunktionen untersucht, ergibt sich der aperiodisch gedämpfte Einschwingvorgang. Meistens werden die bekannten günstigeren Einschwingvorgänge bevorzugt (Butterworth-Charakteristik, Tschebyschew-Charakteristik), die bei Frequenzgangkompensationen $\omega_{\mathrm{T}}\,(\varphi = -115^\circ)$, $\omega_{\mathrm{T}}(\varphi = -135^\circ)$ auftreten (vgl. Abb. 3.5). Die verbleibenden Phasensicherheiten liegen damit im Bereich

$$\alpha = -\big(180^\circ + \varphi(\omega_{\mathrm{T}})\big) \leqq -\pi/4. \tag{3.16}$$

In integrierten MOS-OPAMPs erfolgt die Herabsetzung der Polfrequenz $\omega_{\mathrm{P}1}$ zur Korrektur der Übertragungsfunktion $\boldsymbol{V}_{\mathrm{D}}(p)$ durch die dynamische Vergrößerung von $C_{\mathrm{P}1}$ mit Hilfe des in Gl. (2.54) erwähnten Miller-Effektes, indem parallel bzw. anstelle der Pole-splitting-Kapazität $C_{\mathrm{GD}1}$ nach Abb. 2.10a) jetzt eine zusätzlich zu entwerfende entsprechend große Kapazität C gemäß Abb. 3.3a) anzunehmen ist ($\boldsymbol{V}_2(0)$ sei als invertierende Verstärkerstufe vorausgesetzt). Mit den analogen Schritten von Gl. (2.49) bis Gl. (2.53) ($R = R_{\mathrm{P}1}$, $C = C_{\mathrm{P}1}$, $R_{\mathrm{P}} = R_{\mathrm{P}2}$, $C_{\mathrm{P}} = C_{\mathrm{P}2}$ usw.) folgt hier für üblich festzulegende größere Verstärkungsbeträge $g_{\mathrm{m}2}R_{\mathrm{P}2}$ die genäherte Übertragungsfunktion für den frequenzgangkompensierten OPAMP mit

$$\boldsymbol{V}_{\mathrm{D}}(p) \cong \boldsymbol{V}_{\mathrm{D}}(0)\,\frac{(1 - p/\omega_{\mathrm{N}1})}{(1 + p/\omega_{\tilde{\mathrm{P}}1})\,(1 + p/\omega_{\tilde{\mathrm{P}}2})\,(1 + p/\omega_{\mathrm{P}3})} \tag{3.17}$$

und

$$\omega_{\mathrm{N}1} = g_{\mathrm{m}2}/C \tag{3.18}$$

$$\omega_{\tilde{\mathrm{P}}1} \cong \frac{1}{(1 + g_{\mathrm{m}2}R_{\mathrm{P}2})\,CR_{\mathrm{P}1}} \ll \frac{1}{R_{\mathrm{P}1}C_{\mathrm{P}1}} \tag{3.19}$$

$$\omega_{\tilde{\mathrm{P}}2} \cong \frac{g_{\mathrm{m}2}}{C_{\mathrm{P}1}(1 + C_{\mathrm{P}2}/C) + C_{\mathrm{P}2}} \gg \frac{1}{R_{\mathrm{P}2}C_{\mathrm{P}2}} \tag{3.20}$$

$$\omega_{\mathrm{P}3} = 1/(R_{\mathrm{P}3}C_{\mathrm{P}3})\,. \tag{3.21}$$

Wie bereits erwähnt, ist die Lage der Polfrequenzen nach Gl. (3.5) willkürlich vorgegeben, so daß der mit Gl. (3.19) und (3.20) erneut auftretende Pole-splitting-Effekt unter Berücksichtigung von Abb. 3.6a), b) allgemein für

$$\omega_{P3} > \omega_{\tilde{P}2} \tag{3.22}$$

Gl. (3.17) in eine Pole-splitting-Funktion mit

$$\boldsymbol{V}_D(p) \cong \boldsymbol{V}_D(0) \frac{(1 - p/\omega_{N1})}{(1 + p/\omega_{\tilde{P}1})(1 + p/\omega_{\tilde{P}2})} \tag{3.23}$$

Transitfrequenz:

$$\omega_T < \omega_{\tilde{P}2} \tag{3.24}$$

bzw. für

$$\omega_{\tilde{P}2} > \omega_{P3} \tag{3.25}$$

Gl. (3.17) in eine als Two-pole-Funktion bezeichnete Form mit

$$\boldsymbol{V}_D(p) \cong \boldsymbol{V}_D(0) \frac{(1 - p/\omega_{N1})}{(1 + p/\omega_{\tilde{P}1})(1 + p/\omega_{P3})} \tag{3.26}$$

Transitfrequenz:

$$\omega_T < \omega_{P3} \tag{3.27}$$

überführt. Folglich ist für $\omega = \omega_T$ nach Gl. (2.58), Gl. (3.1), Gl. (3.15), Gl. (3.16) und Gl. (3.22) bis Gl. (3.27) für die Phasensicherheit strenggenommen

$$\begin{aligned} \alpha = & -\frac{\pi}{2} + \arctan \omega_T/\omega_{N1} + \arctan \omega_T/\omega_{\tilde{P}2} + \arctan \omega_T/\omega_{P3} \\ & \underbrace{+ \sum_{i=4}^{n} \arctan \omega_T/\omega_{Pi} \pm \sum_{j=2}^{m} \arctan \omega_T/\omega_{Nj}}_{\to 0} \leqq -\frac{\pi}{4} \end{aligned} \tag{3.28}$$

zu garantieren.

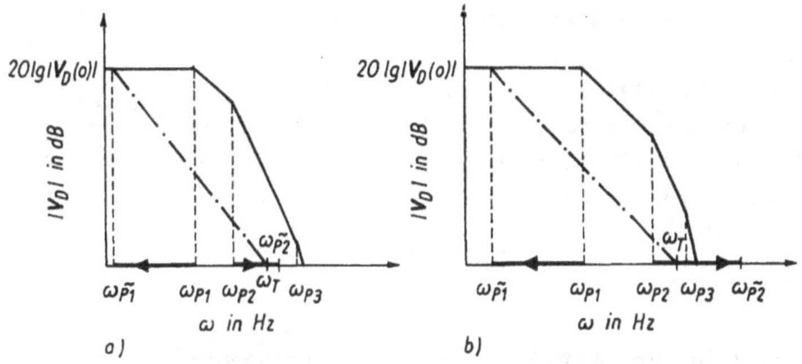

Abb. 3.6 Verschiebung der OPAMP-Polfrequenzen durch den Pole-splitting-Effekt;
a) Pole-splitting-Funktion,
b) Two-pole-Funktion

Wird beispielsweise das einfache Blockschaltbild des CMOS-OPAMP nach Abb. 3.2d) einschließlich der schaltungstechnischen Umsetzungen in Abb. 3.7a), b) für p- und n-Wannen-Varianten bezüglich des Frequenzverhaltens untersucht, entsteht im Vergleich mit Abb. 3.3a) bei Einzeichnung der Pole-splitting-Kapazität C das einfache Pole-splitting-Modell, da nur zwei Verstärkerstufen vorhanden sind und Mirror-pole-/ Nullstellenfrequenz ω_{P1}, ω_{N1} nach Gl. (2.167), Gl. (2.168) sehr tief in der negativen Halbebene liegen, d. h. ihr Beitrag zur Phasendrehung φ vernachlässigbar bleibt. Damit lassen sich Gl. (2.165) bis Gl. (2.171) vereinfacht berücksichtigen und unter Einbeziehung der Ausgangsverstärkerstufe (vgl. Gl. (2.25), Gl. (2.43), Gl. (2.44)) folgt unter der üblichen Entwurfsbedingung $C_{P2} = C_L \gg C_{DB4} + C_{DB5} + C_{GD5} + C_Z$ für Gl. (3.23) mit Gl. (3.18), Gl. (3.19) und Gl. (3.20) schließlich

$$V_D(0) = \left(\frac{g_{m1}}{g_{d1} + g_{d2}}\right)\left(\frac{g_{m4}}{g_{d4} + g_{d5}}\right) \tag{3.29}$$

$$\omega_{N1} = g_{m4}/C \tag{3.30}$$

$$\omega_{\tilde{P}1} \cong \frac{g_{d1} + g_{d2}}{\left(1 + (g_{m4}/(g_{d4} + g_{d5})\right) C} \tag{3.31}$$

$$\omega_{\tilde{P}2} \cong \frac{g_{m4}}{C_{P1}(1 + C_L/C) + C_L} \tag{3.32}$$

$$C_{P1} = C_{A+} \cong C_{DB1} + C_{DB2} + C_{gdo1} + C_{GS4} + C_Z. \tag{3.33}$$

Für Gl. (3.28) ergibt sich näherungsweise

$$\alpha \cong -\frac{\pi}{2} + \arctan \omega_T/\omega_{N1} + \arctan \omega_T/\omega_{\tilde{P}2}. \tag{3.34}$$

Anhand von Gl. (3.34) wird ersichtlich, daß bereits die positive Nullstellenfrequenz ω_{N1} die Phasensicherheit vollkommen aufheben kann, wenn durch den Entwurf nicht $\omega_{N1} \gg \omega_T$ gesichert wird (vgl. auch den schon gezeigten nachteiligen Einfluß von ω_{N1} in Abb. 2.12). Dies ist aber durch die in der Regel niedrige Steilheit g_{m4} des CMOS-Transistors in Gl. (3.30) kaum zu garantieren, d. h., ω_{N1} kann in der Größenordnung der Transitfrequenz ω_T liegen. Aus diesem Grund ist eine mit schaltungstechnischen Methoden hervorgerufene Verschiebung von ω_{N1} in das Unendliche der rechten Halbebene ratsam. Wird nach Abb. 3.8a) die als Gegenkopplungszweig anzusehende Pole-splitting-Kapazität C in Reihe mit einem Leitwert g_{dT} geschaltet, folgt insgesamt für den zweistufigen CMOS-OPAMP die gleiche Übertragungsfunktion wie in Gl. (3.23), nur für die resultierende Nullstellenfrequenz wird diesmal

$$\omega_{N1} = \frac{g_{m4}}{C}\left(1 - \frac{g_{m4}}{g_{dT}}\right)^{-1} \tag{3.35}$$

ermittelt [Rie2 83]. Im Vergleich mit Abb. 3.8b) ergibt sich der gewünschte Verschiebungseffekt und der damit verbundenen Aufhebung der Nullstellenfrequenz durch

$$g_{dT} = g_{m4} \tag{3.36}$$

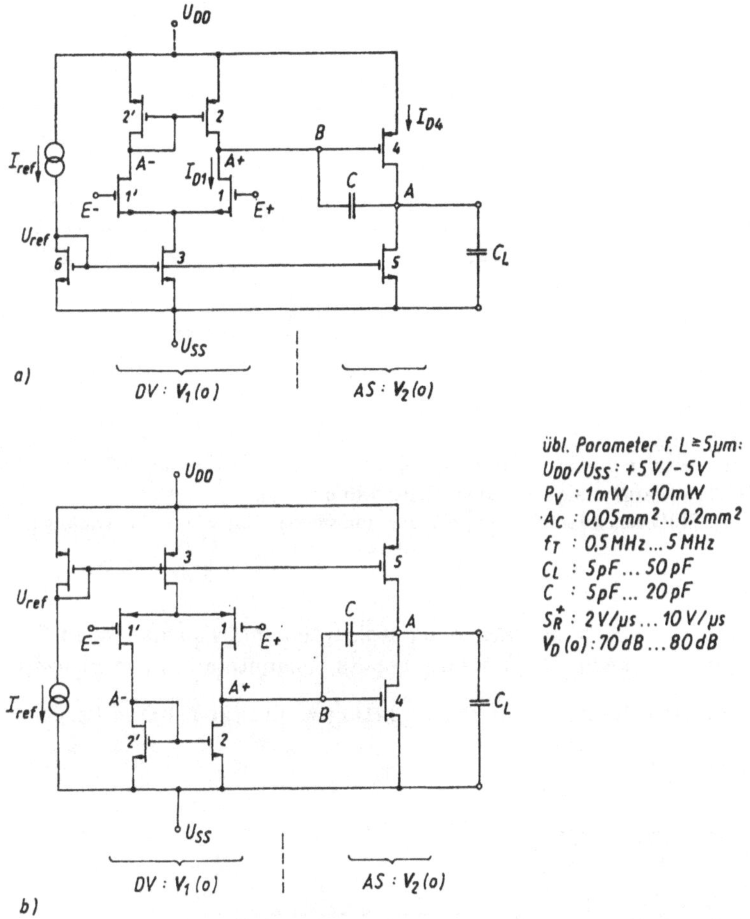

Abb. 3.7 Zweistufige CMOS-Operationsverstärker mit Frequenzgangkompensationskapazität C als Pole-splitting-OPAMPs;
a) in p-Wannen-CMOS-Technologie,
b) in n-Wannen-CMOS-Technologie

bzw. mit $g_{dT} = g_{dn} + g_{dp} = g_{m4}$ berechnen sich die Transfergates mit

$$\left(\frac{B}{L}\right)_{n,p} \cong \frac{g_{m4}}{K_{1N'}(U_{DD} - U_A - U_{Pn}) + K_{1P'}(U_A - U_{SS} - |U_{Pp}|)} \tag{3.37}$$

(Entwurf vgl. Abb. 2.55a), b)).
Das Verstärkungs-Bandbreite-Produkt der OPAMPs folgt analog Gl. (2.45) nach Gl. (3.29), Gl. (3.31) in der Form

$$\omega_T = \omega_{\tilde{P}1} V_D(0) \cong g_{m1}/C, \tag{3.38}$$

d. h., hohe Transitfrequenzen werden über große Steilheiten g_{m1} der Basistransistoren der Eingangsstufe (gleichzeitige Verminderung des thermischen Kanalrauschens, vgl. Gl. (2.100)) und kleine Pole-splitting-Kapazitäten C realisiert. Die Größe der Pole-

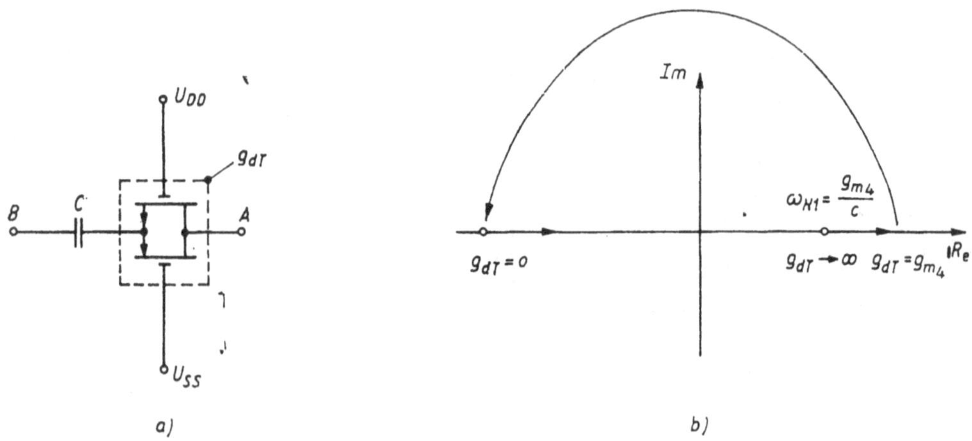

Abb. 3.8 Verschiebung der positiven Nullstellenfrequenz ω_{N1};
a) mittels CMOS-Transfergate als Ersatzleitwertanordnung g_{dT},
b) Darstellung der Nullstellenverschiebung in der komplexen Halbebene in Abhängigkeit von g_{dT}

splitting-Kapazität C richtet sich aber nach der gesplitteten Polfrequenz $\omega_{\tilde{P}2}$ in Gl. (3.32). Mit $\omega_T \geqq \omega_{\tilde{P}2}$ ergibt sich nach Gl. (3.34) die bereits bekannte minimale Phasenreserve $\alpha \leqq -\frac{\pi}{4}$, so daß sich die minimale Pole-splitting-Kapazität C unter Berücksichtigung von Gl. (3.38) durch

$$\frac{g_{m1}}{C} \geqq \frac{g_{m4}}{C_{P1}(1 + C_L/C) + C_L} \tag{3.39}$$

mit

$$C \geqq \frac{C_L}{2} \frac{g_{m1}}{g_{m4}} \left(1 + \frac{C_{P1}}{C_L}\right) \left(1 + \sqrt{1 + \frac{4}{(g_{m1}/g_{m4})} \left(\frac{C_{P1}C_L}{(1 + C_{P1}/C_L)^2}\right)}\right) \tag{3.40}$$

abschätzen läßt [Riel 85]. Folglich ist der Entwurf kleiner Pole-splitting-Kapazitäten C von den Verhältnissen g_{m1}/g_{m4}, C_{P1}/C_L und der äußeren Belastung C_L selber abhängig, wobei zwischen C_{P1} und g_{m4} nach Gl. (3.33) über C_{GS4} ein unmittelbarer Zusammenhang besteht. Die damit entstehende Optimierungsproblematik hinsichtlich hoher Transitfrequenzen g_{m1}/C kann nur in Abhängigkeit von der konkreten Randbedingung einer OPAMP-Konfiguration gelöst werden. Für übliche Entwürfe sollte auf die Relation

$$g_{m4} > g_{m1} \tag{3.41}$$

mit der Wahl größerer Querströme der Ausgangsstufen $I_{D4} > 2I_{D1}$ bei gleichzeitig geringen Kanallängen L_4 zwecks C_{GS4}- bzw. C_{P1}-Minimierung geachtet werden, wenn

$$C_{P1} \ll C_L \leqq 50\,\mathrm{pF} \tag{3.42}$$

beträgt.

Alle bisher getroffenen Stabilitätsbetrachtungen wurden am Spannungsfolger durchgeführt. Für den allgemeinen gegengekoppelten Betrieb werden die wichtigsten Be-

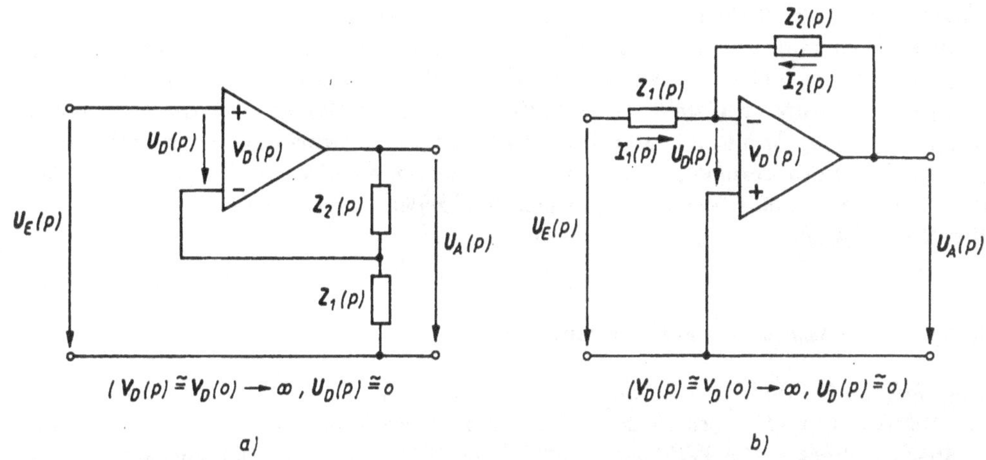

Abb. 3.9 Allgemeine Gegenkopplungsvarianten von OPAMPs mit den Impedanzfunktionen $\boldsymbol{Z}_1(p)$ und $\boldsymbol{Z}_2(p)$:
a) Spannungsgegenkopplung mit Spannungseinspeisung,
b) Spannungsgegenkopplung mit Stromeinspeisung

schaltungsarten des OPAMP mit den Impedanzen $\boldsymbol{Z}_1(p), \boldsymbol{Z}_2(p)$, die im einfachsten Fall reellwertig sein können, in Abb. 3.9a), b) gezeigt. Danach ergeben sich die Übertragungsfunktionen im gegengekoppelten Betrieb für Abb. 3.9a) mit

$$\boldsymbol{V}(p) = \frac{\boldsymbol{V}_\mathrm{D}(p)}{1 + \boldsymbol{K}(p)\,\boldsymbol{V}_\mathrm{D}(p)} \tag{3.43}$$

und für Abb. 3.9b) mit

$$\boldsymbol{V}(p) = -\big(1 - \boldsymbol{K}(p)\big)\,\frac{\boldsymbol{V}_\mathrm{D}(p)}{1 + \boldsymbol{K}(p)\,\boldsymbol{V}_\mathrm{D}(p)} \tag{3.44}$$

und

$$\boldsymbol{K}(p) = \frac{\boldsymbol{Z}_1(p)}{\boldsymbol{Z}_1(p) + \boldsymbol{Z}_2(p)}$$

$$= \boldsymbol{K}(0)\,\frac{(1 + p/\omega_{\mathrm{Nm}+1})\cdots(1 + p/\omega_{\mathrm{Nm}+\mu})}{(1 + p/\omega_{\mathrm{Pn}+1})\cdots(1 + p/\omega_{\mathrm{Pn}+\nu})}\ (\nu \geqq \mu) \tag{3.45}$$

$$\boldsymbol{K}(0) \leqq 1. \tag{3.46}$$

Wird im Schaltungsentwurf (z. B. Filterschaltungen) dafür gesorgt, daß die erste Eckfrequenz des unkompensierten OPAMP weit über den Polfrequenzen des Rückkopplungsnetzwerkes $\boldsymbol{K}(p)$ liegt, übernimmt die äußere Beschaltung den Frequenzgang, da in diesem Fall mit $\boldsymbol{V}_\mathrm{D}(p) \cong \boldsymbol{V}_\mathrm{D}(0)$ und $\boldsymbol{V}_\mathrm{D}(0)\,\boldsymbol{K}(p) \gg 1$ aus Gl. (3.43)

$$\boldsymbol{V}(p) = 1/\boldsymbol{K}(p) = 1 + \boldsymbol{Z}_2(p)/\boldsymbol{Z}_1(p) \tag{3.47}$$

bzw. aus Gl. (3.44)

$$\boldsymbol{V}(p) = 1 - 1/\boldsymbol{K}(p) = -\boldsymbol{Z}_2(p)/\boldsymbol{Z}_1(p) \tag{3.48}$$

entsteht. Nach Gl. (3.45), Gl. (3.46) folgt, daß die Übertragungsfunktion eines beliebigen passiven Rückkopplungsnetzwerkes $\boldsymbol{K}(p)$ stets auf eine beschränkte frequenzabhängige Gegenkopplungsschaltung führt, da in Gl. (3.45) prinzipiell reelle oder konjugiert komplexe Pole und Nullstellen innerhalb der linken p-Halbebene auftreten können, d. h., $\boldsymbol{V}(p)$ bleibt damit stets stabil. Ist im Schaltungsentwurf die oben getroffene Annahme nicht zu garantieren, muß gefordert werden, daß bei gegengekoppelten OPAMPs die Polfrequenzen einschließlich des Rückkopplungsnetzwerkes so lokalisiert sind, daß für $|\boldsymbol{K}(\mathrm{j}\omega)\,\boldsymbol{V}_\mathrm{D}(\mathrm{j}\omega)| = 1$ $\varphi > -180°$ bleibt.

3.1.3. Nutzung der Feedforward-Technik

Der einfache Pole-splitting-CMOS-OPAMP nach Gl. (3.23) und Gl. (3.29) bis Gl. (3.35) gestattete aufgrund seines Stufenaufbaus eine Erweiterung des Verstärkungs-Bandbreite-Produktes $\omega_\mathrm{T} = \boldsymbol{V}_\mathrm{D}(0)\,\omega_{\tilde{\mathrm{P}}1}$ mittels der Dimensionierungsmöglichkeiten nach Gl. (3.38) bis Gl. (3.42). Andere Schaltungskonzepte, vornehmlich in NMOS-Technologien, wie z. B. in Abb. 3.2b) führen auf Übertragungsfunktionen mit relativ niedrigen negativen Nullstellen $(1 + p/\omega_{\mathrm{N}i})$ $(i = 1, 2, \ldots)$ im Zählerpolynom bzw. gestatten die Erzeugung negativer Nullstellen. Werden diese Nullstellen zwecks Kompensation bestimmter zu tief liegender negativer Polstellen $(1 + p/\omega_{\mathrm{P}i})$ $(i = 1, 2, \ldots)$ im Nennerpolynom herangezogen, sind damit größere Verstärkungs-Bandbreite-Produkte ω_T erzielbar, da die in Gl. (3.24) oder Gl. (3.27) anzunehmenden Orientierungswerte $\omega_{\tilde{\mathrm{P}}2}$, $\omega_{\mathrm{P}3}$ jetzt gleichfalls tiefer in der negativen Halbebene liegen.
Negative Nullstellen entstehen in der Übertragungsfunktion einer Verstärkerstufe üblicherweise durch kapazitive Mitkopplung bei entsprechenden Frequenzwerten. Das bezeichnet man allgemein als Feedforward-Technik [Gray 74]. Der bei bipolaren OPAMPs typische Fall, die kapazitive Mitkopplung innerhalb der Pegelanpaßstufen auszuführen [Gray 74], [Kama 74], läßt sich auf die MOS-Technik gleichfalls übertragen. Damit wird die bereits in Abb. 2.27 dargestellte Sourcefolgerstufe als Pegelanpaßstufe mit ihrer Übertragungsfunktion einschließlich der Frequenzen von Gl. (2.133) bis Gl. (2.136) erneut betrachtet. Die als sogenannte Bypass-Kapazität C_B festzulegende Größe im Feedforward-Fall

$$\omega_{\mathrm{N}1} = \omega_{\mathrm{P}1} \tag{3.49}$$

besteht nach [Youn 79] allgemein aus einer zusätzlich zu integrierenden Kapazität $C_{\mathrm{B}'}$ und der Kanalrückwirkungskapazität C_2 des Sourcefolgertransistors M2 im Pinch-off-Bereich, d. h.

$$C_\mathrm{B} = C_{\mathrm{B}'} + C_2. \tag{3.50}$$

Hier soll der Kompensationsvorgang nach Gl. (3.49) etwas weiter in der negativen Halbebene erfolgen, so daß Gl. (3.50) nur mit

$$C_\mathrm{B} = C_2 \tag{3.51}$$

angesetzt wird. Wird zusätzlich dafür gesorgt, daß eine sehr große Eingangskapazität C_P des Sourcefolgers in Gl. (2.135) die Bedingung

$$C_\mathrm{P} \gg C_1 + C_2 \tag{3.52}$$

erfüllt, folgt mit Gl. (2.134), Gl. (2.135) für Gl. (3.49)

$$\frac{g_{m2}}{C_2} \cong \frac{g_{m2}(1 + \lambda_2)}{C_1 + C_2}, \tag{3.53}$$

wonach sich mit $C_2 = C_{GS2} = 2/3 C_{ox}$ (vgl. Gl. (A2.10), große effektive Steuerspannungen sind gesichert) und für λ_2 mit Gl. (2.17), Gl. (A1.8) die gesuchte Sourcefolgertransistorgatefläche durch

$$(BL)_2 \cong \frac{3}{2} \frac{C_1}{C''_{ox}\lambda_2} = 3C_1 \sqrt{\frac{-U_{BSA2} + 2V_F}{2eN_A\varepsilon_H}} \tag{3.54}$$

ergibt. Gl. (3.54) verdeutlicht, daß genau dann kleine Gateflächenentwürfe $(BL)_2$ ermöglicht werden, wenn die ausgangsseitige Sourcefolgerbelastung C_1 minimiert wird. Die resultierende Übertragungsfunktion lautet nach dem Kompensationsvorgang im Vergleich zu Gl. (2.133)

$$\frac{\boldsymbol{U}_A(p)}{\boldsymbol{U}_E(p)} = \boldsymbol{V}(0)\, \boldsymbol{V}_{SF}(0)\, \frac{1}{(1 + p/\omega_{P2})} \tag{3.55}$$

mit

$$\omega_{P2} \cong (R_P C_P)^{-1}. \tag{3.56}$$

Gl. (3.55), Gl. (3.56) sind die mathematische Abbildung für den in Abb. 3.101a) gezeigten Breitbandentwurf des Sourcefolgers $\boldsymbol{V}_{SF}(0)$. Hierbei sollten noch zwei Hinweise beachtet werden:

- Nach Gl. (3.53) kann eine Pol-Nullstellenkompensation nur erfolgen, wenn der Backgatefaktor $\lambda_2 \neq 0$ ist, d. h., für diese spezielle Aufgabe sollte in der CMOS-Technik kein U_{SB}-Kurzschluß innerhalb der Wanne ausgeführt werden.
- Bei sehr großen effektiven Steuerspannungen des Sourcefolgertransistors ist die Schwellspannung von Gl. (A1.14) anzusetzen.

Abb. 3.10b) stellt z. B. die Umsetzung des Stufenaufbaus von Abb. 3.2b) als OPAMP-Modellierung im Frequenzbereich dar, wobei der Sourcefolgerbreitbandentwurf am Eingang mit $\boldsymbol{V}_{SE}(0)$ erfolgte. Die nach Gl. (3.52) gewünschte Bedingung der großen Eingangskapazität C_P wird hier dynamisch durch den Miller-Effekt mit Hilfe der Polesplitting-Kapazität C erreicht, indem die korrigierte Polfrequenz $\omega_{\tilde{P}1}$ analog Gl. (3.19) gerade am Sourcefolgereingang zu bilden ist. Bei dieser Frequenzgangkompensation wurde keine Verschiebung der positiven Nullstellenfrequenz nach Gl. (3.18) über die Leitwertschaltung in Abb. 3.8a) bzw. Gl. (3.35) realisiert, sondern mit Hilfe eines breitbandigen Sourcefolgers $\boldsymbol{V}_{SF}(0)$ eine Beseitigung von ω_{N1} vorgenommen. Ein weiterer Vorteil des Sourcefolgereinsatzes $\boldsymbol{V}_{SF}(0)$ im Gegenkopplungszweig der Pole-splitting-Kapazität C ergibt sich in einer mitunter größeren Split-Wirkung der Polfrequenz $\omega_{\tilde{P}2}$. Leider ist aber die große Bandbreite des Sourcefolgers abhängig von seinen Aussteuergrenzen, ein Verlustleistungsverbrauch ist auch vorhanden. Der kompliziertere Breitbandentwurf des Sourcefolgers ergibt sich nun im Gegenkopplungszweig der Pole-splitting-Stufe in Abb. 3.11a), wenn man das frequenzabhängige Ersatzschaltbild der Sourcefolgerstufe nach Abb. 2.27b) einführt. In Auswertung dieser Schaltung nach Abb. 3.11b) bezüglich ihrer Übertragungseigenschaften im Frequenzbereich folgt mit der

Breitbandentwurfsbedingung $U_S(p)/U_2(p) = V_{SF}(0)$, daß die gesamte Übertragungsfunktion

$$\frac{U_2(p)}{U_1(p)} = \frac{K_P}{(a_2p^2 + a_1p + a_0) + (b_2p^2 + b_1p)\left(\frac{U_S(p)}{U_2(p)}\right)}$$

$$\cong \frac{K_2V_2(0)}{(1 + p/\omega_{\tilde{P1}})\,(1 + p/\omega_{\tilde{P2}})} \tag{3.57}$$

wieder in die Pole-splitting-Funktion mit

$$K_2V_2(0) = -V_{SE}(0)\, g_{m2}R_{P2} \tag{3.57}$$

und den beiden Polfrequenzen

$$\omega_{\tilde{P1}} \cong \frac{1}{\left(1 + K_2g_{m2}R_{P2}V_{SF}(0)\right) CR_{P1}} \tag{3.59}$$

$$\omega_{\tilde{P2}} \cong \frac{K_2g_{m2}V_{SF}(0)}{C_{P2}(1 + C_{P1}/C)} \tag{3.60}$$

überführt wird ($a_{0,1,2}$, $b_{1,2}$: Koeffizienten des Nennerpolynoms, K_P: konstanter Term im Zähler). Anstelle $V_D(0)$ in Gl. (3.17) kann in Gl. (3.57) nach der Schaltungsstruktur gemäß Abb. 3.11 nur $K_2V_2(0)$ auftreten. Die interessierende Übertragungsfunktion des

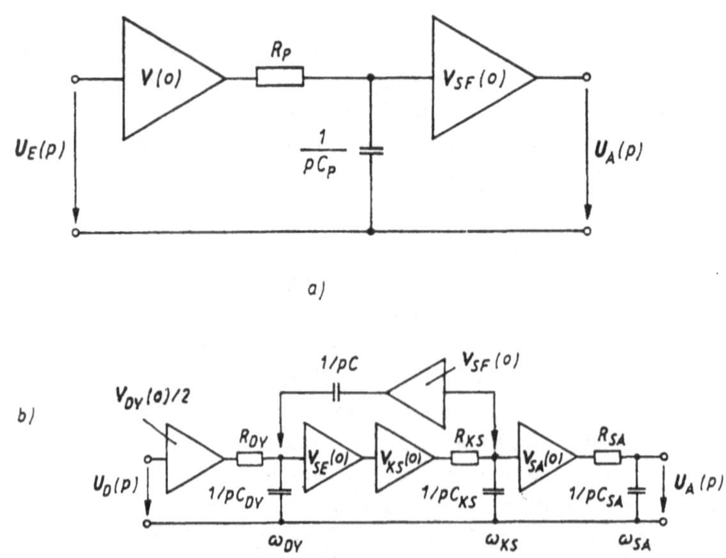

Abb. 3.10 Entwurf von Sourcefolgern mit hoher Bandbreite;

a) allgemeine Darstellung eines Breitbandentwurfes der Sourcefolgestufe $V_{SF}(0)$ mit der Kompensation der ausgangsseitigen Polfrequenz,

b) konkreter Einsatz eines breitbandigen Sourcefolgers $V_{SE}(0)$ zur eingangsseitigen Pegelanpassung in der OPAMP-Konzeption nach Abb. 3.2b) (vgl. auch mit Abb. 3.3a): $R_{P1} = R_{DV}$, $C_{P1} = C_{DV}$, $R_{P2} = R_{KS}$, $C_{P2} = C_{KS}$,

Sourcefolgers lautet

$$\frac{U_S(p)}{U_2(p)} = V_{SF}(0) \frac{(1 + p/\omega_{N1S})(1 - p/\omega_{N2S})}{(1 + p/\omega_{P1S})(1 - p/\omega_{P2S})} \tag{3.61}$$

mit den beiden Polfrequenzen

$$\omega_{P1S,P2S} = \frac{K_2 g_{m2}(C + C_1 + C_B) \pm \sqrt{(K_2 g_{m2}(C + C_1 + C_B))^2 + 4K_2 g_{m2}(1 + \lambda_S)\, g_{mS} C C_B}}{2CC_B} \tag{3.62}$$

und den beiden Nullstellenfrequenzen für $K_2 g_{m2} R_{P2} \gg 1$

$$\omega_{N1S,N2S} \cong \frac{K_2 g_{m2} R_{P2} C \pm \sqrt{(K_2 g_{m2} R_{P2} C)^2 + 4K_2 g_{m2} R_{P2}^2 g_{mS}(C_{P2} + C_B)\, C}}{2R_{P2} C(C_B + C_{P2})}. \tag{3.63}$$

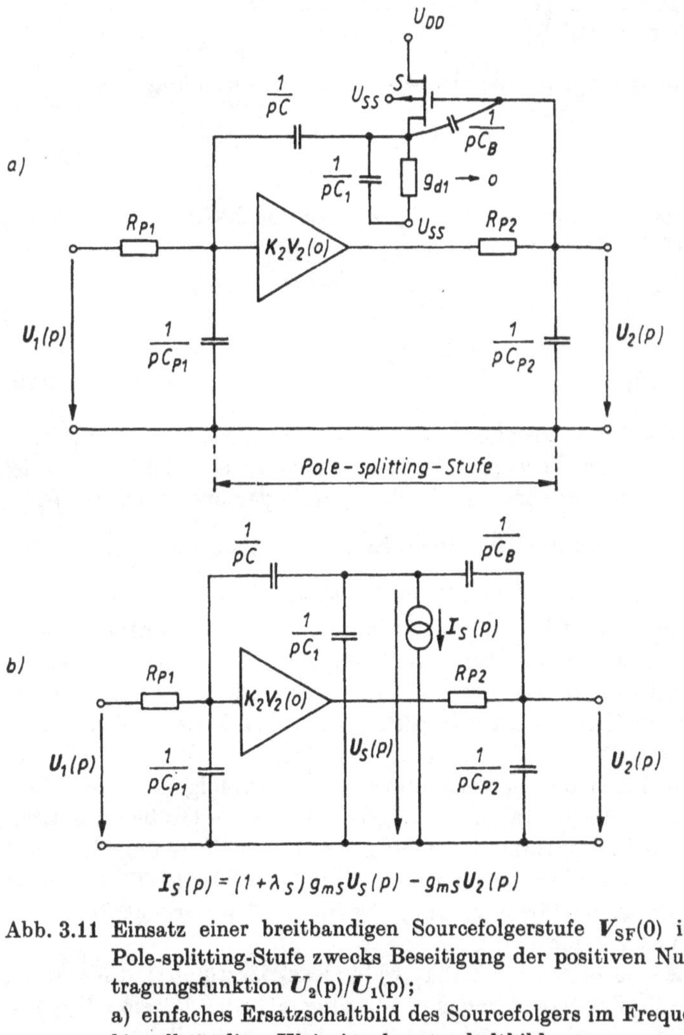

Abb. 3.11 Einsatz einer breitbandigen Sourcefolgerstufe $V_{SF}(0)$ im Gegenkopplungszweig der Pole-splitting-Stufe zwecks Beseitigung der positiven Nullstellenfrequenz in der Übertragungsfunktion $U_2(p)/U_1(p)$;
a) einfaches Ersatzschaltbild des Sourcefolgers im Frequenzbereich.
b) vollständiges Kleinsignalersatzschaltbild

Anhand Gl. (3.61) bestätigt sich, daß die positive Nullstellenfrequenz ω_{N2S} beseitigt wird, da die gegengekoppelte Sourcefolgerstufe gleichzeitig eine positive Polfrequenz ω_{P2S} erzeugt. Weiterhin wird deutlich, daß der analoge Feedforward-Fall zu Gl. (3.49) hier mit $\omega_{N1S} = \omega_{P1S}$ erneut zu lösen ist. Um diese Aufgabe überschaubar zu halten, führt man als Entwurfshinweis

$$g_{mers} = \boldsymbol{K}_2 g_{m2} = (1 + \lambda_S)\, g_{mS} \tag{3.64}$$

ein. Damit vereinfachen sich die Frequenzen in Gl. (3.62), Gl. (3.63) in die Form

$$\omega_{P1S,P2S} = \frac{g_{mers}}{2CC_B}\left(C + C_1 + C_B \pm \sqrt{(C + C_1 + C_B)^2 + 4CC_B}\right) \tag{3.65}$$

$$\omega_{N1S,N2S} = \frac{g_{mers}}{2C(C_B + C_{P2})}\left(C \pm \sqrt{C^2 + \frac{4C(C_B + C_{P2})}{(1 + \lambda_S)}}\right). \tag{3.66}$$

Bildet die Pole-splitting-Kapazität C mit der Dimensionierungsbedingung

$$\frac{C}{8} = C_1 = C_{P2} = C_B \tag{3.67}$$

ein Vielfaches der Schaltungskapazitäten C_1, C_{P2}, C_B, entsteht nach Gl. (3.65), Gl. (3.66) ein Quasi-Breitbandentwurf des Sourcefolgers für

$$\omega_{N1S} \cong \omega_{P1S} \cong \frac{3}{4}\, g_{mers}/C \tag{3.68}$$

$$\omega_{N2S} \approx 2\omega_{P2S} \approx 10 g_{mers}/C\,, \tag{3.69}$$

d. h., das meist unterhalb der Transitfrequenz ω_T liegende Pole-, Nullstellenpaar nach Gl. (3.68) sollte sich kompensieren. Das Pol-, Nullstellenpaar in Gl. (3.69) ist so tief wie möglich in die positive Halbebene zu verschieben, damit der unerwünschte Restbeitrag $\alpha_{SF} = -\arctan \dfrac{\omega_T}{\omega_{N2S}} + \arctan \dfrac{\omega_T}{\omega_{P2S}}$ vernachlässigbar bleibt und keine Vergrößerung der Einschwingzeitperiode erfolgt. Wird die Kompensationsbedingung von Gl. (3.68) nicht erfüllt, zeigt das Übertragungsverhalten des Operationsverstärkers im Spannungsfolgerbetrieb kontinuierliche Ruheoszillationen im mV- oder µV-Bereich. Die Dimensionierungsregeln in Gl. (3.64), Gl. (3.67) lassen sich nicht verallgemeinern. So gilt für den Pole-splitting-CMOS-OPAMP bereits nach Abb. 3.7, daß bei direktem Anschluß einer Lastkapazität C_L an den Ausgang der übliche Fall $C_{P2} \cong C_L > C$ auftritt. Folglich muß man durch die Querstromwahl des Sourcefolgers die Steilheit g_{mS} und die damit verbundenen Kapazitätswerte C_1, C_B als variable Größen ansetzen, die anhand Gl. (3.62), Gl. (3.63) sinngemäß die Bedingungen nach Gl. (3.68), Gl. (3.69) erfüllen sollten. Eine andere Möglichkeit besteht nach Gl. (2.198), Gl. (2.199), C_L durch ein Transfergate vom Operationsverstärkerausgang abzuspalten, um erneut ähnlichen Relationen wie in Gl. (3.67) zu entsprechen.

Eine andere Feedforward-Lösung zeigt Abb. 3.12a), b) für Kaskodestufen und Kaskode-Differenzverstärker [Ried 86]. Wird zwischen die Ausgänge P1 und P2 eine Bypass-Kapazität C_B geschaltet, läßt sich die mit Gl. (2.117) gegebene zweite Polfrequenz ω_{P2}

näherungsweise eliminieren, wenn erneut innerhalb der gegebenen Technologie der Backgatefaktor $\lambda \neq 0$ zugelassen wird. Dieser Eliminationsschritt ist meist für sehr kleine Querströme der Kaskodestufen sinnvoll, da ω_{P2} dann nicht gerade tief in der negativen Halbebene lokalisiert ist. Vernachlässigt man die Kanalleitwerte und führt

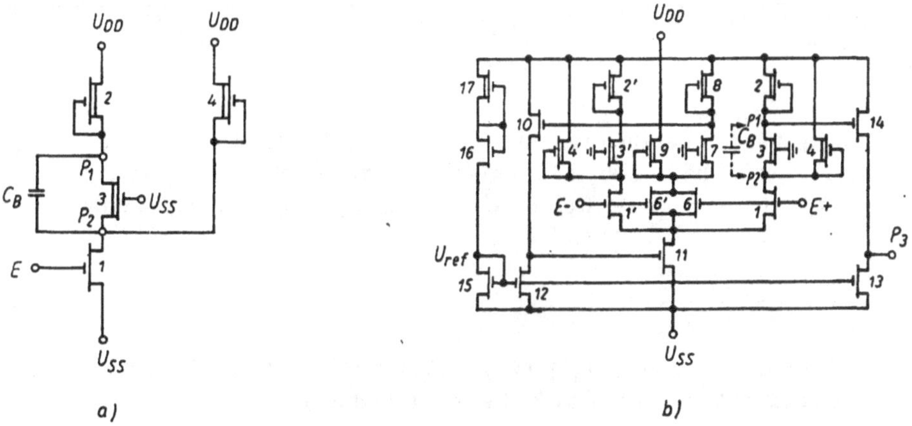

Abb. 3.12 Feedforward-Technik mit Hilfe einer Bypass-Kapazität C_B für Kaskodestufen und Kaskode-Differenzverstärkerstufen;
a) D/KS-Stufe (C_{P1}, C_{P2} vgl. Abb. 2.23a)),
b) D/KS-Differenzverstärker mit einseitiger Auskopplung des Differenzsignals über P1, P3 und angepaßter Gleichtaktregelschleife nach Abb. 2.34b)

an P1, P2 die noch später zu erläuternden Knotenkapazitäten C_{P1}, C_{P2} ein, folgt nach Aufstellung des Kleinsignalersatzschaltbildes für Abb. 3.12a) mit

$$a = C_B(C_{P1} + C_{P2}) + C_{P1}C_{P2} \tag{3.70}$$

$$b = C_{P1}\big((1 + \lambda_3)\, g_{m3} + \lambda_4 g_{m4}\big) + \lambda_2 g_{m2}(C_{P2} + C_B) + \lambda_4 g_{m4} C_B \tag{3.71}$$

$$c = \lambda_2 g_{m2}\big((1 + \lambda_3)\, g_{m3} + \lambda_4 g_{m4}\big) \tag{3.72}$$

und der sicheren Entwurfsbedingung

$$b^2 \gg ac \tag{3.73}$$

die frequenzabhängige Übertragungsfunktion anstelle Gl. (2.115)

$$\boldsymbol{V}_{DKS}(p) = \frac{\boldsymbol{U}_{P1}(p)}{\boldsymbol{U}_E(p)} \cong \boldsymbol{V}_{DKS}(0)\, \frac{(1 + p/\omega_{N1})}{(1 + p/\omega_{\tilde{P}1})\,(1 + p/\omega_{\tilde{P}2})} \tag{3.74}$$

mit

$$\omega_{\tilde{P}1} \cong c/b \tag{3.75}$$

$$\omega_{\tilde{P}2} \cong b/a \tag{3.76}$$

$$\omega_{N1} = (1 + \lambda_3)\, g_{m3}/C_B\,. \tag{3.77}$$

Der einzig mögliche Eliminationsschritt $\omega_{N1} = \omega_{\tilde{P}2}$ führt auf eine quadratische Gleichung in C_B mit nur einer technisch sinnvollen Lösung, d. h.

$$C_B = \frac{C_{P2}\big((1+\lambda_3)\,g_{m3} - \lambda_2 g_{m2}\big) - C_{P1}\lambda_4 g_{m4}}{2(\lambda_2 g_{m2} + \lambda_4 g_{m4})} + \frac{\sqrt{\big[C_{P2}\big((1+\lambda_3)\,g_{m3} - \lambda_2 g_{m2}\big) - C_{P1}\lambda_4 g_{m4}\big]^2 + 4(\lambda_2 g_{m2} + \lambda_4 g_{m4})\,C_{P1}C_{P2}(1+\lambda_3)\,g_{m3}}}{2(\lambda_2 g_{m2} + \lambda_4 g_{m4})}. \tag{3.78}$$

Diese Lösung läßt sich wesentlich vereinfachen, wenn am Knoten P1 für den schaltungstechnischen Sonderfall nach Abb. 3.12b) gleich die dynamisch vergrößerte Pole-splitting-Kapazität mit $C_{P1} \cong \big(1 + \boldsymbol{K}_2 g_{m2} R_{P2} \boldsymbol{V}_{SF}(0)\big)\,C \gg C_{P2}$ angenommen werden kann Somit ergibt sich der Layoutrichtwert

$$C_B \cong \frac{C_{P2}(1+\lambda_3)\,g_{m3}}{\lambda_4 g_{m4}}, \tag{3.79}$$

wobei man für $C_{P2} \cong C_{gdo1} + C_{DB1} + C_{SB3} + C_{SB4} + C_{GS3} + C_{gdo4}$ abschätzt. Folglich wurde Gl. (3.74) direkt in den Verstärkertiefpaß 1. Ordnung

$$\boldsymbol{V}_{DKS}(p) = \boldsymbol{V}_{DKS}(0)\,\frac{1}{(1 + p/\omega_{\tilde{P}1})} \tag{3.80}$$

überführt.
Für den Kaskode-Differenzverstärker mit einseitiger Auskopplung des Differenzsignals ist im symmetrischen Differenzbetrieb

$$\boldsymbol{V}_{DVDKS}(0) = \boldsymbol{V}_{DKS}(0)/2 \tag{3.81}$$

zu setzen, für die Polfrequenz folgt

$$\omega_{\tilde{P}1} \cong \frac{\lambda_2 g_{m2}}{\big(1 + \boldsymbol{K}_2 g_{m2} R_{P2} \boldsymbol{V}_{SF}(0)\big)\,C}. \tag{3.82}$$

Hierbei ist zu bemerken, daß die einfache Übertragungsfunktion in Gl. (3.80) mit Gl. (3.81), Gl. (3.82) unter der Randbedingung eines verlustleistungsarmen Schaltungsentwurfes nur über die einseitige Auskopplung des Differenzsignals einschließlich der Feedforward-Technik möglich ist (Gl. (3.81) bildet einen größeren Verstärkungsbetrag, da durch einen sehr kleinen Querstrom I_{D2} bzw. ein großes Querstromverhältnis I_{D4}/I_{D2} gemäß Gl. (2.112) ein entsprechender Verstärkerfaktor gesichert ist). Andere Auskopplungsarten mit Phasenumkehrstufe wie nach Abb. 2.40a), Abb. 3.2a) setzen den Verlustleistungsverbrauch unter der praktischen Konsequenz einer durchzuführenden Frequenzgangkompensation wesentlich durch Querstromerhöhung herauf [Toy 79]. Weiterhin kann der Kompensationsvorgang $\omega_{N1} = \omega_{\tilde{P}2}$ unter schaltungstechnisch sinnvollen Bedingungen niemals exakt erfolgen, da für die üblichen Doppel-Poly-Silizium-Gate-NMOS/CMOS-Technologien die technologisch realisierte Bypass-Kapazität C_B durch die untere Poly-Si-I-Abscheidung über dem Feldoxid stets eine parasitäre Kapazität zum Substrat nach sich zieht (vgl. Abb. 2.60b)). Leider läßt sich durch die zu raschen Aufwachsraten des dünnen Kapazitätsoxides d_{oxC} im Vergleich zum Feldoxid d_{oxF} in der Regel nur ein Verhältnis d_{oxF}/d_{oxC} von 4 bis 5 erzielen, so daß die Pol-, Nullstellenfrequenzen ω_{N1}, $\omega_{\widetilde{P2}}$ prinzipiell nebeneinander liegen, was sich bei entsprechender Schwankung auf die Einschwingzeitperiode auswirkt. Diese Problematik entfällt vorteilhafterweise für den Kaskode-Differenzverstärker, da am Knoten P1 die sehr große dynamische Kapazität C_{P1} wirkt. Die realisierten NMOS-OPAMP-Varianten unter konsequenter Nutzung der Feedforward-Technik zeigen Abb. 3.13a), b), c) und führen im Frequenzverhalten wieder auf das Pole-splitting-Modell. So folgt stellvertretend für die Übertragungsfunktionen nach Abb. 3.13 in der Variante a) unter Berücksichtigung von Gl. (3.57) bis Gl. (3.60) und Gl. (3.71), Gl. (3.72), Gl. (3.75), Gl. (3.78), Gl. (3.80)

$$\boldsymbol{V}_D(p) \cong \boldsymbol{V}_D(0) \frac{1}{(1 + p/\omega_{\widetilde{DV}})(1 + p/\omega_{\widetilde{KS}})} \tag{3.83}$$

mit

$$\boldsymbol{V}_D(0) = \left(\boldsymbol{V}_{DVED}(0)/2\right) \boldsymbol{V}_{SE}(0)\, \boldsymbol{V}_{DKS}(0)\, \boldsymbol{V}_{SA}(0) \tag{3.84}$$

$$\omega_{\widetilde{DV}} \cong \frac{\lambda_2 g_{m2}}{\left(1 + \boldsymbol{V}_{SE}(0)\, \boldsymbol{V}_{DKS}(0)\, \boldsymbol{V}_{SF}(0)\right) C} \tag{3.85}$$

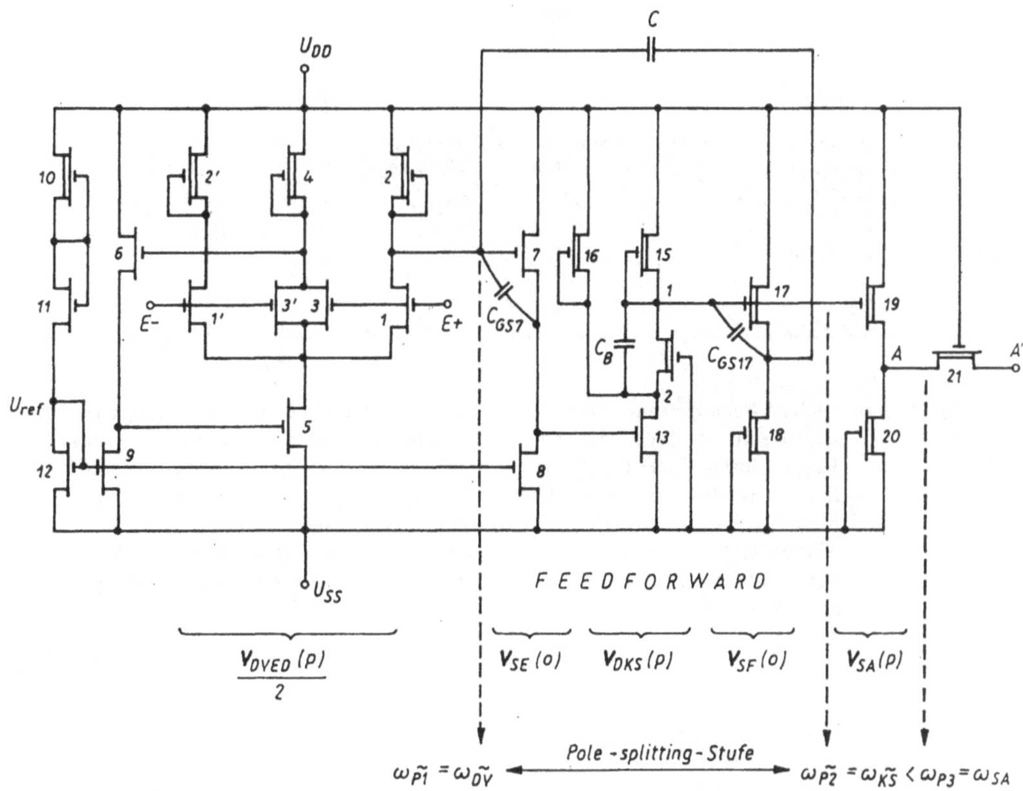

a)

Abb. 3.13 Pole-splitting-NMOS-OPAMPs unter konsequenter Nutzung der Feedforward-Technik; a) NMOS-OPAMP mit einseitig ausgekoppeltem Differenzverstärker und Gleichtaktregelschleife nach Abb. 2.34b)

b)

c)

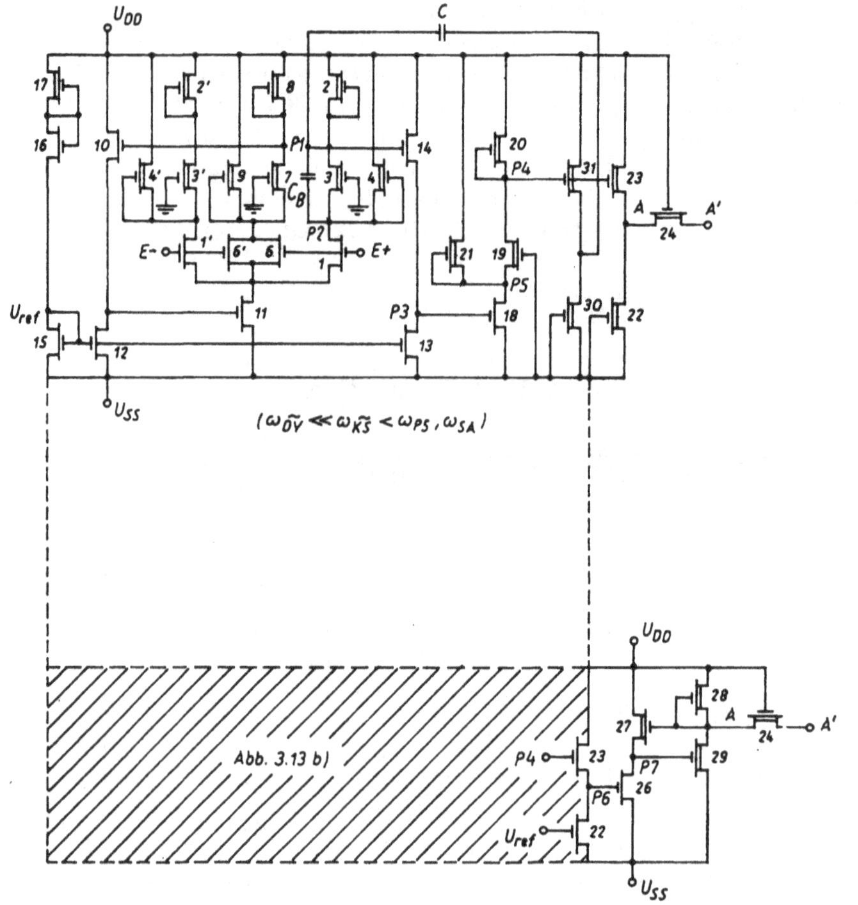

Abb. 3.13 b) analoge Schaltungsumsetzung von Abb. 3.10b) mit der realisierten Bypass-Kapazität C_B in der hochverstärkenden Eingangsstufe, dem breitbandigen Sourcefolger $V_{SE}(0)$ durch $C_B = C_{GS14}$, einer zur Eingangsstufe optimiert abgestimmten Polfrequenzrelation der Kaskodestufe mit $\omega_{P5} \gg \omega_{P4}$ und $V_{SF}(0)$ durch C_{GS31}, g_{m31} bzw. I_{D31} im Gegenkopplungszweig der Pole-splitting-Kapazität C,

c) NMOS-OPAMP mit sehr hoher Leerlaufverstärkung durch Ersatz der D/D-Sourcefolgerstufe am Ausgang mit Hilfe des intern gegengekoppelten Ausgangstreibers nach Abb. 2.46a)

$$\omega_{\widetilde{KS}} \cong \frac{V_{SE}(0)\, V_{SF}(0)\, g_{m2}}{C_{P2}(1 + C_{P1}/C)} \tag{3.86}$$

$$C_{P1} \cong C_{DB1} + C_{SB2} + C_{gbo2} + C_{gdo1} + \big(1 - V_{SE}(0)\big)\, C_{GS7} + C_Z \tag{3.87}$$

$$C_{P2} \cong C_1 + \frac{\lambda_{15} g_{m15}}{(1 + \lambda_{14})\, g_{m14} + \lambda_{16} g_{m16}} (C_2 + C_B) + \frac{\lambda_{16} g_{m16}}{(1 + \lambda_{14})\, g_{m14} + \lambda_{16} g_{m16}}\, C_B \tag{3.88}$$

$$C_1 \cong C_{SB15} + C_{DB14} + C_{GD15} + C_{GD14} + C_{gbo15} + \left(1 - V_{SF}(0)\right) C_{GS17} + \left(1 - V_{SA}(0)\right) C_{GS19} + C_Z \tag{3.89}$$

$$C_2 \cong C_{DB13} + C_{SB14} + C_{SB16} + C_{GS14} + C_{GD16} + C_{gbo16} + C_Z + C_P$$
(vgl. Abb. 2.60b)) (3.90)

$$C_B \cong \frac{C_2\left((1+\lambda_{14})\,g_{m14} - \lambda_{15}g_{m15}\right) - C_1\lambda_{16}g_{m16}}{2(\lambda_{14}g_{m14} + \lambda_{15}g_{m15})} + \frac{\sqrt{\begin{array}{l}\left[C_2\left((1+\lambda_{14})\,g_{m14} - \lambda_{15}g_{m15}\right) - C_1\lambda_{16}g_{m16}\right]^2 \\ + 4(\lambda_{15}g_{m15} + \lambda_{16}g_{m16})\,C_1C_2(1+\lambda_{14})\,g_{m14}\end{array}}}{2(\lambda_{14}g_{m14} + \lambda_{15}g_{m15})} \tag{3.91}$$

wobei sich mit M21 und Gl. (2.198) für

$$\omega_{SA} \cong \frac{(1+\lambda_{19})\,g_{m19} + g_{d19} + g_{d20} + g_{d21}}{C_{AS}} > \omega_{\widetilde{KS}} \tag{3.92}$$

mit

$$C_{AS} \cong C_{SB19} + C_{DB20} + C_{SB21} + C_{GS21} + C_{gdo20} + 0{,}1\, C_{GS19} + C_Z + (C_{E-}) \tag{3.93}$$

(die dynamischen Beiträge $\left(1 - V_{SA,E,F}(0)\right) C_{GS}$ bzw. $0{,}1\, C_{GS}$ der Sourcefolgerstufen sind eine Näherung in Auswertung von Gl. (2.135), Gl. (2.136) ergibt.
Nach Tab. 3.2 wird deutlich, daß hohe Verstärkungen, Verstärkungs-Bandbreite-Produkte und Slew-Raten bei niedriger Verlustleistung auch in Einkanaltechnologien

Tab. 3.2 Kennwerte der drei OPAMP-Strukturen nach Abb. 3.13 für Siliziumgate- und Doppel-Poly-Siliziumgate-NMOS-Langkanaltechnologien (Strong-inversion-Bedingungen).

Kennwerte	Einheit	Abb. 3.13a)	Abb. 3.13b)	Abb. 3.13c)
$V_D(0)$	dB	60–65	80–85	85–100
CMRR	dB	70–75	88–100	88–100
f_T	MHz	5–13	7–14	9–11
$S_R{}^{+/-}$ ($C_L = 10$ pF)	V/µs	10–20	11–14	10–13
$0{,}1\% - t_{ST}$ ($C_L = 10$ pF)	µs	0,4–1,0	0,4–1,0	0,5–0,9
U_{DD}/U_{SS}	V/V	+5/−5	+5/−5	+5/−5
P_V	mW	2–4	3–5	6–8
integr. Kapaz. C, C_B	pF	<0,8/<0,8	<1,0/<1,0	<1,0/<3,5
A_C	mm²	0,1–0,2	0,15–0,2	0,2–0,25

möglich sind [Ried 86]. Abb. 3.14 zeigt eine vereinfachte OPAMP-Lösung der Variante nach Abb. 3.13a), die durch die Wahl der Basistransistoren M1,1', M3,3' als Depletiontypen für Eingangsspannungen $U_{E+/-} = 0$ V die Betriebsspannungen auf $U_{SS} = 0$ V und $U_{DD} = 5$ V festlegen läßt. Damit sind sehr kleine Chipflächen und Verlustleistungen erzielbar. Das wiederum gestattet beispielsweise die direkte Integration in Mikroelektroden, um in der medizinischen Elektronik für das Studium des zentralen Nervensystems eine extrazellulare Aufnahme der elektrochemisch erzeugten Biopotentiale innerhalb individueller Nervenzellen zu ermöglichen [Nafi 86].

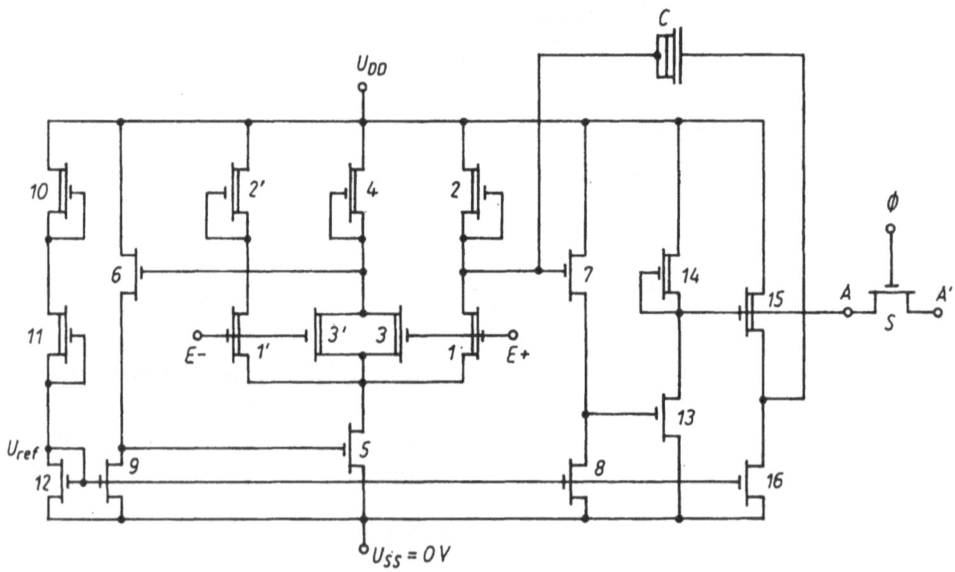

Abb. 3.14 Vereinfachter Pole-splitting-OPAMP in Abwandlung von Abb. 3.13a) in einer 6-μm-NMOS-E/D-Technologie mit drei Schwellspannungsimplantationen $U_{Pon1} = 0{,}2$ V, $U_{Pon2} = 0{,}8$ V und $U_{PoD} = -2{,}5$ V gemäß [Nafi 86] (Daten: $P_V = 0{,}22$ mW, $A_C = 0{,}06$ mm², $V_D(0) = 40$ dB, $f_T = 1{,}5$ MHz, $U_{CME} = \pm 1{,}5$ V)

3.1.4. Transientverhalten integrierter MOS-Operationsverstärker

Für SC-Filter- und Arithmetikschaltungen bzw. auch Komparatoren mit dynamischer Offsetkompensation unterliegen OPAMPs sowie einfache Verstärker den getakteten- oder Chopperbetriebsbedingungen, d. h. einer zeitdiskreten Arbeitsweise. Folglich spielt mit wachsenden Abtastraten das schnelle Transientverhalten, bestehend aus kurzen Slew- und Einschwingzeitperioden der Schaltungen, eine maßgebliche Rolle, da die unmittelbare Reaktion des Ausgangssignals auf eingangsseitige Spannungssprünge grundsätzlich wünschenswert erscheint. Diesem Wunsch wird man bei einfachen Verstärkerstufen dadurch gerecht, indem man auf große Querströme I_D, kleine Knotenkapazitäten C_P und wenn möglich, große lineare Aussteuerbereiche achtet. Für OPAMPs ist diese Problematik etwas komplizierter. Zur Analyse der Slew- und Einschwingzeitperiode wird der OPAMP im Spannungsfolgerbetrieb nach Abb. 3.15 betrachtet (Totzeit am Anfang der Slew-Periode vernachlässigt). Um die typische Ausgangsreaktion in Abb. 3.15 zu verstehen, wird diese im Zusammenhang mit einem Pole-splitting-CMOS-OPAMP in Abb. 3.16 verglichen (vgl. auch Abb. 3.7b), Abb. 3.8a)). Legt man an den nichtinvertierenden Eingang $E+$ eine Sprungfunktion $\boldsymbol{U}_{E+}(\int)$ an, befindet sich in diesem Moment der Ausgang des OPAMP auf seinem Ruhepotential, so daß $u_A = \boldsymbol{U}_{E-}(\int) = 0$ ist, d. h., das angelegte Differenzsignal $u_D = \boldsymbol{U}_{E+}(\int) - 0 = \boldsymbol{U}_{E+}(\int)$

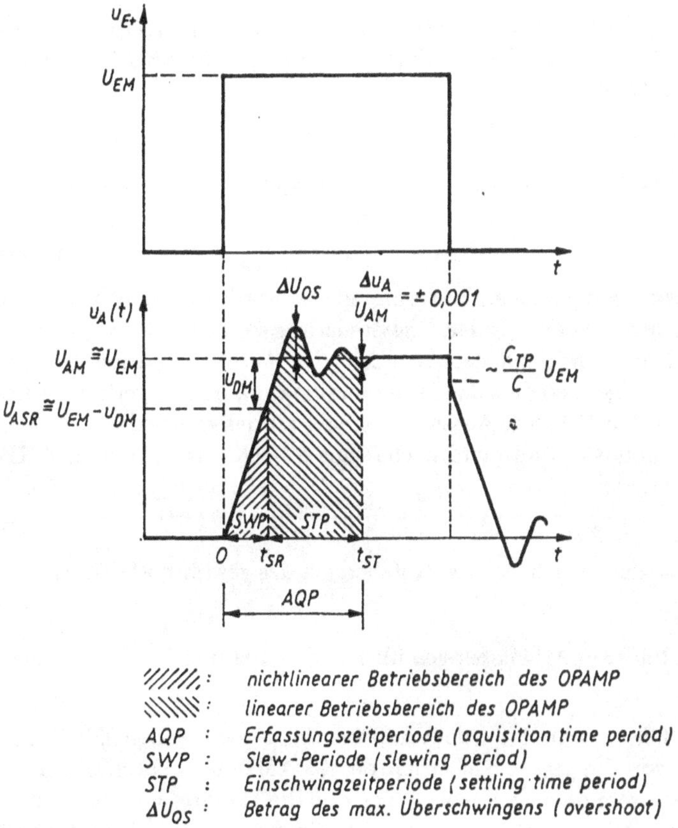

Abb. 3.15 Transientverhalten eines OPAMP im Spannungsfolgerbetrieb nach Abb. 3.4b) bei sprungförmiger Erregung

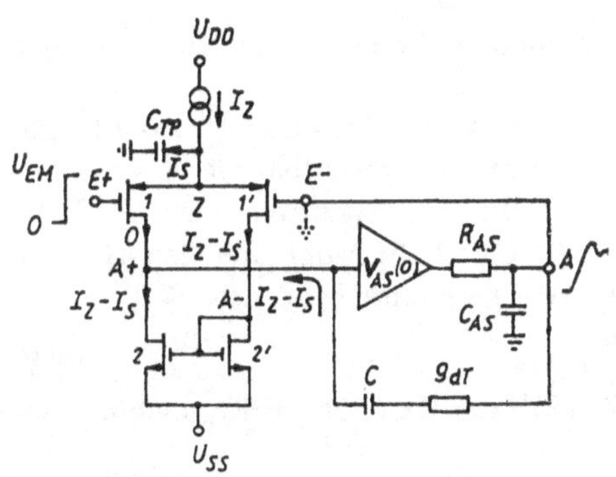

Abb. 3.16 Verhalten eines Pole-splitting-CMOS-OPAMP nach Abb. 3.7b) während der Slew-Periode (positiver Spannungssprung $\boldsymbol{U}_{E+}(\int)$ am nichtinvertierenden Eingang im Spannungsfolgerbetrieb)

liegt einseitig an der Eingangsstufe. Ist dieses Differenzsignal die maximale Differenzspannung $u_{DM} = U_{E+}(\int)$, bei der die Eingangsstufe die Grenze des linearen Aussteuerbereiches erreicht, läßt sich durch die Kleinsignalbetrachtung gemäß Gl. (2.140)

$$\frac{u_{A-}}{u_{DM}} = -\frac{g_{m1}}{g_{d1} + g_{d2}} \tag{3.94}$$

schreiben. Geht man ferner davon aus, daß bei dieser Differenzspannung u_{DM} in Abb. 3.16 zunächst vereinfacht ($I_S = 0$) einseitig der maximale Querstrom der Konstantstromquelle I_Z fließt, folgt aus Gl. (3.94)

$$-u_{A-}(g_{d1} + g_{d2}) = g_{m1}u_{DM} = I_Z. \tag{3.95}$$

Mit Gl. (3.95) kann üblicherweise das angelegte Sprungsignal $U_{E+}(\int)$ durchaus im Intervall

$$I_Z/g_{m1} \leqq U_{E+}(\int) \leqq U_{EM} \tag{3.96}$$

liegen, die begrenzende Wirkung der Konstantstromquelle I_Z wird offensichtlich, auch wenn die DV-Stufe in den nichtlinearen- oder Übersteuerungsbereich (Großsignalverhalten) geht. Anschließend wird mit wachsender Zeit die Ausgangsspannung $u_A(t)$ dem Eingangssignal $U_{E+}(\int)$ folgen, so daß das Differenzsignal u_D immer geringer wird und der gesamte OPAMP in den linearen Aussteuerbereich zurückkehrt, das mit dem Einschwingverhalten verbunden ist. Somit wird nach [Chua 82], [Kama 74] der OPAMP in zwei Arbeitsbereiche aufgeteilt:

— für $\quad U_{E+}(\int) \geqq u_{DM} = I_Z/g_{m1} \qquad (3.97)$

gilt die Slew-Periode bzw. der nichtlineare Arbeitsbereich des gesamten OPAMP

— für $\quad U_{E+}(\int) < u_{DM} \qquad (3.98)$

geht der OPAMP in den linearen Arbeitsbereich über und es beginnt die Einschwingperiode.

Präziser muß aber zu Gl. (3.98) erwähnt werden, daß für die abnehmenden Differenzsignale u_D in Abhängigkeit von der Phasensicherheit des OPAMP das maximale Überschwingen ΔU_{OS} nicht so groß sein darf (vgl. Abb. 3.15), daß die DV-Stufe erneut in den nichtlinearen Arbeitsbereich zurückkehrt. Linearität ist für die gesamte Einschwingperiode nur möglich, wenn $\Delta U_{OS}/u_{DM} \leqq 1$ beträgt.

Zur Berechnung der Slew-Rate S_R und Einschwingzeit t_{ST} werden hier folgende einfache Voraussetzungen getroffen:

- Der Spannungsfolgerbetrieb soll bei niederfrequenten Signalen (Gleichspannungssprüngen) erfolgen.
- Durch die jeweilige eingangsseitige Sprungfunktion ist der Anfangswert bekannt, so daß für die Betrachtungen die Laplace-Transformation verwendbar ist.
- Es gilt für die Übertragungsfunktion des OPAMP die nullstellenfreie Form der Polesplitting-Funktion mit Gl. (3.23) und Gl. (3.35), Gl. (3.36), wobei die Slew-Rate S_R durch die dominante Polfrequenz $\omega_{\tilde{P}1}$ des OPAMP bestimmt wird, da

$$\omega_{\tilde{P}1} \ll \omega_{\tilde{P}2} \tag{3.99}$$

(die nullstellenfreie Form der Two-pole-Funktion nach Gl. (3.26) wäre gleichfalls annehmbar).

— Außer der von der dominanten OPAMP-Polfrequenz $\omega_{\tilde{P}1}$ nach Gl. (3.19) frequenzabhängigen Verstärkerstufe können durch die Pole-splitting- oder Two-pole-Funktion alle anderen Verstärkerstufen als frequenzunabhängig angesehen werden.
— Es soll durch keine Verstärkerstufe der Spannungsaussteuerbereich begrenzt werden.

Unter diesen Voraussetzungen läßt sich nach Gl. (3.97), (3.99) die Slew-Periode mit der auf den Maximalstrom I_Z begrenzenden Eingangsstufe und der dominanten Polfrequenz $\omega_{\tilde{P}1}$ abschätzen. Die Ausgangsreaktion $\boldsymbol{U}_A(p)$ ergibt sich bei sprungförmiger Erregung $\boldsymbol{U}_{E+}(p) = \dfrac{I_Z}{g_{m1}} \dfrac{1}{p}$ in der Form

$$\begin{aligned}\boldsymbol{U}_A(p) &= \boldsymbol{U}_{E+}(p) \frac{\boldsymbol{V}_D(0)}{(1 + p/\omega_{\tilde{P}1})(1 + p/\omega_{\tilde{P}2})} \\ &\cong \frac{\boldsymbol{V}_D(0)\, I_Z}{g_{m1}} \frac{1}{p(1 + p/\omega_{\tilde{P}1})}.\end{aligned} \tag{3.100}$$

Die Rücktransformation führt auf

$$u_A(t) = \frac{\boldsymbol{V}_D(0)\, I_Z}{g_{m1}} (1 - e^{-\omega_{\tilde{P}1} t}), \tag{3.101}$$

wobei sich zur Zeit $t = t_{SR}$ mit Abb. 3.15 und für $\omega_{\tilde{P}1} t_{SR} \ll 1$ $(e^{-\omega_{\tilde{P}1} t_{SR}} \cong 1 - \omega_{\tilde{P}1} t_{SR})$ Gl. (3.101) in

$$u_A(t = t_{SR}) = U_{ASR} = \frac{\boldsymbol{V}_D(0)\, \omega_{\tilde{P}1} I_Z t_{SR}}{g_{m1}} \tag{3.102}$$

vereinfachen läßt. Aus Gl. (3.102) ergibt sich die positive Slew-Rate als maximale Änderungsgeschwindigkeit der Ausgangsspannung $S_R^+ = (\mathrm{d}u_A/\mathrm{d}t)_{max}$ zunächst mit

$$S_{R'}^+ = \frac{U_{ASR}}{t_{SR}} \cong \frac{\boldsymbol{V}_D(0)\, \omega_{\tilde{P}1} I_Z}{g_{m1}} \tag{3.103}$$

bzw. unter Berücksichtigung von Gl. (3.38)

$$S_{R'}^+ \cong \frac{\omega_T I_Z}{g_{m1}} = \frac{I_Z}{C}. \tag{3.104}$$

Nach Gl. (3.104) wird sofort deutlich, daß eine Erweiterung der Transitfrequenz ω_T bzw. Verringerung der Pole-splitting-Kapazität C unproblematisch mit einer gewünschten Slew-Rate-Erhöhung in der Kompromißsuche zur Verlustleistung und Fläche verbunden ist. Vor allem bei großen Transitfrequenzen und damit kleinen Pole-splitting-Kapazitäten C wird ein weiterer Effekt während der Slew-Periode bedeutungsvoll, der anhand Abb. 3.16 ($I_S \neq 0$) erläutert werden muß. Während der Slew-Periode wird in Abb. 3.16 über den rechten Transistor M1' der DV-Stufe der Spannungssprung auf den Knoten Z übertragen, der linke Transistor M1 ist gesperrt, da anfangs U_{GS1} einen positiven Wert annimmt. Damit existiert die sogenannte Tail-Kapazität

$$C_{TP} = C_S + C_{GS1} + C_{GS1'} \cong C_S + C_{ox1}. \tag{3.105}$$

In Gl. (3.105) ist C_S die Raumladungskapazität des gemeinsam diffundierten Gebietes Z (bei $U_{SB1,1'}$-Kurzschluß gilt C_S der n-Wanne). Durch den Spannungssprung $\boldsymbol{U}_{E+}(\int)$ ist M1′ anfangs im aktiven Bereich und erreicht z. Z. $t = t_{SR}$ den Pinch-off-Bereich, so daß nach Abb. A2.3 $C_{GS1'}$ mindestens die Werte $C_{ox}/2$ bis $2/3\ C_{ox}$ annehmen kann. M1 ist zwar gesperrt, dennoch ist C_{GS1} für immer kürzer werdende Kanallängen wesentlich von Null verschieden. Somit sollte insgesamt für $C_{GS1} + C_{GS1'}$ der Ersatzwert C_{ox} angesetzt werden, wonach im Langkanalbereich dies eine Worst-case-Betrachtung bleibt. Die Tail-Kapazität C_{TP} wirkt auf die Slew-Rate $S^+_{R'}$, begrenzend, d. h.

$$S_R{}^+ = \frac{I_Z - I_S}{C} \cong \frac{I_S}{C_{TP}}, \qquad (3.106)$$

wobei mit

$$I_S \cong \frac{I_Z}{1 + C/C_{TP}} \qquad (3.107)$$

und Gl. (3.104) der genauere Betrag

$$S_R{}^+ = S^+_{R'} \frac{1}{1 + C_{TP}/C} \qquad (3.107)$$

folgt. Auf den U_{EM}/0V-Flankenübergang übt die Tail-Kapazität C_{TP} gleichfalls eine Wirkung bezüglich der Ausgangsreaktion $u_A(t)$ aus. Hier erfolgt vor der eigentlichen negativen Slew-Rate $S_R{}^- \approx -I_Z/C$ nach Abb, 3.15 ein negativer Spannungssprung der Art $u_A \sim -(C_{TP}/C)\ U_{EM}$ [Rie2 84]. An dieser Stelle sei bemerkt, daß mit den Schaltungen von Abb. 3.7a), b) eine Symmetrie im positiven und negativen Slew-Verhalten kaum erreicht werden kann, da die für die positive und negative Slew-Rate am Ende mit verantwortlichen effektiven Steuerspannungen U_{GSE4}, U_{GSE5} gemäß den Dimensionierungsgesichtspunkten sich dazu nicht einfach äquivalent verhalten. Eine verbesserte Version zeigt Abb. 3.17 mit dem Super-Mirror M2′, M6, M7, M5, wodurch größere und symmetrische Slew-Raten möglich werden, da bei entsprechend großen Gleichspannungssprüngen $\pm\boldsymbol{U}_{E+}(\int)$ entweder M4 oder M5 stromführend ist [Klei 83]. Die Verstärkung

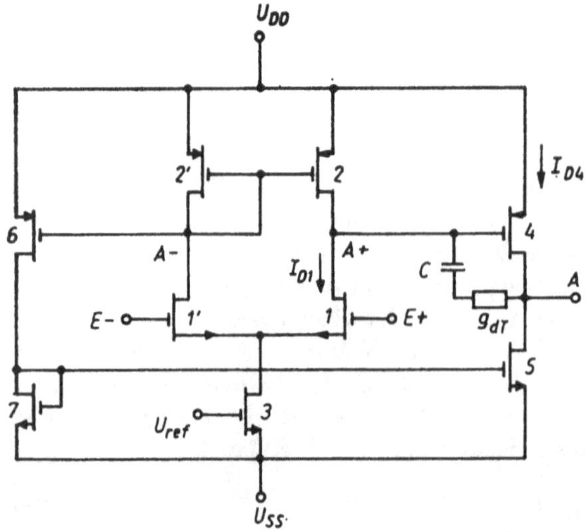

Abb. 3.17 Pole-splitting-CMOS-OPAMP mit erweitertem Stromspiegel (Super Mirror) M2′, M6, M7, M5 zwecks Vergrößerung und Symmetrierung der Slew-Rate

$V_D(0)$ vergrößert sich additiv nur um den Betrag von $(g_{m5}/2)\, g_{m1'}/(g_{m7}(g_{d4} + g_{d5}))$, so daß alle vorhergehenden quantitativen Betrachtungen zur Frequenzgangkompensation im wesentlichen erhalten bleiben. Das letztlich erzeugte Gegentakttreiberprinzip der Ausgangsstufe wird in Abb. 3.18a) in Anlehnung der Schaltungsvariante von Abb. 3.2c) gleichfalls realisiert, wobei neben den wahlweisen Ausgangstreibermöglichkeiten vor allem eine PSRR-Verbesserung gegenüber dem Betriebsspannungsrauschen erzielt werden kann (die High-drive-Eigenschaften mit Hilfe des npn/NMOS-Ausgangstreibers AS' lassen sich auch unter Low-power-Bedingungen verwirklichen [Saar 83]). Mit wachsenden Frequenzen sinkt der mit der dynamisch vergrößerten Kapazität C geschaffene hohe Impedanzwert am Knoten P3 ab, bis schließlich der Lastwiderstand $1/g_{d2}$ wechselspannungsmäßig kurzgeschlossen wird und sich beispielsweise das $U_{DD}(f)$-Rauschsignal direkt über M5 verstärkt.

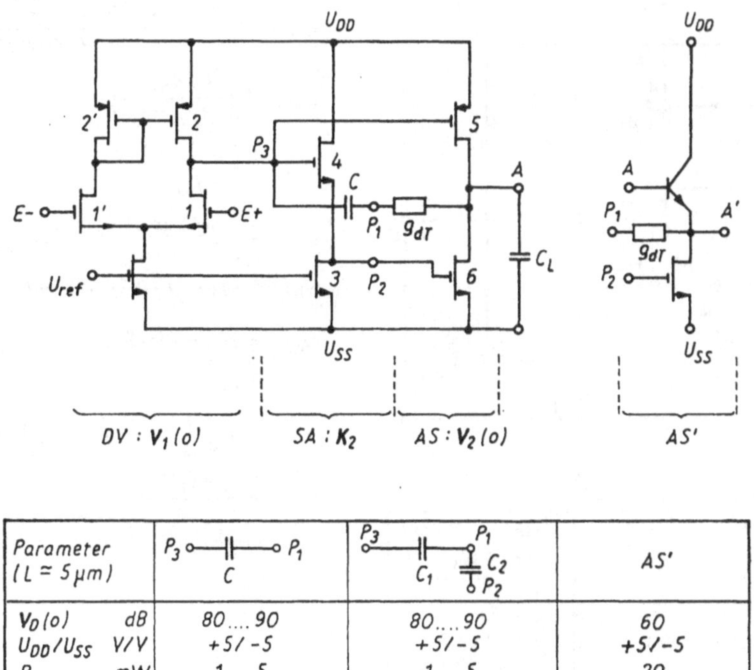

a)

Parameter ($L \approx 5\,\mu m$)	P_3 —‖— P_1, C	P_3 —‖— P_1, C_1, C_2, P_2	AS'
$V_D(o)$ dB	80....90	80....90	60
U_{DD}/U_{SS} V/V	+5/-5	+5/-5	+5/-5
P_V mW	1....5	1....5	20
$PSRR^{+/-}$ dB	65...70/70...72 (DC)	65...70/70...75 (1kHz ...3kHz)	65...70/70...75 (1kHz...3kHz)
CMRR dB	70....73	70....73	70
$S_R^{+/-}$ V/µs bei (C_L)	3...5/-2...-4 (50pF)	3...5/-2...-4 (50pF)	10/-10 (≤1nF)
A_C mm²	0,1....0,16	0,1....0,16	0,2
ohmsche Belastung	–	–	600Ω

Abb. 3.18 Pole-splitting-CMOS-OPAMPs für teilweise größere Ausgangsbelastungen mit verbesserten PSRR-Eigenschaften nach [Haqu 79], [Greg 79], [Ribn 84];

a) CMOS-OPAMP mit Gegentaktausgangstreiber AS nach dem Stufenaufbau von Abb. 3.2c) oder mit npn/NMOS-Gegentaktausgangstreiber AS' für entsprechend große Belastungen bzw. niederohmige Abschlußwiderstände einschließlich des C-Splitting in C_1, C_2 zur Verbesserung der PSRR-Eigenschaften,

Um diesem Prozeß bereits im NF-Betrieb des OPAMP (einige kHz) vorzubeugen, wird die Pole-splitting-Kapazität C in C_1, C_2 aufgeteilt, so daß durch die geringere Kapazität C_1 bei vergleichbaren Frequenzen mit Hilfe des größeren Impedanzwertes der wechselspannungsmäßige Kurzschluß näherungsweise nicht mehr auftreten kann (die dominante Polfrequenz entsteht dann am Knoten P2). Die in Abb. 3.18a) angegebenen NF-Wertebereiche bleiben somit zu den PSRR$^+$-Daten im Gleichstrom- bzw. Direct Current (DC)-Betrieb in der gleichen Größenordnung oder steigen sogar für PSRR$^-$ an [Haqu 79]. Eine noch günstigere Lösung, um sogar annehmbare HF-PSRR-Parameter zu erreichen, zeigt Abb. 3.18b). Hier wird das Kaskode-Differenzverstärker-Prinzip mit Hilfe der Transistoren M6, M6' eingeführt, das den Anschluß der Pole-splitting-Kapazität C vom Lastelement M2 trennt. Somit wird diesmal die wesentlich höhere Impedenz am Knoten P1 nur durch die dynamische Vergrößerung der Kapazität $C_{GD4} \ll C$ erreicht

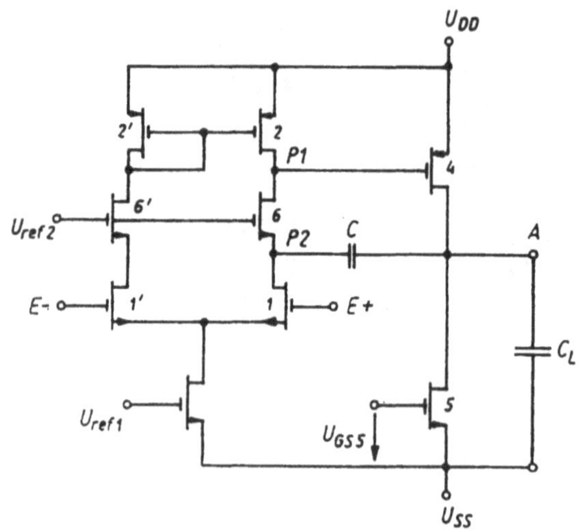

$$V_D(p) = V_D(0)\frac{(1-p/\omega_{N1})(1+p/\omega_{N2})}{(1+p/\omega_{\tilde{p}1})(1+p/\omega_{\tilde{p}2})(1+p/\omega_{p3})}$$

$$V_D(0) \cong \frac{g_{m1}g_{m4}}{g_{d2}(g_{d4}+g_{ds})}$$

$$\omega_{\tilde{p}1} \cong \frac{g_{d2}(g_{d4}+g_{ds})}{g_{m4}C}$$

$$\omega_{\tilde{p}2} \cong \left(\frac{g_{m4}g_{m6}}{C_L C_{P1}}\right)^{1/2} f \cdot C_{P1} \gg C_{GD4}$$

$$\omega_{N1} = (g_{m4}/(C_{P1}+2C_{P2}))(1+\delta_2)$$

$$\omega_{N2} = \frac{2g_{m6}}{C}(1+\delta_2)$$

$$\omega_{N2} \cong \omega_{P3}$$

$$\delta_1 = 8\frac{g_{m6}}{g_{m4}}\left(\frac{C_{P1}}{C}+2C_{GD4}\right)$$

$$\delta_2 = \frac{(1+\delta_1)^{1/2}-1}{2}$$

b)

Parameter		Kaskode-OPAMP ($U_{GSS} = U_{ref1}$)
$V_D(0)$	dB	83
U_{DD}/U_{SS}	V/V	+2,5 / -2,5
P_V	mW	0,62
PSRR$^{+/-}$ (100 kHz)	dB	55/67
CMRR (100 kHz)	dB	44
$S_R^{+/-}$ bei (C_L)	V/µs	10/-3,3 (10pF)

Abb. 3.18 b) Kaskode-CMOS-OPAMP zur Verbesserung der PSRR-Eigenschaften unter Low-Power-Bedingungen ($U_{GS5} = U_{ref1}$) und günstigerem Treiberverhalten unter Nutzung des Super-Mirrors nach Abb. 3.17 mit $U_{GS5} = U_{GS7}$

(C_{GD4} übernimmt hier die Rolle von $C = C_1$ in Abb. 3.18a)). Die Übertragungsfunktion des OPAMP ist mit zwei Nullstellenfrequenzen und drei Polfrequenzen komplizierter [Ribn 84]. Die störende positive Nullstelle $p = \omega_{N1}$ braucht nicht verschoben zu werden, da sie diesmal tief genug in der positiven Halbebene liegt. Die üblich gesplitteten beiden Polfrequenzen entstehen nur, wenn sich die negative Nullstelle $p = -\omega_{N2}$ mit der negativen dritten Polstelle $p = -\omega_{P3}$ etwa kompensiert (s. Abb. 3.18b)). Für die in Abb. 3.18b) angegebenen Low-power-Betriebsbedingungen sind die unsymmetrischen Slew-Raten akzeptabel, können aber erneut durch das Super-Mirror-Prinzip von Abb. 3.17 symmetriert und verbessert werden.

In der Regel wird als zweite Stelle der Slew-Rate-Begrenzung der OPAMP-Ausgang dienen, da der Ausgangsspannungsanstieg entscheidend durch die Größe der Lastkapazität C_L bestimmt wird, d. h.

$$S_{AS}^{+/-} = \pm \frac{I_{AS}}{C_L}. \tag{3.109}$$

Tritt in der Praxis

$$S_{AS}^{+/-} < S_R{}^{+/-} \tag{3.110}$$

auf, so ist $S_{AS}^{+/-}$ die Slew-Rate des OPAMP. Mit dieser Überlegung werden die Dimensionierungsrichtlinien nach Gl. (3.40) bis Gl. (3.42) für die CMOS-OPAMPs in Abb. 3.7, Abb. 3.17 präzisiert:

Soll die dominante Polfrequenz $\omega_{\tilde{P}1}$ des OPAMP die positive Slew-Rate beschränken, gilt vereinfacht mit Gl. (3.104) im Grenzfall zur Ungleichung (3.110)

$$\frac{2I_{D1}}{C} \leqq \frac{I_{D4}}{C_L}. \tag{3.111}$$

Unter Einbeziehung von Gl. (2.15) läßt sich für Gl. (3.39) bei Beachtung von Gl. (3.42) und einer Phasenreserve von mindestens $\alpha = -\pi/4$

$$\frac{I_{D1}}{(U_{GSA} - U_{Pn})_1 C} \cong \frac{I_{D4}}{(U_{SGA} - |U_{Pp}|)_4 C_L} \tag{3.112}$$

schreiben, das mit Gl. (3.111) auf das Verhältnis der effektiven Steuerspannungen

$$\frac{(U_{SGA} - |U_{Pp}|)_4}{(U_{GSA} - U_{Pn})_1} \leqq 2 \tag{3.113}$$

führt. Eine Stabilitäts- und interne Begrenzung der Slew-Rate-gerechten Dimensionierung orientiert sich folglich nach dieser effektiven Steuerspannungsfestlegung, wobei die zwecks Minimierung der Pole-splitting-Kapazität C erhobene Forderung $g_{m4} > g_{m1}$ in Gl. (3.41) dadurch nicht beeinträchtigt wird.

Wie die bisherigen Ausführungen zeigen, kann man Maßnahmen treffen, um ein günstiges Slew-Verhalten zu erzielen, dennoch impliziert dies nicht, daß die nachfolgende Einschwingzeitperiode $t_{ST} - t_{SR}$ so kurz wie möglich verläuft [Solo 74]. Zur Analyse der Einschwingzeitperiode wird nun nach Gl. (3.98) der lineare Betriebsbereich des OPAMP angenommen, so daß jetzt einfach beispielsweise die Pole-splitting-Funktion $\boldsymbol{V}_D(p)$

in Gl. (3.8) einzusetzen ist, d. h., im Spannungsfolgerbetrieb gilt

$$V(p) = \frac{V_\mathrm{D}(p)}{1 + V_\mathrm{D}(p)} = V_\mathrm{D}(0) \frac{\omega_{\widetilde{\mathrm{P1}}}\omega_{\widetilde{\mathrm{P2}}}}{p^2 + p(\omega_{\widetilde{\mathrm{P1}}} + \omega_{\widetilde{\mathrm{P2}}}) + \omega_{\widetilde{\mathrm{P1}}}\omega_{\widetilde{\mathrm{P2}}}\big(1 + V_\mathrm{D}(0)\big)}. \tag{3.114}$$

Werden in Gl. (3.114) die Ansätze

$$\omega_\mathrm{n}{}^2 = \omega_{\widetilde{\mathrm{P1}}}\omega_{\widetilde{\mathrm{P2}}}\big(1 + V_\mathrm{D}(0)\big) \tag{3.115}$$

$$2\xi\omega_\mathrm{n} = \omega_{\widetilde{\mathrm{P1}}} + \omega_{\widetilde{\mathrm{P2}}} \tag{3.116}$$

berücksichtigt, folgt für die Übertragungsfunktion

$$V(p) = \frac{\dfrac{V_\mathrm{D}(0)}{1 + V_\mathrm{D}(0)}\,\omega_\mathrm{n}{}^2}{p^2 + 2\xi\omega_\mathrm{n}p + \omega_\mathrm{n}{}^2} \tag{3.117}$$

mit den beiden Wurzeln des Nennerpolynoms

$$p_{1/2} = \omega_\mathrm{n}\big(-\xi \pm \sqrt{\xi^2 - 1}\big). \tag{3.118}$$

Die beiden Polstellen von Gl. (3.118) verdeutlichen sofort, daß die eingeführte Größe ξ das Dämpfungsmaß darstellt und unter den Bedingungen $\xi \gtreqless 1$ die typischen drei Fälle im Übertragungsverhalten zu diskutieren sind ($\xi < 1$: osszillierend abklingendes Verhalten, $\xi = 1$: aperiodischer Grenzfall, $\xi > 1$: aperiodisch gedämpfter Einschwingvorgang bzw. Kriechfall). Wichtig für den OPAMP-Entwurf ist die grundsätzliche Orientierung, daß für das Pole-splitting- oder Two-pole-Modell anhand der entworfenen Schaltungsparameter sofort eine Abschätzung getroffen werden kann, zu welcher Einschwingtendenz die Schaltung neigt, um damit den Sinn der konkreten Phasenreserve α zu verdeutlichen. Dies ergibt sich aus Gl. (3.115), Gl. (3.116) mit

$$\xi = \frac{\omega_{\widetilde{\mathrm{P1}}} + \omega_{\widetilde{\mathrm{P2}}}}{2\sqrt{\big(1 + V_\mathrm{D}(0)\big)\,\omega_{\widetilde{\mathrm{P1}}}\omega_{\widetilde{\mathrm{P2}}}}} \gtreqless 1, \tag{3.119}$$

wobei unter den sicheren Näherungen $V_\mathrm{D}(0) \gg 1$, $\omega_{\widetilde{\mathrm{P2}}} \gg \omega_{\widetilde{\mathrm{P1}}}$ folgt

$$\xi \approx \frac{1}{2}\,\frac{1}{\sqrt{V_\mathrm{D}(0)\,\omega_{\widetilde{\mathrm{P1}}}/\omega_{\widetilde{\mathrm{P2}}}}} \gtreqless 1 \tag{3.120}$$

bzw.

$$1 \gtreqless 4V_\mathrm{D}(0)\,\omega_{\widetilde{\mathrm{P1}}}/\omega_{\widetilde{\mathrm{P2}}} = 4\omega_\mathrm{T}/\omega_{\widetilde{\mathrm{P2}}}. \tag{3.121}$$

Werden in Gl. (3.121) für die Pole-splitting-CMOS-OPAMPs nach Abb. 3.7 bzw. Abb. 3.17 die Polfrequenzen $\omega_{\widetilde{\mathrm{P1}}}$, $\omega_{\widetilde{\mathrm{P2}}}$ nach Gl. (3.31), Gl. (3.32) eingesetzt ergibt sich mit Gl. (3.29)

$$C \gtreqless \underbrace{2C_\mathrm{L}\,\frac{g_\mathrm{m1}}{g_\mathrm{m4}}\left(1 + \frac{C_\mathrm{P1}}{C_\mathrm{L}}\right)\left(1 + \sqrt{1 + \frac{C_\mathrm{P1}/C_\mathrm{L}}{\dfrac{g_\mathrm{m1}}{g_\mathrm{m4}}\,(1 + C_\mathrm{P1}/C_\mathrm{L})^2}}\right)}_{C_\mathrm{ST}}. \tag{3.122}$$

Nach Gl. (3.121), Gl. (3.122) folgt für $C < C_{ST}$ das osszillierend abklingende Verhalten einschließlich der schon erwähnten Butterworth-Charakteristik, das für Phasenreserven $-75° < \alpha \leqq -45°$ gültig ist und bereits mit Gl. (3.40) den niedrigsten Kapazitätswert bei $\alpha = -45°$ ausweist, dafür aber die längste Einschwingzeitperiode liefert. Der technisch interessante Fall ist der aperiodische Grenzfall, der für $C = C_{ST}$ zwar auf die kürzeste Einschwingzeitperiode bei einer theoretischen Phasenreserve von $\alpha \cong -75°$ führt, nur diese bereits eine sehr flächenintensive Pole-splitting-Kapazität C fordert. Praktisch wird die Phasenreserve α auf Werte von ca. $-70°$ begrenzt, da die restlichen Phasendrehungen der oberhalb von ω_T liegenden Polfrequenzen bisher nicht eingerechnet wurden. Der Kriechfall mit $C > C_{ST}$ ist für integrierte MOS-OPAMPs aus Flächengründen meistens indiskutabel. Die Berechnung der Einschwingzeitperiode STP in Abb. 3.15 ist analytisch für den gebräuchlichen Fall $\xi < 1$ zu beherrschen [Chua 82] So folgt mit dem maximalen Spannungssprung U_{EM} am nichtinvertierenden CMOS-OPAMP-Eingang von Abb. 3.16 und einer 0,1%-Einschwingzeitkonstante $K_{ST} = 10^3$ die Beziehung ($C_{AS} \cong C_L$)

$$t_{ST} - t_{SR} \cong \frac{2C_L}{g_{m4}} \ln\left(K_{ST} \frac{I_Z}{g_{m1} U_{EM}}\right). \tag{3.123}$$

Diese Beziehung ist in den anderen Einschwingvarianten näherungsweise mit einem jeweiligen Proportionalitätsfaktor zu versehen, so daß für kurze Einschwingzeitperioden die Entwurfsbedingung $g_{m4} > g_{m1}$ nach Gl. (3.41) erneut bestätigt wird.

An dieser Stelle muß wiederholt werden, daß diese Einschwingzeitberechnungen auf der elementaren nullstellenfreien Pole-splitting- oder auch Two-pole-Funktion beruhen. Wie schon in 3.1.3. erwähnt, läßt sich zur Erweiterung des Verstärkung-Bandbreite-Produktes die Feedforward-Technik nutzen, die beispielsweise mit Gl. (3.74) und allen nachfolgenden Ausführungen (C_B-Entwurf) in der Übertragungsfunktion nicht immer zu einer präzisen Elimination eines Pol-Nullstellenpaares ($\omega_{N1} \cong \omega_{\widetilde{P2}}$) führt. Rechnet man hier wieder unter den angenommenen linearen Bedingungen für den Spannungsfolgerbetrieb den Einschwingvoıgang aus, folgt mit $\omega_{\widetilde{KS}} \gg \omega_{\widetilde{DV}} = \boldsymbol{V}_D(0)/\omega_T$, Gl. (3.76), Gl. (3.77) für Gl. (3.83)

$$\begin{aligned}\boldsymbol{V}_D(p) &\cong \boldsymbol{V}_D(0) \frac{(1 + p/\omega_{N1})}{(1 + p/\omega_{\widetilde{DV}})(1 + p/\omega_{\widetilde{KS}})(1 + p/\omega_{\widetilde{P2}})} \\ &\approx \boldsymbol{V}_D(0) \frac{1}{(1 + p\boldsymbol{V}_D(0)/\omega_T)} \frac{(1 + p/\omega_{N1})}{(1 + p/\omega_{\widetilde{P2}})},\end{aligned} \tag{3.124}$$

so daß sich für $\boldsymbol{V}_D(0) \gg 1$ die Übertragungsfunktion

$$\boldsymbol{V}(p) = \frac{\boldsymbol{U}_A(p)}{\boldsymbol{U}_E(p)} = \frac{\boldsymbol{V}_D(p)}{1 + \boldsymbol{V}_D(p)} \approx \frac{(1 + p/\omega_{N1})}{(1 + p/\omega_A)(1 + p/\omega_B)} \tag{3.125}$$

mit

$$\omega_A \approx \omega_{N1}\left(1 - \frac{(1 - \omega_{\widetilde{P2}}/\omega_{N1})}{(\omega_T/\omega_{N1} - 1)}\right) \tag{3.126}$$

$$\omega_B \approx \omega_T \tag{3.127}$$

und

$$\omega_T \gg |\omega_{N1} - \omega_{\widetilde{P2}}| \tag{3.128}$$

ergibt. Gl. (3.126) zeigt, daß die Differenz der Pol-Nullstellenfrequenz $|\omega_{N1} - \omega_{\tilde{P}2}|$ durch den Spannungsfolgerbetrieb um den Betrag ω_T/ω_{N1} vermindert wird. Abb. 3.19 zeigt den Frequenzgang von Gl. (3.124) und Gl. (3.125). Unter Berücksichtigung der Sprungfunktion $U_E(p) = U_{EM}/p$ führt die Rücktransformation mit Gl. (3.125) auf die Spannungsfolgerreaktion

$$u_A(t) = U_{EM}(1 - e^{-\omega_T t}) + U_{EM}K_1(e^{-\omega_T t} - e^{-\omega_A t}) \tag{3.129}$$

mit

$$K_1 = \frac{\omega_{N1} - \omega_A}{\omega_{N1}} (1 - \omega_A/\omega_T)^{-1}, \tag{3.130}$$

deren Verlauf Abb. 3.20 darstellt [Gray 74]. Genauere Computersimulationen wurden analog Gl. (3.129) von [Kama 74] angestellt und bestätigen die hier getroffenen Feststellungen. Gl. (3.126), Gl. (3.130) und Abb. 3.20 zeigen, daß für $|\omega_{N1} - \omega_{\tilde{P}2}| \to 0$ der Wert $K_1 \to 0$ strebt und damit nur noch die einfach gedämpfte Ausgangsreaktion $U_{EM}(1 - e^{-\omega_T t})$ erfolgt. Je größer die Frequenzdifferenz zwischen ω_{N1} und $\omega_{\tilde{P}2}$ wird, um so größer wird die langsam ansteigende und sich subtrahierende Komponente mit

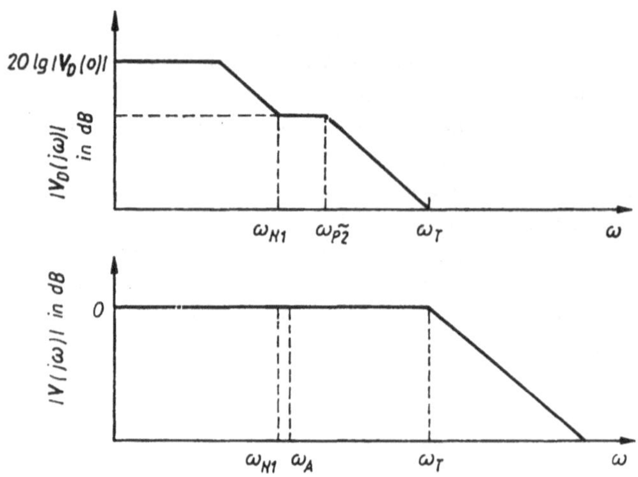

Abb. 3.19 Frequenzgang des kompensierten Pole-splitting-NMOS-OPAMP nach Abb. 3.13a) im nichtgegengekoppelten- und Spannungsfolgerbetrieb unter Berücksichtigung eines unkompensierten Pol-Nullstellenfrequenzpaares in der Übertragungsfunktion

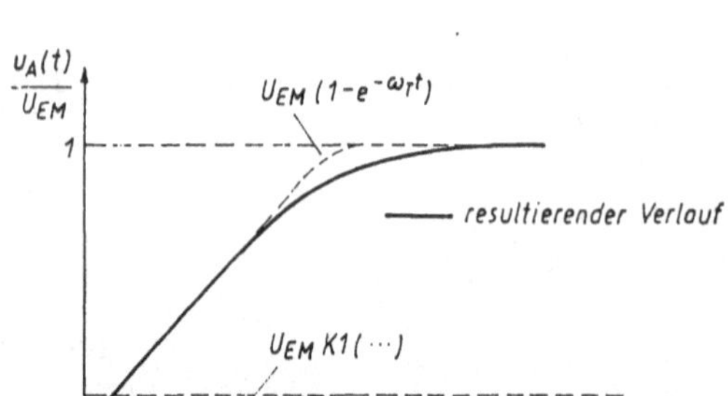

Abb. 3.20 Verlauf der Spannungsfolgerreaktion unter Einfluß des unkompensierten Pol-Nullstellenfrequenzpaares nach Gl. (3.129)

$K_1 U_{EM}(\ldots)$, so daß die mV-Einschwingzeiten gerade bei SC-Filtern oder Artimethikschaltungen in A/D-Umsetzern beträchtlich sein können. Um eine kurze Einschwingzeitperiode abzusichern, wurde in der MOS-Technik als bisher üblicher Weg die Verlagerung der Pol/Nullstellenfrequenzpaare nach der Transitfrequenz ω_T angestrebt (z. B. für $V_{SE}(0)$ in Abb. 3.13a)) oder Überlegungen wie in Abb. 3.13b) mit Gl. (3.79) angestellt, so daß der zusätzliche schaltungstechnische Aufwand der früher entwickelten Doublet Compression Techniques nach [Russ 74] entfällt. Die Auswirkungen von zwei unkompensierten Pol/Nullstellenfrequenzpaaren in der Übertragungsfunktion von Gl. (3.124) bzw. letztlich Gl. (3.125) auf die Einschwingzeit wurden auch von [Russ 74] untersucht und führten auf die qualitativ gleichen Aussagen. Zwei Pol/Nullstellenfrequenzpaare wären typisch, wenn zur Pegelanpassung von Differenzverstärkern beiderseitig Sourcefolger benötigt würden.

3.1.5. Offset und Rauschen integrierter MOS-Operationsverstärker

Allein durch den Einsatz der Differenzverstärkerstufe als Eingangsstufe im OPAMP, ist damit schon nach Gl. (2.158) ein Offset $U_{\text{off}1} = U_{\text{off}}$ vorhanden, der sich streng-genommen bei Kettenschaltung N offsetbehafteter Stufen des OPAMP nach Abb. 3.21a) näherungsweise als

$$\begin{aligned} U_{\text{off0A}} &= U_{\text{off}1} + \frac{U_{\text{off}2}}{V_1(0)} + \frac{U_{\text{off}3}}{V_1(0)\, V_2(0)} + \cdots + \frac{U_{\text{off}N}}{V_1(0) \cdots V_N(0)} \\ &\cong U_{\text{off}1} + U_{\text{off}2}/V_1(0) \end{aligned} \tag{3.131}$$

ergibt. Gerade für zweistufige CMOS-OPAMPs wie in Abb. 3.7 ist bei einer Verstärkungsfestlegung $V_2(0) > V_1(0)$ Gl. (3.131) gerechtfertigt, die sich nur für sehr große Differenzverstärkungen $V_1(0)$ in $U_{\text{off0A}} \cong U_{\text{off}1}$ vereinfachen läßt. U_{off0A} wurde in der realen Übertragungskennlinie im stationären Betrieb in Abb. 3.21b) eingezeichnet. Hierbei soll die in Abb. 3.21b) eingetragene zusätzliche Wirkung des Gleichtaktbetriebes während der Differenzaussteuerung vernachlässigt werden, d. h., es gilt mit CMRR $= V_D(0)/V_{CM}(0) \to \infty$ (vgl. Gl. (2.144))

$$\begin{aligned} U_A &= V_D(0)\,(U_D - U_{\text{off0A}}) + V_{CM}(0)\, U_{CME} \\ &= V_D(0) \left((U_D - U_{\text{off0A}}) + \frac{U_{CME}}{C_{MRR}} \right) \cong V_D(0)\,(U_D - U_{\text{off0A}}). \end{aligned} \tag{3.132}$$

Dieser Offset U_{off0A} bleibt für verschiedene Beschaltungsarten des OPAMP, wie z. B. dem Spannungsfolgerbetrieb in Abb. 3.21c), erhalten und muß für die meisten Anwendungsfälle kompensiert werden. Es versteht sich von selber, daß die eingezeichnete vorzeichenlose Offsetquelle sowohl einen positiven oder negativen Spannungswert annehmen kann, als auch am invertierenden Eingang lokalisierbar ist.

In der integrierten MOS-Technik geschieht die Offsetkompensation einer Verstärkerstufe $V_i(0)$ dynamisch, indem oft durch Kurzschluß des Verstärkereingangs mit einem definierten Potential (z. B. Masse bei DV-Stufen) der Ausgangsoffset analog Gl. (2.156) mit $V_i(0)\, U_{\text{off}i}$ auf einer Kapazität C_{m_i} gespeichert wird. Im nachfolgenden Takt wird das eigentlich zu verstärkende Eingangssignal an die Stufe gelegt, das linear verstärkt am Ausgang abzüglich des gespeicherten Ausgangsoffsets erscheint. Dieses Selbstabgleich- oder Auto-zero-Prinzip läßt sich auch auf eine mehrstufige Verstärkeranordnung, wie sie beispielsweise bei einem OPAMP gegeben ist, nach Abb. 3.22a) anwenden. Die wichtigste Überlegung besteht hier während der Offsetspeicherungsphase darin, die einzelnen Schalter S2, S3, S4 in Vorbereitung auf die Verstärkungsphase so abzuschalten, daß der durch sie erzeugte Schalteroffset (vgl. Gl. (2.212) $U_{\mathrm{offS}i} \approx \frac{C_{\mathrm{ox}}/2}{C_{\mathrm{m}_i}} \times (U_{\mathrm{DD}} - U_{\mathrm{Pn}})$ mit $C_{\mathrm{m}_i}/(C_{\mathrm{ox}}/2) \cong 100$ immer noch als Offset auf der nachfolgenden Kapazität $C_{\mathrm{m}_{i+1}}$ übernommen werden kann, um somit am Ende keinen Beitrag mehr zu liefern. Nur durch das Öffnen von S4 würde U_{off3} ein Schalteroffset U_{offS4} überlagert. Im letzten Ab- und Einschaltvorgang von S2, S1 entsteht ein Restschalteroffset $U_{\mathrm{offSR(21)}}$ (vgl. Abb. 2.53a)), so daß insgesamt der geringe Betrag

$$U_{\mathrm{offOA'}} = U_{\mathrm{offSR(21)}} + (U_{\mathrm{off3}} + U_{\mathrm{offS4}})/(\boldsymbol{V}_1(0)\, \boldsymbol{V}_2(0)) \cong U_{\mathrm{offSR(21)}} \tag{3.133}$$

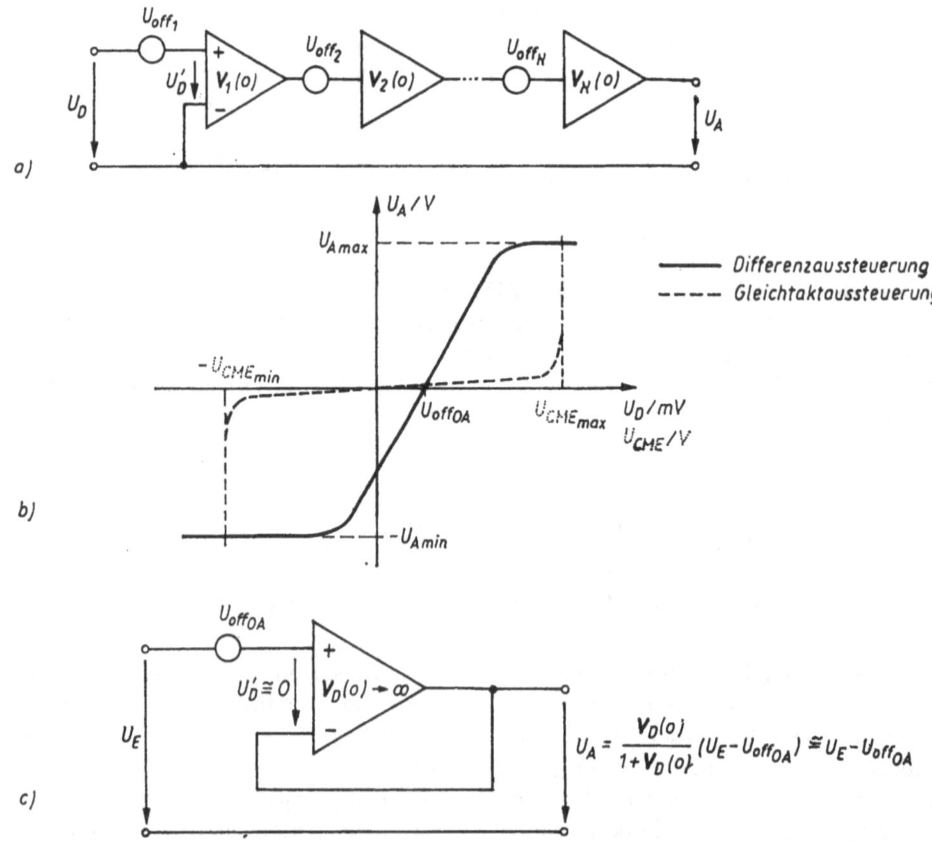

Abb. 3.21 Offset eines OPAMP im Leerlauf- und Spannungsfolgerbetrieb;
a) Kettenschaltung offsetbehafteter Verstärkerstufen,
b) Übertragungskennlinie des offsetbehafteten OPAMP (positiver Offset willkürlich),
c) Spannungsfolgerbetrieb einschließlich eingezeichneter Offsetquelle

registriert würde. Überträgt man dieses Prinzip auf eine Kettenschaltung von Differenzverstärkern nach Abb. 3.22b), wird mit Hilfe der Modulator-Demodulatorschaltertechnik neben der noch zu behandelnden Rauschverminderung der Schaltung der Restschalteroffset $U_{\mathrm{offSR(21)}}$ im wesentlichen beseitigt. Jeder zu kompensierende Schalteroffset

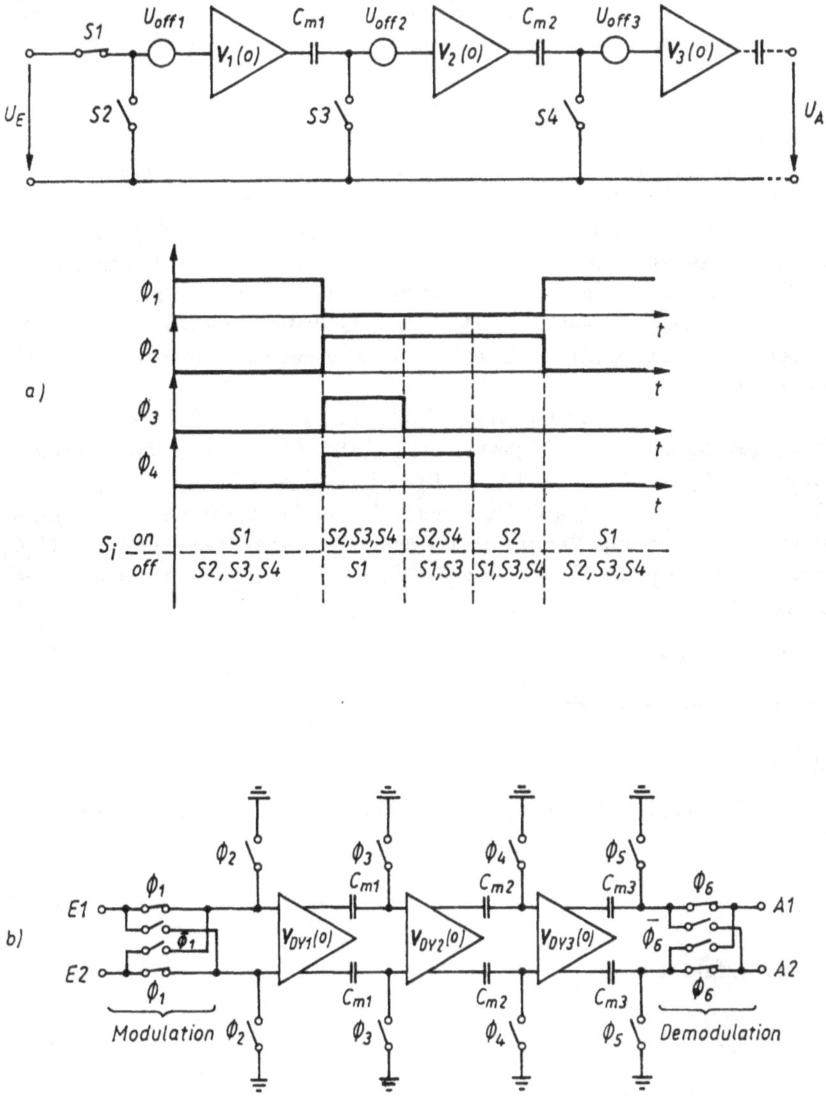

Abb. 3.22 Verstärker mit sukzessiver Speicherung der Offsetspannung (RSM (Residual Voltage Successive Memorization)-Amplifier) zwecks Offset-, Offsetdrift- und Eingangsrauschspannungsminimierung;

a) Kompensation der einzelnen Stufenoffsets $U_{\mathrm{off}i}$ durch sukzessive Schaltertechniken,

b) Umsetzung des Kompensationsprinzips von a) in eine Kettenschaltung von Differenzverstärkern einschließlich der Modulations-Demodulationstechnik zur Rauschminimierung kann sich hier nur als niedriger Differenzschalteroffset ΔU_{offS} ergeben. Gleichzeitig wird die Drift bei sehr niederfrequenten Eingangssignalen $\boldsymbol{U}_{\text{E1}}(0)$, $\boldsymbol{U}_{\text{E2}}(0)$ weitestgehend herabgesetzt. Mit solchen zeitdiskret arbeitenden OPAMP-Konfigurationen sind Offsetspannungen von $U_{\text{offOAS}} < 5\ \mu\text{V}$ und Offsetdriftkoeffizienten $\partial U_{\text{offOA}}/\partial T < 0{,}05\ \mu\text{V}/°\text{C}$ erzielbar, wobei für Taktfrequenzen um 10 kHz bei Langkanaltechnologien kurze Einschwingzeiten der DV-Stufen und niedrige Schalterzeitkonstanten gemäß Abb. 2.50b) problemlos erreicht werden können. Allerdings muß durchaus mit Verlustleistungen von über 10 mW gerechnet werden.

Das in Abb. 3.22b) dargestellte OPAMP-Prinzip eignet sich in der Sensortechnik als Instrumentationsverstärker für alle Aufgaben, wo es zuerst auf das Erkennen sehr kleiner, sich zeitlich nur langsam ändernder Differenzsignale $\boldsymbol{U}_{\text{D}}(0)$ meist in Anwesenheit großer, kontinuierlich schwankender Gleichtaktsignale $\boldsymbol{U}_{\text{CME}}(p)$ ankommt. Folglich sind entsprechend große CMRR-Beträge gefragt. Sind Instrumentationsverstärker mit exakt definierten Verstärkungswerten gesucht, die z. B. für A/D-Umsetzungen Verlustleistungen unter 10 mW benötigen, werden die SC-Instrumentationsverstärker mit ihren Autozero-Prinzipien zur Offsetkompensation nach Abb. 3.23 bedeutungsvoll. Diese Autozero-Prinzipien lassen sich analog Abb. 3.22b) in symmetrische Differenzverstärkertechniken umsetzen [Gray 82].

Zuerst wird in Abb. 3.23a) der Eingangsoffset U_{offOA} während der Offsetspeicherungsphase unmittelbar auf der Kapazität C gespeichert. Auf beiden Kapazitäten befinden sich die Ladungen $Q_{\alpha\text{C}} = \alpha C\left(U_{\text{E}} - U_{\text{E}'}/\boldsymbol{V}_{\text{D}}(0) - U_{\text{offOA}}\right) \cong \alpha C(U_{\text{E}} - U_{\text{offOA}})$ und $Q_{\text{C}} = C\left(U_{\text{E}'}/\boldsymbol{V}_{\text{D}}(0) + U_{\text{offOA}}\right) \cong CU_{\text{offOA}}$. Nach dem idealen Abschalten von S1 beginnt im Umschaltmoment von S2 der Stromfluß durch beide kapazitiven Zweige αC, C, wobei dynamisch die Offsetquelle U_{offOA} kurzgeschlossen ist. Folglich lautet der Knotenpunktsatz in E' einfach

$$\alpha C\ \mathrm{d}U_{\text{E}}/\mathrm{d}t = C\ \mathrm{d}U_{\text{A}}/\mathrm{d}t. \tag{3.134}$$

Die Integratorwirkung führt schließlich mit

$$\int \mathrm{d}U_{\text{A}} = \alpha C/C \int \mathrm{d}U_{\text{E}} + K \tag{3.135}$$

und $K = 0$ (vor dem Umschaltvorgang $U_{\text{A}} = 0$) auf den am Ausgang effektiv stehenden Spannungswert

$$U_{\text{A}} = \frac{\alpha C}{C}\, U_{\text{E}} \tag{3.136}$$

bzw. den Verstärkungsfaktor

$$\frac{\mathrm{d}U_{\text{A}}}{\mathrm{d}U_{\text{E}}} = \frac{\alpha C}{C}. \tag{3.137}$$

Die Offsetkompensation wird dadurch plausibel, daß der ausgeführte Umladungsvorgang zwischen αC und C solange abläuft, bis über der Integratorkapazität C die Klemmenspannung $(\alpha C/C)\ U_{\text{E}} - U_{\text{offOA}}$ steht. Die damit meßbare Ausgangsspannung U_{A} entspricht Gl. (3.136), da während und nach der Offsetkompensationsphase am Ausgang A' bereits U_{offOA} gebildet wurde. Der Instrumentationsverstärker kann auch als Arithmetikschaltung aufgefaßt werden, die ein z. B. konstantes kleines Eingangssignal U_{E} mit einem festzulegenden Faktor $\alpha C/C$ multipliziert. Der Fehler des Kapazitätsverhältnisses $\alpha C/C$ kann nach den Ausführungen von 2.7 entwurfsmäßig minimiert werden, wobei zusätzlich die Problematik von Streukapazitäten zu beachten ist (vgl. auch 3.3). Nachteilig für die hier interessierenden Betrachtungen ist aber die Wirkung des Dummy-kompensierten NMOS-Schalters oder CMOS-Schalters S1 auf den Eingangsknoten E'. Da zuerst der Abschaltvorgang von S1 erfolgen muß, wird durch die nicht genau kompensierbaren Schalterspikes bei Langkanaltechnologien (vgl. 2.6.2) durch $\alpha C \gg C$ die wesentlich kleinere Ladung Q_C stärker verfälscht als $Q_{\alpha C}$, so daß der auf C gespeicherte Offset dem ursprünglichen Wert nicht mehr entspricht und sich so bestimmte Fehlerspannungen dem Ausgangssignal U_A überlagern. Hier bietet Abb. 3.23b) die günstigere Offsetkompensationslösung, da diesmal der wesentlich größere Ausgangsoffset $V_1(0)\, U_{off1}$ über eine entsprechend große Speicherkapazität C_m aufgeladen wird. Das Verstärkungsergebnis in Abb. 3.23b) entspricht dem von Gl. (3.137). Als Kapazitätswerte werden in der Regel $C = 1$ pF und $\alpha C = 10$ pF gewählt. Für einstufige Instrumentationsverstärker läßt sich mit einem unempfindlich ausgewählten Hilfseingang an einem invertierenden Punkt des Verstärkers für den Auto-zero-Vorgang eine spezielle Schaltung entwickeln, die gleichzeitig den Verlustleistungsverbrauch in den µW-Bereich verlagert [Degr 85].

Zur Rauschanalyse eines OPAMPs brauchen anstelle der Offsetquellen in Abb. 3.21a) nur entsprechende Rauschquellen $e_i(f)$ der Einzelstufen gemäß Abschnitt 2. eingesetzt

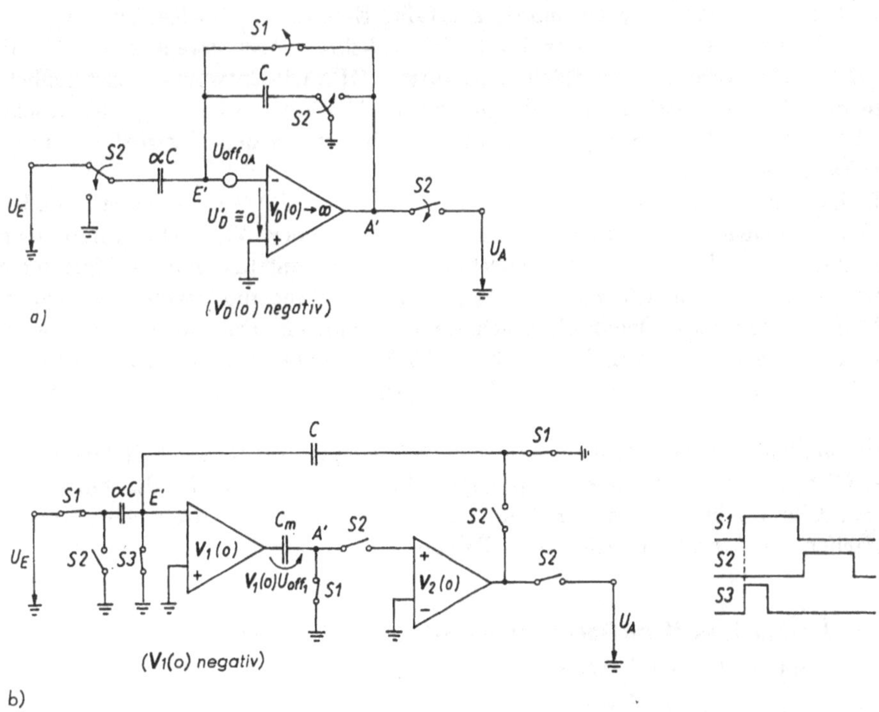

Abb. 3.23 Verschiedene Offsetkompensationstechniken in Form des Selbstabgleiches (Auto-zero techniques) für Instrumentationsverstärker;
a) Prinzipschaltung zur Speicherung des Eingangsoffsets U_{offOA} auf der Kapazität C,
b) Speicherung des Ausgangsoffsets $V_1(0)\, U_{off1}$ der Verstärkerstufe V_1

werden, so daß als Eingangsrauschquelle für den gesamten OPAMP

$$e_{OA}(f) = \sqrt{e_1^2(f) + \left(\frac{e_2(f)}{V_1(0)}\right)^2 + \cdots + \left(\frac{e_N(f)}{V_1(0)\cdots V_N(0)}\right)^2}$$
$$\cong \sqrt{e_1^2(f) + \left(\frac{e_2(f)}{V_1(0)}\right)^2} \qquad (3.138)$$

folgt. Damit spielt wieder die Eingangsrauschspannung der DV-Stufe $e_1(f) = e_{DV}(f)$ die maßgebliche Rolle, wobei die Dimensionierungsstrategien zur Rauschminimierung in 2.4.6. behandelt worden. Die danach empfohlenen flächenintensiven Eingangsstufen sind bezüglich ihrer Abmessungen nicht beliebig ausdehnbar. Weiterhin sollte eine auszuführende Frequenzgangkompensation im Interesse niedriger Offset- und Rauschbeträge am OPAMP-Ausgang erfolgen, da somit die wesentlich höher liegende Polfrequenz der DV-Stufe in einem viel breiteren Frequenzbereich die maximale NF-Verstärkung $V_1(0) = V_{DV}(0)$ gestattet, was sich günstig auf Gl. (3.131), Gl. (3.138) auswirkt. Diese Aufgabe widerspricht aber der in 3.1.4. entwickelten Theorie, die Frequenzgangkompensation unmittelbar nach der ersten Verstärkerstufe zu lokalisieren, das wiederum das Slew-Verhalten günstig beeinflußt. Auch hier kann nur eine Kompromißlösung angeboten werden, indem die Frequenzgangkompensation allgemein in der Mitte des mehrstufigen OPAMP erfolgt. Bei den bereits erläuterten zweistufigen CMOS-OPAMPs ist dieser Kompromiß automatisch erfüllt. Eine drastische Reduzierung vor allem des $1/f$-Rauschens ist erneut nur durch die zeitdiskrete Arbeitsweise des OPAMP möglich. Die damit verbundenen flächensparsamen OPAMP-Entwürfe einschließlich der Möglichkeit, unter skalierten Bedingungen noch über gewisse Signal-Rausch-abstände SNR (vgl. 2.1.3.) verfügen zu können, rechtfertigen den Entwurf eines zusätzlichen Taktgenerators.
Wird mit Hilfe eines Rechteckmodulators (Chopper-Technik) ein zu verstärkendes NF-Signal in Bereiche transformiert, in denen die einzelnen Verstärkerstufen über niedrigere Rauschanteile verfügen (thermisches Rauschen), entsteht mit nachfolgender Rücktransformation ein rauscharmes Nutzsignal. Als Rechteckmodulatoren dienen in Abb. 3.22b) die Modulator-Demodulatorschalteranordnungen. Die Taktfrequenz wird oberhalb der Eckfrequenz f_{th} (vgl. Abb. 2.17) des $1/f$-Rauschens gelegt, d. h., der OPAMP verhält sich durch sein Taktregime bezüglich des $1/f$-Rauschspektrums wie ein Hochpaß-Filter.
Als weitere Maßnahmen zur Reduzierung der niederfrequenten Rauschbeiträge wären neben der CDS (Correlated-Double-Sampling)-Technik vor allem wieder die Auto-zero-Varianten mit ihren Abtastregimen in Abb. 3.23 zu nennen. Der Nachweis wird anhand eines einfachen Auto-zero-Verstärker-Modells von [Enz 84] geführt.

3.1.6. Allgemeines MOS-Operationsverstärkermodell und einfache Entwurfsstrategien

Der Sinn eines allgemeinen OPAMP-Modells besteht darin, die Entwurfsproblematik des OPAMP verständlich zu machen, um anschließend Entwurfsalgorithmen aufzustellen. Werden viele der unter 3.1.2. bis 3.1.5. getroffenen Erkenntnisse zusammengefaßt und neben dem in Abb. 3.2 dargestellten NMOS/CMOS-OPAMP-Strukturen eine

Anzahl weiterer, hier nicht behandelter Varianten einbezogen, entsteht das verallgemeinerte MOS-OPAMP-Modell nach Abb. 3.24 [Riel 85]. Hierbei sei von vornherein bemerkt, daß die Berücksichtigung solcher Komponenten, wie die Betriebsspannungsunterdrückung mit Hilfe von frequenzabhängigen U_{DD}-Quellen (PSRR$^+$-Kleinsignalmodell) oder die Einblendung von stromverstärkenden Stufen, zwar das OPAMP-Modell in seiner Verallgemeinerung erweitern, den Berechnungsaufwand im Frequenzbereich aber erheblich komplizieren können, so daß solche Schritte doch lieber einzelnen OPAMP-Spezialstrukturen vorbehalten bleiben sollten [Ribn 84], [Milk 85].

In Abb. 3.24a) wird deutlich, daß die Pole-splitting-Stufe die zentrale Rolle im OPAMP-Aufbau spielt und im Kompromiß zwischen Slew-Rate S_R^+, maximaler Ausgangsaussteuerbarkeit und Offset- und Eingangsrauschspannungen U_{offOA}, $e_{OA}(f)$ in der Mitte lokalisiert ist. Die Verhinderung der nachteiligen Wirkung der positiven Nullstellenfrequenz ω_{N1} auf die OPAMP-Übertragungsfunktion (vgl. Gl. (3.17)ff.) wird mit der Vielzahl von Schaltungslösungen in Abb. 3.24b) gezeigt. Bei der Realisierung der MOS-, insbesondere CMOS-Sourcefolgerstufen sei noch einmal darauf verwiesen, den Bodyeffekt der Sourcefolgertransistoren M2 aus Gründen eines zu begünstigenden Breitbandentwurfes nicht kurzzuschließen. Zur Herleitung der OPAMP-Parameter des allgemeinen Modells in Abb. 3.24a) müssen zuerst die drei Koeffizienten

a)

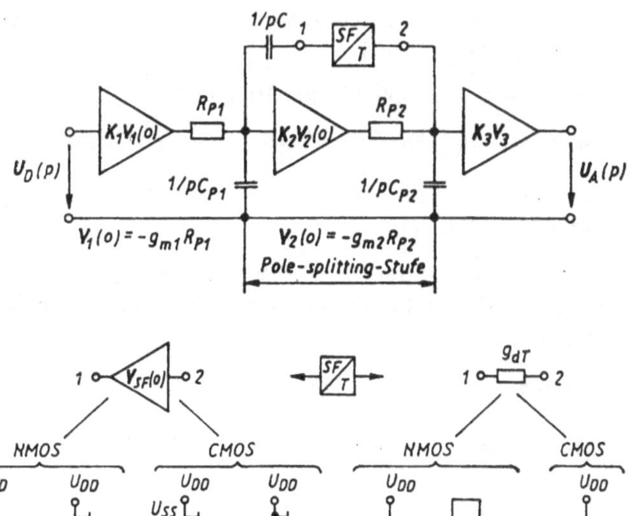

b)

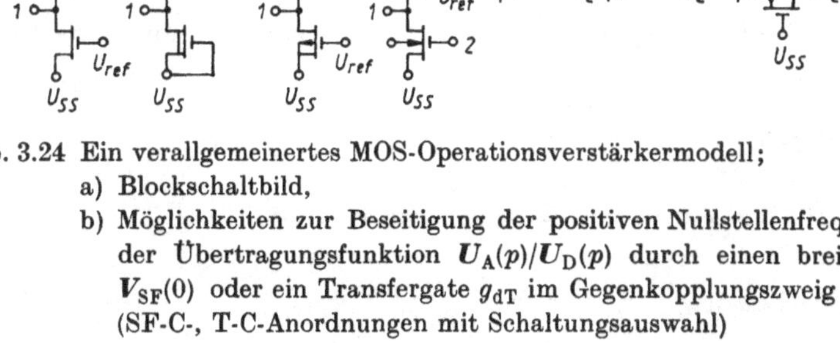

Abb. 3.24 Ein verallgemeinertes MOS-Operationsverstärkermodell;
a) Blockschaltbild,
b) Möglichkeiten zur Beseitigung der positiven Nullstellenfrequenz $\omega_{N1} = K_2 g_{m2}/C$ in der Übertragungsfunktion $U_A(p)/U_D(p)$ durch einen breitbandigen Sourcefolger $V_{SF}(0)$ oder ein Transfergate g_{dT} im Gegenkopplungszweig der Pole-splitting-Stufe (SF-C-, T-C-Anordnungen mit Schaltungsauswahl)

$\boldsymbol{K}_1$, $\boldsymbol{K}_2$, $\boldsymbol{K}_3$ genauer erläutert werden, da sie die Art der Signalauskopplung in der Eingangsstufe oder auch Pegelanpaß- und Verstärkerstufen mit entsprechender Tiefpaßcharakteristik darstellen können. So bedeuten

$$\boldsymbol{K}_1 = \begin{cases} \dfrac{\boldsymbol{V}_{\mathrm{DV}}(0)}{1 + p/\omega_{\mathrm{P3}}} & \text{(Polfrequenz } \omega_{\mathrm{P3}} = (R_{\mathrm{P3}}C_{\mathrm{P3}})^{-1} \text{ mit } R_{\mathrm{P3}} = R_{\mathrm{DV}},\ C_{\mathrm{P3}} = C_{\mathrm{DV}},\ \boldsymbol{V}_1(0) = \boldsymbol{V}_{\mathrm{PU}}(0),\ R_{\mathrm{P1}} = R_{\mathrm{PU}},\ C_{\mathrm{P1}} = C_{\mathrm{PU}}\text{; vgl. Abb. 2.41 u. Abb. 3.2a), wenn im kompensierten Fall gilt } \omega_{\widetilde{\mathrm{PU}}} \ll \omega_{\mathrm{DV}} < \omega_{\widetilde{\mathrm{KS}}},\ \omega_{\mathrm{SA}},\ \omega_{\mathrm{AS}}\text{),} \\ \boldsymbol{K}_1(0) = \boldsymbol{V}_{\mathrm{DV}}(0) & \text{(relativ breitbandige Differenzverstärkerstufe am Eingang und } \boldsymbol{V}_1(0) = \boldsymbol{V}_{\mathrm{PU}}(0),\ R_{\mathrm{P1}} = R_{\mathrm{PU}},\ C_{\mathrm{P1}} = C_{\mathrm{PU}}\text{)} \\ \boldsymbol{K}_1(0) = \dfrac{1}{2},\ 1 & \text{(Auskopplung des halben oder ganzen Differenzsignals bei } \boldsymbol{V}_1(0) = \boldsymbol{V}_{\mathrm{DV}}(0),\ R_{\mathrm{P1}} = R_{\mathrm{DV}},\ C_{\mathrm{P1}} = C_{\mathrm{DV}}\text{; vgl. Abb. 3.2b) u. Abb. 3.10b), Abb. 3.2c), d) u. Abb. 3.7, Abb. 3.18a)),} \end{cases}$$

$$\boldsymbol{K}_2 = \begin{cases} \boldsymbol{V}_{\mathrm{SE}}(0) & \text{(breitbandiger Sourcefolger zur Pegelanpassung vor } \boldsymbol{V}_2(0) = \boldsymbol{V}_{\mathrm{KS}}(0) \text{ oder } \boldsymbol{V}_2(0) = \boldsymbol{V}_{\mathrm{DV2}}(0)\text{; vgl. Abb. 3.13a), b), c), Abb. 3.14),} \\ 1 & \text{Stufe nicht vorhanden; vgl. Abb. 3.7),} \end{cases}$$

$$\boldsymbol{K}_3 = \begin{cases} \boldsymbol{V}_{\mathrm{SA}}(0) & \text{(relativ breitbandiger Sourcefolger am Ausgang (vgl. Abb. 3.2a) oder als relativ breitbandiger Ausgangstreiber, d. h. } \boldsymbol{V}_3 = \boldsymbol{V}_3(0) = 1 \text{ (vgl. Abb. 3.10b))} \\ 1 & \text{(Stufe nicht vorhanden; vgl. Abb. 3.7)} \end{cases}$$

Für die in Abb. 3.24a) allgemein eingezeichnete Verstärkerstufe $\boldsymbol{V}_3$ folgt

$$\boldsymbol{V}_3 = \begin{cases} \dfrac{\boldsymbol{V}_{\mathrm{AS}}(0)}{1 + p/\omega_{\mathrm{P3}}} & \text{(Polfrequenz } \omega_{\mathrm{P3}} = (R_{\mathrm{P3}}C_{\mathrm{P3}})^{-1} \text{ mit } R_{\mathrm{P3}} = R_{\mathrm{AS}},\ C_{\mathrm{P3}} = C_{\mathrm{AS}}\text{; vgl. Gl. (2.195)),} \\ \boldsymbol{V}_3(0) = \boldsymbol{V}_{\mathrm{AS}}(0) & \text{(relativ breitbandige dritte Verstärkerstufe vorhanden; vgl. Gl. (2.201) wenn im kompensierten Fall gilt } \omega_{\widetilde{\mathrm{PU}}} \ll \omega_{\mathrm{DV}} < \omega_{\widetilde{\mathrm{KS}}},\ \omega_{\mathrm{SA}},\ \omega_{\mathrm{AS}}\text{),} \\ 1 & \text{(Stufe nicht vorhanden; vgl. Abb. 3.10b)} \end{cases}$$

Mit diesen Erläuterungen ergibt sich die Leerlaufverstärkung des Operationsverstärkers insgesamt aus

$$\boldsymbol{V}_{\mathrm{D}}(0) = \boldsymbol{K}_1(0)\, \boldsymbol{K}_2 \boldsymbol{K}_3 \boldsymbol{V}_1(0)\, \boldsymbol{V}_2(0)\, \boldsymbol{V}_3(0)\,. \tag{3.139}$$

Die zu Gl. (3.17) bis Gl. (3.28) analogen Schritte führen auf die Bandbreite des OPAMP in der Form

$$\omega_{(-3\mathrm{dB})\mathrm{OA}} = \omega_{\widetilde{\mathrm{P1}}} = \frac{1}{R_{\mathrm{P1}}\big(1 + \boldsymbol{V}_{\mathrm{S}}(0)\big)\, C}\,, \tag{3.140}$$

so daß mit Gl. (3.139) für das Verstärkungs-Bandbreite-Produkt

$$\omega_{\mathrm{T}} = \boldsymbol{V}_{\mathrm{D}}(0)\, \omega_{(-3\mathrm{dB})\mathrm{OA}} = \frac{\boldsymbol{V}_{\mathrm{D}}(0)}{R_{\mathrm{P1}}\big(1 + \boldsymbol{V}_{\mathrm{S}}(0)\big)\, C} \tag{3.141}$$

folgt und für die Schleifenverstärkung $\boldsymbol{V}_S(0)$ jetzt die Untergliederung

SF-C-Gegenkopplungszweig (SFCG)

$$\boldsymbol{V}_S(0) = \boldsymbol{K}_2 g_{m2} R_{P2} \boldsymbol{V}_{SF}(0) \tag{3.142}$$

T-C-Gegenkopplungszweig (TCG)

$$\boldsymbol{V}_S(0) = \boldsymbol{K}_2 g_{m2} R_{P2} \tag{3.143}$$

gilt.

Der Einschwingvorgang des OPAMP wurde nach 3.1.4. in die Slew-Periode und Einschwingzeitperiode untergliedert. Mit dem aktuellen Modell folgt für die Slew-Rate (keine Begrenzung des Spannungsaussteuerbereiches durch eine Verstärkerstufe vorausgesetzt)

$$S_R^+ = S_{R'}^+(1 + aC_{TP}/C)^{-1} \tag{3.144}$$

mit

$$S_{R'}^+ = \frac{\boldsymbol{K}_1(0)\,\boldsymbol{K}_3\boldsymbol{V}_3(0)}{\boldsymbol{V}_{SFers}} \frac{g_{m1}}{g_{mDV,DV1}} \frac{I_Z}{C} \tag{3.145}$$

$$g_{m1} = \begin{cases} g_{mDV,DV1} & (\text{s. } g_{m1} \text{ z. B. in Gl. (2.140)}) \\ g_{mPU} & (\text{s. } g_{m5} \text{ in Gl. (2.162)}) \end{cases}$$

$$\boldsymbol{V}_{SFers} = \begin{cases} \boldsymbol{V}_{SF}(0) & (\text{SFCG}) \\ 1 & (\text{TCG}) \end{cases}$$

$$a_1 = \begin{cases} 1/2 & (\text{Auskopplung des halben Differenzsignals in der Eingangsstufe}) \\ 1 & (\text{Auskopplung des gesamten Differenzsignals in der Eingangsstufe}) \end{cases}$$

(g_{mDV1} gilt dann, wenn im OPAMP-Aufbau für $\boldsymbol{V}_1(0)$, $\boldsymbol{V}_2(0)$ zwei DV-Stufen $\boldsymbol{V}_{DV1}(0)$, $\boldsymbol{V}_{DV2}(0)$ verwendet werden).

Die Einschwingzeitperiode ergab sich nach Gl. (3.121) bis Gl. (3.123). Durch Kenntnis der zweiten gesplitteten Polfrequenz

$$\omega_{\tilde{P2}} \cong \boldsymbol{V}_S(0) \frac{1}{R_{P2}C_{P2}(1 + C_{P1}/C) + kR_{P2}C_{P1}} \tag{3.146}$$

$$k = \begin{cases} 0 & (\text{SFCG}), \\ 1 & (\text{TCG}) \end{cases}$$

bzw. ω_{P3} für die Two-pole-Funktion schreibt sich Gl. (3.121) erneut als

$$1 \gtreqless 4\omega_T/\omega_{\tilde{P2}/3}. \tag{3.147}$$

Damit berechnet sich die Pole-splitting-Kapazität für den technisch interessierenden osszillierend abklingenden Einschwingvorgang und aperiodischen Grenzfall mit

$$C \leqq 2\boldsymbol{K}_1(0)\,\boldsymbol{K}_3\boldsymbol{V}_3(0)\,(g_{m1}/g_{mers})\,C_{ers} \tag{3.148}$$

und

$$g_{mers} = \begin{cases} \boldsymbol{K}_2 g_{m2} & (\text{Pole-splitting-Funktion}) \\ \boldsymbol{V}_{SFers}/R_{P3} & (\text{Two-pole-Funktion}) \end{cases}$$

$$C_{\text{ers}} = \begin{cases} \dfrac{kC_{\text{P1}} + C_{\text{P2}}}{w\boldsymbol{V}_{\text{FSers}}^2} \left[1 + \sqrt{1 + \dfrac{C_{\text{P1}}C_{\text{P2}}\boldsymbol{K}_2 g_{\text{m2}}\boldsymbol{V}_{\text{SFers}}^2}{(kC_{\text{P1}} + C_{\text{P2}})^2\, g_{\text{m1}}\boldsymbol{K}_1(0)\,\boldsymbol{K}_3\boldsymbol{V}_3(0)}}\right] & \text{(Pole-splitting-Funktion)} \\ C_{\text{P3}}/w & \text{(Two-pole-Funktion)} \end{cases}$$

$$w = \begin{cases} 4 & (\alpha = -45°) \\ 1 & (\alpha < 45°) \end{cases}$$

Schließlich läßt sich die Einschwingzeitperiode in der Form

$$t_{\text{ST}} - t_{\text{SR}} \cong \frac{2}{\omega_{\tilde{\text{P}}2}} \ln\left(K_{\text{ST}} \frac{I_{\text{Z}}}{g_{\text{m1}}U_{\text{EM}}}\right) \cong \frac{C_{\text{ers}}}{g_{\text{mers}}} \ln\left(K_{\text{ST}} \frac{I_{\text{Z}}}{g_{\text{m1}}U_{\text{EM}}}\right) \tag{3.149}$$

abschätzen. Randbedingung für alle Angaben ist die Einhaltung der Phasensicherheit nach Gl. (3.28).

Ein weiterer Abstraktionsschritt führt zum charakteristischen Gleichungssystem des integrierten MOS-OPAMP, indem die Näherungen $\boldsymbol{K}_2$, $\boldsymbol{V}_{\text{SFers}} \cong 1$ und der konstante Faktor

$$\boldsymbol{F} = \boldsymbol{K}_1(0)\,\boldsymbol{K}_3\boldsymbol{V}_3(0) \tag{3.150}$$

eingeführt werden. Das charakteristische Gleichungssystem lautet

Leerlaufverstärkung

$$\boldsymbol{V}_{\text{D}}(0) = \boldsymbol{F} g_{\text{m1}} R_{\text{P1}} g_{\text{m2}} R_{\text{P2}}\,, \tag{3.151}$$

Verstärkungs-Bandbreite-Produkt

$$\omega_{\text{T}} = \boldsymbol{F} g_{\text{m1}}/C \tag{3.152}$$

Slew-Periode
(z. B. $g_{\text{m1}} = g_{\text{mDV}}$)

$$S_{\text{R}}^{+} = \boldsymbol{F}\big(I_{\text{Z}}/(C + aC_{\text{TP}})\big) \tag{3.153}$$

Pole-splitting-Kapazität für Einschwingzeitperiode

$$C = 2\boldsymbol{F}(g_{\text{m1}}/g_{\text{mers}})\, C_{\text{ers}}\,. \tag{3.154}$$

Ausgehend von diesem Gleichungssystem lassen sich einige wichtige Schlußfolgerungen treffen:

- Das Gleichungssystem hängt, bis auf einen Skalierungsfaktor $\boldsymbol{F}$, im wesentlichen von den, mit der Pole-splitting-Stufe in Verbindung stehenden Kleinsignalparametern g_{m1}, R_{P1}, g_{m2}, R_{P2}, C_{P1}, C_{P2} oder einer weiteren Polfrequenz $(R_{\text{P3}}C_{\text{P3}})^{-1}$ ab, wobei man für diese Kleinsignalparameter die der NMOS- oder CMOS-Technik annehmen kann.
- Der Skalierungsfaktor $\boldsymbol{F}$ beschreibt die Art der Auskopplung des Differenzsignals in der Eingangsstufe und eventuell zusätzliche Pegelanpaß- und Verstärkerstufen.
- Eine $\boldsymbol{V}_{\text{D}}(0)$-, ω_{T}- und S_{R}^{+}-Erhöhung geschieht durch Verkleinerung der Pole-splitting-Kapazität C, indem unter Vorgabe der Bandbreite $\omega_{(-3\text{dB})\text{OA}}$ der Betrag $R_{\text{P1}}g_{\text{m2}}R_{\text{P2}}$

vergrößert wird, so daß sich gleichzeitig durch g_{m2} die Einschwingzeitperiode verkürzt.

— Die $R_{P1}g_{m2}R_{P2}$-Vergrößerung ist die zentrale Aufgabe in der Operationsverstärkerentwurfsproblematik und sollte beispielsweise durch eine geringe effektive Steuerspannung $(U_{GSA} - U_P)_2$ $\left(g_{m2} = 2I_D/(U_{GSA} - U_P)_2\right)$ und durch verhältnismäßig geringe Querströme beider Stufen (R_{P1}-, R_{P2}-Vergrößerung) erfolgen.

— Damit besteht die allgemeine Optimalitätsbedingung im Entwurf in der Heraufsetzung von $V_D(0)$, ω_T und S_R^+ bei gleichzeitiger Einschwingzeitverminderung t_{ST}, wobei durch Gl. (3.151) bis Gl. (3.154) einem der Parameter keine absolute, aber eine relative Dominanz zugeordnet werden kann.

— Als Nebenbedingungen in dieser Optimierungsaufgabe sind die Erweiterung des Signal-Rauschabstandes SNR, die Flächen- und die Verlustleistungsminimierung als Kompromißlösung zu nennen.

Mit diesen Betrachtungen werden die Grundlagen zur OPAMP-Berechnung überschaubar. Abb. 3.25a), b) zeigt die Flußdiagramme in ihrem Grobablauf für Langkanal-CMOS-OPAMPs im Strong-inversion-Betrieb. Danach wird deutlich, daß sich durch Gl. (3.139) bis Gl. (3.149) mit Hilfe der jeweiligen Konstantenfestlegung die verschiedensten Schaltungen abstrahieren und algorithmisieren lassen, was dem Entwerfer von Baublockbibliotheken spürbar entgegenkommt. Werden innerhalb der Flußdiagramme die Kleinsignalparameter und Knotenkapazitäten gemäß Abschnitt 2. und dem Anhang A1, A2 detailliert zur Schaltung als Formelsatz notiert, läßt sich der Algorithmus z. B. in ein BASIC- oder F77-Programm überführen. Um die Algorithmen nicht zu sehr zu komplizieren und die interaktive Layoutbearbeitung zu minimieren, können auf dieser einfachen Basis nur voroptimierte Entwürfe entstehen, die gewisse Reserven beinhalten. Meistens genügen diese Entwürfe den Durchschnittsansprüchen zur Generierung von Layoutmacros bei Gate-Arrays oder bei Standardzellen. Für die NMOS-OPAMPs nach Abb. 3.13 gilt die analoge Dimensionierungsstrategie wie in Abb. 3.25, nur der Berechnungsaufwand ist durch den mehrstufigen Aufbau und Berücksichtigung der Feedforward-Technik größer und im Detail komplizierter. Ein streng optimierter Entwurf ist unter exakter Kenntnis der technologischen Parameter nur durch den sukzessiven Weg Schaltungsberechnung — Layoutentwurf — Schaltungsberechnung usw. möglich.

Tab. 3.3 und Tab. 3.4 zeigen für verschiedene Langkanaltechnologien mit Berücksichtigung der Strommodelle von Anhang A1 konkret berechnete NMOS/CMOS-OPAMP-Strukturen aus den vorangegangenen Abschnitten. Anhand der Ergebnisse sei hervorgehoben, daß die empfohlene $R_{P1}g_{m2}R_{P2}$-Maximierung nicht nur durch Dimensionierung, sondern auch durch schaltungstechnische Maßnahmen möglich ist. So beinhalten die in Abb. 3.13b), c) gezeigten Schaltungen eine spezielle R_{P1}-Vergrößerung, indem durch das DKS-Konzept nach Gl. (2.112) sehr kleine Querströme $I_{D2} = I_{D3}$ den Knotenwiderstand $R_{P1} = 1/\lambda_2 g_{m2}$ maximieren und damit die Gesamtverstärkung wesentlich heraufsetzen. Weiterhin werden auch gewisse Aussagen zur Technologieabhängigkeit der Schaltungen getroffen, die sich sehr einfach nach dem oben gewonnenen charakteristischen Gleichungssystem nachweisen lassen: Innerhalb der üblichen Langkanaltechnologien werden bei geringer Oxiddicke d_{ox} und Substratkonzentration N_A bzw. N_D die meisten Parameter wie $V_D(0)$, ω_T, $S_R{}^+$, t_{ST}, SNR verbessert, Gesamtstromaufnahme und Verlustleistung der Schaltung steigen an. Diese Aussage bleibt aber nur

OPAMP-Spezifikation nach Abb. 3.24: K_1, K_2, K_3, $V_3 = 1$, TCG $w = 4$ (zweistufiger Pole-splitting-OPAMP),
↓
Schaltungsspezifikation: CMOS-OPAMP nach Abb. 3.7 a)
↓
Vorgabe der OPAMP-Parameter: $\boldsymbol{V}_D(0)$, $f_{(-3dB)OA}$, S_R^+, t_{ST}, C, C_L, P_V, A_C, $U_{DD/SS}$
↓
Vorgabe der Technologie: d_{ox}, N_A, $N_{D(Wanne)}$, x_{jn}, x_{jp}, … ⟶ U_{Pn}, U_{Pp}, K_{1N}, K_{1P}, K_{4N}, K_{4P}, … (Strommodell)
⟶ C_{ox}, C_{Sn^+}, C_{Sp^+}, … (Kapazitätsmodell)
↓
Dimensionierungsweg: Ausgang ⟶ Eingang

Festlegung der Arbeitspunkte der Schaltung u. Transistordimensionierung

Ablauf	berechnete Transistoren (vgl. Gl. (2.30))	Bemerkungen
① ⟶ $\boldsymbol{V}_D(0) = \boldsymbol{V}_1(0)\,\boldsymbol{V}_2(0)$, $\lvert\boldsymbol{V}_2(0)\rvert > \lvert\boldsymbol{V}_1(0)\rvert$ ↓		Verstärkungsaufteilung als Beispiel
⟶ $I_{D4} = S_R^+ C_L \geqq 2I_{D1} = I_{D3}$ ↓		Querstromfestlegung nach Gl. (3.104), Gl. (3.111)
$U_{ref} = U_{GSA3}$	M3, M5	vgl. Gl. (2.150), für M5 kleinere Kanallänge L wählen;
$I_{ref} = I_Z/m_Z = \frac{2I_{D1}}{m_Z}$ ↓	M6	vgl. Gl. (2.154)
$P_V = (U_{DD} - U_{SS})(I_{D3} + I_{D5} + I_{ref})$ eingehalten? — nein ⟶ $I_{neu} < I_{alt}$ (zurück zu I_{D4}); ja ↓		
⟶ $(U_{SGA} - \lvert U_{Pp}\rvert)_{2,4} = (U_{ref} - U_{Pn5})\,\frac{\lvert 1 - \lvert\boldsymbol{V}_2(0)\rvert\,K_{4P}\rvert}{\lvert\boldsymbol{V}_2(0)\rvert\,K_{4N}}$	M2,2′, M4	vgl. Gl. (3.41): für M4 kleinere Kanallänge L aus Flächen/Steilheitsgründen wählen
$(U_{GSA} - U_{Pn})_1 = (U_{SGA} - \lvert U_{Pp}\rvert)_4\,\frac{\lvert 1 - \lvert\boldsymbol{V}_1(0)\rvert\,K_{4N}\rvert}{\lvert\boldsymbol{V}_1(0)\rvert\,K_{4P}}$ ↓	M1,1′	Ableitung der Beziehungen nach Gl. (3.29) mit Gl. (2.15), Gl. (2.18)
$(U_{SGA} - \lvert U_{Pp}\rvert)_4 \leqq 2(U_{SGA} - U_{Pn})_1$? — nein ⟶ $\boldsymbol{V}_1(0)$, $\boldsymbol{V}_2(0)$ ändern (zurück); ja ↓ ②		vgl. Gl. (3.113)

Abb. 3.25 Eine einfache Entwurfsstrategie zur Berechnung des Pole-splitting-CMOS-OPAMP nach Abb. 3.7a) und analog Abb. 3.7b);
a) Festlegung der Arbeitspunkte der Schaltung und Transistordimensionierung,

Frequenzgangkompensation u. Einschwingverhalten

Ablauf	Bemerkungen
② ↓ Berechnung: $g_{m1}, g_{m4}, g_{d1,2,4,5}$ $\dashrightarrow R_{P1,2} = (g_{d1,4} + g_{d2,5})^{-1}$, $C_{P1} = C_{A+}, C_{P2} = C_L, C_{TP}$	Grobabschnätzung der Layoutkapazitäten innerhalb der Knotenkapazität C_{P1} und C_{TP}
← nein — $C \leqq (R_{P1}(1 + g_{m4}R_{P2})\, 2\pi f_{(-3dB)OA})^{-1}$?	C s. Gl. (3.148) ⇢ Gl. (3.40) u. Gl. (3.140) ⇢ Gl. (3.31)
ja ↓ **$f_{(-3dB)OA}$, f_T realisiert**	
← nein — $S_R^+ = (2I_{D1})/(C(1 + C_{TP}/C) \leqq$ Vorgabewert?	s. Gl. (3.144) ⇢ Gl. (3.107)
ja ↓ **S_R^+ realisiert**	t_{SR} bekannt
← nein — $t_{ST} - t_{SR} = \dfrac{2C_L}{g_{m4}} \ln\left(10^3 \dfrac{2I_{D1}}{g_{m1}U_{EM}}\right) \leqq$ Vorgabewert?	z. B. für $U_{EM} = 1$ V-Sprung vorsehen
ja ↓ **t_{ST} realisiert**	
Flächenabschätzung: (Σ Gateflächen + C-Fläche) × FAK	FAK: Layoutfaktor als Erfahrungswert, um auf A_C zu schließen
← nein — $A \leqq A_C$?	
ja ↓ ← nein — Simulation des OPAMP im Spannungsfolgerbetrieb mit Netzwerksimulator erfolgreich?	
ja ↓ **Feinlayout/Simulation**	Abspeicherung der LAYOUT-MACRO-Zelle

Bei „nein“ → ① :
a) erneut $2I_{D1} < I_{D4}$ u. $(U_{SGA} - \|U_{Pp}\|)_4 < 2(U_{SGA} - U_{Pn})_1$ wählen zwecks $R_{P1}g_{m4}R_{P2}$-Maximierung
b) Vorgabewerte überprüfen
c) Reserven abbauen

Abb. 3.25 b) Berechnung der Frequenzgangkompensation und des Einschwingverhaltens

Tab. 3.3a)

Transistor	Typ	Abb. 3.7a)		Abb. 3.13a)		Abb. 3.13a) m.AS 3.13c)		Abb. 3.13c)	
		B µm	*L* µm	*B* µm	*L* µm	*B* µm	*L* µm	*B* µm	*L* µm
M1,1′	N	323	12	100	14	100	14	160	14
M2,2′	P/D	120	12	7	19	7	19	—	—
M2,2′, 8	D	—	—	—	—	—	—	8	61
M3	N	61	12	—	—	—	—	—	—
M3,3′	N	—	—	50	14	50	14	—	—
M3,3′, 7	D	—	—	—	—	—	—	13	12
M4	P/D	150	8	7	19	7	19	—	—
M4,4′, 9	D	—	—	—	—	—	—	12	15
M5	N	40	8	85	14	85	14	—	—
M6	N	26	20	13	74	13	74	—	—
M6,6′	N	—	—	—	—	—	—	80	14
M7	N	—	—	13	74	13	74	—	—
M8	N	—	—	28	7	28	7	—	—
M9	N	—	—	28	7	28	7	—	—
M10	D	—	—	13	18	13	18	—	—
M10, 14	N	—	—	—	—	—	—	20	180
M11	N	—	—	13	74	13	74	198	13
M12	N	—	—	28	7	28	7	—	—
M12, 13, 15	N	—	—	—	—	—	—	61	12
M13	N	—	—	23	6	23	6	—	—
M14	D	—	—	13	8	13	8	—	—
M15	D	—	—	8	52	8	52	—	—
M16	N/D	—	—	8	25	8	25	23	172
M17	D	—	—	17	8	17	8	20	20
M18	N/D	—	—	10	13	10	13	51	5
M19	D	—	—	26	7	—	—	21	5
M20	D	—	—	20	8	—	—	6	16
M21	D	—	—	25	5	—	—	14	16
M22	N	—	—	—	—	183	6	152	5
M23	N	—	—	—	—	18	7	10	8
M24	D	—	—	—	—	25	7	25	5
M25	D	—	—	—	—	—	—	100	5
M26,	N	—	—	—	—	69	7	49	5
M27	D	—	—	—	—	8	11	8	11
M28	D	—	—	—	—	57	7	41	5
M29	N	—	—	—	—	62	7	44	5
M30	D	—	—	—	—	—	—	25	13
M31	D	—	—	—	—	—	—	82	10
M(g_{dT})	N/P	16	8	—	—	—	—	—	—

Tab. 3.3b)

OPAMP-Parameter		Abb. 3.7a)	Abb. 3.13a)	Abb. 3.13a)	Abb. 3.13c)
$V_D(0)$	dB	80	60	71	88
f_T	MHz	1,5 (−42°)	11 (−50°)	7 (−65°)	10 (−55°)
Klammerwert: α					
S_R^+	V/µs	4 (10)	8 (10)	7 (10)	10 (10)
Klammerwert: C_L	pF				
0,1% − t_{ST}	µs	0,95	0,58	0,42	0,59
CMRR	dB	70	73	73	90
P_V	mW	1,4	2,9	5,7	7,2
C, C_B	pF	16	0,57/0,43	0,57/0,43	2,0/0,85
A_C	mm²	0,09	0,12	0,14	0,23

Konkret dimensionierte NMOS/CMOS-OPAMPs einschließlich ihrer Parameter (Tab. 3.3b)) für verschiedene Technologien (3,5-µm-CMOS-Technologie mit Modell nach Gl. (A1.2) für Abb. 3.7a):

$U_{\rm Pon} = 0{,}8$ V, $|U_{\rm Pop}| = 1$ V, $K_{1n'} = 0{,}023$ mA/V², $K_{1p'} = 0{,}009$ mA/V², $K_{3n} = 0{,}05$ V⁻¹, $K_{3p} = 0{,}15$ V⁻¹, $K_{4n'} = 0{,}035$ µm, $K_{4p'} = 0{,}075$ µm, $K_{5n} = 0{,}7$, $K_{5p} = 1{,}0$, $d_{\rm ox} = 70$ nm, $C_{\rm ox} = 0{,}44$ fF/µm², $C''_{\rm Sn^+} = 0{,}32$ fF/µm²;

4-µm-NMOS-Technologie (mit Modell nach Gl. A1.22) für Abb. 3.13a) bis c):

$U_{\rm Pon} = 0{,}5$ V, $U_{\rm PoD} = -3$ V, $K_{1N',D'} = 0{,}0175$ mA/V², $K_{2n,D} = 0{,}5$ V^1/2, $K_{4N',D'} = 0{,}1$ µm, $d_{\rm ox} = 100$ nm, $C_{\rm ox} = 0{,}3$ fF/µm², $C''_{\rm Sn^+} = 0{,}14$ fF/µm²).

Tab. 3.4 Einfluß der technologischen Größen $d_{\rm ox}$ und N_A bzw. N_D als Bulkkonzentration N_B auf verschiedene OPAMP-Parameter ($\lambda_{\rm SF}, \lambda_L$ Backgatefaktoren der Sourcefolger- und Lasttransistoren der Stufen, c_1, c_2 Entwurfs/Technologiekonstanten).

Parameter	CMOS-OPAMP Abb. 3.7	NMOS-OPAMP Abb. 3.13a)	
$V_D(0)$	$\sim (1/d_{\rm ox})^2$	$\sim \dfrac{1}{(1+\lambda_{\rm SF})^2 \lambda_L^2} \sim \dfrac{1}{d_{\rm ox}^i N_B^j}$	$(i > 2, j > 1)$
f_T	$\sim 1/d_{\rm ox}$	$\sim (1 + c_1 d_{\rm ox} N_B^{1/d})^{-1}$	$(d \geqq 2)$
S_R^+	dasgl.	dasgl.	
$t_{ST} - t_{SR}$	$\sim d_{\rm ox}$	$\sim \dfrac{d_{\rm ox}}{1 + c_2 d_{\rm ox} N_B^{1/d}}$	$(d \geqq 2)$
$\mathrm{SNR}_{1/f}$	$\sim 1/d_{\rm ox}$	$\sim 1/d_{\rm ox}$	

dann richtig, wenn sich dabei die Phasenreserve α unwesentlich verringert, d. h. sämtliche Pol-, Nullstellenfrequenzen, die nach der Transitfrequenz ω_T folgen, nach wie vor tief genug in der negativen Halbebene liegenbleiben.

Werden Gl. (3.151) bis Gl. (3.154) in Verbindung mit den Skalierungsregeln von Tab. 2.3, Tab. 2.4 gebracht, ergeben sich die Abschätzungen für die CMOS-OPAMP-Parameteränderungen in Tab. 3.5 unter Strong-inversion-Bedingungen im Kurzkanalbereich.

Tab. 3.5 Gerundete Skalierungsregeln 1. Ordnung für die wichtigsten CMOS-OPAMP-Parameter nach Abb. 3.7 mit $k > 1$ unter Berücksichtigung von Gl. (3.151) bis Gl. (3.154) und Tab. 2.3. Tab. 2.4 einschließlich ihrer technologischen Spezifikationen

Parameter	QCV	CV
$V_D(0)'/V_D(0)$	$k^{-1/2}$	k^{-1}
f_T'/f_T	$k^{3/2}$	k^2
$(S_R^+/U_{DD})'/(S_R^+/U_{DD})$	$k^{3/2}$	k^2
C'/C	k^{-1}	$k^{-3/2}$
$SNR_{1/f}'/SNR_{1/f}$	$k^{-1/2}$	$k^{-1/2}$
$(P_V/A_C)'/(P_V/A_C)$	$k^{3/2}$	$k^{5/2}$

3.2. Steilheitsverstärker

Bei einem Steilheitsverstärker (operational transconductance amplifier — OTA [Degr 82]) arbeiten im Vergleich zu Abb. 3.17 beide Lasttransistoren M2,2' als Stromspiegel- bzw. Mirror-Transistoren. Somit fällt die Differenzverstärkung ab, da die dynamisch wirksamen niederohmigen Lastelemente $1/g_{m2,2'}$ nur noch auf einen Verstärkungsfaktor $g_{m1,1'}/g_{m2,2'}$ führen. Durch den schon erwähnten Super-Mirror M2', M6, M7, M5 wird der Strom $I_{D1'}$ und folglich auch I_{D1} in I_{D4} gespiegelt. Die insgesamt zur Verfügung stehende Niederfrequenzverstärkung beträgt für Abb. 3.26a)

$$V_{OTA}(0) \cong g_{m1} \frac{g_{m4}}{g_{m2}} (g_{d4} + g_{d5})^{-1} = \frac{g_{m1}}{g_{d4} + g_{d5}} \left(\frac{I_{D4}}{I_{D1}}\right). \tag{3.155}$$

Im Frequenzbereich ergeben sich die beiden Polfrequenzen

$$\omega_{(-3dB)OTA} \cong \frac{g_{d4} + g_{d5}}{C_L} \tag{3.156}$$

$$\omega_{P1} \cong \frac{g_{m2}}{C_{P1}} \quad (C_{P1} \cong C_{GS2} + C_{GS4} + C_{DB1,2} + C_Z) \tag{3.157}$$

mit

$$\omega_{(-3dB)OTA} \ll \omega_{P1}. \tag{3.158}$$

Durch den hochohmigen Ausgang (I_{D4}/I_{D1}-Wahl) und die Größe der Lastkapazität C_L sollte die Relation in Gl. (3.158) stets aufrecht erhalten werden, so daß im Gegensatz zum OPAMP-Konzept eine Frequenzgangkompensation immer am Ausgang erfolgt und die Pole-splitting-Kapazität C eingespart werden kann (Flächengewinn). Das Verstärkungs-Bandbreite-Produkt ergibt sich als

$$\omega_T = V_{OTA}(0)\, \omega_{(-3dB)OTA} = \frac{g_{m1}}{C_L} \left(\frac{I_{D4}}{I_{D1}}\right), \tag{3.159}$$

so daß die Phasenreserve

$$\alpha = -\pi/2 + \arctan \frac{g_{m1}}{C_L \omega_{P1}} \left(\frac{I_{D4}}{I_{D1}}\right) \tag{3.160}$$

immer größer wird, je größer die Lastkapazität C_L angenommen werden darf. Folglich sind OTAs für chipinterne Aufgaben mit rein kapazitiver Belastung wie bei SC-Filtern besonders prädistiniert, d. h., niederohmige oder induktive Belastungen würden die dominante Ausgangspolfrequenz heraufsetzen und die Stabilitätsfrage nach Gl. (3.158) erneut stellen. Für solche Treiberaufgaben ist der OPAMP die universellere Blockstruk-

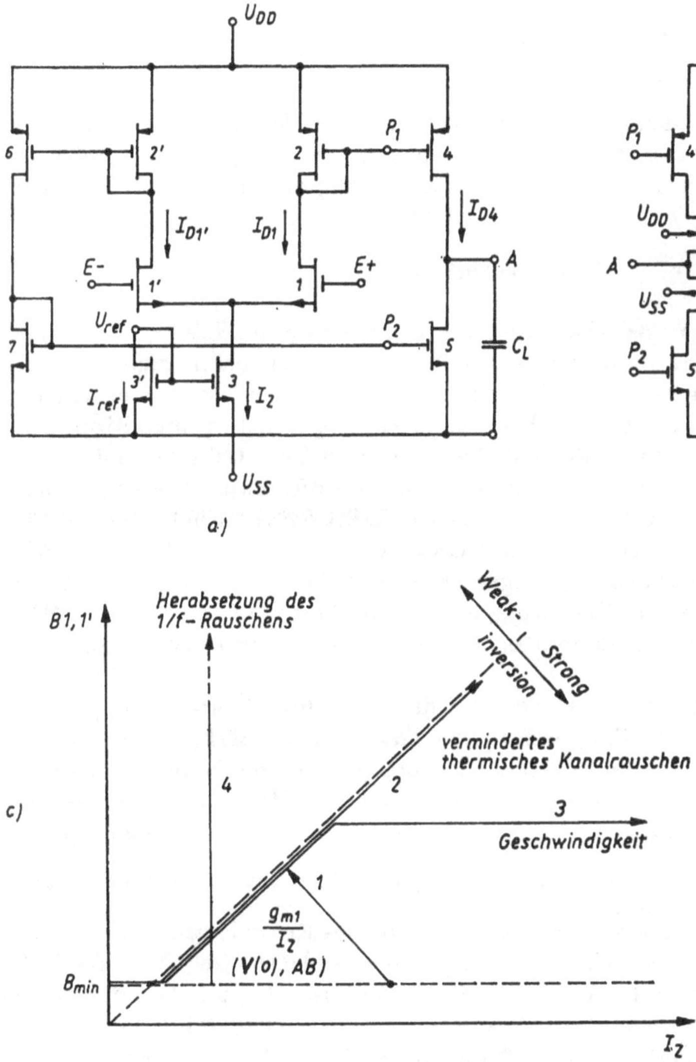

Abb. 3.26 Steilheitsverstärker und ihre Dimensionierungstrategien nach [Degr 82], [Degr 84], [Vitt 85];
a) Grundprinzip des CMOS-Steilheitsverstärkers,
b) CMOS-Steilheitsverstärker mit komplementärer Kaskode-Ausgangsstufe,
c) Optimierungskriterien der CMOS-Eingangsstufe in vier Entwurfswegen, bezogen auf die Eingangstransistoren M1,1′ und den Tailstrom I_Z bei vorgegebener minimaler Analogkanallänge L

tur. Dies trifft noch mehr unter skalierten Bedingungen zu, da C_L und die Polesplitting-Kapazität C kleiner werden.
Zur Abschätzung der Reaktionsgeschwindigkeit des OTA wird als charakteristischer Parameter die Slew-Rate herangezogen. Da die Slew-Rate durch die dominante Polfrequenz am Ausgang begrenzt wird, folgt analog Gl. (3.109) unter Berücksichtigung des Stromteilerfaktors $b = I_{D4}/I_Z$ und Gl. (3.159)

$$S_R{}^{+/-} = \pm 2b \frac{I_Z}{C_L} = \pm 4\pi \frac{I_{D1}}{g_{m1}} f_T. \tag{3.161}$$

Anhand Gl. (3.161) wird deutlich, daß bei Vorgabe einer festen Transitfrequenz f_T eine Slew-Rate-Vergrößerung durch I_{D1}/g_{m1}-Erhöhung bzw. $(U_{GSA} - U_{Pn})_1$-Erhöhung erfolgt. Unter Strong-inversion-Bedingungen ist dies unproblematisch. Im Weak-inversion-Bereich folgt mit Gl. (2.19) und Gl. (A1.42)

$$S_R{}^{+/-} = \pm 4\pi (\eta U_T)_n f_T = \pm 680 \text{ mV} f_T, \tag{3.162}$$

d. h., beispielsweise für $f_T = 100$ kHz wäre nur eine Slew-Rate von $S_R{}^{+/-} = \pm 68$ mV/µs zu erreichen. Gerade für Micropower-Schaltungen wünscht man aber maximale Transitfrequenzen und Slew-Raten bei minimalem Tail- bzw. Konstantstromquellenstrom $I_Z = 2I_{D1}$. Diese Aufgabe läßt sich für Langkanaltechnologien neben sorgfältigen Optimierungsrechnungen dahingehend lösen, daß im Ruhebetrieb des OTA der Tailstrom I_Z extrem niedrig ist und nur bei einer entsprechenden Differenzaussteuerung größere Werte annimmt. Steilheitsverstärker mit solchen Tailstromregelschaltungen werden adaptive biasing amplifier (ADAP) genannt [Degr 82]. Diese OTAs arbeiten im A/B-Betrieb. Für Kurzkanaltechnologien steigen zwar nach den Skalierungsregeln bereits bei Kanallängen um 3 µm die Transitfrequenzen auf Werte von 1 MHz bis 3 MHz, die Verlustleistung ändert sich dann aber auch in Richtung zur 1-mW-Grenze [Degr 84].
Die NF-Verstärkung in Gl. (3.155) ist relativ niedrig, da übliche Werte von $g_{m1}/g_{m2} \cong 3$ und $g_{m4}/(g_{d4} + g_{d5}) \cong 300$ gewählt werden. Eine erhebliche Verstärkungsvergrößerung bis auf Werte über 80 dB sollte mit Hilfe einer komplementären Kaskode-Ausgangsstufe (CAS) nach Abb. 3.26 b) ausgeführt werden. Für die CMOS-Kaskodestufe nach Gl. (2.106) ergibt sich mit $g_{d2} = 0$, $\lambda_{2,3} g_{m2,3} = 0$ die maximale Verstärkung als $g_{m1}/g_{d1} \times (1 + g_{m3}/g_{d3}) \cong g_{m1} \left(1/g_{d1} \frac{g_{m3}}{g_{d3}}\right)$, d. h., der Ausgangswiderstand $1/g_{d1}$ des Basistransistors M1 wird um die innere Verstärkung g_{m3}/g_{d3} des Kaskodetransistors M3 vergrößert. Überführt man diese Überlegung auf die komplementäre CMOS-Kaskodestufe in Abb. 3.26 b), werden die Ausgangswiderstände $1/g_{d4}$, $1/g_{d5}$ um die inneren Verstärkungen (Berücksichtigung des Bodyeffektes im allgemeinen Fall) mit $(1 + \lambda_{8,9})\, g_{m8,9}/g_{d8,9}$ dynamisch erhöht. Hierbei lassen sich die inneren Verstärkungen gleichgroß wählen, so daß schließlich

$$V_{OTACAS}(0) \cong \frac{g_{m1}}{g_{d4} + g_{d5}} \frac{(1 + \lambda_{8,9})\, g_{m8,9}}{g_{d8,9}} \left(\frac{I_{D4}}{I_{D1}}\right) \tag{3.163}$$

folgt. Gl. (3.159) bis Gl. (3.162) bleiben hierbei in etwa erhalten.
Zusammengefaßt sind zur OTA- und OTACAS-Dimensionierung folgende Richtlinien

zu berücksichtigen:

— Die Dimensionierung der Basistransistoren M1,1' wird unter der Randbedingung der Wahl einer minimal vorgegebenen Analogkanallänge L nach Abb. 3.26c) durch die Größe der Kanalbreiten $B_{1,1'}$ und des Teilstromes I_Z bestimmt. Durch Vergrößerung von $B_{1,1'}/I_Z$ bis zum Maximalwert an der Weak-inversion-Grenze (1) werden die NF-Verstärkung $V(0)$, das g_{m1}/I_Z-Verhältnis und der maximale lineare Aussteuerbereich AB vergrößert. Gleichzeitig reduziert sich in der Regel der Offset, der mit der Schwellspannungsdifferenz $\Delta U_{Pn1} = U_{Pn1'} - U_{Pn1}$ und der relativen Kennlinienkonstantenabweichung $\Delta K_{1n}/K_{1n}$ nach Gl. (2.158) auf die Beziehung

$$U_{off} = \Delta U_{GSA1} = \Delta U_{Pn1} - (I_{D1}/g_{m1})\, \Delta K_{1n}/K_{1n} \tag{3.164}$$

führt.

— Eine kontinuierliche Tailstromvergrößerung I_Z und Kanalbreitenerweiterung $B_{1,1}$ führt zur g_{m1}-Vergrößerung $\left(g_{m1} = \sqrt{I_Z \frac{B}{L} K_{1n'}}\right)$ und damit zur Verminderung des thermischen Kanalrauschspektrums (2). Die vorteilhafte Nutzung des stromsparenden Weak-inversion-Bereiches erzeugt unter dieser Maßgabe schnell sehr große Flächen, da somit nur noch die Kanalbreite vergrößert werden kann.

— Die Geschwindigkeit (3) ist zu g_{m1} proportional, solange die parasitären Kapazitäten des MOS-Transistors konstant oder vernachlässigbar bleiben. Eine weitere I_Z-Vergrößerung im Strong-inversion-Bereich reduziert die Verstärkung und den maximalen linearen Aussteuerbereich AB.

— Das $1/f$-Rauschen (4) wird durch größere Gateflächen infolge eines $B_{1,1'}$-Anstieges herabgesetzt (oder p-Kanal-Transistoren für M1,1' wählen s. 2.4.6.).

— Die Verstärkung g_{m1}/g_{m2} sollte etwa 3 bis 10 betragen, d. h. groß genug sein, um einen sinnvollen Kompromiß zum Offset und Rauschen zu finden. Dabei arbeiten die Transistoren M2,2' tief im Strong-inversion-Bereich. Eine zu große Verstärkung verringert die Phasenreserve α, da letztlich g_{m1}/I_{D1} in Gl. (3.160) zu groß ausfallen würde.

— Die Querstromabweichung $\Delta I_D/I_D$ zwischen den Stromspiegeltransistoren M2,4, M2',6, M7,5, M3,3' ergibt sich bei gleichen Gatespannungen unter Verwendung von Gl. (A1.16) mit

$$\Delta I_D/I_D = \Delta K_1/K_1 - (g_m/I_D)\, \Delta U_P \tag{3.165}$$

und ist am größten im Weak-inversion-Bereich $\left(g_m/I_D = (\eta U_T)^{-1}\right)$. Somit muß durch B/L-Optimierung der Stromspiegeltransistoren ein akzeptabler Kompromiß zwischen $\Delta I_D/I_D$ und niedrigem Rauschen ($U_{GSA} - U_P$ größer wählen) und einem großen linearen Aussteuerbereich ($U_{GSA} - U_P$ klein wählen) gesucht werden.

— Der maximale lineare Aussteuerbereich der Kaskode-Ausgangsstufe wird durch eine sorgfältige Festlegung der Referenzspannungen $U_{ref8,9}$ gesichert. Die Drainspannungen für M4,5 können an der Pinch-off-Grenze mit $U_{SGA4} - |U_{Pop}| = U_{SDA4sat}$, $U_{GSA5} - U_{Pon} = U_{DSA5sat}$ unabhängig vom Ruhestrom festgelegt werden. Die Begrenzung des linearen Aussteuerbereiches wird dann insgesamt um den maximalen Wert 4 U_{DSAsat}, bezogen auf $U_{DD} - U_{SS}$, erfolgen, was im Weak-inversion-Bereich minimal 4 $U_{DSAsat} \cong 4(4\ U_T) \cong 400$ mV ausmacht [Vitt 85].

Tab. 3.6 Dimensionierung einer OTA- und OTACAS-Struktur unter Low-power-Bedingungen für Weak- und Strong-inversion-Bereich (a) und gemessene Daten (b) nach [Degr 84].

Transistor	OTA (Wi) B µm	OTA (Wi) L µm	OTA (Wi) B µm	OTA (Wi) L µm	OTACAS (Si) B µm	OTACAS (Si) L µm	OTACAS (Si) B µm	OTACAS (Si) L µm
M1,1′	55	10	10	25	71	10	10	15
M2,2′,6	10	16	10	31	10	13	10	18
M4	131	32	173	121	55	10	57	10
M5	25	20	32	72	18	10	19	10
M7	10	46	10	92	10	36	10	50
M3,3′	10	40	10	40	10	40	10	40
M8	–	–	–	–	55	10	57	10
M9	–	–	–	–	18	10	19	10

(Wi): Eingangstransistoren arbeiten im Weak-inversion-Bereich
(Si): Eingangstransistoren arbeiten im Strong-inversion-Bereich a)

Parameter	Einheit	OTA (Wi)	OTA (Si)	OTACAS (Wi)	OTACAS (Si)
$V(0)$	dB	58	58	> 80	> 80
f_T	kHz	66	91	170	560
α		$-52°$	$-45°$	$-60°$	$-47°$
S_R	V/µs	0,08	0,15	0,16	1
P_V	µW	6,8	40	11,4	64
C_L	pF	10	10	10	10
U_{DD}/U_{SS}		+5/−5	+5/−5	+5/−5	+5/−5

b)

In Tab. 3.6a) wurde eine bestimmte OTA- und OTACAS-Dimensionierung für sehr niedrige Verlustleistungen vorgenommen, in Tab. 3.6b) sind die zugehörigen Meßwerte unter Verwendung einer 5-µm-CMOS-Technologie ausgewiesen [Degr 84]. Danach wird deutlich, daß für beide OTA-Typen Verlustleistungen zwischen 7 µW bis 70 µW je nach Betriebsvariante erreicht werden können. Transitfrequenz f_T und Slew-Rate S_R können durch den Übergang in Strong-inversion-Betrieb bis um maximal den fünffachen Wert gesteigert werden.

3.3. SC-Integrator

Innerhalb des Entwurfes linearer SC-Netzwerke, wie z. B. Abtastfiltern oder Arithmetikeinheiten, bildet der SC-Integrator eine grundlegende Schaltungskonfiguration. Eine Erweiterung dieser Überlegungen führt auf die Anwendung des verallgemeinerten SC-Integrators zur Realisierung nichtlinearer Funktionen nach [Cich 85].

Zunächst wird in Abb. 3.27a) der zeitkontinuierliche RC-Umkehrintegrator betrachtet, der in modifizierter Form auch die Integration von Differenzsignalen gestattet. Wird zum Zeitpunkt $t = 0$ an den Eingang ein Signal $u_E(t)$ gelegt und als Anfangwert $u_A(t = 0) = 0$ angenommen, ergibt sich nach Aufstellung des Knotenpunktsatzes der einfache

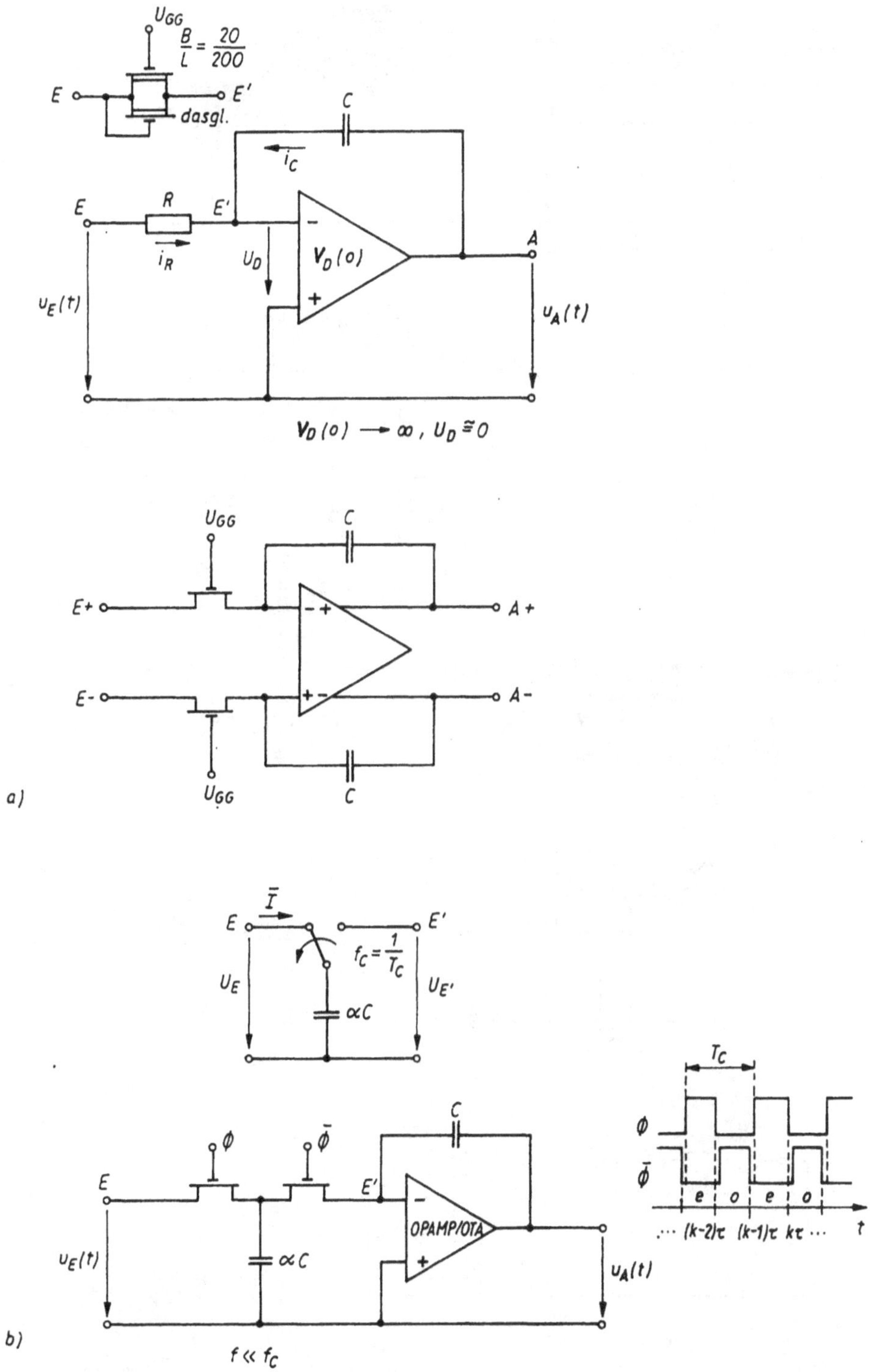

U_{GG}
$\frac{B}{L} = \frac{20}{200}$
E
E'
dasgl.
C
i_C
E
R
E'
i_R
U_D
$V_D(o)$
A
$u_E(t)$
$u_A(t)$
$V_D(o) \to \infty$, $U_D \cong 0$
U_{GG}
C
E+
A+
E-
A-
U_{GG}
C
a)
$\bar{I}$
E
E'
$f_C = \frac{1}{T_C}$
U_E
$U_{E'}$
αC
T_C
Φ
$\bar{\Phi}$
C
E
E'
OPAMP/OTA
$u_E(t)$
αC
$u_A(t)$
e
o
e
o
... (k-2)τ (k-1)τ kτ ...
t
b)
$f \ll f_C$

Abb. 3.27 a, b

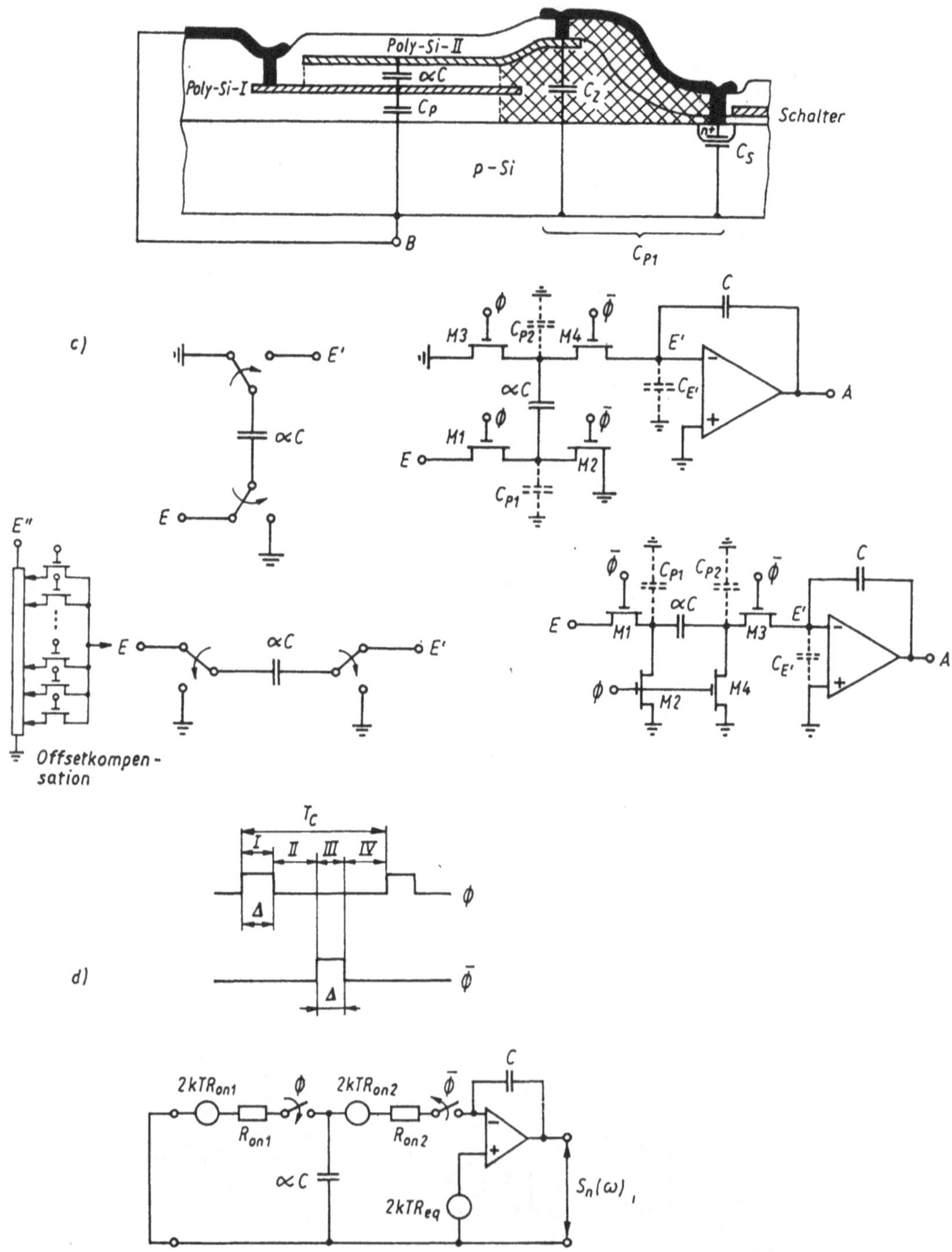
Poly-Si-II
αC
Poly-Si-I
C_p
C_Z
Schalter
C_S
p-Si
B
C_{P1}
c)
E'
αC
E
M3
M4
M1
M2
A
E''
Offsetkompen-
sation
T_C
I
II
III
IV
Δ
d)
$2kTR_{on1}$
$2kTR_{on2}$
R_{on1}
R_{on2}
$2kTR_{eq}$
$S_n(\omega)$

Abb. 3.27 c, d

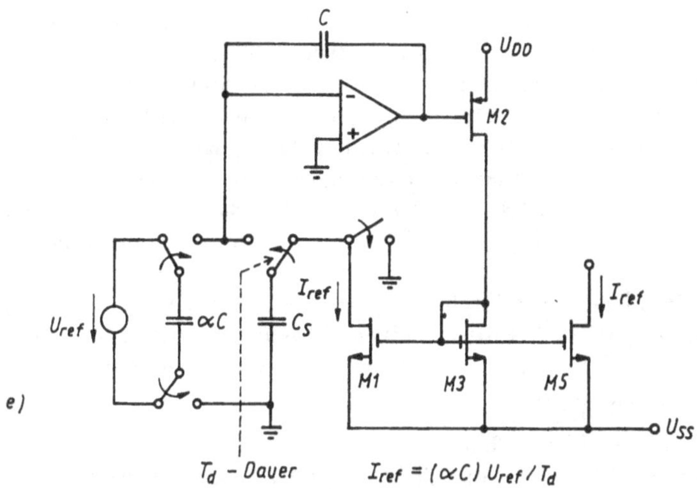

Abb. 3.27 Aufbau, Analyse und Anwendung von SC-Integratoren;

a) zeitkontinuierliche RC-Umkehrintegratoren für Signale $u_E(t)$ und Differenzsignale $u_D(t) = u_{E^+}(t) - u_{E^-}(t)$, wobei die Widerstände durch Depletiontransistoren oder Enhancementtransistoren (akt. Bereich) ersetzt werden können,

b) Prinzip einer geschalteten Kapazität αC mit der Umschaltfrequenz f_c als Widerstandssimulation und Einsatz dieser Anordnung für den SC-Umkehrintegrator ($\Phi/\bar{\Phi}$-Taktfrequenzen untergliedern sich in „even"- bzw. e-Phase oder „odd"- bzw. o-Phase),

c) modifizierte Schalter-Kapazitätsanordnungen αC zur Realisierung der streuinsensitiven nichtinvertierenden- und invertierenden- bzw. SC-Umkehrintegratorstufen und Möglichkeit der potentiometrischen Offsetkompensation,

d) Rauschquellenersatzschaltbild des SC-Integrators,

e) Nutzung des SC-Integrators in einem SC-Spannungs/Strom-Umsetzer (geschlossener Regelkre's, der in jedem Taktzyklus ein Gleichgewicht zwischen der in die Speicherkapazität C_S fließenden Ladung $(\alpha C)\, U_{ref}$ und der von C_S fließenden Ladung $I_{ref} T_d$ hervorruft)

Integrationsvorgang als

$$u_A(t) = -\frac{1}{RC} \int_0^t u_E(t')\, dt'. \tag{3.166}$$

Im Frequenzbereich folgt unter Verwendung von Gl. (3.48) die Übertragungsfunktion mit

$$\boldsymbol{V}(p) = \frac{\boldsymbol{U}_A(p)}{\boldsymbol{U}_E(p)} = -\frac{1}{p/\omega_I}, \tag{3.167}$$

wobei

$$\omega_I = (RC)^{-1} \tag{3.168}$$

die Integratorbandbreite bezeichnet. Die Festlegung der Integratorbandbreite $(RC)^{-1}$ oder Integratorzeitkonstante (RC) würde bei direkter Integration von Kapazitäten und Widerständen mit ihren Strukturtoleranzen, Temperatur- und Spannungskoeffizienten nach Tab. 2.6, Tab. 2.7 zu einem absoluten Fehler führen, der die Spannungsfunktion $u_A(t)$ bzw. $U_A(p)$ merklich verfälschen kann. Zwar läßt sich der Integratorwiderstand R in Form der angegebenen Depletiontransistoranordnung ersetzen und führt in einem Spannungsbereich von $0\,V \leqq u_E \leqq 10\,V$ zu einem Nichtlinearitätsfehler von nur 0,3%, dennoch variieren Integratorzeitkonstante bzw. — Bandbreite für Spannungen U_{GG} von 0 V bis 10 V und unter den speziellen B/L-Werten nur in einem engeren Bereich von 37 μs/27 kHz bis 13,7 μs/73 kHz [Baba 84]. Zusätzlich müßte für eine CMOS-Standardtechnologie der Depletionimplantationsschritt gefordert werden.

Der Wunsch, den Integratorwiderstand R durch eine geschaltete Kapazität zu ersetzen, führt auf Abb. 3.27b). Die Kapazität C wird mit einem Umschalter zwischen den gezeigten Signalen betrieben. Folglich sind alle nachfolgenden Schaltungen Zweiphasen-SC-Strukturen. Hierbei gilt als Randbedingung:

- Der Eingang E hat Sample- and-hold-Charakter oder
- die Signalfrequenz f ist viel kleiner als die Umschalt- oder Taktfrequenz f_c, d. h., es gilt

$$f \ll f_c. \tag{3.169}$$

- Die $\Phi/\overline{\Phi}$-Takte dürfen sich nicht überschneiden (ungünstiges Rauschverhalten, Ladungsverluste).
- Die maximale Signalfrequenz muß dem Nyquist-Kriterium

$$f_{max} = f_c/2 \tag{3.170}$$

genügen, d. h. bandbegrenzt sein, (diese Aufgabe wird durch Vorschalten eines zeitkontinuierlichen Filters (Anti-aliasing-Filter) realisiert, das z. B. ein integriertes einpoliges RC-Tiefpaßfilter sein kann [Klei 83]).

Somit wirken durch Gl. (3.169) die an E und E′ anliegenden Signale aus der Sicht des Schalters wie Gleichspannungen U_E, $U_{E'}$, so daß im eingezeichneten Umschaltvorgang die Ladungsbilanz

$$\Delta Q = Q_E - Q_{E'} = \alpha C(U_E - U_{E'}) \tag{3.171}$$

notiert wird. Dieser Vorgang erfolgt alternierend, d. h., im zeitlichen Mittel fließt der Strom

$$\bar{I} = \frac{\Delta Q}{\Delta t} = \frac{\Delta Q}{T_c} = \alpha C f_c(U_E - U_{E'}), \tag{3.172}$$

der den Widerstandswert

$$R = \frac{U_E - U_{E'}}{\bar{I}} = \frac{1}{f_c(\alpha C)} = T_c/(\alpha C) \tag{3.173}$$

ermöglicht. Gl. (3.166) lautet jetzt mit $u_A(t = 0) = 0$ für $f \ll f_c$

$$u_A(t) = -\frac{\alpha C f_c}{C}\int_0^t u_E(t')\,dt' = \frac{1}{\tau}\int_0^t u_E(t')\,dt' \tag{3.174}$$

und

$$\tau = \frac{C}{f_c(\alpha C)} = \frac{1}{f_c \alpha}. \tag{3.175}$$

Danach wird deutlich, daß die Integratorzeitkonstante τ durch das nach 2.7 bereits erwähnte genau entwerfbare Kapazitätsverhältnis $C/\alpha C = \alpha^{-1}$ eingestellt und durch die Umschaltfrequenz f_c variiert werden kann. Dieser Vorteil ist für jede NMOS/CMOS-Technologie, die die Kapazitätsrealisierung zuläßt, von fundamentaler Bedeutung im SC-Filterentwurf. Im Frequenzbereich lautet die Übertragungsfunktion anstelle Gl. (3.167), Gl. (3.168) mit Gl. (3.173)

$$\frac{\boldsymbol{U}_A(p)}{\boldsymbol{U}_E(p)} = -\frac{\alpha C}{C}\frac{1}{pT_c}. \tag{3.176}$$

An dieser Stelle sei bemerkt, daß die hier betrachteten SC-Netzwerke abgetastete, d. h. zeitdiskrete, amplitudenkontinuierliche Systeme darstellen, wo nach jeder Abtastperiode T_c dem Eingang diskret eine Spannungsamplitude entnommen, weiterverarbeitet und nach dem Ausgang erneut abgetastet wird. Folglich ist die $\boldsymbol{Z}$-Transformation die geeignete Beschreibungsweise des Übertragungsverhaltens von SC-Strukturen. Um solche Übertragungsfunktionen im Frequenzbereich nach Gl. (3.176) bzw. allgemein

$$\frac{\boldsymbol{U}_A(p)}{\boldsymbol{U}_E(p)} = \frac{\sum\limits_{i=0}^{m} b_i p^i}{\sum\limits_{j=0}^{n} a_j p^j} \tag{3.177}$$

in einer äquivalenten Übertragungsfunktion im $\boldsymbol{Z}$-Bereich darstellen zu können, müssen Transformationsregeln verwendet werden, die eine rationale Funktion in p in eine rationale Funktion in z überführen. Dies ist notwendig, da die zeitdiskret arbeitenden SC-Filter auf rationalen Funktionen in z basieren. Übliche Transformationsregeln sind die Vorwärtsdifferenztransformation mit

$$p = \frac{1}{T_c}(z-1) = \frac{1-z^{-1}}{T_c z^{-1}}, \tag{3.178}$$

die Rückwärtsdifferenz $\left(p = 1/T_c(1-z^{-1})\right)$-, die bilineare $\left(p = 2/T_c(z-1)/(z+1)\right)$-, impulsinvariante-, matched-Z- und ldi-Transformation. Die Anwendung dieser Transformationsregeln auf Filter richtet sich nach solchen Fragen wie schmalbandigen Filteraufgaben oder Filter mit stückweise konstantem Amplitudengang usw. Mit Gl. (3.178) folgt für Gl. (3.176) die Integratorfilter- oder einfache Tießpaßfilterfunktion 1. Ordnung im $\boldsymbol{Z}$-Bereich als

$$\boldsymbol{H}(z) = -\frac{\alpha C}{C}\frac{1}{z-1} = -\frac{\alpha C}{C}\frac{z^{-1}}{1-z^{-1}}. \tag{3.179}$$

Bisher wurde der Umkehrintegrator in seinen Übertragungseigenschaften als ideale Schaltungsstruktur bezüglich der OPAMP/OTA-Realisierung, der Analogschalter und der Kapazitäten angesehen. Der Einfluß des realen OPAMP oder OTA auf die während der $\bar{\Phi}$- bzw. „odd“-Phase $\tau \simeq T_c/2$ auszuführenden Integration bzw. dem Ladungsausgleich zwischen αC und C wird neben dem Offset- und Rauscheinfluß durch die endliche Verstärkung $V_{D/OTA}(0)$ und die Transitfrequenz ω_T bestimmt. Wird hierzu erneut die Übertragungsfunktion des frequenzgangkompensierten OPAMP/OTA im Spannungsfolgerbetrieb nach Gl. (3.125) herangezogen und vorausgesetzt, daß kein Doublet auftritt oder $\omega_{N1}/\omega_{\tilde{P}2}$ sich exakt kompensieren, entsteht nach Gl. (3.129) im Zeitbereich die vereinfachte Übertragungsfunktion $u_A(t) = U_{EM}(1 - e^{-\omega_T t})$. Das dazu betragsmäßig qualitativ äquivalente Übertragungsverhalten für den realen Umkehrintegrator lautet mit der während der „odd"-Phase z. B. zur Verfügung stehenden Spannung $u_E^0(k-1) = U_E^0$ schließlich

$$u_A(t) \cong \left(-\frac{\frac{\alpha C}{C} U_E^0}{1 + \varepsilon_V} \right) \left(1 - e^{-\left(\frac{C}{\alpha C + C} \omega_T\right) t} \right). \tag{3.180}$$

Nach $t \cong T_c/2$ ergibt sich für Gl. (3.180)

$$u_A(t \cong T_c/2) \cong -\frac{\alpha C}{C} U_E^0 \frac{1 - \varepsilon_{\omega_T}}{1 + \varepsilon_V} \tag{3.181}$$

mit dem Verstärkungsfehler

$$\varepsilon_V = \frac{\alpha C + C}{V_{D/OTA}(0)\, C} \tag{3.182}$$

und dem Einschwingfehler

$$\varepsilon_{\omega_T} = e^{-\left(\frac{C}{\alpha C + C} \omega_T \frac{T_c}{2}\right)}. \tag{3.183}$$

Durch Gl. (3.182) und Gl. (3.183) wird deutlich, daß die endlichen Leerlaufverstärkungen $V_D(0)$ oder $V_{OTA}(0)$ und die jeweiligen Transitfrequenzen ω_T den Integratorfehler in Gl. (3.181) unmittelbar bestimmen. Da nach den Schlußfolgerungen in 3.1.6. solchen Parametern wie $V_D(0)$, ω_T usw. keine absolute, aber relative Dominanz zugeordnet werden kann, ist eine Gleichsetzung der Fehler $\varepsilon_V = \varepsilon_{\omega_T}$ sinnvoll [Klei 83]. Damit entsteht eine transzendente Gleichung in $V_{D/OTA}(0)$, ω_T, die bei Fehlervorgabe für $\varepsilon_V = \varepsilon_{\omega_T}$, der Angabe des $C/\alpha C$-Wertebereiches und der Taktfrequenz f_c die gesuchten Parameter berechnet. Tab. 3.7 zeigt eine solche Version, so daß damit hinreichend die OPAMP/OTA-

Tab. 3.7 Berechnung der OPAMP/OTA-Parameter für den SC-Integrator nach Abb. 3.27b) unter Vorgabe des Fehler- und $C/\alpha C$-Bereiches für den PCM-Betrieb mit $f_c = 128$ kHz nach [Klei 83] (Signalfrequenz bzw. Sprachbandbreite $f_E = 3{,}4$ kHz, d. h. $f_c/f_E \cong 40$).

$\varepsilon_V = \varepsilon_{\omega_T}$	$C/\alpha C = 1$		$C/\alpha C = 25$	
	$V_{D/OTA}(0)$	f_T kHz	$V_{D/OTA}(0)$	f_T kHz
0,4%	500	450	250	235
0,2%	1000	505	500	265
0,1%	2000	560	1000	295

Parameter abgeschätzt wurden. Da die Einschwingzeit mit $\tau \cong T_c/2$ vorgegeben wird, ist die Frage nach der Slew-Rate des OPAMP/OTA einfach durch die Abschätzung $S_R \cong \Delta u^0_{E\max}/(0{,}05\ T_c/2)$ mit der maximalen Amplitudenänderung $\Delta u^0_{E\max} = u_E{}^0(k+1) - u_E{}^0(k-1)$ zu lösen. Übliche Werte liegen zwischen 2 V/μs bis 5 V/μs und sind mit den in den vorhergehenden Abschnitten angegebenen OPAMP-Daten leicht zu erreichen.

Eine weitere Problematik zur Verfälschung des Ausgangssignals $u_A(t \cong T_c/2)$ in Gl. (3.181) ergibt sich nach Abb. 3.27c) durch die Layoutgestaltung von αC. Hier ergibt sich mit dem Schalteranschluß der Kapazität eine parasitäre, bisher nicht kompensierte Kapazität C_{P1}, die sich αC direkt überlagert und auf

$$u_A(t \cong T_c/2) \cong -(\alpha + \varepsilon_C)\, U_E{}^0\, \frac{1 - \varepsilon_{\omega_T}}{1 + \varepsilon_V} \tag{3.184}$$

mit dem Kapazitätsfehler

$$\varepsilon_C = C_{P1}/C \tag{3.185}$$

führt. Die parasitäre Kapazität C_{P1} ist schwerer abschätzbar, setzt sie sich doch aus einen durch den nichtlinearen Oxiddickengradienten gegebenen Zuleitungsanteil C_Z und der Raumladungskapazität des n^+-diffundierten Gebietes zusammen. Gerade durch den nichtlinearen spannungsabhängigen C_S-Einfluß entstehen harmonische Verzerrungen der Filterfunktion. Als Ausweg der ε_C-Verminderung wird αC stets mit zwei Umschaltern für den nichtinvertierenden und den invertierenden SC-Integrator betrieben. Während der Φ-Taktphase werden in der ersten Schaltung C_{P1} und αC auf u_E^e aufgeladen, C_{P2} bleibt kurzgeschlossen. Mit Beginn der $\bar{\Phi}$-Taktphase wird C_{P1} kurzgeschlossen und die durch den $\Phi/\bar{\Phi}$-Übergang absorbierte Ladung von αC durch C_{P2} übt einen sehr geringen Fehlereinfluß aus. In der zweiten Schaltung werden während der Φ-Taktphase αC, C_{P1}, C_{P2} kurzgeschlossen. Im anschließenden $\bar{\Phi}$-Takt werden αC und C_{P1} etwa auf $u_E{}^0$ aufgeladen, während C_{P2} und C_E näherungsweise durch die virtuelle Masse kurzgeschlossen sind. Da während des Integratorvorganges die in C aufintegrierte Ladung nur von αC geliefert wird, bleibt der Einfluß der parasitären Kapazitäten C_{P1}, C_{P2} praktisch unberücksichtigt. Aus diesem Grund werden diese SC-Strukturen als low-sensitive- oder streuinsensitive SC-Integratoren bezeichnet und vorwiegend in den Filterschaltungen angewendet [Greg 79].

Leider ist prinzipiell durch SC-Integratoren des vorgestellten Schaltungstyps der OPAMP/OTA-Offset nicht wie beim Auto-zero-Verstärker nach Abb. 3.23a) auf der Integratorkapazität C gespeichert. Zusätzlich wirkt wieder nach dem $\Phi/\bar{\Phi}$-Übergang der Restschalteroffset (wenn möglich CMOS-Schalter oder Dummy-Kompensation berücksichtigen). Um den Betrag des insgesamt wirkenden Eingangsoffsets am Knoten E zu kompensieren, wird eine potentiometrische Anordnung entworfen. Hierbei handelt es sich um eine integrierte Widerstandskette, an deren Eingang E″ das Signal gelegt wird und über auswählbare Schalter eine Widerstandsabstimmung erfolgt. Diese Methode wird beispielsweise erfolgreich für SC-Umkehrintegratoren eingesetzt, die als Grundelemente von SC-Biquadfiltern zur Analyse des Sprachspektrums dienen [Kura 84].

Abschließend soll eine Rauschanalyse der SC-Integratoren vorgenommen werden, spielt doch das Filterrauschen in allen Entwürfen eine maßgebliche Rolle. Betrachtet wird hierzu Abb. 3.27d), indem man den SC-Umkehrintegrator entsprechend einer expandierten $\Phi/\overline{\Phi}$-Taktfolge in ein Vierphasen-resistives-SC-Netzwerk mit den durch $f_c \gg f_{th}$ (vgl. Abb. 2.17) gebildeten thermischen Kanalrauschquellen der beiden Schalterwiderstände $R_{on1,2}$ und dem thermischen Eingangsrauschspektrum des OPAMP/OTA untergliedert, d. h., für das angenommene zweiseitige Rauschspektrum gilt unter Berücksichtigung von Gl. (2.66), Gl. (2.96), Gl. (2.102), Gl. (2.175), Gl. (3.138) für Schalter

$$S(f)_{\mathrm{Ron1,2}} = \frac{e_{1\mathrm{th}}^2(f)}{2\Delta f} = 2kTR_{\mathrm{on1,2}} \tag{3.186}$$

für n-Wannen-CMOS-OPAMP/OTA

$$S(f)_{\mathrm{OA,OTA}} \cong \frac{e_{\mathrm{DVNP}}^2(f)}{2\Delta f} = 2kTR_{\mathrm{eq}} = \frac{a_{\mathrm{th}}}{\sqrt{B_1/L_1}}\left(1 + \sqrt{\frac{K_{1\mathrm{P}'}}{K_{1\mathrm{N}'}}\,\frac{B_2L_1}{B_1L_2}}\right). \tag{3.187}$$

Hierbei wurden nach [Gobe 83] folgende Annahmen getroffen, um analytisch eine Berechnung vornehmen zu können:

- Zur Berechnung des Ausgangsrauschspektrums $S_n(\omega)$ des SC-Umkehrintegrators wird der Eingang kurzgeschlossen.
- Die Φ-Taktpausen II, IV (Unterabtasten) sind notwendig, damit die durch den Umschaltvorgang bedingten Ausgleichsvorgänge abgeklungen sind.
- Alle Rauschquellen sind unkorreliert.
- Für die Schalterwiderstände $R = R_{\mathrm{off1,2}}$ entsteht durch den sehr großen Widerstand des MOS-Transistors mit einer der Kapazitäten ein RC-Tiefpaß mit niedriger Eckfrequenz, so daß die statistischen Spannungsschwankungen als sehr langsam variierende Offsetspannungen angesehen werden können und damit der gesperrte Schalter als Rauschquelle vernachlässigbar bleibt.

Damit setzt sich das Ausgangsrauschspektrum $S_n(\omega)$ aus den Breitbandrauschbeiträgen $S_{\mathrm{bb1}}(\Phi \triangleq \mathrm{High})$ durch die Quellen $2kTR_{\mathrm{on2}}$, $2kTR_{\mathrm{eq}}$ und $S_{\mathrm{bb2}}(\overline{\Phi} \triangleq \mathrm{Low})$ durch die Quelle $2kTR_{\mathrm{eq}}$ zusammen, die am Ende der $\overline{\Phi}$-Taktphase noch von dem Abtast/Halte-Rauschbeitrag $S_{\mathrm{sh}}(\omega T_c)$ durch alle Rauschquellen überlagert werden. Mit den Spektralwerten

$$S_{\mathrm{bb1}}(\omega) = \frac{\Delta}{T_c}\,\frac{kT}{\alpha C}\,\frac{\dfrac{\alpha^2}{\omega_{\mathrm{on}}} + \dfrac{1}{\omega_{\mathrm{eq}}}\left[(1+\alpha)^2 + \left(\dfrac{\omega}{\omega_{\mathrm{T}}}\right)^2\left(\dfrac{\omega_{\mathrm{T}}}{2\omega_{\mathrm{on}}}\right)^2\right]}{1 + \left(\dfrac{\omega}{\omega_{\mathrm{T}}}\right)^2\left[(1+\alpha)^2 + \alpha\left(\dfrac{\omega_{\mathrm{T}}}{\omega_{\mathrm{on}}}\right) + \left(\dfrac{\omega_{\mathrm{T}}}{2\omega_{\mathrm{on}}}\right)^2\right] + \left(\dfrac{\omega}{\omega_{\mathrm{T}}}\right)^4\left(\dfrac{\omega_{\mathrm{T}}}{2\omega_{\mathrm{on}}}\right)^2}, \tag{3.188}$$

$$S_{\mathrm{bb2}}(\omega) = \frac{T_c - \Delta}{T_c}\,\frac{kT}{\alpha C}\,\frac{1/\omega_{\mathrm{eq}}}{\left(1 + (\omega/\omega_{\mathrm{T}})^2\right)}, \tag{3.189}$$

$$S_{\mathrm{sh}}(\omega T_c) = T_c\,\frac{kT}{\alpha C}\left[1 + \frac{1 + R_{\mathrm{eq}}/R_{\mathrm{on2}}}{2\sqrt{\dfrac{1}{4} + \alpha(\omega_{\mathrm{on}}/\omega_{\mathrm{T}}) + (\alpha+1)^2\left(\dfrac{\omega_{\mathrm{on}}}{\omega_{\mathrm{T}}}\right)^2}}\right]\left(\frac{\alpha}{\omega T_c}\right)^2 \tag{3.190}$$

und

$$\omega_{\text{on}} = 1/(2R_{\text{on2}}C)\,, \tag{3.191}$$

$$\omega_{\text{eq}} = 1/(2R_{\text{eq}}\alpha C)\,, \tag{3.192}$$

$$V_{\text{D,OTA}}(0) \gg 1 \tag{3.193}$$

folgt

$$S_{\text{n}}(\omega) = S_{\text{bb1}} + S_{\text{bb2}} + S_{\text{sh}}\,, \tag{3.194}$$

wobei Δ die Impulsbreite (vgl. Abb. 3.27d) ist.
Anhand Gl. (3.188) bis Gl. (3.194) läßt sich zur Rauschminimierung und Verbesserung der Dynamik des SC-Integrators folgendes empfehlen:

- große Kapazitätswerte C, αC, niedrige Schalterwiderstände $R_{\text{on1,2}}$ (große B/L-Werte) und hohe Abtastfrequenzen f_c wählen,
- auf niedrige Rauschbandbreite des OPAMP/OTA achten und
- Minimierung des OPAMP/OTA-Eingangsrauschens vor allem durch die DV- und eventuell nachfolgende Verstärkerstufe vornehmen (vgl. 2.4.6: für tiefere Signalfrequenzen $1/f$-Rauschminimierung, für höhere Frequenzen Minimierung des thermischen Kanalrauschens).

Da die thermischen Rauschbeiträge des zweiten Schalters und des OPAMP/OTA in die Spektralwerte S_{bb1}, S_{bb2} als Linearfaktoren im Zähler eingehen, darf mit den Angaben von Tab. 2.4 grob auf eine Gesamtverschlechterung des Signal-Rauschabstandes des SC-Integrators unter skalierten Bedingungen mit $\text{SNR}'_{\text{th(SC)}}/\text{SNR}_{\text{th(SC)}} \sim k^{-3/4}$ (QCV) und $\text{SNR}'_{\text{th(SC)}}/\text{SNR}_{\text{th(SC)}} \sim k^{-1/8}$ (CV) für $k > 1$ geschlossen werden. Dies würde den Filtereinsatz im durchgängigen $L \leqq 2\,\mu\text{m}$—Technologieniveau einschränken, wählt man nicht doch die Kanallängen der Schalter und der Eingangstransistoren der OP-AMP/OTA-Struktur etwas größer. Die automatische Vergrößerung der Transitfrequenz der Schaltungen nach Tab. 3.5 würde bei Beibehaltung niedriger Signalfrequenzen den thermischen Rauscheinfluß der Strukturen anheben. Folglich sollten neben den hohen Abtastfrequenzen im MHz-Bereich auch grundsätzlich höhere Signalfrequenzen verarbeitet werden bzw. man dimensioniert auch unter skalierten Bedingungen bewußt keine OPAMPs bzw. OTAs mit hohen Transitfrequenzen.
Der Einsatz von SC-Integratoren als Arithmetikschaltung, insbesondere als SC-Summations- und Multiplikationsglied, beruht immer wieder auf einmaligen Schaltvorgängen in größeren Zeitabständen. Hier spielen vorrangig Geschwindigkeitsfragen des OPAMP/OTA, ihr PSRR-Verhalten und das $1/f$-Rauschen die maßgebliche Rolle. Die übliche SC-Summations- und Multiplikationsfunktion läßt sich dabei allgemein als

$$U_{\text{A}} - U_{\text{offOA,OTA}} = \sum_i (\pm U_{\text{E}i}) \frac{(\alpha_i C)}{C} \tag{3.195}$$

angeben. Gl. (3.195) wird spezifiziert, wenn an dem invertierenden Integratoreingang E′ in Abb. 3.27c) Einzel- und geschaltete Kapazitäten angeschlossen werden, deren Anschlüsse in der einen Phase jeweils mit einem Eingangssignal $U_{\text{E}i}$ verbunden sind. nach Aufstellen der Ladungsbilanzgleichungen in der jeweiligen Schaltphase läßt sich Gl. (3.196) konkret ermitteln. Neben den Arithmetikschaltungen ergibt sich eine wichtige Nutzung als Spannungs/Strom-Umsetzer nach Abb. 3.27e). Da durch die innere Elektronik der integrierten MOS-Transistoren Referenzspannungen erzeugt werden können (vgl. 3.5.), aber keine Referenzströme, ist eine hochgenaue Umsetzungsmöglichkeit gerade durch Nutzung der geschalteten Kapazitäten bzw. ihrer Verhältnisse sinnvoll. Ausgehend von der Grobübersicht zur SC-Filtersynthese in Abb. 3.28a) ergibt sich in der Realität für die vielen technischen Einzelfälle, angefangen von Tieffrequenzfiltern bis ca. 1 Hz (Verarbeitung von Analogsignalen bei Blutdruckmessern, Herzschrittmachern, Hörgeräten, Vibrationsmessungen usw.) über Tief-, Hoch- und Bandpaßfilter zur Analyse des Sprachspektrums bis hin zu Hochfrequenzfiltern, eine nahezu unüberschaubare Fülle von SC-Realisierungen, deren Synthese, gemäß dem Anliegen der Arbeit, nicht gezeigt werden kann. Hier soll nur kurz als ein Beispiel die Umsetzung eines klassischen RC-Tiefpaßfilters 2. Ordnung in seinen äquivalenten SC-Partner in Abb. 3.28b) erwähnt werden. Die Einzelwiderstände werden getreu Abb. 3.27c) durch geschaltete Kapazitäten ersetzt. Unter Vorgabe der Übertragungsfunktion des zeitkontinuierlichen RC-Tiefpaßfilters 2. Ordnung wird durch die nach Gl. (3.178) usw. aus-

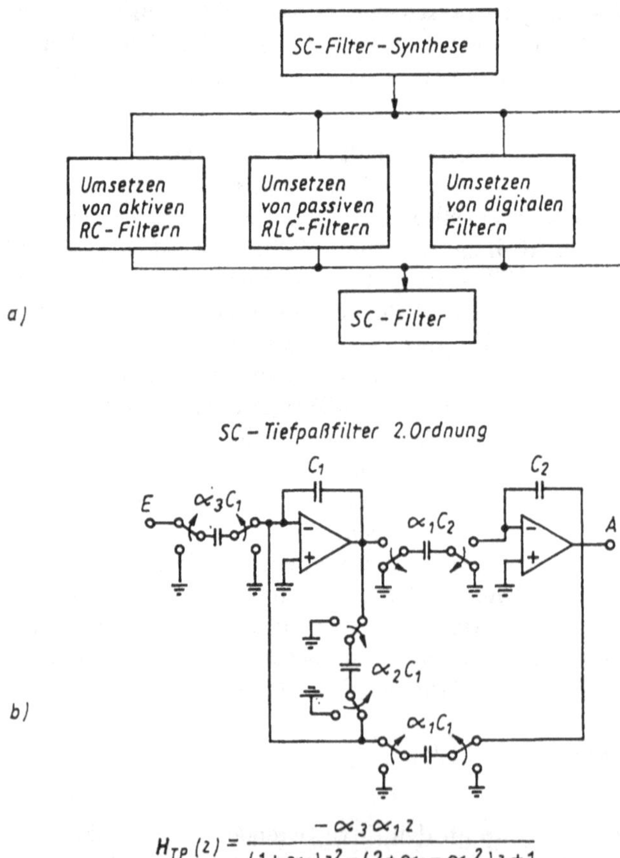

$$H_{TP}(z) = \frac{-\alpha_3 \alpha_1 z}{(1+\alpha_2) z^2 - (2+\alpha_2 - \alpha_1{}^2) z + 1}$$

Abb. 3.28 SC-Filtersynthese und Realisierungsbeispiel;
a) Grobübersicht zur SC-Filtersynthese nach [Rien 80],
b) Umsetzungsbeispiel eines RC- in ein SC-Tiefpaßfilter 2. Ordnung für Aufgaben zur Spracherkennung nach [Lin 82]

gewählten Transformationsregeln die $\boldsymbol{H}_{\mathrm{TP}}(z)$-Funktion gebildet, deren nicht immer ganzzahlige Koeffizienten α_i sich unter Einbeziehung einer oder mehrerer Taktfrequenzen f_{ci} aus der Umrechnung der RC-Filterkoeffizienten ergeben und durch die Kapazitätsverhältnisse realisiert werden müssen. Wird zur Realisierung der Koeffizienten α_i ein entsprechend großes Kapazitätsfeld angeordnet, lassen sich danach Tiefpaßfiltergruppen für verschiedene Eckfrequenzen realisieren [Lin 82].

3.4. Komparatoren

3.4.1. Offsetminimierte Komparatoren

An eine Komparatorschaltung werden Forderungen nach großer Verstärkung, niedrigem Offset und hoher Reaktionsgeschwindigkeit (kleine Verzögerungs- und Erholzeit) bei vorgegebenen Beschränkungen für Flächen- und Verlustleistungsverbrauch gestellt. Nach Abb. 3.29a) unterscheidet man hierbei zwei Hauptklassen, die Spannungspegel- und die Nullpunktkomparatoren. Während die Spannungspegelkomparatoren innerhalb des Eingangsspannungsbereiches $U_1 - U_2$ allgemein eine hohe Gleichtaktunterdrükkung voraussetzen, gestaltet sich der Entwurf der Nullpunktkomparatoren einfacher, da die Schaltschwelle auf konstantem Massepotential liegt. Die Lösung dieser Aufgaben mit Operationsverstärkern ist prinzipiell möglich, führt aber aus Gründen der beim Komparator nicht notwendigen Linearität im Aussteuerbereich, Gegenkopplungsfähigkeit usw. nicht zu optimalen Varianten. Die vollständige Übertragungsfunktion bezüglich der Differenzaussteuerung wurde bereits beim OPAMP in Abb. 3.21b) dargestellt. Da die zu registrierenden Low/High-Reaktionen U_A am Komparatorausgang sich in der Regel auf das Nullpotential beziehen, genügt die einseitige reale Übertragungsfunktion nach Abb. 3.29b). Daraus sind die zwei wichtigsten statischen Parameter eines Komparators ablesbar, d. h. seine endliche Verstärkung

$$\boldsymbol{V}_{\mathrm{C}}(0) = \frac{\boldsymbol{U}_{\mathrm{A}}(0)}{\boldsymbol{U}_{\mathrm{D}}(0)} \tag{3.196}$$

und sein Offset, der bei einer direkten Kopplung von üblicherweise maximal drei Verstärkerstufen gemäß Gl. (3.131) mit

$$U_{\mathrm{offC}} = U_{\mathrm{off1}} + \frac{U_{\mathrm{off2}}}{\boldsymbol{V}_1(0)} + \frac{U_{\mathrm{off3}}}{\boldsymbol{V}_1(0)\,\boldsymbol{V}_2(0)} \tag{3.197}$$

anzugeben wäre. Beide Parameter können unter Temperaturschwankungen driften. Zusätzlich werden Spannungsvergleich $U_1 - U_2$ und Ausgangsreaktion U_A erneut von dem vorhandenen Rauschspektrum vor allem durch die Eingangsstufe und das Masse- und Betriebsspannungsrauschen nachteilig beeinflußt. Folglich sind die Auto-zero- und Chopper-Techniken nach 3.1.5. zur Offset- und Rauschminimierung erneut bedeutungsvoll, d. h., auch der Komparator arbeitet wieder im zeitdiskreten Verstärkerbetrieb. Der Nachteil der schon beschriebenen dynamischen Offsetkompensationstechniken gegenüber den statischen Verfahren ist hier der, daß durch die mitunter komplizierten Taktregimes allein der Komparatorbetrieb beispielsweise den Parallel-A/D-Umsetzungszyklus zeitlich mehr als verdoppeln kann (vgl. Abb. 3.33a) und 4.3.). Dieser Nachteil

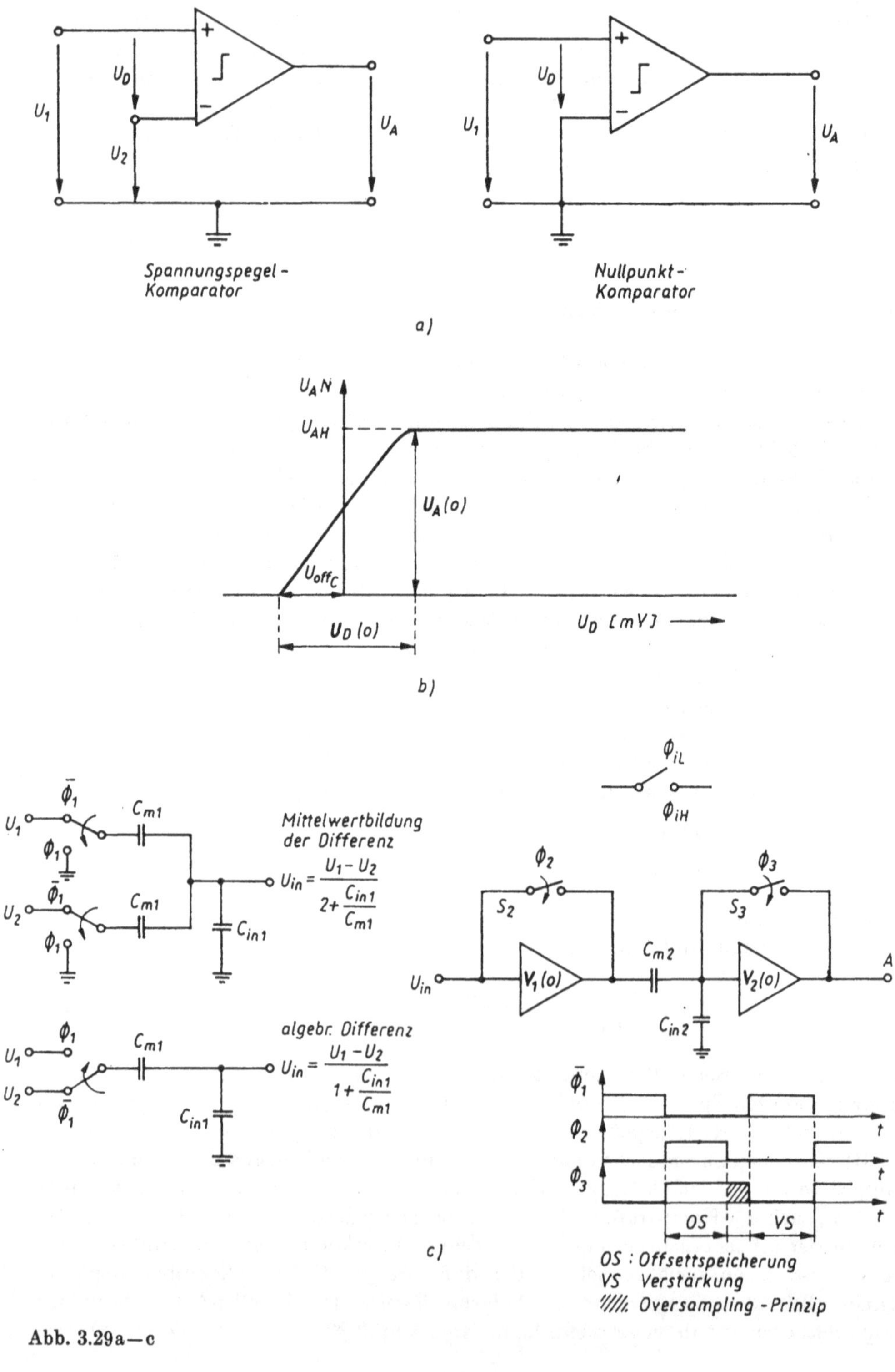

U1
UD
U2
UA
Spannungspegel-Komparator
Nullpunkt-Komparator
a)
UA V
UAH
UA(o)
UoffC
UD(o)
UD [mV]
b)
Cm1
Mittelwertbildung der Differenz
Cin1
algebr. Differenz
Uin
S2
S3
Cm2
Cin2
V1(o)
V2(o)
A
t
OS
VS
c)
OS : Offsettspeicherung
VS Verstärkung
Oversampling-Prinzip

Abb. 3.29a—c

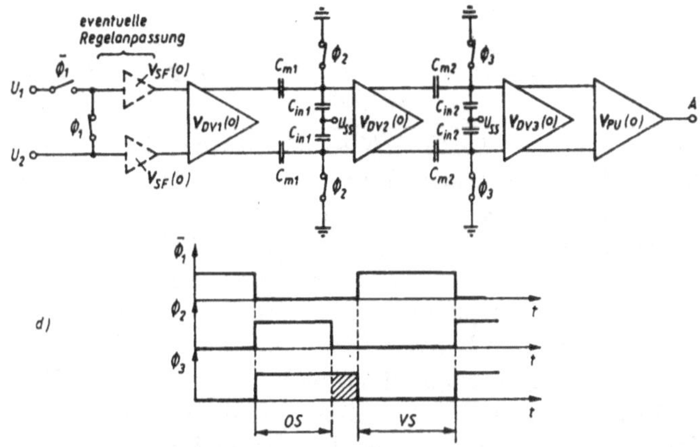

Abb. 3.29 Komparatorgrundlagen;

a) Spannungspegel- und Nullpunktkomparator,

b) einseitige Übertragungsfunktion des Komparators,

c) kapazitive Differenzbildungsprinzipien (Beseitigung des Gleichtaktanteils) für die beiden Signale U_1, U_2 mit Hilfe der $\Phi_{1H/L}/\Phi_{L/H}$-Taktung und gleichzeitige Anwendung des Auto-zero-Prinzips durch Φ_{1H}, Φ_{2H}, Φ_{3H} zwecks Offsetspeicherung auf den Kapazitäten $C_{m1,2}$,

d) Differenzbildung der Signale U_1, U_2 mittels getakteter Differenzverstärker, die nach dem Auto-zero-Prinzip von Abb. 3.22b) den Ausgangsoffset während der Φ_{1H}-, Φ_{2H}-, Φ_{3H}-Phase auf den Kapazitäten $C_{m1,2}$ speichern.

muß aber für integrierte MOS-Komparatoren in Kauf genommen werden, weil eine statische Offsetkompensation mittels externer Widerstände entweder sehr umständlich oder für viele vollintegrierte Aufgaben gar nicht möglich ist, da z. B. der Temperaturkoeffizient vieler Widerstände nach Tab. 2.7 wesentlich größer ist als der vergleichbarer Kapazitäten in Tab. 2.6.

Zunächst sei für die beiden Auto-zero-Techniken nach Abb. 3.29c), d) vorausgeschickt, daß anstelle der Verstärker-, Differenzverstärker- und Schaltersymbole konkrete NMOS- oder CMOS-Strukturen nach Abschnitt 2. einzusetzen sind. Nach der Auto-zero-Technik von Abb. 3.29c) ist die Offsetspeicherung auf den Memory-Kapazitäten C_{m1} am Eingang unmittelbar verknüpft mit der Arbeitspunkteinstellung der ersten Verstärkerstufe durch Gegenkopplung. Für die nachfolgend gekoppelte Verstärkerstufe wiederholt sich dieses Prinzip (OS-Phase: Φ_{1H}, Φ_{2H}, Φ_{3H}). Anschließend wird der erste Gegenkopplungsschalter mit Φ_{2L} geöffnet, der zweite Gegenkopplungsschalter bleibt nach dem Oversampling-Prinzip geschlossen, um den erzeugten Schalter- oder Restschalteroffset über die nachfolgende Kapazität C_{m2} zu absorbieren. Die folgende Verstärkungsphase gestattet die lineare Verstärkung des Differenzsignals $U_1 - U_2 \gtrless 0$ durch beide kapazitiv gekoppelten Verstärkerstufen abzüglich des gespeicherten Offsets und die damit verbundene Low/High-Reaktion am Ausgang A. Die eingangsseitig kapazitiv gebildete Signaldifferenz entsteht entweder nach dem Mittelwertprinzip mit zwei Memory-Kapazitäten C_{m1} oder als einfache algebraische Differenz mit einer Memory-Kapazität C_{m1} und dem Spannungsumschalter. Die Gesamtverstärkung der Komparatoranordnung beträgt somit

$$V_C(0) = \frac{U_A(0)}{U_D(0)} = \frac{V_1(0)\,V_2(0)}{(a + C_{in1}/C_{m1})\,(1 + C_{in2}/C_{m2})}, \quad (a = 1, 2) \tag{3.198}$$

wenn durch das vorgegebene Differenzsignal $U_D(0) = U_1 - U_2$ gesichert ist, daß sich beide Stufen im linearen Verstärkerbetrieb befinden. Da diese Verstärkungsreaktion in Zeitphasen oft unter 1 μs erfolgen soll, ist klar, daß die Verstärkerstufen $V_1(0)$, $V_2(0)$ grundsätzlich bei entsprechenden Querströmen von einigen μA im Strong-inversion-Betrieb arbeiten und Micropower-Schaltungen kaum zu realisieren sind. Durch die Gegenkopplungsschalter lassen sich die Arbeitspunkte der Inverterverstärker im Kompromiß zwischen hoher Verstärkung, schneller Reaktionsgeschwindigkeit und linearem Aussteuerbereich festlegen. Hohe Komparatorempfindlichkeiten $U_D(0) = U_A(0)/V_C(0)$ im μV-Bereich erfordern bei NMOS-Inverterverstärkern mit $V_{ED}(0)$ von -10 bis -20 gegebenenfalls einen vierstufigen Komparatoraufbau, bei der Verwendung von CMOS-Gegentakttreibern mit Verstärkungswerten zwischen -40 bis -60 genügt der schon maximale vorausgesetzte dreistufige Aufbau [Yee 78], [Foto 79].
Wird davon ausgegangen, daß der in Gl. (3.197) angegebene statische Offset der Einzelstufen ideal auf den Memory-Kapazitäten C_{mi} gespeichert wird, geht nur noch bei ideal vorgenommener Differenzbildung und dummy-kompensierten NMOS- oder CMOS-Schaltern (vgl. 2.6.2.) der Restschalteroffset der zweiten Stufe ein, da der der ersten durch das Oversampling-Prinzip mit kompensiert wurde, d. h.

$$U_{offC} = U_{offSR1} + U_{offSR2}/V_1(0) \cong U_{offSR2}/V_1(0), \tag{3.199}$$

wobei unter Berücksichtigung von Gl. (2.212), Gl. (2.219)

$$U_{offSR2} \sim \frac{C_{ox3}}{C_{m2}} \tag{3.200}$$

gilt. Damit würde eine zu maximierende Eingangsverstärkung $V_1(0)$, Memory-Kapazität C_{m2} und sehr kleine Schalterabmessungen für S_3 den Offset herabsetzen. Andererseits ist die Reaktionsgeschwindigkeit des Komparators von besonderem Interesse, um die mit Gl. (3.198) ermittelte Verstärkung so schnell wie möglich zum Tragen zu bringen. Die folglich interessierende Reaktionsgeschwindigkeit der Einzelstufen wird durch die Slew-Raten $S_{Ri}^{+/-}$ ($S_{2,3}$: on/off-Modus) und die Erfassungszeitkonstanten der Schalter τ_{oni}($S_{2,3}$: off/on-Modus) bestimmt. Analog Gl. (3.104) werden die Slew-Raten

$$S_{Ri}^{+/-} \cong \pm \frac{I_{Di}}{C_{Pi}} = \pm \frac{I_{Di}\omega_{Ti}}{g_{m1i}} \quad (i = 1, 2) \tag{3.201}$$

durch entsprechend große Querströme I_{Di} und kleine Knotenkapazitäten C_{Pi} oder letztlich auch kleine Memory-Kapazitäten C_{mi} bzw. mit großen Verstärkungs-Bandbreite-Produkten ω_{Ti} der Einzelstufen realisiert. Die Erfassungszeitkonstanten der Schalter mit ihrem jeweiligen Gegenkopplungswiderstand R_{oni} unterliegen stets der Proportionalität

$$\tau_{oni} \sim R_{oni}C_{mi} \qquad (C_{mi}/C_{ni} = n,\ i = 1, 2) \tag{3.202}$$

d. h., mit Gl. (2.202) und Gl. (3.202) müssen große B/L-Werte der Schalter und kleine Memory-Kapazitäten C_{mi} entworfen werden (n: Kopplungsfaktor durch parasitären

Anteil der Memory-Kapazität, vgl. Abb. 2.57a)). Somit gelten grundsätzlich folgende Dimensionierungsregeln:

- Jede Maßnahme zur Verkürzung der Komparatorreaktionszeit vergrößert gleichzeitig den Offset.
- Mit der Vorgabe entsprechender Schalterabmessungen ist ein Kompromiß zwischen der Wahl der Stufenquerströme I_{Di} und der Größe der Memory-Kapazitäten C_{mi} zu suchen.

Für die in diesem Abschnitt betrachteten offsetminimierten Komparatoren sind also große Memory-Kapazitäten C_{mi} und kleine Schalter S_i anzusetzen, so daß sich mit dem Auto-zero-Prinzip nach Abb. 3.29c) längere Komparierungszeiten von mehreren µs und größere Flächen von ca. 0,25 mm² bis 0,4 mm² ergeben. Um Differenzsignale in der Größenordnung $|U_1 - U_2| = 1$ mV zu erkennen und Offsetwerte unter einem Millivolt zu erzeugen, sollten nach [Yee 78] C_{m1}, C_{m2} etwa 25 pF und die Schalterabmessungen für $S_{2,3}$ mit dem Minimalwert $B/L = 1$ festgelegt werden (optimierte Reaktionszeit für 5,5-µm-NMOS-Technologie: 3 µs). Bisher diente das Auro-zero-Prinzip für Spannungspegelkomparatoren. Wird der Einsatz als hochempfindlicher Nullpunktkomparator angestrebt, ist nur die Komparierungsvariante mit algebraischer Differenzbildung bedeutungsvoll ($U_2 \triangleq$ Masse). Liegt anstelle der diskreten integrierten Memory-Kapazität C_{m1} ein umfangreiches binär gewichtetes Kapazitätsfeld eines A/D-Umsetzers vor, werden die Schalterabmessungen im Interesse der Signalverarbeitungsgeschwindigkeit nach [Foto 79] vergrößert (z. B. $(B/L)_{S_1} = 8$, $(B/L)_{S_2} \doteq 4$, $C_{m2} = 5$ pF). Wenn mit der vorgestellten Offsetkompensationsvariante durchaus leistungsfähige Komparatoren aufgebaut werden, darf dies nicht darüber hinwegtäuschen, daß vor allem ihre Anfälligkeit bezüglich der Qualität der Schalterflanken (vgl. 2.6.2. und Abb. 2.56), die Spannungsabhängigkeit der Offsetkompensationskapazitäten (vgl. 2.7.) und der Einfluß der U_{DD}-Schwankungen eine maßgebliche Rolle auf Offset und Reaktionsgeschwindigkeit ausüben. Die Verbesserung dieser Nachteile um mindestens eine Größenordnung wird durch das bereits in Abb. 3.22b) gezeigte Auto-zero-Prinzip mittels Differenzverstärkern und Speicherung des ausgangsseitigen Stufenoffsets erreicht, was in seiner Umsetzung als Komparatorschaltung Abb. 3.29d) verdeutlicht. Die dreistufige Differenzverstärkerlösung sichert ausreichend hohe Verstärkungen, die Auskopplung des Differenzsignals über die Phasenumkehrstufe (bei NMOS-Technologien) zusätzlich eine Gleichtaktunterdrückung [Rie2 84]. Die Gesamtverstärkung beträgt bei vollkommen symmetrischen Verhältnissen

$$V_C(0) = V_{SF}(0) \frac{V_{DV1}(0)}{(1 + C_{in1}/C_{m1})} \frac{V_{DV2}(0)}{(1 + C_{in2}/C_{m2})} V_{DV3}(0) \, V_{PU}(0). \qquad (3.203)$$

Zunächst soll mit dem konkreten NMOS-E/D-Entwurf nach Abb. 3.30a) die Komparatorleistungsfähigkeit an seiner unteren Grenze getestet werden, indem auf die Oversampling-Phase verzichtet wird, sämtliche Memory-Kapazitäten nur $C_{m,m'} = 5$ pF betragen und alle Schalterabmessungen keinen Minimalabmessungen sondern den Werten $(B/L)_{S,S'} = 10$ entsprechen [Pouj 73], [Rie2 84]. Diese Maßnahmen laufen auch mit der Absicht konform, für gewisse Grundsatzaussagen höhere Abtastraten realisieren zu wollen. Im Interesse dazu angepaßter Slew-Raten und einem noch vertretbaren Flächen- und Verlustleistungsverbrauch wurde neben den niedrigen Memory-Kapazitäten C_m der Differenzverstärkerquerstrom mit $I_Z = 2I_D = 30$ µA bemessen.

Bei bekanntem Querstrom und der Vorgabe der effektiven Steuerspannungen U_{GSE} sind für eine 4-µm-NMOS-E/D-Technologie sämtliche Transistorgeometrien in Tab. 3.8 zusammengefaßt. Die dimensionierten DV-Stufen wurden bereits in Abb. 2.37 bezüglich ihrer Verstärkungsabhängigkeiten von der Gleichtakteingangs- und Referenzspannung untersucht.

Danach lassen sich die Einzelverstärkungen etwa mit $V_{DV1}(0) = V_{DVED1}(0) \cong -30$ (Meßwerte: $U_{CME} = U_{E+/-} - 3{,}55$ V, $U_{ref1} = 1{,}25$ V), $V_{DV2}(0) = V_{DVED2}(0) \cong -26$ $\times (U_{CME} = U_{in,in'} = 5$ V), $V_{DV3}(0) = V_{DVEE}(0) \cong -15(U_{CME} = 5$ V, $U_{ref2} = 1{,}14$ V) ablesen. Die Sourcefolgerverstärkung beträgt $V_{SF}(0) \cong 0{,}9$, die Verstärkung der Phasenumkehrstufe führt unter diesem Arbeitspunkt auf Werte um $V_{PU}(0) \cong 0{,}55$. Die Eingangskapazitäten der beiden DV-Stufen ergeben $C_{in1} \cong 3{,}8$ pF, $C_{in2} \cong 3{,}2$ pF, so daß mit einer Gesamtverstärkung in der Größenordnung

$$V_C(0) \cong -2000 \tag{3.204}$$

zu rechnen ist [Rie2 84]. Hier sei noch einmal unterstrichen, daß die Komparatorverstärkung und damit auch die Empfindlichkeit sich durchaus verdoppeln kann, wenn die praktisch realisierten Gleichtakteingangs- und Referenzspannungen im Arbeitspunkt ihren Vorgabewerten von Abb. 2.30 entsprechen [Rie3 83]. Damit sind die bereits getroffenen Ausführungen in 2.4.3. maßgeblich zu befolgen. Weiterhin übt das Kapazitätsverhältnis C_{ini}/C_{mi} ($i = 1, 2$) eine nachteilige Wirkung auf die Verstärkung aus, da beispielsweise die parasitären Anteile der Memory-Kapazitäten C_{mi} nach Abb. 2.57 in C_{ini} voll eingehen, so daß $0{,}2 \leqq C_{ini}/C_{mi} \leqq 0{,}8$ betragen kann.

Die interessierende Eingangsoffsetspannung setzt sich bei idealer Speicherung des Ausgangsoffsets der Stufen zusammen aus

$$U_{offC} = U_{offS1} + \frac{U_{offS2}}{V_1(0)} + \frac{U_{offS3}}{V_1(0)\, V_2(0)} + U_{offDV3}, \tag{3.205}$$

wobei die Einzelkomponenten bedeuten:

U_{offS1} — Schalteroffset durch Gateflächenabweichung $\Delta C_{GSS} = C_{GSS} - C_{GSS'}$ zwischen den gegenüberliegenden Schaltertransistoren S,S′ während der High/Low-Flanke des Φ_1-Taktes in der Eingangsstufe $U_{off\Phi 1} = (U_{DD} - U_2 - U_{PnS}) \dfrac{\Delta C_{GSS}}{C_{GSS}}$ und durch unvollständige D/S-Kompensation während des $\Phi_{1V}/\overline{\Phi}_1$-Flankenüberganges (diese Maßnahme ist sinnvoll, wenn beide Signalquellen U_1, U_2 unterschiedliche Innenwiderstände haben) $U_{off\Phi_{V1}/\overline{\Phi}_1} = (U_{DD} - U_2 - U_{PnS}) \left(\left(\dfrac{C_{GSS}}{C_{E+}} - \dfrac{C_{GSS'}}{C_{E-}}\right) - \left(\dfrac{C_D}{C_{E+}} - \dfrac{C_{D'}}{C_{E-}}\right)\right)$, d. h.

$$U_{offS1} \cong \left(\frac{\Delta C_{GSS}}{C_{GSS}} + \Delta\,\frac{C_{GSS/S'}}{C_{E+/-}} - \Delta\,\frac{C_{D/D'}}{C_{E+/-}}\right)(U_{DD} - U_2 - U_{PnS}), \tag{3.206}$$

$U_{offS2,3}$ — Schalteroffset während der High/Low-Flanke des Φ_1-Taktes durch Gateflächen- und Kapazitätsabweichung zwischen den jeweils gegenüberliegenden Schaltertransistoren S,S′ und Memory-Kapazitäten C_m, $C_{m'}$ der zweiten

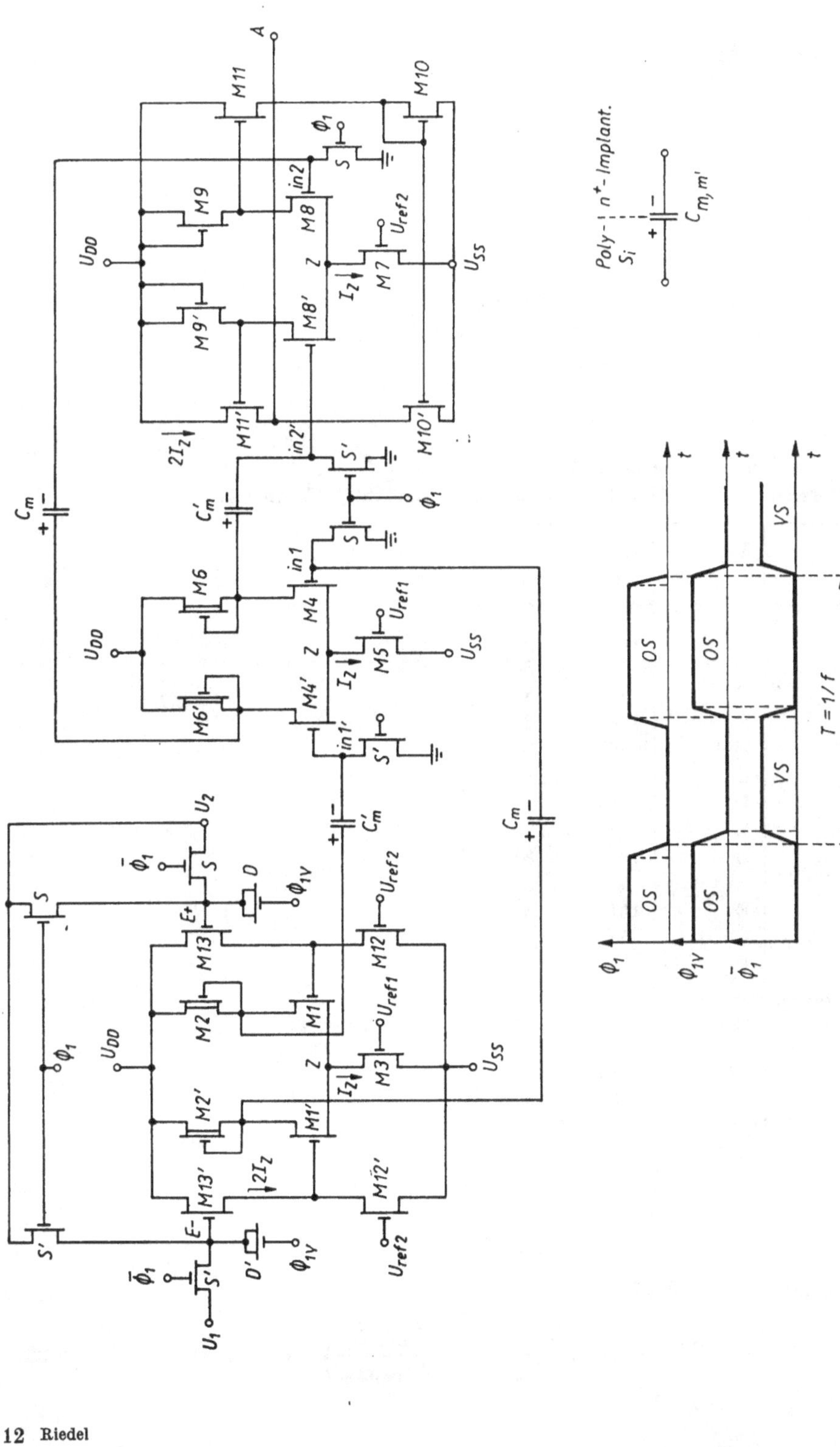

Abb. 3.30a. Differenzverstärker-Komparator; Schaltung in E/D-Technik nach dem Auto-zero-Prinzip von Abb. 3.29d) mit dummy-kompensierten Eingangsschaltern ohne Oversampling-Phase

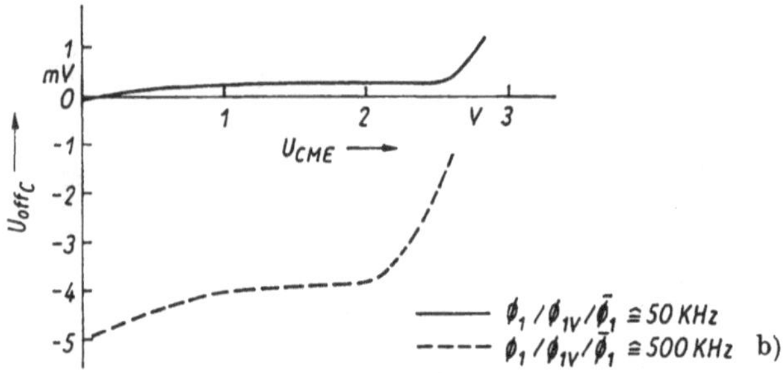

Abb. 3.30 b. Differenzverstärker-Komparator;
Offsetmessungen für unterschiedliche Taktfrequenzen

Tab. 3.8 Transistorabmessungen und Parameter zur Komparatorschaltung von Abb. 3.30 a) nach einer 4-μm-NMOS-Technologie.

Transistor	Typ	B μm	L μm
M1,1′	E	142	8
M2,2′, 6, 6′	D	8	16
M3	E	48	8
M4,4′	E	159	8
M5, 7	E	46	8
M8, 8′	E	168	8
M9,9′	D	8	91
M10, 10′	E	8	27
M11, 11′	E	161	8
M12, 12′	E	91	8
M13, 13′	E	151	8
S, S′	E	50	5
D, D′	E	25	5
Parameter	**Einheit**		
U_{DD}/U_{SS}	V/V	+10/−5	
P_V	mW	5	
$C_{m,m'}$	pF	5	
f_{max}	MHz	0,5	
A_C	mm²	0,6	

oder dritten Stufe

$$U_{offSi} \cong (U_{DD} - U_{PnS}) \frac{C_{GDSi}}{C_m} \left(1 - \frac{C_{GDS'i} C_m}{C_{GDSi} C_{m'}}\right) \quad (i = 2, 3), \tag{3.207}$$

$$V_1(0) = \frac{V_{\mathrm{SF}}(0)\, V_{\mathrm{DVED1}}(0)}{1 + C_{\mathrm{in1}}/C_{\mathrm{m}}}, \tag{3.208}$$

$$V_2(0) = \frac{V_{\mathrm{DVED2}}(0)}{1 + C_{\mathrm{in2}}/C_{\mathrm{m}}} \tag{3.209}$$

U_{offDV3} — Eingangsoffset der DV/EE-Stufe.

Anhand Gl. (3.205) bis Gl. (3.209) wird sichtbar, daß in alle Beziehungen durch das Differenzprinzip nur noch die Strukturabweichungen zueinander eingehen, d. h., die einzelnen Schalteroffsetkomponenten sollten besser als Differenzschalteroffsetwerte bezeichnet werden. Damit wird deutlich, daß eine durchgängige Komparatorsymmetrierung im Entwurf entscheidend ist und die Technologiegüte eine wesentliche Rolle spielt [Rie3 83]. Dies gilt nach Tab. 2.6 auch für die Abweichung der Memory-Kapazitäten $\Delta C_{\mathrm{m}} = C_{\mathrm{m}} - C_{\mathrm{m'}}$, da hier strenggenommen nicht nur die lateralen und vertikalen Unterschiede eingehen, sondern auch Temperatur- und Spannungskoeffizient. Den größten Fehlereinfluß übt Gl. (3.206) aus, denn auch hier gilt diese einfache Theorie nur, wenn zuerst beide Signalquellen einer idealen EMK entsprechen und die Taktfrequenzen nur so hoch gewählt werden, um die Ausgleichsvorgänge der Schalterspikes zu ermöglichen. Abb. 3.30b) zeigt die Meßergebnisse. Für eine Taktfrequenz von $f = 50$ kHz, d. h. eine Komparatorreaktion alle 20 µs, werden in einem vorgesehenen Gleichtaktbereich $U_{\mathrm{CME}} = U_{1,2} = 0\ \mathrm{V} \ldots 2{,}5\ \mathrm{V}$ sehr niedrige Offsetwerte bis 200 µV registiert. Eine Verzehnfachung der Komparatorgeschwindigkeit durch Abtastraten von 500 kHz führt bereits auf Offsetwerte zwischen 2 mV···5 mV. Hier gerät der Komparator an seine dynamische Funktionsgrenze und damit nur noch zu einer bedingten Einsatzfähigkeit. Es sei festgehalten, daß ein definierter Ausgangshub von $U_{\mathrm{A}}(0) = 4$ V mit Gl. (3.204) auf Empfindlichkeiten $U_{\mathrm{D}}(0) = 2$ mV führt, d. h., der Offset U_{offC} liegt in der gleichen Größenordnung oder darüber. Bei den niedrigen Taktfrequenzen lag der Offset U_{offC} zehnmal unter der Empfindlichkeit (vgl. qualitativ Abb. 3.29b)). Die Taktfrequenzen zu niedrig zu wählen, würde den $1/f$-Rauscheinfluß der Transistoren, insbesondere der Eingangsstufe erhöhen und den Offset ungünstig beeinflussen. Folglich sind für diese konkrete Komparatorlösung unter offsetminimierter Betrachtung mittlere Taktfrequenzen um 100 kHz zu empfehlen, hier arbeiten Schalter und Verstärkerstufen im thermischen Kanalrauschbereich. Für das Schmalbandrauschspektrum der Eingangsstufe (ohne Schalter- und Dummy-Transistoren ergibt sich nach Gl. (2.97), Gl. (2.99), Gl. (2.101), Gl. (2.138), Gl. (2.172) ($a_{1\mathrm{E}} \cong a_{1\mathrm{D}}$)

$$\begin{aligned} S_{\mathrm{E}}(f) &= S_{\mathrm{SF(th)}}(f) + S_{\mathrm{DVED1(th)}}(f)/V_{\mathrm{SF}}^2(0) \\ &= \frac{e_{\mathrm{SF(th)}}^2(f)}{\Delta f} + \frac{e_{\mathrm{DVED1(th)}}^2(f)}{\Delta f} \frac{1}{V_{\mathrm{SF}}^2(0)} \cong \left(1 + \frac{2}{V_{\mathrm{SF}}^2(0)}\right)\left(\frac{8}{3}\frac{kT}{g_{\mathrm{m1}}}\right). \end{aligned} \tag{3.210}$$

Die Minimierung des thermischen Kanalrauschens der Eingangsstufe führt wieder zuallererst auf die Vergrößerung der Kanalbreiten von M1,1′, M12,12′, das gleichzeitig die Verstärkerbandbreite herabsetzt, da die Knotenkapazitäten ansteigen. Mit den in Tab. 3.8 angegebenen Kanalbreiten wurde dieser Schritt bereits vollzogen, wobei der Flächenverbrauch die entscheidende Randbedingung darstellt.

Der Übergang zur oberen Leistungsgrenze des Komparators wird dadurch erreicht, die Memory-Kapazitäten $C_m \geqq 10$ pF, die Schaltergeometrien auf $(B/L)_S = 5$ zu beschränken und die Oversampling-Phase zuzulassen. Damit kann der Offset Werte zwischen 50 µV und 100 µV annehmen, allerdings bleiben die Abtastfrequenzen bei mittleren Wertebereichen liegen, Flächen- und Verlustleistungsverbrauch steigen an. Verwendet man anstelle der NMOS-DV-Stufen n-Wannen-CMOS-Differenzverstärker mit p-Kanal-Eingangstransistoren und durchschnittlichen Verstärkungswerten um 50, dann vergrößert sich nicht nur die Empfindlichkeit, sondern ist auch günstiger im niedrigen Eingangsrauschen. Das Ziel, eine hohe Empfindlichkeit und den niedrigen Offset quantitativ in Übereinstimmung zu bringen, ist eine grundlegende Aufgabe bei der Entwicklung hochleistungsfähiger Komparatoren.

Die Nutzung der offsetminimalen Auto-zero-Differenzverstärkertechnik bei gleichzeitigen Flächengewinn ist dann möglich, wenn anstelle des mehrstufigen Differenzverstärkeraufbaus als zweite Stufe ein Verstärker nach dem Mitkopplungsprinzip mit Auswertungstakt, d. h. ein Strobed-Flip-Flop gesetzt wird. Als leistungsfähiger Schaltungsvorschlag ist Abb. 3.31 in einer NMOS-E/D-Technologie anzusehen, die Umsetzung als CMOS-Komparator wird noch später in Abb. 3.34b) behandelt [Rie3 84], [Yuka 81], [Yuka 85].

Zu Beginn wird während der Offsetspeicherungsphase der statische Offset der Differenzverstärkerstufe auf den Kapazitäten C_m, $C_{m'}$ gespeichert. Bevor die Verstärkungsphase beginnt, wird wieder der durch die Schaltertransistoren S, S′ hervorgerufene Schalteroffset durch Dummy-Transistoren D, D′ näherungsweise kompensiert, so daß zwei Restoffsets übrig bleiben, von der nur die Differenz wiederum nur zur Geltung kommt

$$U_{\mathrm{offS}} = (U_{\mathrm{DD}} - U_{\mathrm{PnS}}) \left(\left(1 + \frac{C_{\mathrm{E}}}{C_{\mathrm{m}}}\right) \left(1 - \frac{C_{\mathrm{D}}}{C_{\mathrm{GSS}}}\right) \frac{C_{\mathrm{GSS}}}{C_{\mathrm{E}}} - \left(1 + \frac{C_{\mathrm{E}}}{C_{\mathrm{m'}}}\right) \left(1 - \frac{C_{\mathrm{D'}}}{C_{\mathrm{GSS'}}}\right) \frac{C_{\mathrm{GSS'}}}{C_{\mathrm{E'}}} \right). \tag{3.211}$$

Hierbei wurde vorausgesetzt, daß erneut die Gateflächen von M1,1′ und $C_{\mathrm{m,m'}}$ untereinander geringfügig abweichen, d. h., es existieren die Beziehungen

$$\Delta C_{\mathrm{m}} = C_{\mathrm{m}} - C_{\mathrm{m'}} \tag{3.212}$$

$$\Delta C_{\mathrm{E}} = C_{\mathrm{E}} - C_{\mathrm{E'}}. \tag{3.213}$$

Mit Beginn der Verstärkungsphase wird das eigentlich auszuwertende Differenzsignal $U_1 - U_2$ verstärkt und liegt am Flip-Flop-Eingang (vgl. Abb. 3.31) mit dem Wert

$$\Delta U = V_{\mathrm{DVED}}(0) \frac{U_1 - U_2}{1 + C_{\mathrm{E}}/C_{\mathrm{m}}} \tag{3.214}$$

an. Die Hauptfunktion der Differenzverstärkerstufe besteht in der Pegelverschiebung, Impedanzwandlung und Gleichtaktunterdrückung (Rauscheinfluß vermindert), d. h. letztlich einer Empfindlichkeitserhöhung und Flip-Flop-Anpassung. Die Depletion-Transistoren M2,2′ arbeiten als Widerstände, die vor dem Auswertungssignal Φ_3 das Differenzsignal ΔU überkoppeln und während der Mitkopplung ($\Phi_3 \triangleq$ High-Pegel)

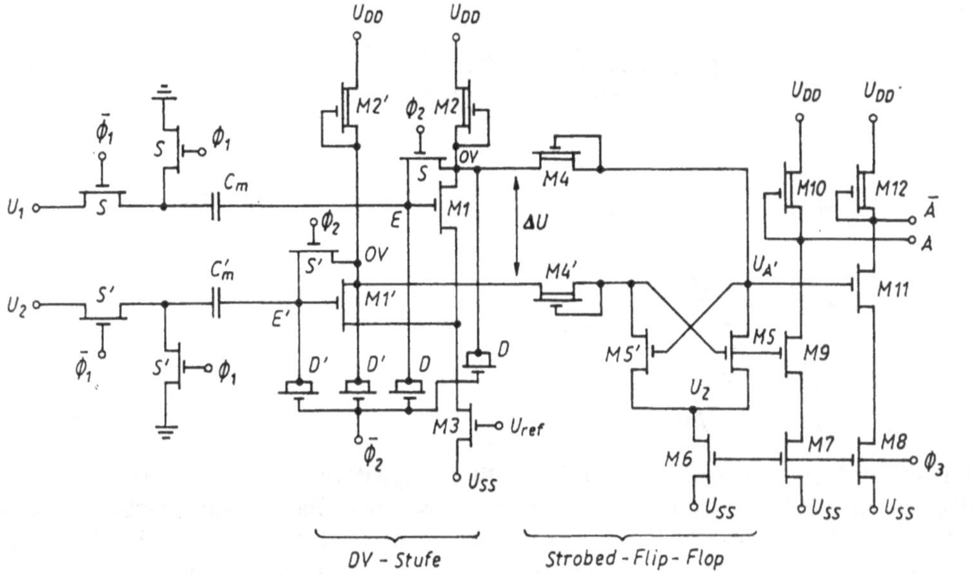

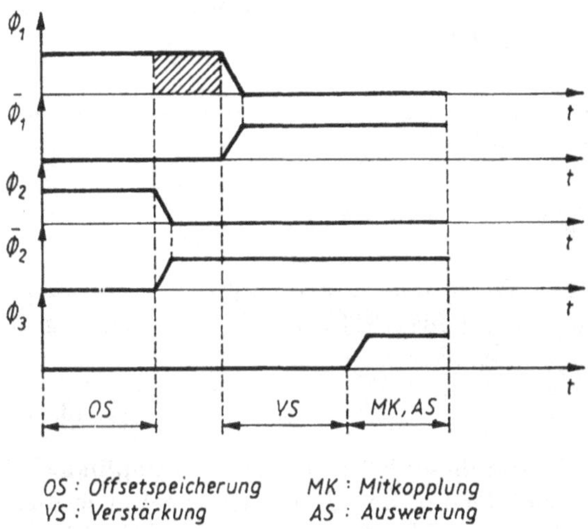

Abb. 3.31 Hochempfindlicher Differenzverstärker-Strobed-Flip-Flop-Komparator mit eingangsseitiger Auto-zero-Technik

eine Strombegrenzung vom Differenzverstärker zum Flip-Flop einführen. Gleichzeitig werden die Transistoren M4,4′ als Lastwiderstände des Flip-Flops ausgenutzt. Die Flip-Flop-Dimensionierung muß so ausgeführt werden, daß beide Inverterverstärker M4,4′, M5,5′ während der Φ_{3H}-Auswertung eine von Eins verschiedene Verstärkung besitzen, da somit die Mitkopplung rascher erfolgt und eine Regeneration in die Ausgangslage überhaupt erst möglich wird.

Dem Offset nach Gl. (3.211) überlagert sich mit Beginn der Mitkopplungsphase noch ein Flip-Flop-Offset

$$U_{\mathrm{offFF}} = \left(1 + \frac{C_{\mathrm{E}}}{C_{\mathrm{m}}}\right) \frac{2\Delta U_{\mathrm{FF}}}{V_{\mathrm{DVED}}(0)} \tag{3.215}$$

mit

$$\Delta U_{FF} > \Delta U_{Pn5} + \frac{1}{2K_{1n''5R_0}} \left(\frac{\Delta K_{1n}}{K_{1n''5}} + \frac{\Delta R}{R_0} \right) \tag{3.216}$$

$$\Delta U_{Pn5} = (U_{Pn5} - U_{Pn5'})/2 \tag{3.217}$$

$$\Delta K_{1n} = (K_{1n5} - K_{1n5'})/2 = \frac{1}{2} \left(\left(\mu \frac{\varepsilon_{ox}}{d_{ox}} \frac{B}{L} \right)_5 - \left(\mu \frac{\varepsilon_{ox}}{d_{ox}} \frac{B}{L} \right)_{5'} \right) \tag{3.218}$$

$$\Delta R = \frac{R - R'}{2} \cong \frac{1}{2} \left(\frac{1}{\lambda_4 g_{m4}} - \frac{1}{\lambda_{4'} g_{m4'}} \right) \tag{3.219}$$

$$K_{1n''5} = (K_{1n5} + K_{1n5'})/2 \tag{3.220}$$

$$R_0 = (R + R')/2. \tag{3.221}$$

Aus Gl. (3.216) wird ersichtlich, daß der Flip-Flop-Offset vor allem durch die Gateflächen- und Schwellspannungsabweichungen zwischen Basis- und Lasttransistoren M5,5′ und M4,4′ zustande kommt. An dieser Stelle sei betont, daß nach [Yuka 81] Gl. (3.216) nur dann ihre Gültigkeit hat, wenn die Slew-Rate des Auswertungstaktes $\Phi_{3L/H}$ bzw. U_Z kleiner bleibt als die Slew-Rate bzw. maximale Änderungsgeschwindigkeit der Flip-Flop-Knotenspannung $U_{A'}$ (vgl. Abb. 3.31)

$$\frac{\Delta U(\Phi_{3L/H})}{\Delta t} \approx \frac{\Delta U_Z}{\Delta t} < \frac{\Delta U_{A'}}{R_0 C_0} \approx \frac{1}{K_{1n''5} C_0 R_0^2}, \tag{3.222}$$

$$\frac{\Delta U(\Phi_{3L/H})}{\Delta t} < \frac{1}{K_{1n''5} C_0 R_0^2} \tag{3.223}$$

(C_0: gemittelte Knotenkapazität zwischen Basis- und Lasttransistor des Flip-Flop). Übliche Richtwerte für Gl. (3.223) liegen nach [Yuka 81] bei 5 V/20 ns. Damit ist es möglich, daß der Gesamtoffset

$$U_{offC} = U_{offS} + U_{offFF} \tag{3.224}$$

Werte unter 1 mV annimmt. Wird ein Einsatz dieser Schaltung als hochempfindlicher Nullpunktkomparator angestrebt, dann muß der Eingang E′ auf Masse gelegt werden. Die Eingangsschalter S′ und $C_{m'}$ sowie der linksseitige Dummy-Transistor D′ können entfallen. Die Taktfrequenzen lassen sich durchaus mit Werten um 1 MHz einstellen. Andere Nullpunktkomparatorprinzipien beruhen beispielsweise auf einem zweistufigen hoch verstärkenden Differenzverstärkeraufbau und werden insgesamt über alle Stufen hinweg gegengekoppelt. Hierbei dient die eingangsseitige meist sehr große Memory-Kapazität zur Gesamtoffsetspeicherung und zur Schaltungsstabilisierung (dominante Polfrequenz zur Frequenzgangkompensation). Diese Schaltungen setzen aber voraus, daß der durch die direkte Kopplung der Stufen verstärkte statische Einzeloffset nicht zur Überstreuerung einer Verstärkerstufe führt. Nach dieser Anordnung können als Treiberstufen Differenzverstärker/Latch-Konfigurationen folgen [Iwat 81].

3.4.2. Hochgeschwindigkeits-Komparatoren

Bei Hochgeschwindigkeits-Komparatoren müssen die Maßnahmen zur Offsetminimierung U_{offC} zugunsten der Komparatorreaktionszeit bzw. Abtastfrequenz f zurücktreten. Durch den Einsatz z. B. in Parallel-A/D-Umsetzern sind zusätzlich extrem kleine Flächen (Stufen- und Transistorminimierung) und kleine Verlustleistungen gefragt. Somit wird nach Abb. 3.32. entweder die offsetkompensierte Geradeausverstärkertechnik mit kleinen Memory-Kapazitäten C_m oder sogar die unkompensierte Differenzverstärker-Strobed-Flip-Flop-Stufe verwendet, um den Offsetkompensationsvorgang einzusparen. Beide Varianten haben Vor- und Nachteile:

a) offsetkompensierter Geradeausverstärker
- durchgängig auch skalierte NMOS/CMOS-(Digital)-Technologien mit $L < 4\,\mu$m möglich,
- Oversampling-Technik anwendbar,
- besonders kleine Verlustleistungen erzielbar,
- Mehrphasentaktregime einschließlich hochpräziser Schaltflanken notwendig (Zuleitungen/Flächenverbrauch),
- Dummy-kompensierte NMOS- oder CMOS-Schalter notwendig und damit Restschalteroffset vorhanden,

b) DV-Strobed-FF-Stufe
- kein Mehrphasentaktregime nötig, sondern nur ein Auswertungstakt,
- keine Eingangs- und Offsetkompensationsschalter und keine Memory-Kapazität nötig (technologischer Sonderschritt eingespart),
- Gleichtaktunterdrückung vorhanden,
- der statische Eingangsoffset der DV-Stufe bestimmt die Komparatorqualität, d. h. keine minimale Kanallänge wählbar (skalierte Entwurfsregeln für Eingangsstufe fragwürdig),
- Technologieoptimierung bezüglich Schwellspannungseinstellung und Kennlinienparameter notwendig (gewisse Abweichungen gegenüber Digitaltechnologien erforderlich).

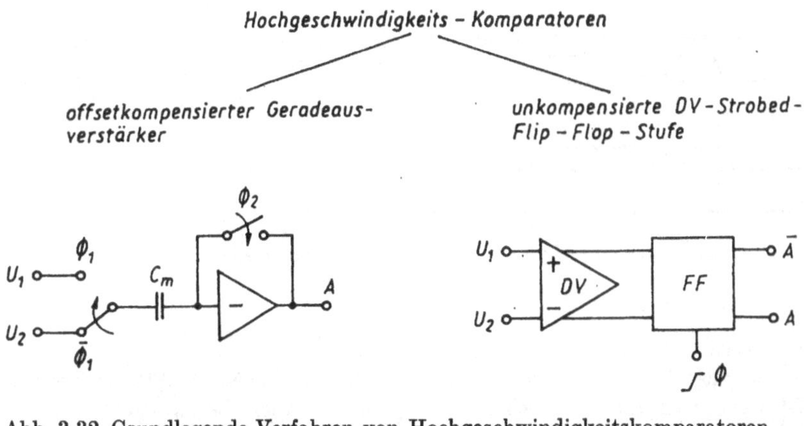

Abb. 3.32 Grundlegende Verfahren von Hochgeschwindigkeitskomparatoren

Für das erste Komparierungsprinzip zeigt Abb. 3.33a) eine entwickelte Komparatorzelle einschließlich Encoderansteuerung (für später erklärte Parallel-A/D-Umsetzer notwendig) und Taktdiagramm [Rie2 85]. Dabei handelt es sich bei den Transistoren M1, ..., M4 um zwei kapazitiv gekoppelte Verstärkerstufen, die durch den Schalter S_5 übersteuert werden können. Der auszuwertende Spannungsvergleich $U_1 - U_2 \gtrless 0$ wird üblicherweise durch die gegenphasige Ansteuerung der Schalter-Kapazitätsanordnung S_1, S_2/C_m realisiert. Die dargestellte Komparatorzelle bietet vier Vorteile:

— Durch die getrennte gegenphasige Ansteuerung der Schalter S_1, S_2 mit $\Phi_1/\overline{\Phi}_1$ und zwischen dem Dummy-Transistor D_1 und dem Schalter S_3 mit $\Phi_2/\overline{\Phi}_2$ wird unter zusätzlicher Berücksichtigung der Dummy-Transistoren D_2, D_3 der Komparatoroffset entscheidend reduziert. Dies ist bezüglich Φ_1 eine Form des Oversampling-Prinzips, da nach einer entsprechenden Taktpause (↔) der zur Verstärkung bereite Komparator auf beiden Kapazitäten C_m den statischen Offset gespeichert hat und erst anschließend die Signaldifferenz mit $\Phi_{1H/L}/\overline{\Phi}_{1L/H}$ theoretisch offsetfrei verstärkt.

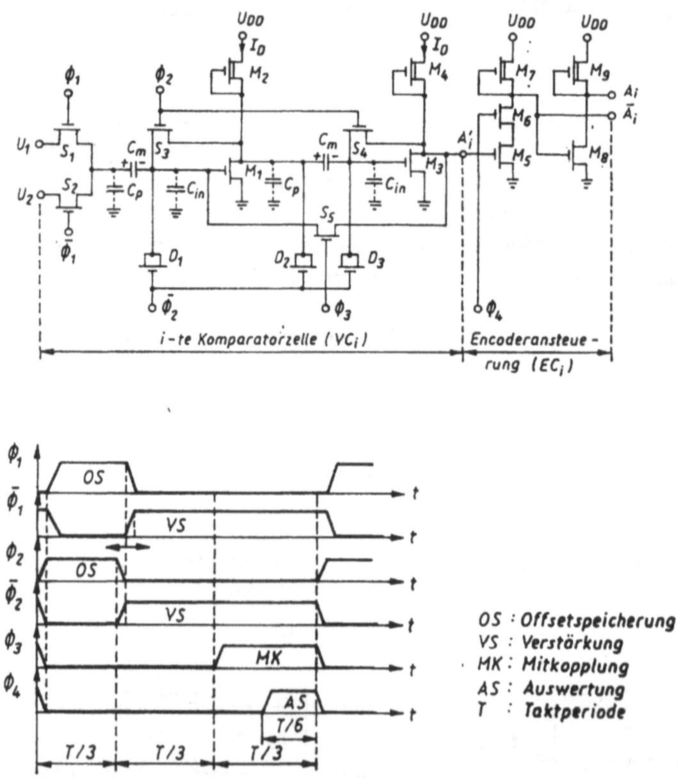

a)

Abb. 3.33 Offsetkompensierte Geradeausverstärkertechniken;

a) Umsetzung der Auto-zero-Technik von Abb. 3.29c) in eine NMOS-E/D-Technologie mit Dummy-kompensierten Schaltern $S_{3,4}$ einschließlich der Nutzung des Mitkopplungsprinzips durch S_5,

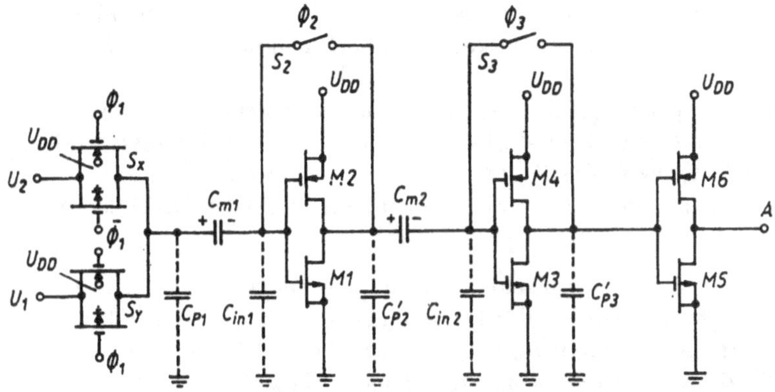

b)

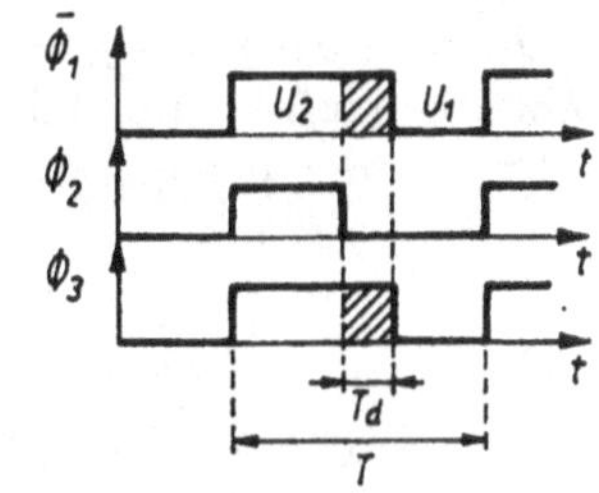

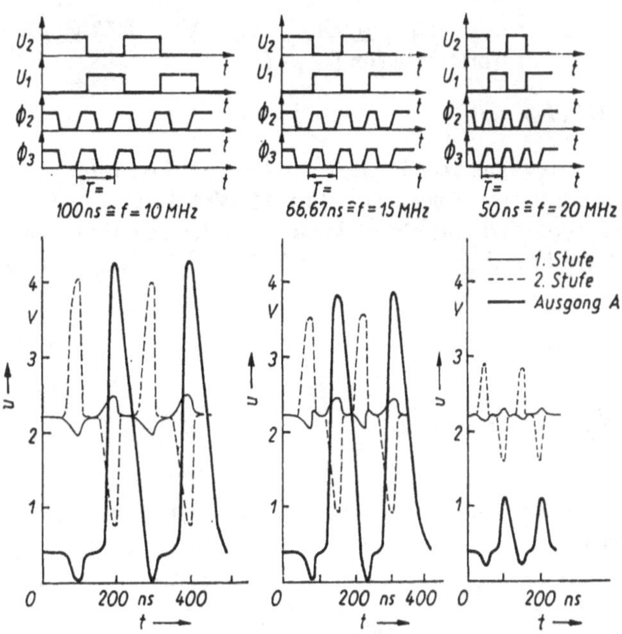

c)

Abb. 3.33 b) Umsetzung der Auto-zero-Technik von Abb. 3.29c) in eine CMOS-Technologie,
c) Darstellung der Komparatorreaktion in Auswertung mit einer 4-µm-CMOS-Technologie für Abtastraten von 10 MHz, 15 MHz und 20 MHz und $T_d = 2{,}5$ ns

— Mit Hilfe des Mitkopplungstaktes Φ_3 wird die Anzahl der Verstärkerstufen minimiert, was, abgesehen von der zusätzlichen Leitung, dennoch insgesamt zur Flächeneinsparung führt.
— Das Mitkopplungsprinzip hält grundsätzlich die Funktionsweise des Komparators aufrecht, auch wenn z. B. durch eine Skalierung der Zelle die Stufenverstärkung und damit die Empfindlichkeit des Komparators etwas absinkt.
— Durch die Abtast-Technik des Komparators bleibt dieser relativ driftunempfindlich.

Die Komparatorberechnung ist wieder eine Optimierungsaufgabe zwischen Abtastrate, Offset, Fläche und Verlustleistung, Verstärkung und Empfindlichkeit treten durch das Mitkopplungsprinzip mehr als Nebenbedingung auf. Die entscheidenden Entwurfsparameter sind wieder der Querstrom I_D und die Memory-Kapazität C_m. Als Ergebnis dieser Optimierung wird eine mögliche Dimensionierungsvariante nach den Angaben von Tab. 3.9 vorgestellt. Hierbei wurden $I_D = 30\,\mu A$ und $C_m = 1{,}5$ pF angenommen. Unter Vorgabe des Arbeitspunktes der Verstärkerstufe während der Offsetspeicherungsphase mit $U_{DSA1,3} = U_{GSA1,3} = 2U_{Pon}$ folgt für die Komparatorverstärkung mit Gl. (2.24) die Abschätzung

$$V_C(0) = \left(\frac{V_{ED}(0)}{1 + C_{in}/C_m}\right)^2 \cong 125 \tag{3.224}$$

$\left(C_{in} = \frac{2}{3} C_{ox1,3} + C_{SC_m} + \left(1 - V_{ED}(0)\right) C_{gdo1,3} + C_Z\right.$, Raumladungskapazität des implantierten Gebietes der Memory-Kapazität: $C_{SC_m} \cong 0{,}4\, C_m$ vgl. Abb. 2.57a)). Die Komparatorempfindlichkeit läßt sich im worst-case für $U_2 > U_1$ mit

$$(U_1 - U_2)\, V_C(0) + \Delta U_\varepsilon(\Phi_3) < 0 \tag{3.225}$$

bestimmen, d. h., die an A_i' zu erwartende Low-Pegel-Tendenz darf durch den Low/High-Übergang von Φ_3, verbunden mit einem positiven Hub $\Delta U_\varepsilon(\Phi_3)$ durch C_{GD} (feedthrough error) nicht kompensiert werden, damit ein rückzukoppelnder negativer Spannungshub erhalten bleibt. Damit ergibt sich für das kleinste Differenzsignal der Grenzwert

$$U_D(0) = |U_1 - U_2| = \left|\frac{\Delta U_\varepsilon(\Phi_3)}{V_C(0)}\right|, \tag{3.226}$$

$$\Delta U_\varepsilon(\Phi_3) = C_{GD}\, \frac{\Delta U(\Phi_3)}{\Delta t}\, \frac{U_{DSA1,3}}{I_D}. \tag{3.227}$$

Die Komparatorempfindlichkeit liefert mit $C_{GD} = C_{oxS}/2$, $\Delta U(\Phi_3)/\Delta t = 5$ V/50 ns $= 0{,}1$ V/ns für Gl. (3.226) den Betrag

$$U_D(0) = 200\,\mu V. \tag{3.228}$$

Der Komparatoroffset wird bei Gewährleistung einer kurzen Oversampling-Phase (↔) hauptsächlich durch den Restschalteroffset der Eingangsschalter S_1, S_2 während dem $\Phi_{1H/L}/\bar{\Phi}_{1L/H}$-Übergang gebildet, wenn diese nach Gl. (2.218), Gl. (2.219) durch ihre Strukturparameter (und strenggenommen auch die Schwellspannungen) voneinander

Tab. 3.9 Transistorabmessungen und Parameter zur Komparatorschaltung von Abb. 3.33a) (4-μm-NMOS-Technologie (Modell Gl. (A1.22)): $U_{Pon} = 0{,}8$ V, $U_{PoD} = -3{,}3$ V, $K_{1N',D'} = 0{,}015$ mA/V², $K_{2n,D} = 0{,}53$ V$^{1/2}$, $2V_F = 0{,}54$ V, $K_{4N',D'} = 0{,}1$ μm, $d_{ox} = 100$ nm, $C''_{ox} = 0{,}3$ fF/μm², $C''_{Sn+} = 0{,}14$ fF/μm²).

Transistor	Typ	B μm	L μm
M1, 3, 5, 6	E	36	6
M2, 4	D	6	10
M7	D	6	14
M8	E	35	5
M9	D	5	5
$S, \ldots, S_5$	E	6	5
D_1, D_2, D_3	E	3	5

Parameter	
U_{DD}	5 V
P_V	0,3 mW
C_m	1,5 pF
f_{max}	2 MHz
A_C	0,075 mm²

abweichen, d. h.

$$U_{offSR} = K \frac{C_{ox1,2}}{2C_P} (U_{DD} - U_{CME} - U_{Pn1,2}). \tag{3.229}$$

Mit einem auszuwertenden Gleichtakteingangsbereich $U_{CME} = U_{1,2}$ zwischen $0\,\text{V} \leqq U_{CME} \leqq 2{,}5$ V, $U_{DD} = 5$ V, $U_{Pn1,2} = U_{Pon} = 0{,}8$ V, $K = 0{,}05$, $C_P = 0{,}1$ pF und $C_{oxS1,2}/2 = 4{,}5$ fF folgt für den Offsetbereich

$$4\,\text{mV} \leqq U_{offSR} \leqq 10\,\text{mV}. \tag{3.230}$$

Wafermessungen nach [Rie2 84] bestätigten bei Abtastraten von 1 MHz···2 MHz betragsmäßig diesen Wertebereich, wobei auch Abweichungen für den vorgegebenen Gleichtaktbereich bis $-3{,}4\,\text{mV} \leqq U_{offSR} \leqq 10{,}5$ mV gemessen wurden. Dies ergibt sich analog Abb. 2.56b) vor allem aus den unterschiedlichen Flankensteilheiten und Unsymmetrien. Gl. (3.230) darf in seiner einfachen Theorie auch nur als Richtwert angesehen werden, wenngleich die Offsetabhängigkeit von der Größe der Gleichtakteingangsspannung richtig in ihrer Tendenz wiedergegeben wird: Mit wachsender Gleichtakteingangsspannung fällt der Offset.
Die Abtastrate wird durch die Periodendauer T gemäß dem Taktdiagramm berechnet. Die Periodendauer T setzt sich nach Abb. 3.33 aus

$$T = \tau_{oni} + \tau_{VS} + \tau_{MK} \tag{3.231}$$

zusammen, wobei die Erfassungszeitkonstante als

$$\tau_{\text{on}i} = mR_{\text{on}i}C_{\text{in}} \cong \frac{mC_{\text{in}}}{K_{\text{1n}'}\left(\frac{B}{L}\right)_{\text{S}i}(U_{\text{DD}} - U_{\text{DSA1}} - U_{\text{Pn}i})} \quad (i = 3, 4), \tag{3.232}$$

die Verstärkungszeitkonstante

$$\tau_{\text{VS}} = \left(\omega_{\text{T}}/V_{\text{ED}}(0)\right)^{-1} = mR_{\text{P1}}C_{\text{P1}} = m\frac{C_{\text{P}} + \dfrac{1}{1/C_{\text{m}} + 1/C_{\text{in}}}}{g_{\text{d1}} + g_{\text{d2}} + \lambda_2 g_{\text{m2}}} \tag{3.233}$$

und die Mitkopplungszeitkonstante

$$\tau_{\text{MK}} = \tau_{\text{VS}}/m \tag{3.234}$$

betragen, die Oversampling-Zeitspanne kann mit maximal $\tau_{\text{OV}} = \tau_{\text{on}i}/2$ festgelegt werden, so daß sich T geringfügig vergrößert. Der Einschwingfaktor m bestimmt die Periodendauer endgültig, der nach Computersimulationen mit $m \cong 3$ ermittelt wurde (T ca. 500 ns). Die Periodendauer wurde in Abb. 3.33 der Einfachheit halber in drei gleichgroße Intervalle untergliedert, was durch $\tau_{\text{MK}} < \tau_{\text{on}i} < \tau_{\text{VS}}$ noch optimierbar wäre. Die Ergebnisse stimmen mit den Meßwerten überein, wobei die Slew-Rate der Ansteuerflanken gemäß Abb. 2.56a) einen wichtigen Einfluß auf die Einschwingzeit der Knotenspannungen ausübte, d. h., hier können Schwankungen in der Abtastrate von durchaus 10% entstehen. Bei einer Skalierung der Komparatorzelle für eine 2-µm-NMOS-E/D-Technologie zeigten Überschlagsrechnungen, daß diese für Abtastraten bis 15 MHz durchaus geeignet ist [Rie2 85].

Verwendet man für das in Abb. 3.29c) dargestellte Auto-zero-Prinzip mit algebraischer Differenzbildung hochverstärkende 4-µm-CMOS-Gegentakttreiber mit großen Slew-Raten im Arbeitspunkt, reicht nach Abb. 3.33b) ein dreistufiger Aufbau ohne Mitkopplungstechnik aus, um hohe Abtastfrequenzen und Empfindlichkeiten zu erzielen, wobei unter Wahrung der Oversampling-Technik (T_{d}) der Komparatoroffset U_{offC} unter Berücksichtigung von $U_{\text{offSR}} \cong 0$ in Gl. (3.229) (durch $S_{\text{x,y}}$ geht nur noch Differenzrestschalteroffset ein) ideal Gl. (3.199) entsprechen könnte und sehr hohe Abtastfrequenzen f ermöglicht würden. Die für die Abtastfrequenz f hohe Slew-Rate der Einzelstufen $S_{\text{R}i}^{+/-}$ folgt nach Gl. (3.201) durch die im Vergleich zum Inverterverstärker größeren Verstärkungs-Bandbreite-Produkte

$$f_{\text{T}i} = \frac{g_{\text{m1,3}} + g_{\text{m2,4}}}{2\pi C_{\text{P}i+1}} \quad (i = 1, 2) \tag{3.235}$$

mit

$$C_{\text{P2}} = C_{\text{P2}'} + (C_{\text{m2}}C_{\text{in2}})/(C_{\text{m2}} + C_{\text{in2}}) \tag{3.236}$$

$$C_{\text{P3}} = C'_{\text{P3}} \tag{3.237}$$

nach der Oversampling-Phase T_{d}. Von [Reich 86] wurden der Querstrom I_{D}, der Arbeitspunkt $U_{\text{GSA1,3}} = U_{\text{DSA1,3}}(\Phi_{2,3\text{H}})$ und die Memory-Kapazität C_{m2} als Entwurfsparameter verwendet zwecks Optimierung der ersten Stufe bezüglich f_{T1}, $V_1(0)$, P_{V} und der Verstärkerfläche A_{V}. Für die bereits in Tab. 3.3 vorgegebenen Parameter der 3,5-µm-CMOS-Digitaltechnologie ergab sich mit $U_{\text{DD}} = 5\text{ V}$ der optimale Arbeitspunkt bei $U_{\mathrm{GSA1,3}} = 2{,}2$ V, der Querstrom mit $I_\mathrm{D} = 40$ µm und $C_{\mathrm{m2}} = 0{,}5$ pF. Danach folgen $f_{\mathrm{T1}} \cong 49$ MHz, $V_1(0) \cong -65$, $P_\mathrm{V} = 0{,}2$ mW und $A_\mathrm{V} \cong 900$ µm². Die Slew-Rate der ersten Stufe beträgt mit $g_{\mathrm{m1}} = 2I_\mathrm{D}/U_{\mathrm{GSE1}} = 57$ µA/V und Gl. (3.201) schließlich $S_{\mathrm{R1}}^{+/-} = 0{,}2$ V/ns. Die zweite Komponente in der Signalverarbeitungsgeschwindigkeit ist die Erfassungszeitkonstante. Für den $\Phi_{\mathrm{1L/H}}$- und $\Phi_{\mathrm{2L/H}}$-Übergang bestimmt der Einschwingvorgang des ersten kapazitiven Π-Gliedes $C_\mathrm{P} - C_{\mathrm{m1}} - C_{\mathrm{in}}$ maßgeblich die Abtastperiode T. Von [Rie2 85] wird gezeigt, daß mit den wichtigen Dimensionierungsregeln

$$C_{\mathrm{P1}} \ll C_{\mathrm{in1}} < C_{\mathrm{m1}} \tag{3.238}$$

$$(B/L)_{\mathrm{Sx,y}} = (B/L)_{\mathrm{S2}} \tag{3.239}$$

die kürzeste theoretisch abschätzbare Erfassungszeitkonstante

$$\tau_{\mathrm{on1}} = 2{,}6 R_{\mathrm{on2}} C_{\mathrm{in1}} \tag{3.230}$$

beträgt. Wie schon zur Schalterwiderstandsminimierung am Anfang bemerkt, setzen zu große Schalterabmessungen im Interesse kurzer $\tau_{\mathrm{on}i}$-Werte leider durch den Feedthrough-error den Schalter- bzw. Restschalteroffset herauf, das sich auf die entsprechende Dauer der Einschwingvorgänge der kapazitiven Π-Glieder $C_{\mathrm{P}i} - C_{\mathrm{m}i} - C_{\mathrm{in}i}$ nachteilig auswirkt und letztlich die Reaktionsgeschwindigkeit des Komparators wieder verringert [Tsuk 85]. Für die hier verwendete Auto-zero-Technik läßt sich zeigen, daß das Offset-Erfassungszeitkonstanten-Produkt stets der Proportionalität

$$U_{\mathrm{offC}} \tau_{\mathrm{on}} \sim \frac{L^2}{\mu_\mathrm{n}} \tag{3.231}$$

folgt [Rie2 85]. Danach folgt, daß kleine Kanallängen L der Schalter und hohe Oberflächenbeweglichkeiten sich günstig auf die Komparierungsgeschwindigkeit und den Offset auswirken. Solange für größere Kanallängen $L \geqq 2$ µm eine Dummy-Kompensation des NMOS-Schalters bzw. der CMOS-Schalter verwendet wird, ist zusätzlich die hohe Anforderung an die Technologie bezüglich der Minimierung der Restschalteroffsetkonstante K nach Gl. (2.218), Gl. (2.219) gefragt. Die zu empfehlende Schalterrealisierung in Abhängigkeit von dem Technologieniveau bzw. der Kanallänge L zeigt Tab. 3.10. In Übereinstimmung mit 2.6.2. wurde als günstigste Schalterabmessung im Kompromiß zwischen hoher Abtastrate und niedrigem Offset $(B/L)_{\mathrm{Sx,y,2,3}} = 3$ für Kanallängen $L = 4$ µm ermittelt. Der durch Schwankungen der dimensionierten Transistoren der Verstärkerstufen von B, $L = \pm 0{,}5$ µm hervorgerufene statische Offset wurde nach Toleranzanalysen voll mit Hilfe der Memory-Kapazitäten kompensiert. In Tab. 3.11 sind die entsprechenden Komparatordaten zusammengefaßt. Zur Ausgangsstufe sei gesagt, daß sehr steile Übertragungskennlinien und hohe Schaltgeschwindigkeiten für $(B/L)_5/(B/L)_6 = 2$ entstehen.

Abb. 3.33c) zeigt die Komparatorreaktionen für unterschiedliche Abtastraten bis zur Funktionsgrenze. Im 1-µm-Technologieniveau beträgt für eine n-Wannen-CMOS-Technologie (vgl. Abb. 1.2d)) die maximale Abtastrate 25 MHz···30 MHz [Tsuk 85], [Reich 86]. Als optimale Oversampling-Zeit wurde in Abhängigkeit von der Signalverarbeitungsgeschwindigkeit und des Komparatorstoffes $T_\mathrm{d} = 2{,}5$ ns ermittelt. Für $T_\mathrm{d} = 0$ geht maßgeblich der Restschalteroffset der ersten Stufe ein, so daß der Komparatoroffset $U_{\mathrm{offC}} \geqq 8$ mV beträgt. Mit $T_\mathrm{d} > 0$ lassen sich für die angegebenen Schal-

Tab. 3.10 Schaltergestaltung für Abb. 3.33b) in Abhängigkeit von der Kanallänge L unter Berücksichtigung von Abb. 2.52b).

		höchste Geschwindigkeit	meist niedriger Schalteroffset	Schalteroffset
L µm		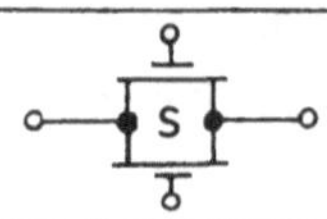	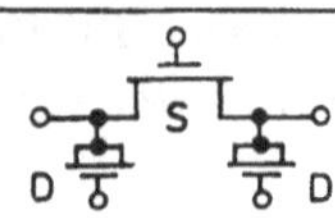	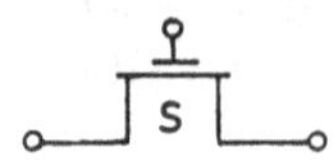
S2	≳ 4	x	x	
	≅ 2	x	x	
	≲ 1			x
S3	≧ 4	x	x	
	≅ 2			x
	≧ 1			x

(x: einsetzbar)

Tab. 3.11 Transistorabmessungen und Parameter zur Komparatorschaltung von Abb. 3.33b) (Technologieparameter s. CMOS-Technologie Tab. 3.3).

Transistor	Typ	B µm	L µm
M1, 3	N	15	4
M2, 4	P	13	4
M5	N	50	4
M6	P	25	4
$S_{x,y,2,3}$	P/N	12	4
Parameter			
U_{DD}	5 V		
P_V	1 mW		
C_{m1}	1 pF		
C_{m2}	0,5 pF		
f_{max}	15 MHz		
A_C	0,07 mm²		

terkonfigurationen Offsetspannungen von $U_{offC} \geq 1$ mV realisieren [Tsuk 85]. Als Ergebnis sämtlicher Betrachtungen läßt sich für sehr schnelle Abtastkomparatoren folgendes formulieren:

Unter Nutzung des Oversampling-Prinzips zur Offsetreduzierung sollte durch optimierte Schalter-(B/L)-Werte die Dimensionierung der Verstärkerstufe dahingehend erfolgen, daß die Komparatorgeschwindigkeit im wesentlichen nur durch ihre Grenzfrequenzen bzw. Verstärkungs-Bandbreite-Produkte (hohe Slew-Rate) bestimmt wird.

Für die zweite Kategorie von Hochgeschwindigkeits-Komparatoren zeigt Abb. 3.34 geeignete Lösungsmöglichkeiten. Der in einer 7,5-µm-NMOS-Metall-Gate-Technologie

realisierte Komparator nach Abb. 3.34a) besteht aus einer breitbandigen Kaskode-DV-Stufe und dem Strobed-Flip-Flop und ist bis Abtastraten um 20 MHz einsetzbar ($U_{\text{offC}} \cong 5$ mV) [Höff 79]. Das hohe Verstärkungs-Bandbreite-Produkt der DV-Stufe wird durch die Kaskode-Transistoren relisiert. Werden für die Basistransistoren Depletiontypen eingesetzt, sind auch Gleichtaktsignale $U_{\text{CME}} = U_{1,2} = 0$ V möglich.
Abb. 3.34b) zeigt vom Stufenaufbau das in einer p-Wannen-CMOS-Technologie umgesetzte Äquivalent zur Abb. 3.34a) [Yuka 85]. Während der Φ_{L}-Phase wird das Differenzsignal $U_1 - U_2$ mittels des Differenzverstärkers verstärkt, wobei mit Hilfe der Clipping-Transistoren M3,3′ der lineare Aussteuerbereich im Interesse schneller Erholzeiten der DV-Stufe einer Begrenzung unteıliegt. Das verstärkte Differenzsignal liegt als Steuerspannung an M8, M9 an, so daß mit Beginn der Φ_{H}-Phase die Low/High-Pegel-Entscheidung über die Schalter M10,10′ den Gegentakttreibern zugeführt werden kann. Die Basistransistoren der DV-Stufe wurden als p-Kanal-Enhancementtransistoren ausgelegt, um $U_{\text{CME}} \geqq 0$ V zu gestatten. Die zwei Hauptprobleme des Komparators bestehen in seinem Gleichtaktaussteuerbereich U_{CME} und dem unkompensierten Offset der DV-Stufe. Der Gleichtaktaussteuerbereich läßt sich mit $U_{\text{GD}1,1'} + U_{\text{GS}2,2'} \leqq U_{\text{CME}} \leqq U_{\text{DD}} - U_{\text{SD}4} - U_{\text{SG}1,1'}$ festlegen, der unter der Pinch-off-Grenze der Transistoren und mit Hilfe der Umstellung der einfachen quadratischen Kennlinie nach Gl. (A.1.16) in die Form $U_{\text{GS,SG}} = |U_{\text{Pon,p}}| + \sqrt{2I_{\text{D}}/K_{1\text{n,p}}}$ schließlich auf

$$U_{\text{Pon}} - |U_{\text{Pp}}| + \sqrt{2I_{\text{D}}/\left(K_{1\text{n}'}(B/L)\right)_{2,2'}}$$
$$\leqq U_{\text{CME}} \leqq U_{\text{DD}} - |U_{\text{Pp}}| - \sqrt{2I_{\text{D}}/\left(K_{1\text{p}'}(B/L)\right)_{1,1'}} - \sqrt{4I_{\text{D}}/\left(K_{1\text{p}'}(B/L)\right)_4} \tag{3.232}$$

führt. Hiernach wird nach einigen Rechnungen deutlich, daß für $U_{\text{DD}} = 5$ V im Interesse von $0 \leqq U_{\text{CME}} \leqq U_{\text{CMEmax}} = 3{,}9$ V, zur Absicherung hoher Verstärkungs-Bandbreite-Produkte f_{T} bzw. Slew-Raten $S_{\text{R}}{}^{+\,-}$ der DV-Stufe ($f_{\text{T}} = 5$ MHz für Komparatorabtastraten $f = 20$ MHz) und vertretbaren Flächen, Schwellspannungswerte $U_{\text{Pon}} \cong 0{,}2$ V, $|U_{\text{Pop}}| \cong 0{,}7$ V und Kennlinienkonstanten von $K_{1\text{n}'} > 25\ \mu\text{A/V}^2$, $K_{1\text{p}'} > 10\ \mu\text{A/V}^2$

a)

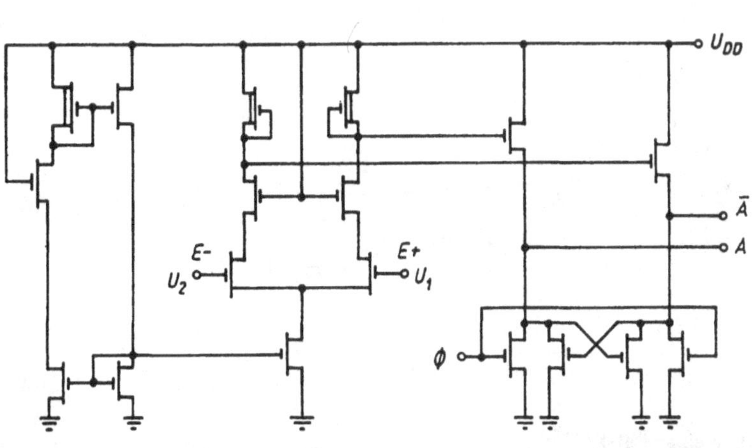

Abb. 3.34 Hochgeschwindigkeitskomparatoren nach dem Differenzverstärker-Strobed-Flip-Flop-Prinzip;
a) in einer NMOS-E/D-Technologie,

b)

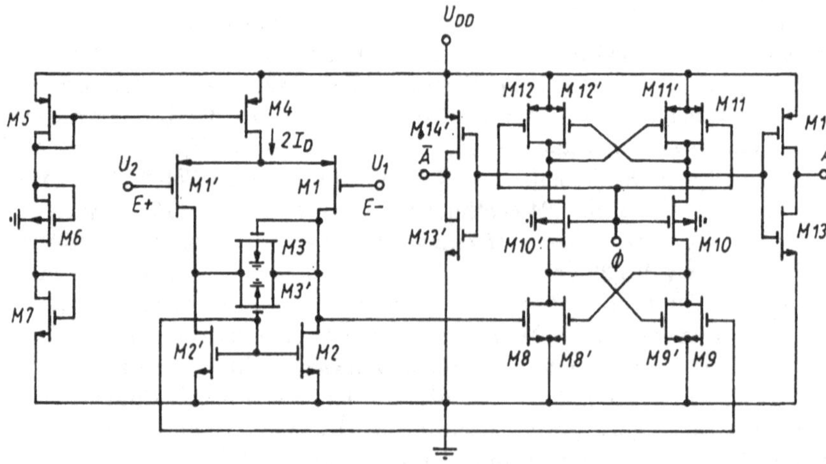

c)

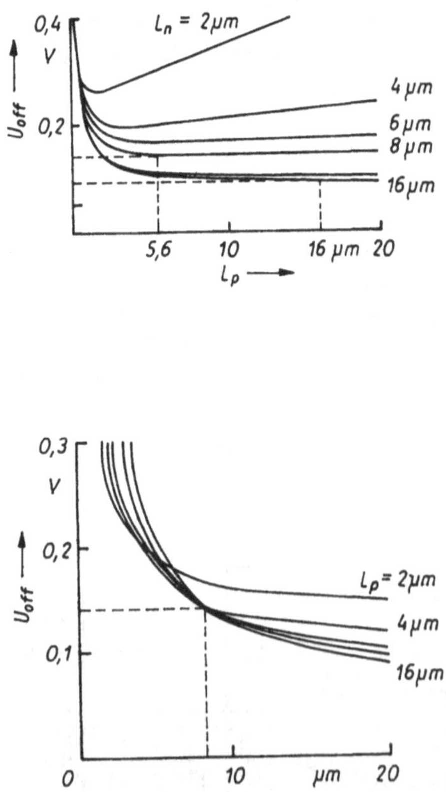

Abb. 3.34 b) in einer CMOS-Technologie,
c) Darstellung der Offsetspannung des CMOS-Komparators in Abhängigkeit der Ungleichheit der Kanallängen zwischen p-Kanal-Transisotren und n-Kanal-Transistoren und umgekehrt

notwendig sind. Werden Digitaltechnologien mit $U_{Pon} = |U_{Pop}| = 0,7\ V \cdots 1\ V$ und niedrigeren Kennlinienkonstanten verwendet, sinken Gleichtakteingangsbereich U_{CME} und letztlich auch die Komparatorabtastrate f drastisch ab.
Anhand Abb. 3.34c) wird die Offsetproblematik des Differenzverstärkers in Abhängigkeit der Kanallängen L_p und L_n diskutiert. Werden die Kanallängen der Basistransistoren M1,1' gegenüber den Lasttransistoren M2,2' und umgekehrt variiert, zeigt sich im Kompromiß zum Flächenverbrauch ein gewisses Optimum für $L_p = 5,6\ \mu m$ und $L_n = 8\ \mu m$ (Meßwert nach [Yuka 85]: $U_{offC} = -0,15\ mV$, Standardabweichung: 2,4 mV). In Auswertung dieser Analyse sind also für die nach [Yuka 85] vorgegebene 3,5-µm-CMOS-Technologie grundsätzlich Langkanalentwürfe notwendig, was auch f_T begrenzt. Läßt man in einer Worst-case-Betrachtung für die 3,5-µm-CMOS-Digitaltechnologie mit den Parametern zur Tab. 3.3 sämtliche Größen unverändert und würde man nur eine Schwellspannungsverschiebung $U_{Pon} = 0,5\ V$, $|U_{Pp}| = 2\ V$ ausführen, entsteht mit $U_{DD} = 10\ V$ der 10-MHz-Abtastkomparator mit seinen konkreten Parametern nach Tab. 3.12 [Senf 86]. Somit sind mit diesem Schaltungsprinzip auch bei dafür nichtoptimierten Technologien durchaus noch leistungsfähige Entwürfe möglich, wenn entweder die Betriebsspannung U_{DD} heraufgesetzt wird oder U_{CMEmax} sich auf z. B. 2,6 V einschränkt. Für die Flip-Flop-Stufe sind im 3,5-µm-Technologieniveau Abtastraten von 10 MHz bis 20 MHz unproblematischer zu realisieren. Metastabile Zustände treten erst bei wesentlich höheren Abtastraten auf [Zoje 85].

Tab. 3.12 Transistorabmessungen und Parameter zur Komparatorschaltung von Abb. 3.34b) (Technologieparameter s. CMOS-Technologie Tab. 3.3, $U_{Pon} = 0,5\ V$, $U_{Pp} = -2,0\ V$).

Transistor	Typ	B µm	L µm
M1, 1'	P	52	6
M2, 2'	N	58	8
M3, 3'	N	40	8
M4	P	78	6
M5	P	7	6
M6	N	8	28
M7	N	8	28
M8, 8', 9, 9'	N	35	3,5
M10, 10'	N	4	3,5
M11, 11', 12, 12'	P	18	3,5
M13, 13'	N	4	3,5
M14, 14'	P	18	3,5

Parameter	
U_{DD}	10 V
U_{CME}	5,12 V
P_V	2,4 mW
f_{max}	10 MHz
A_C	0,07 mm²

3.5. Referenzspannungsquellen

Um temperaturstabile Referenzspannungs- oder Stromquellen in den MOS-Technologien zu realisieren, werden innerelektronische prozeßunabhängige Spannungen gesucht, die als stets reproduzierbare Bezugsnormale fungieren. Abb. 3.35a) zeigt die für CMOS-Silizium-Gate-Technologien möglichen innerelektronischen temperaturabhängigen Spannungswerte. Die Temperaturspannung $U_T = kT/e$ ist proportional zur absoluten Temperatur T (PTAT: proportional to absolute temperature). Werden beispielsweise zwei n-Kanal-Enhancementtransistoren im Weak-inversion-Bereich mit unterschiedlichen Stromstärken betrieben, folgt unter Berücksichgigung von Gl. (A1.39) und $M1/M1' = \frac{B_1}{I_D} \Big/ \frac{B_{1'}}{I_{D'}}$ schließlich

$$U_{ref(PTAT)} = \langle \eta U_T \rangle_n \ln \left(\frac{I_D'}{I_D} \frac{B_1}{B_{1'}} \right) \sim T. \tag{3.233}$$

Die Bandgap-Spannung U_{gap} geht für $T = 0$ von ihrem extrapolierten Wert U_{G0} aus und fällt mit einem negativen Temperaturkoeffizienten leicht gekrümmt ab. Erste CMOS-Bandgap-Referenzquellen, die sich nach der temperaturunabhängigen Spannung U_{G0} orientierten, waren [Tsi2 78], [Vitt 79]. In Abb. 3.35b) werden die Gatematerialien von M1,1' unterschiedlich dotiert, so daß die Differenz beider Flatbandspannungen $U_{FBn} - U_{FBp}$ etwa die Bandgap-Spannung U_{gap} bildet [Ogey 80]. Eine andere Möglichkeit wäre, direkt unterschiedliche Gatematerialien zu verwenden [Toby 76]. Durch die Verbindung zwischen E- und A ist der Differenzverstärker letztlich die einfachste OPAMP-Schaltung im Spannungsfolgerbetrieb, damit die Referenzspannung U_{ref} belastbar wird. Werden die Querströme I_D, I_D' erneut unterschiedlich und im Weak-inversion-Bereich betrieben, wird anhand Abb. 3.35a) klar, daß mit Hilfe des positiven Temperaturkoeffizienten von $U_{ref(PTAT)}$ der negative Temperaturkoeffizient von U_{gap} kompensiert werden kann, so daß insgesamt Referenzspannungen U_{ref} mit Temperaturkoeffizienten unter 30 ppm/°C entstehen.

Die Differenz von zwei Basis-Emitterspannungen ΔU_{BE} bei Bipolartransistoren mit dafür unterschiedlichen Kollektorströmen I_{C1}, I_{C2} ist direkt der Temperaturspannung U_T bzw. T proportional. Wird ΔU_{BE} mit einem Faktor α_2 multipliziert und zu einem abgestimmten Betrag $\alpha_1 U_{BE}$ addiert, läßt sich die temperaturabhängige Bandgap-Spannung U_{G0} ermitteln. Diese Aufgabe kann neben Widerstandsabstimmungsvarianten nach Abb. 3.35c) mit Hilfe der bereits bekannten SC-Summations- und Multiplikationsfunktion nach Gl. (3.195) durchgeführt werden, wobei das Auto-zero-Prinzip zur Offsetkompensation nach Abb. 3.23a) Verwendung findet [Song 83]. Die Bipolartransistoren werden durch CMOS-Substrattransistoren realisiert.

In den NMOS-Technologien können sehr genaue Referenzspannungen nur durch Differenz der Flatbandspannungen erzeugt werden, wobei hier wiederum die Möglichkeiten der selektiven Kanalimplantation im Mittelpunkt stehen [Blau 78], [Hoff 78], [Song 82]. Da die NMOS-E/D-Technologien die selektive Kanalimplantation üblicherweise für Enhancement- und Depletion-Transistoren vorsieht, entspricht nach Gl. (A1.6) und Gl. (A1.31) eine Schwellspannungsdifferenz

$$U_{Pon} - D_{PoD} = U_{FBn} - U_{FBD} + \Delta U_{Pon} + \Delta U_{PoD} \tag{3.234}$$

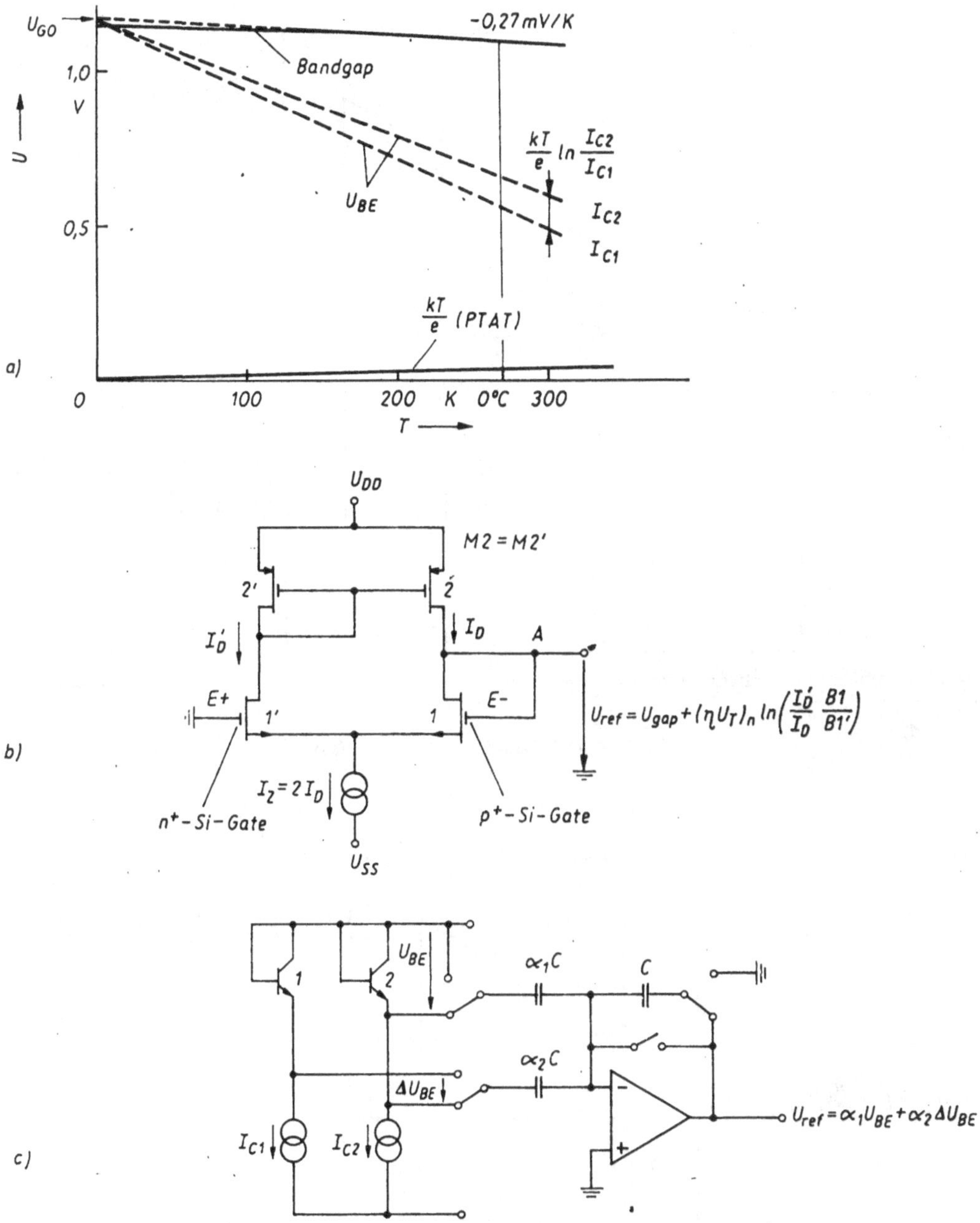

Abb. 3.35 Möglichkeiten zur Erzeugung von temperaturinvarianten Referenzspannungen in der MOS-Technik;
a) verschiedene, innerelektronische temperaturabhängige Spannungen, die auf Siliziumbasis möglich sind,
b) näherungsweise temperaturinvariante Referenzspannung U_{ref}, die auf der Kompensation der Bandgapspannung mit einer PTAT-Spannung beruht [Ogey 80],
c) Prinzip einer SC-gewichteten Bandgap-Referenzquelle nach [Song 83],

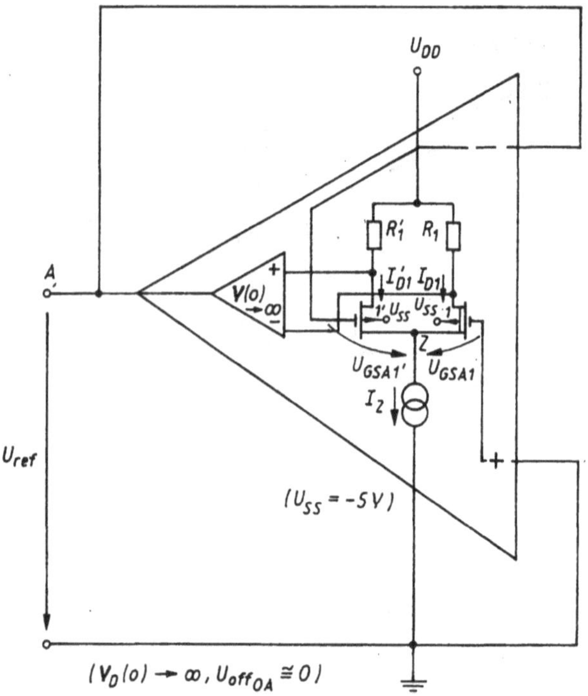

d)

$$U_{ref} = U_{GSA1'} - U_{GSA1} = U_{Pon} + U_{GSE1'} - U_{GSE1} - U_{PoD} \cong U_{Pon} - U_{PoD}$$

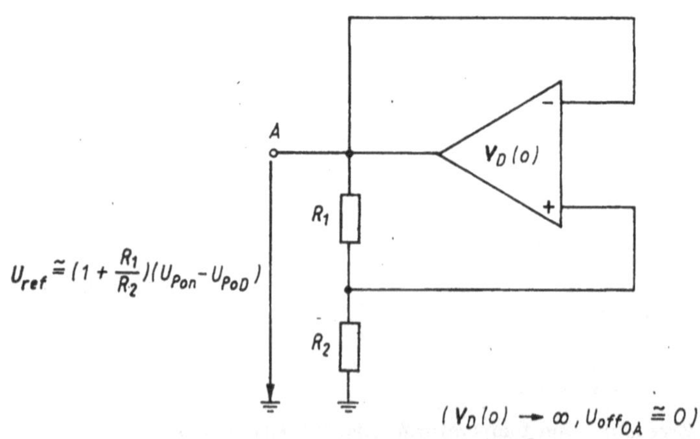

Abb.3.35 d) Prinzip der NMOS-Referenzquelle auf der Grundlage der Schwellspannungsdifferenz $U_{ref} \cong U_{Pon} - U_{PoD}$ mittels selektiver Kanalimplantation für M1,1′ nach [Blau 78] und Einstellungsmöglichkeit der Referenzspannung über Spannungsteiler R_1/R_2

letztlich der Differenz der beiden Flatbandspannungen, wobei der gewünschte Absolutwert der Schwellspannungsdifferenz durch die Bor- und Phosphorionenimplantationsdosen mit dem temperaturabhängigen Term $\Delta U_{\mathrm{Pon}} + \Delta U_{\mathrm{PoD}}$ eingestellt wird. Wie die weiter unten ausgeführten Darlegungen und Messungen zeigen werden, läßt sich über die Drainstromwahl I_{D} und die U_{SBA}-Einstellung diese Temperaturabhängigkeit kompensieren, so daß die darauf begründete Referenzspannung $U_{\mathrm{ref}} \cong U_{\mathrm{Pon}} - U_{\mathrm{PoD}}$ näherungsweise über einen bestimmten Bereich temperaturinvariant bleibt.
Das schaltungstechnische Prinzip der Erzeugung einer belastbaren Referenzspannung U_{ref} einschließlich ihrer Einstellbarkeit über Widerstandsteiler R_1/R_2 zeigt Abb. 3.35d). Daraus wird deutlich, daß im Idealfall die Schwellspannungsdifferenz durch eine exakt symmetrische DV-Stufe gebildet wird (keine Eingangsoffsetspannung durch Struktur- und Prozeßparameterabweichung, keine Eingangsrauschspannungen, Gleichheit der Drainströme $I_{\mathrm{D1,1'}}$, so daß $U_{\mathrm{GSA1}} = U_{\mathrm{GSA1'}}$ gilt) und die Belastbarkeit des Referenzwertes U_{ref} durch direkte Gegenkopplung mit einer unendlich hoch verstärkenden Stufe $\boldsymbol{V}(0)$ entsteht. Dieses Modell läßt sich auch als idealer OPAMP im Spannungsfolgerbetrieb interpretieren, dessen Schwellspannungsdifferenz im Vergleich mit Abb. 3.21c) wie eine Offsetspannungsquelle wirkt. In Wirklichkeit verfügt die DV-Stufe in Abb. 3.35d) bzw. der OPAMP über eine Eingangsoffsetspannung $U_{\mathrm{offOA}} \cong \pm U_{\mathrm{offDV}}$, ein entsprechendes Eingangsrauschen (vgl. Gl. (2.172)) und die Verstärkung $\boldsymbol{V}_{\mathrm{D}}(0)$ ist endlich. Mit einigen Vereinfachungen läßt sich schreiben

$$U_{\mathrm{ref}} = U_{\mathrm{Pon}} - U_{\mathrm{PoD}} + \Delta U_{\mathrm{ref}} \tag{3.235}$$

$$\Delta U_{\mathrm{ref}} = -\frac{U_{\mathrm{Pon}} - U_{\mathrm{PoD}}}{1 + \boldsymbol{V}_{\mathrm{D}}(0)} - U_{\mathrm{offOA}} \frac{\boldsymbol{V}_{\mathrm{D}}(0)}{1 + \boldsymbol{V}_{\mathrm{D}}(0)}$$

$$\cong \frac{U_{\mathrm{Pon}} - U_{\mathrm{PoD}}}{\boldsymbol{V}_{\mathrm{D}}(0)} \pm U_{\mathrm{offDV}}, \tag{3.236}$$

so daß der Fehlerterm in Gl. (3.236) als Eingangsoffset in Abb. 3.35d) zur geringfügigen Stromabweichung zwischen I_{D1} und $I_{\mathrm{D1'}}$ führt. Für einen leistungsfähigen Schaltungsentwurf wird folgendes empfohlen:

- In Abb. 3.35d) wird anstelle von $\boldsymbol{V}(0)$ eine DV/ED-Stufe mit einseitiger Auskopplung des Differenzsignals über eine Sourcefolgerstufe als Ausgangstreiber (flächensparsamer D/D-Sourcefolger) verwendet. Damit besteht der OPAMP aus dem üblichen dreistufigen Aufbau nach Abb. 3.24a): $\boldsymbol{V}_1(0) = \boldsymbol{V}_{\mathrm{DV1}}(0)$, $\boldsymbol{V}_2(0) = \boldsymbol{V}_{\mathrm{DV2}}(0)$, $\boldsymbol{V}_3(0) = 1$, $\boldsymbol{K}_{1,2} = 1$, $\boldsymbol{K}_3 = \boldsymbol{V}_{\mathrm{SA}}(0)$.
- Die Frequenzgangkompensation wird nach der ersten DV-Stufe ausgeführt, da diese Stufe, wie die weiter unten angebrachten Betrachtungen bezüglich einer möglichst hohen Temperaturinvarianz der Schwellspannungsdifferenz zeigen werden, prinzipiell im Entwurf festgelegt ist und im unkompensierten OPAMP über die niedrigste Polfrequenz verfügt.
- Zur Referenzspannung der Konstantstromquellen wird für den Stromspiegel die Struktur nach Abb. 2.36b) verwendet, um die Steuerspannungen im temperaturvarianteren Bereich einzustellen und die durch Temperatur-, Struktur- und Prozeßparameterabweichungen hervorgerufenen Arbeitspunktverschiebungen der DV-Stufen gleichtaktmäßig besser auszuregeln.

Um die erzeugte Referenzspannung U_{ref} so temperaturinvariant wie möglich zu gestalten, gibt es nach [Blau 78], [Song 82] und 2.4.3. zwei entscheidende Entwurfshinweise:

— Die Steuerspannungen sämtlicher Konstantstromquellen der DV-Stufen, des Stromspiegels und der Basistransistoren der DV-Stufen sollten wieder hinsichtlich temperaturinvarianter Drainströme unter Substratvorspannungsbedingung $U_{SS} = -5$ V der Relation

$$U_{GSA} \geqq 1{,}5 \text{ V} \tag{3.237}$$

genügen. Hierbei muß ein Kompromiß zur Symmetrie von M1,1′, den Pinch-off-Bedingungen der Transistoren, der Verstärkung der DV-Stufen, der Frequenzgangkompensation (C) und damit der Fläche geschlossen werden. In der in Abb. 3.36a) vorgestellten Schaltungsdimensionierung wurde mit $U_{GSE1} = U_{GSA1} - U_{Pn} = 0{,}75$ V und $U_{GSE2} = U_{GSA2} - U_{Pn} = 1{,}1$ V gearbeitet. Somit variieren die Steuerspannungen U_{GSA} nach der Technologievorgabe in Tab. 3.13 zwischen 1,56 V···3,31 V.

— Die Wahl des Querstromwertes der Konstantstromquelle des Referenzdifferenzverstärkers M1,1′, M2,2′ ist wesentlich:
Nimmt man für die in Abb. 3.35d) eingezeichneten Querströme $I_{D1,1'}$ der Einfachheit halber die quadratische Kennlinie im Pinch-off-Bereich nach Gl. (A1.16) an und löst diese nach den effektiven Steuerspannungen auf, ergibt sich

$$\sqrt{(2I_{D1'}/K_{1n})} = U_{GSA1'} - \left(U_{Pon} + K_{2n}\sqrt{-U_{BSA1'} + 2V_F} - \sqrt{2V_F}\right) = U_{GSA1'} - U_{Pn} \tag{3.238}$$

$$\sqrt{(2I_{D1}/K_{1D})} = U_{GSA1} - \left(U_{PoD} + K_{2D}\sqrt{-U_{BSA1} + 2V_F} - \sqrt{2V_F}\right) = U_{GSA1} - U_{PD} \tag{3.239}$$

und als Differenz von Gl. (3.238), Gl. (3.239) mit $\Delta\sqrt{2/(\mu_n C''_{ox}(B/L)_{1,1'})}\sqrt{I_{D1,1'}} = \sqrt{2/K_{1n}}\sqrt{I_{D1'}} - \sqrt{2/K_{1D}}\sqrt{I_{D1}}$, $\Delta U_P = U_{Pn} - U_{PD}$, $\Delta U_{GSA1} = U_{GSA1'} - U_{GSA1}$ schließlich die Beziehung

$$\Delta U_{GSA1} = U_{ref} = \Delta U_P + \Delta\sqrt{2/(\mu_n C''_{ox}(B/L)_{1,1'})}\sqrt{I_{D1,1'}}. \tag{3.240}$$

Aus Gl. (3.240) wird ersichtlich, daß für hohe Querströme $I_{D1,1'}$ der Einfluß der Temperaturabhängigkeit der Beweglichkeiten der Kanalladungsträger μ_n auf die Referenzspannung U_{ref} zunimmt, für kleine Querströme $I_{D1,1'}$ spielt die geringe Temperaturabhängigkeit der Schwellspannungsdifferenz ΔU_P die dominierende Rolle. Folglich sollten zwar kleine, aber nicht zu kleine Querströme $I_{D1,1'}$ gewählt werden. Nach [Song 82] liegt der Kompromiß durch die ausgeführten Messungen für eine gewöhnliche NMOS-E/D-Technologie ($d_{ox} = 100$ nm, N_A ca. 25 Ωcm, $L \geqq 7$ µm) bei Querströmen

$$1\,\mu\text{A} \leqq I_{D1,1'} \leqq 10\,\mu\text{A} \tag{3.241}$$

und hohen Substratvorspannungen der Basistransistoren von

$$5 \text{ V} \leqq U_{SBA1,1'} \leqq 10 \text{ V}, \tag{3.242}$$

d. h., hier ist die Temperaturabhängigkeit am geringsten (in Abb. 3.36a): $U_{SBA1,1'} = U_Z - U_{SS} \cong 7{,}7$ V). Nimmt man für einen fest eingestellten Querstrom $I_{D1,1'}$ die temperaturbezogene Änderung der Referenzspannung von Gl. (3.240) auf, folgt

$$\frac{\mathrm{d}U_{\mathrm{ref}}}{\mathrm{d}T} = \alpha_{\mathrm{UP}} + \alpha_{\mu} \tag{3.243}$$

mit den Abschätzungen nach [Blau 78] für

$$\alpha_{\mathrm{UP}} = \frac{\mathrm{d}(U_{\mathrm{Pn}} - U_{\mathrm{PD}})}{\mathrm{d}T} \cong -0{,}2\ \mathrm{mV/°C} \tag{3.244}$$

und

$$\alpha_{\mu} = \frac{\sqrt{I_{\mathrm{D1,1'}}}}{2} \left(\frac{1}{\sqrt{K_{1\mathrm{D}}}} \frac{1}{\mu_{\mathrm{D}}} \frac{\mathrm{d}\mu_{\mathrm{D}}}{\mathrm{d}T} - \frac{1}{\sqrt{K_{1\mathrm{n}}}} \frac{1}{\mu_{\mathrm{n}}} \frac{\mathrm{d}\mu_{\mathrm{n}}}{\mathrm{d}T} \right). \tag{3.245}$$

Anhand dieser Beziehungen wird noch einmal deutlich, daß die Temperaturänderung der realen Referenzspannung nach Gl. (3.243) (technologische Abweichungen zwischen den Kennlinienkonstanten $K_{1\mathrm{n}}/K_{1\mathrm{D}}$ und Bodykonstanten $K_{2\mathrm{n}}/K_{2\mathrm{D}}$ der Basistransistoren M1,1' der DV/ED-Stufe zugelassen) sehr gering ausfallen kann, wenn sich der beispielsweise negativ vorgegebene Temperaturgang der Schwellspannungsdifferenz von Gl. (3.244) mit dem positiven Temperaturgang der Beweglichkeit der Kanalladungsträger in Gl. (3.245) kompensiert [Blau 78]. Eine erfolgreiche Kompensation ist also im wesentlichen durch die $I_{\mathrm{D1,1'}}$-Wahl mit Gl. (3.241) in Gl. (3.245) zu erreichen bzw. läßt sich die Größe von $I_{\mathrm{D1,1'}}$ zusätzlich durch die Substratvorspannung von Gl. (3.242) steuern. Bei einer näherungsweise erfolgreichen Kompensation von Gl. (3.244) und Gl. (3.245) kann die endgültige Feinabstimmung noch durch $K_{1\mathrm{n}} \neq K_{1\mathrm{D}}$ lateral erzeugt werden, indem z. B. $\Delta L_1 = L_1 - L_{1'} = 1\ \mu\mathrm{m}$ beträgt. Theoretisch sind damit Temperaturkoeffizienten $|\mathrm{TK}_{U\mathrm{ref}}| = (1/U_{\mathrm{ref}})\ \mathrm{d}U_{\mathrm{ref}}/\mathrm{d}T = 1\ \mathrm{ppm/°C}$ möglich [Förs 86].

Im Dimensionierungsablauf wird deutlich, daß die Referenzdifferenzverstärkerstufe mit dem Querstrom I_{D1} und den effektiven Steuerspannungen letztlich auch schon den Ausgangswiderstand R_{DV1} für die Frequenzgangkompensationskapazität C bestimmt (vgl. Gl. (3.262)). Die beiden einzigen Freiheitsgrade im Entwurf bleiben im wesentlichen die Querströme I_{D2}, I_{D3}, d. h., ihre Parameter sind so festzulegen, daß die auftretenden Polfrequenzen die notwendige Phasenreserve α sichern, wobei I_{D3} zusätzlich von der äußeren Belastung C_{L} der Referenzspannungsquelle U_{ref} abhängt. Geht man im Entwurf von $I_{\mathrm{D1}} = 10\ \mu\mathrm{A}$, $I_{\mathrm{D2}} = 40\ \mu\mathrm{A}$, $I_{\mathrm{D3}} = 300\ \mu\mathrm{A}$, $I_{\mathrm{D4}} = 2I_{\mathrm{D2}}$ aus, folgen die B/L-Werte in Tab. 3.13.

Abschließend läßt sich für diese Schaltung die Frequenzgangkompensation vornehmen. Zuerst folgen für den unkompensierten OPAMP die Kleinsignalparameter mit

$$V_{\mathrm{DV1}}(0) = -\frac{g_{\mathrm{m1}}}{g_{\mathrm{d1}} + g_{\mathrm{d2}} + \lambda_2 g_{\mathrm{m2}}} \cong -22 \tag{3.246}$$

$$V_{\mathrm{DV2}}(0) = -\frac{1}{2} \frac{g_{\mathrm{m4}}}{g_{\mathrm{d4}} + g_{\mathrm{d5}} + \lambda_5 g_{\mathrm{m5}}} \cong -8 \tag{3.247}$$

$$V_{\mathrm{SA}}(0) = \frac{g_{\mathrm{m7}}}{g_{\mathrm{d7}} + g_{\mathrm{d8}} + (1 + \lambda_7)\, g_{\mathrm{m7}}} \cong 0{,}9 \tag{3.248}$$

$$V_{\mathrm{D}}(0) = V_{\mathrm{DV1}}(0)\ V_{\mathrm{DV2}}(0)\ V_{\mathrm{SA}}(0) \cong 160 \tag{3.249}$$

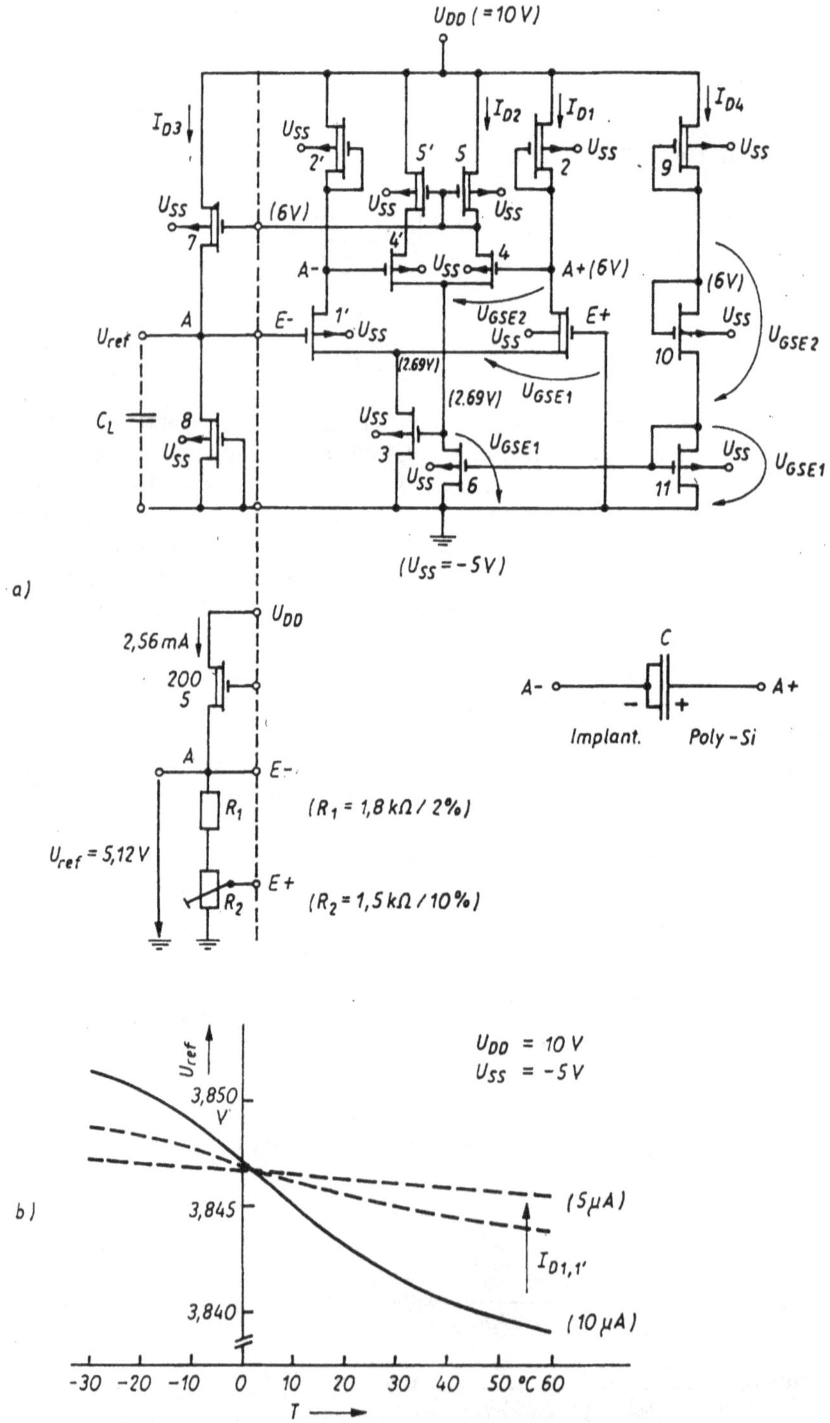

Abb. 3.36 Dimensionierung der Realisierung einer einstellbaren NMOS-Referenzquelle;

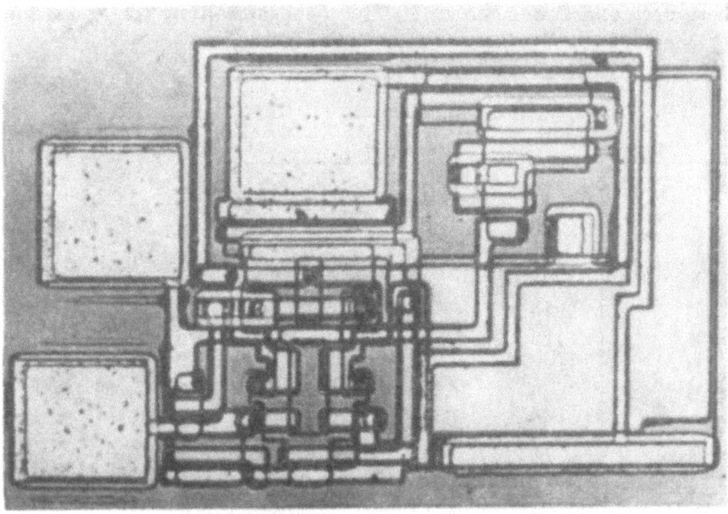

c)

Abb. 3.36 a) konkrete Schaltungsumsetzung und Arbeitspunktfestlegung der NMOS-Referenzquelle nach Abb. 3.35 d),
b) Messung der Temperaturabhängigkeit der Referenzspannung $U_{\mathrm{ref}}(T)$ nach [Rie2 84],
c) Layoutaufnahme der Referenzquelle

und

$$R_{\mathrm{DV1}} = -\boldsymbol{V}_{\mathrm{DV1}}(0)/g_{\mathrm{m1}} \cong 905\ \mathrm{k\Omega} \tag{3.250}$$

$$C_{\mathrm{DV1}} = C_{\mathrm{DB1}} + C_{\mathrm{SB2}} + C_{\mathrm{GS4}} + \big(1 - \boldsymbol{V}_{\mathrm{DV2}}(0)\big)\, C_{\mathrm{gdo4}} + C_{\mathrm{gbo2}} + C_{\mathrm{gdo2}} + C_{\mathrm{gdo1}} + C_{\mathrm{Z}} \cong 0{,}29\ \mathrm{pF} \tag{3.251}$$

$$f_{\mathrm{DV1}} = (2\pi R_{\mathrm{DV1}} C_{\mathrm{DV1}})^{-1} \cong 0{,}6\ \mathrm{MHz} \tag{3.252}$$

$$R_{\mathrm{DV2}} = -2\boldsymbol{V}_{\mathrm{DV2}}(0)/g_{\mathrm{m4}} \cong 220\ \mathrm{k\Omega} \tag{3.253}$$

$$C_{\mathrm{DV2}} = C_{\mathrm{GD4}} + C_{\mathrm{SB5}} + C_{\mathrm{gdo4}} + 2(C_{\mathrm{gdo5}} + C_{\mathrm{gbo5}}) + C_{\mathrm{gdo7}} + \big(1 - \boldsymbol{V}_{\mathrm{SA}}(0)\big)\, C_{\mathrm{GS7}} + 2C_{\mathrm{GS5'}} + C_{\mathrm{Z}} \cong 0{,}26\ \mathrm{pF} \tag{3.254}$$

$$f_{\mathrm{DV2}} = (2\pi R_{\mathrm{DV2}} C_{\mathrm{DV2}})^{-1} \cong 2{,}81\ \mathrm{MHz} \tag{3.255}$$

$$R_{\mathrm{SA}} = \boldsymbol{V}_{\mathrm{SF}}(0)/g_{\mathrm{m7}} \cong 5{,}6\ \mathrm{k\Omega} \tag{3.256}$$

$$C_{\mathrm{SA}} \cong C_{\mathrm{L}} = 5\ \mathrm{pF} \tag{3.257}$$

$$f_{\mathrm{SA}} = (2\pi R_{\mathrm{SF}} C_{\mathrm{SA}})^{-1} \cong 5{,}69\ \mathrm{MHz}\,. \tag{3.258}$$

Die Transitfrequenz f_{T} wird nun so tief festgelegt, daß sich wenigstens eine Phasenreserve von $\alpha = -45°$ ausbildet, d. h. mit

$$f_{\mathrm{T}} = 1{,}2\ \mathrm{MHz} \tag{3.259}$$

folgt $\alpha = -\pi/2 + \arctan f_{\mathrm{T}}/f_{\mathrm{DV2}} + \arctan f_{\mathrm{T}}/f_{\mathrm{SA}} = -55°$. (3.260)

Tab. 3.13 Transistorabmessungen und Parameter zur Referenzquellenschaltung von Abb. 3.36a) nach einer 4-μm-NMOS-Technologie

Transistor	Typ	B μm	L μm	U_{GSE} V
M1, 1′	E/D	18	10	0,75
M2, 2′	D	10	27	1,75
M3	E	31	8	0,75
M4, 4′	E	37	10	1,10
M5, 5′	D	15	10	1,75
M6, 11	E	122	8	0,75
M7	D	20	8	3,73
M8	D	50	8	2,38
M9	D	30	10	1,75
M10	E	74	10	1,10

Parameter	
U_{ref}	5,120 V
U_{Pon}	0,5···1,0 V (zul. technolog. Streubereich)
U_{PoD}	−3···−4 V (zul. technolog. Streubereich)
U_{DD}/U_{SS}	10 V/−5 V
P_V	27 mW (mit Querstrom durch R_1, R_2)
R_1/R_2	1,66 kΩ/0,34 kΩ ($U_{Pon} = 0{,}75$ V, $U_{PoD} = -3{,}5$ V)
$U_{ref}(0)/U_{DD}(0)$	−60 dB
$\lvert TK_{Uref}\rvert$	37 ppm/°C+)
f_T	2,8 MHz bei $C = 5$ pF
$0{,}1\% - t_{ST}$	1,15 μs bei $C_L = 26$ pF

+) $\lvert TK_{Uref}\rvert = 5$ ppm/°C, wenn man Gl. (3.264) berücksichtigt

Die Polfrequenz f_{DV1} muß sich zur dominanten OPAMP-Polfrequenz

$$f_{\widetilde{DV1}} = f_{(-3dB)OA} = f_T/V_D(0) \cong 7{,}5 \text{ kHz} \tag{3.261}$$

herabsetzen lassen. Daraus ergibt sich die an beiden Eingängen von M4,4′ zu integrierende Kompensationskapazität von

$$C_{A+/-} \cong (2\pi R_{DV1} f_{(-3dB)OA})^{-1} \cong 23 \text{ pF}, \tag{3.262}$$

die nach Abb. 3.36a) als Querkompensationskapazität mit

$$C = (C_{A+/-} - C_{DV1})/2 \cong 11{,}4 \text{ pF} \tag{3.263}$$

zu integrieren ist. Diese Kapazität C wurde von [Rie2 84] als Depletion-Kapazität realisiert, deren einseitiger parasitärer Sperrschichtanteil durch die hohe Substratvorspannung einen kleinen Wert annimmt und den Frequenzgang nicht merklich beeinflußt. Computersimulationen bestätigen die Stabilität der Referenzquelle bei $C_L = 5$ pF und zeigten für $\pm 10\%$ U_{DD}-Schwankungen Einschwingzeiten der Referenzspannung U_{ref} von 0,1% — $t_{ST} \cong 800$ ns. Die Verfälschung der Referenzspannung $U_{ref}(0)$ ergab sich mit ± 1 mV, so daß theoretisch $U_{ref}(0)/U_{DD}(0) = -60$ dB beträgt. Die praktischen Messungen lagen zwischen —58 dB bis —61 dB. Die konkrete Scheibenpräparation der Referenzquelle ergab $U_{Pon} = 0{,}23$ V, $U_{PoD} = -3{,}54$ V, $K_{2n} \cong K_{2D} = 0{,}37$ $V^{1/2}$ als technologische Mittelwerte. Mit Gl. (3.235), Gl. (3.236), Gl. (3.249) und dem durchschnittlichen Offsetwert MW nach Abb. 2.38b) folgt eine Referenzspannung von

$$U_{ref} = 3{,}81 \text{ V}, \tag{3.264}$$

die mit dem Mittelwert sämtlicher gemessenen Referenzspannungen bis auf weniger als 1% genau übereinstimmt und den theoretischen Ansatz von Gl. (3.235) bestätigt. Die wichtigste Analyse der Referenzquelle ist ihre Temperaturabhängigkeit. Dieser Verlauf ist in Abb. 3.36b) dargestellt. Der durchschnittliche Temperaturkoeffizient konnte mit —37 ppm/°C ermittelt werden, der wesentlich schlechter wird, wenn man die Referenzquelle ohne Substratvorspannung betreibt ($U_{SS} = 0$ V) und somit die Regeln nach Gl. (3.241), Gl. (3.242) verletzt. Der Temperaturkoeffizient bleibt prinzipiell negativ, so daß nach Gl. (3.244) hier die Temperaturabhängigkeit der Schwellspannungsdifferenz die entscheidende Rolle spielt. Der Temperaturkoeffizient in Abb. 3.36b) läßt sich praktisch ohne weiteres bis auf ca. —5 ppm/°C verringern, wenn in Abb. 3.36a) bei Beibehaltung sämtlicher Arbeitspunkte der Strom der Konstantstromquelle noch weiter reduziert wird, d. h. z. B. einen Wert von

$$2I_{D1,1'} = 10 \text{ µA} \tag{3.265}$$

annimmt. Die weitere Erhöhung der Temperaturstabilität der Referenzquelle bzw. des gegengekoppelten Operationsverstärkers läßt sich durch eine noch präzisere Steuerspannungsoptimierung bei genauer Kenntnis der Technologieparameter, dem K_{1n}/K_{1D}-Mismatch und einer lateralen Rauschoptimierung der DV1-Stufe nach 2.4.6. erreichen. Die Layoutaufnahme der Referenzquelle zeigt Abb. 3.36c).

Um die in Abb. 3.36a) entworfene Referenzquelle für verschiedene D/A-Umsetzer verwenden zu können, muß die Referenzspannung U_{ref} einstellbar sein und die Ausgangsstufe M7, M8 unterschiedlichen Belastungsfällen gerecht werden. Das Grundprinzip der Referenzspannungseinstellung wurde schon in Abb. 3.35d) behandelt. Danach wird deutlich, daß die für D/A-Umsetzer abzustimmenden Referenzspannungen U_{ref} immer über der von der Technologie abhängigen Schwellspannungsdifferenz liegen. Für die üblichen Schwellspannungsbereiche der NMOS-E/D-Technologien von $0{,}5 \text{ V} \leqq U_{Pon} \leqq 1$ V, $-4 \text{ V} \leqq U_{PoD} \leqq -3$ V ergeben sich Referenzspannungen U_{ref} von 3,5 V bis 5 V, so daß meistens die über den Widerstandsteiler R_1/R_2 einzustellende Referenzspannung den Wert $U_{ref} \geqq 5$ V annimmt. Die angepaßte Modifikation der Ausgangsstufe ist gleichfalls in Abb. 3.36a) eingetragen. Mit dieser Stufe kann die Referenzquelle an kapazitive Belastungen bis $C_L \cong 26$ pF oder ohmsche Belastungen bis $R \doteq 5{,}12$ kΩ angeschlossen werden [Stam 83]. Anstelle des Konstantstromquellentransistors M8 wurde der vorgesehene Widerstandsteiler angeordnet. Dies bietet den Vorteil, daß der bei $I_{D7} = 2{,}56$ mA flächenintensive Depletiontransistor M8 eingespart wird und die Ausgangspolfrequenz gegenüber Gl. (3.258) sich wesentlich tiefer in die negative Halbebene verschiebt, da die niederohmige Ausführung von R_1, R_2 einen niedrigen Knotenwiderstand für die Gegenkopplung sichert.

Für das Frequenzverhalten des OPAMPs gilt im Vergleich mit Gl. (3.246) bis Gl. (3.258) jetzt die Relation

$$f_{\mathrm{DV1}} < f_{\mathrm{DV2}} \ll f_{\mathrm{SA}}, f_{\mathrm{E+}}\left(= 1/(2\pi C_{\mathrm{E+}} R_{\mathrm{ers}})\right), \tag{3.266}$$

wobei für eine Phasenreserve von $\alpha \leqq -45°$ einfach die erste Polfrequenz f_{DV1} auf

$$f_{\mathrm{DV1}} = f_{\mathrm{DV2}}/V_{\mathrm{D}}(0) = 2{,}8\ \mathrm{MHz}/130 \simeq 21{,}5\ \mathrm{kHz} \tag{3.267}$$

herabzusetzen ist. Dies bewirkt nach Gl. (3.266), Gl. (3.267) eine zusätzliche Verringerung der Kompensationskapazität bzw. eine Flächeneinsparung. Es gilt

$$C \geqq 4\ \mathrm{pF}. \tag{3.268}$$

Praktisch wird C für eine vergleichbare Phasensicherheit zu Gl. (3.260) mit $C = 5$ pF festgelegt. Die technischen Daten der Referenzquelle sind in Tab. 3.13 zusammengefaßt.

4. Integrierte analoge MOS-Funktionseinheiten als A/D-D/A-Umsetzer

4.1. Einführung

Die Aufgabe der A/D-Umsetzung besteht darin, in einem gegebenen Intervall $0 \cdots U_{ref}$ jeder Spannung U_{in} ein entsprechendes codiertes Wort X_C zuzuordnen, das somit der algebraischen Polynomapproximation

$$\frac{U_{in}}{U_{ref}} = X_C = \sum_{i=1}^{N} a_i X^{N-i+1} \tag{4.1}$$

entspricht. Wird Gl. (4.1) theoretisch mit $N \to \infty$ realisiert, führt dies auf die exakte Wiedergabe des Analogsignals U_{in}. Praktisch bleibt aber die Codewortlänge endlich, so daß ein entsprechender Approximations- bzw. ein sogenannter Quantisierungsfehler Q_F entsteht. Geht man unter der Vielzahl möglicher Codierungsvarianten vom Binärcode aus, folgt mit $a_i \in \{0, 1\}$ und $X = 1/2$ für Gl. (4.1)

$$\frac{U_{in}}{U_{ref}} = a_1 2^{-N} + \cdots + a_N 2^{-1}, \tag{4.2}$$

wobei der maximale Quantisierungsfehler

$$Q_F = \sum_{i=N+1}^{\infty} 2^{-i} = 2^{-N} \tag{4.3}$$

betragen kann (a_1 = LSB: least significant bit, a_N = MSB: most significant bit). Durch den maximalen Quantisierungsfehler ist der Begriff der Auflösung oder der sogenannten Quantisierungseinheit eines A/D-Umsetzers mit

$$Q_E = Q_F U_{ref} = 2^{-N} U_{ref} = 1\ \text{LSB} \tag{4.4}$$

festgelegt worden. Oft wird unter dem Begriff Auflösung auch einfach die Bitzahl N verstanden [Gord 78]. Im üblichen Fall wählt man für die A/D-Umsetzung die jeweilige Codemitte der Quantisierungseinheiten Q_E aus, so daß der Genauigkeitsfehler ε_{AD} gerade dem maximal möglichen Quantisierungsfehler von $\pm Q_F/2$ entspricht, d. h., prozentual gilt

$$\varepsilon_{AD\%} = 100\%(\pm Q_F/2) = 100\%(\pm 2^{-(N+1)}) \tag{4.5}$$

bzw. im Quantisierungsintervall Q_E nach Gl. (4.4) mit U_{ref} multipliziert

$$\varepsilon_{AD} = Q_E/2 = (Q_F/2)\, U_{ref}. \tag{4.6}$$

Diese Aussage wird anschaulich in Abb. 4.1a) an einer 3-bit-A/D-Umsetzung demonstriert. Danach wird deutlich, daß ein N-bit-A/D-Umsetzer dieser idealen Transferkennlinie entsprechen sollte und in der Regel das maximal mögliche Ziel einer technisch erreichbaren Binärcodierung des Analogsignals darstellt. Viele real entwickelte A/D-Umsetzer zeigen jedoch Abweichungen von der idealen Transferkennlinie in Abb. 4.1a). So verfügt eine A/D-Umsetzung über einen Offset (Nullpunktfehler), wenn sich in Abb. 4.1a) die gesamte Transferkennlinie verschiebt und bereits für $U_{in}/U_{ref} = 0$ z. B. 1 LSB ausgewiesen wird (meist sind Korrekturen durch Änderung von U_{ref} möglich). Folglich ist der eigentliche Offset in der Verschiebung des ersten Quantisierungsintervalls Q_E anzusehen. Der Verstärkungsfehler entsteht, wenn sich der 45°-Anstieg der Verstärkungskennlinie des A/D-Umsetzers verändert. Die beiden wichtigsten Begriffe, die das typische Fehlerbild einer Transferkennlinie ausmachen, sind die integrale und differentielle Nichtlinearität, nach der auch die Bezeichnung integraler und differentieller Linearitätsfehler eingeführt werden kann. Die integrale Nichtlinearität INL ist die maximale Abweichung Q_{EM} einer realen Transferkennlinie von der idealen Transferkennlinie in Abb. 4.1a), d. h. INL $= Q_{EM}$. Bei der differentiellen Nichtlinearität DNL geht man von den einzelnen Übertragungsstufen der Transferkennlinie aus, die

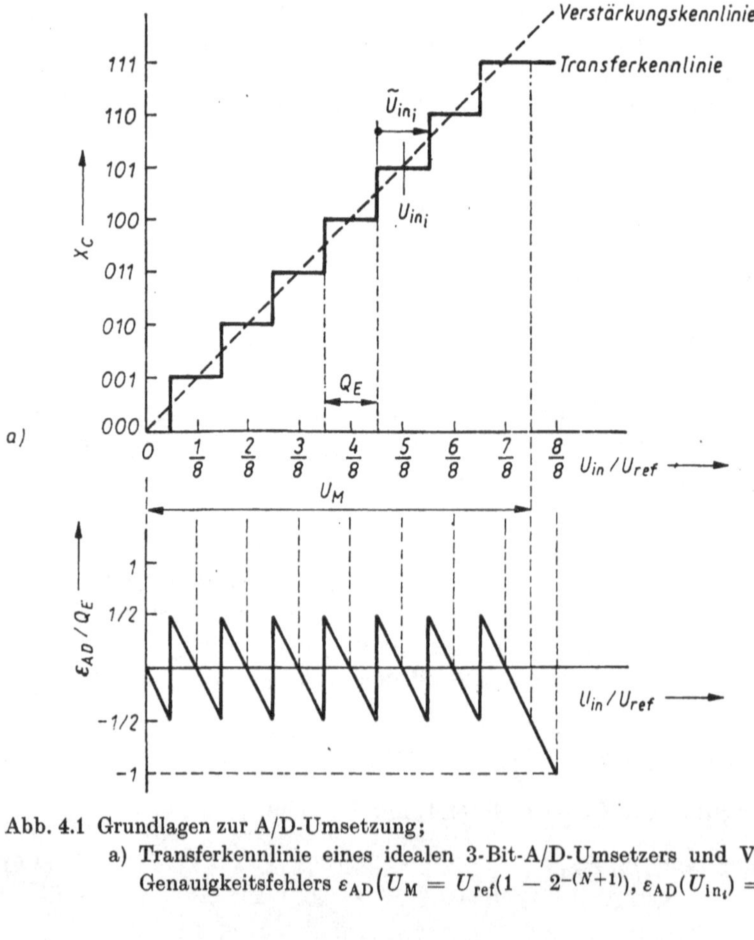

Abb. 4.1 Grundlagen zur A/D-Umsetzung;

a) Transferkennlinie eines idealen 3-Bit-A/D-Umsetzers und Verlauf des minimalen Genauigkeitsfehlers $\varepsilon_{AD}\left(U_M = U_{ref}(1 - 2^{-(N+1)}), \varepsilon_{AD}(U_{in_i}) = U_{in_i} - \tilde{U}_{in_i}\right)$, nach Abb. 4.1a) einen konstanten Wert von $Q_E = 1$ LSB einnahmen. In der realen Transferkennlinie ist dies nicht immer der Fall, so daß die Definition lautet

$$\mathrm{DNL}_i = 1\,\mathrm{LSB} - Q_{Ei}, \tag{4.7}$$

d. h., DNL_i ist die differentielle Nichtlinearität der i-ten Übertragungsstufe, und Q_{Ei}

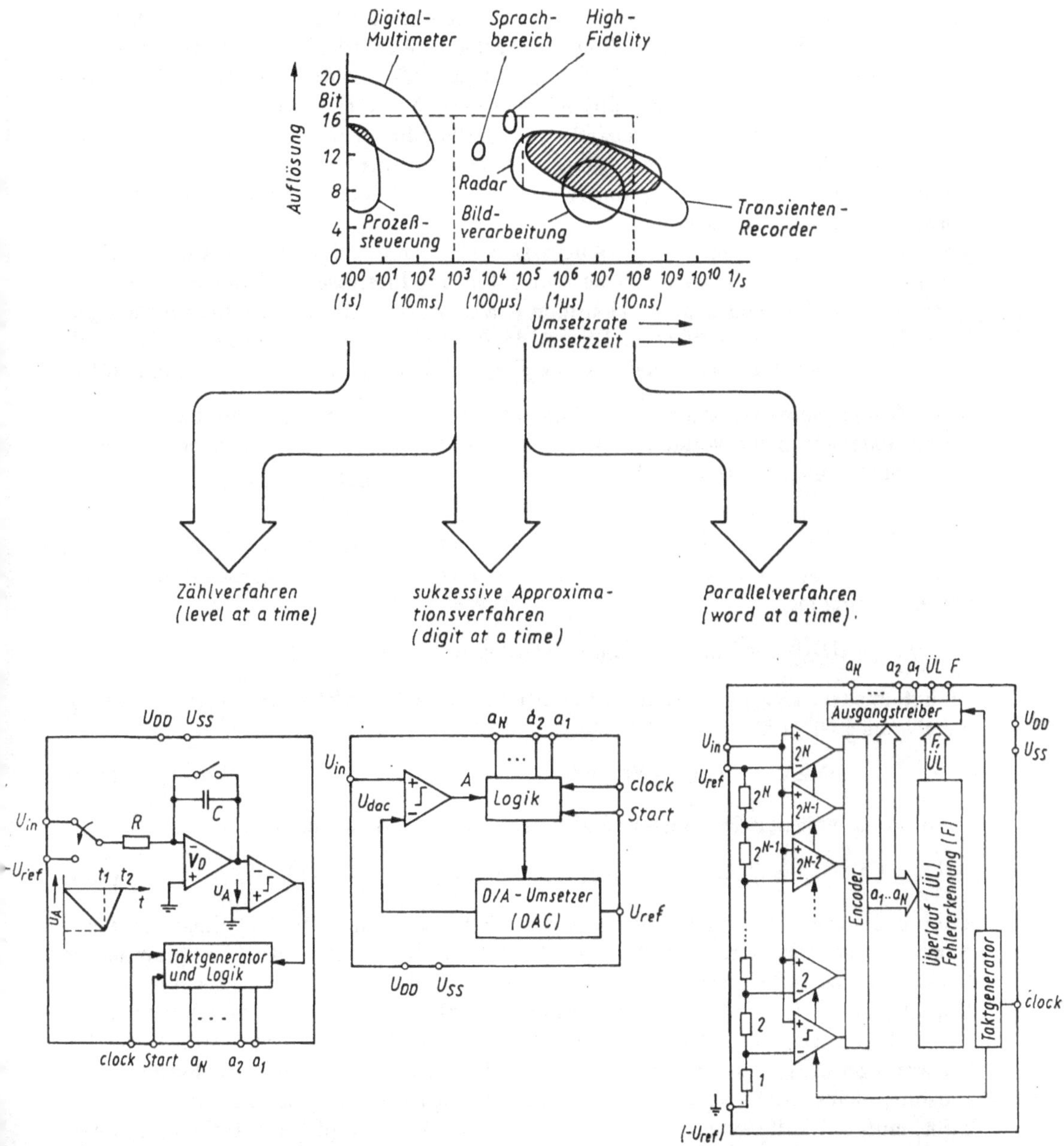

Abb. 4.1 b) Einsatzgebiete von A/D-Umsetzern und ihre Klassifizierung in Form vereinfachter Blockschaltbilder

ist der aktuelle Quantisierungsintervall. Somit wäre für einen idealen A/D-Umsetzer mit $Q_{Ei} = 1$ LSB ($i = 1, \ldots, 2^N$) die differentielle Nichtlinearität $\mathrm{DNL}_i = 0$ ($i = 1, \ldots, 2^N$), ansonsten $\mathrm{DNL}_i \neq 0$. Tritt bei einem realen A/D-Umsetzer der Fall $Q_{Ei} = 0$ ein, entsteht mit $\mathrm{DNL}_i = 1$ LSB in der Transferkennlinie ein Codeverlust (missing code). Bleibt im i-ten Quantisierungsintervall $|\mathrm{DNL}_i| < 1$ LSB, ist der Verlauf der Transferkennlinie mit Sicherheit monoton. Von einem nichtmonotonen Verlauf spricht man, wenn ein oder mehrere Codeverluste auftreten und dabei in der Regel $|\mathrm{DNL}_i| \geqq 1$ LSB ist. Folglich ist die Verstärkungskennlinie in verschiedene Intervalle mit unterschiedlichem Anstieg aufgeteilt, so daß man im Vergleich zur 45°-Geraden unterschiedliche Verstärkungsfehler registriert bzw. die schlechtesten Verstärkungsfehler als Datenwert annimmt. Der Offset bei nichtlinearen Transferkennlinien beschränkt sich wieder nur auf die Verschiebung des ersten Quantisierungsintervalls und stellt neben einem zusätzlich möglichen Codeverlust keinen wesentlichen Unterschied zu einem Offset der linearen Transferkennlinie dar.

Da ein A/D-Umsetzer immer aus einem D/A-Umsetzer und mindestens einem Komparator für Vergleichsoperationen besteht, sollte im Interesse der Einhaltung von Gl. (4.6) die D/A-Umsetzer-Transferkennlinie exakt der von Abb. 4.1a) entsprechen und kein Komparatoroffset auftreten. Dieser Idealwunsch ist kaum realisierbar, da sowohl der D/A-Umsetzer Fehlerquellen $\varepsilon_{DA} = \sum_{\nu} \varepsilon_{\nu}$ beinhaltet, als auch ein Komparatoroffset U_{offC} niemals vollkommen beseitigt werden kann und eine gegenseitige Kompensation allgemein nicht vorauszusetzen ist. Praktisch geht man so vor, beide Fehlerkomponenten gleichberechtigt als

$$|\varepsilon_{DA}| = |U_{offC}| \leqq Q_E/4 \tag{4.8}$$

anzunehmen, um die reale Transferkennlinie einer strengeren Linearitäts- und Monotoniesicherung mit

$$|\mathrm{DNL}_i| = |\varepsilon_{DA}| + |U_{offC}| \leqq Q_E/2 = 1/2\ \mathrm{LSB} \tag{4.9}$$

zu unterziehen. Der prozentuale differentielle Linearitätsfehler von Gl. (4.9) beträgt dabei analog Gl. (4.5)

$$\mathrm{DNL}_{i\%} = 100\%(\pm 2^{-(N+1)}). \tag{4.10}$$

Somit kann jetzt der Genauigkeitsfehler nach Gl. (4.6) den Wert von

$$|\varepsilon_{AD}| = Q_E/2 + |\mathrm{DNL}_i| \leqq Q_E = 1\ \mathrm{LSB} \tag{4.11}$$

kaum übersteigen. Das stellt eine prinzipielle Forderung für einen A/D-Umsetzer dar. Neben den statischen Kenngrößen von Gl. (4.3) bis Gl. (4.11) spielen die dynamischen Parameter eines A/D-Umsetzers eine wichtige Rolle. Die wichtigsten Parameter sind die Umsetzungszeit t_{AD} und die damit verbundene Abtastfrequenz f_{AD} des Analogsignals U_{in}. Tab. 4.1. zeigt die Definitionsbereiche für beide Parameter nach [Gord 78]. Die Umsetzungszeit t_{AD} setzt voraus, daß innerhab dieses Intervalls das Analogsignal U_{in} konstant bleibt. Ändert sich das Analogsignal rascher als das die Umsetzungszeit erlaubt, muß mit Hilfe eines mehr oder weniger schnellen Sample- und Hold-Verstärkers die entsprechende Probe aus dem Analogsignal $u_{in}(t)$ als konstanter Wert U_{in} während der Umsetzungsphase t_{AD} zur Verfügung gestellt werden.

Tab. 4.1 Umsetzungszeit und Abtastfrequenzen für A/D-Umsetzer nach [Gord 78].

Geschwindigkeit	Umsetz- oder Abtastrate f_{AD}	Umsetzungszeit t_{AD}
ultra high speed	3 MHz	330 ns
very high speed	3 MHz···300 kHz	330 ns···3,3 µs
high speed	300 kHz···30 kHz	3,3 µs···33 µs
intermediate speed	30 kHz···3 kHz	33 µs···330 µs
low speed	3 kHz	330 µs

Abb. 4.1 b) zeigt verschiedene Einsatzgebiete der A/D-Umsetzer, wobei die drei genannten Verfahren vorwiegend mit den entsprechenden A/D-Umsetzerklassen realisiert werden.
Die meisten Zählverfahren arbeiten indirekt, d. h., die unbekannte Spannung U_{in} wird zunächst mit $u_A(t_1) = -U_{in}t_1/\tau = -U_{in}(n_1T)/\tau$ integriert (ramp run up), so daß als Äquivalent eine Bezugszeit $t_1 = n_1T$ zur Verfügung steht ($\tau = RC$, T: Periodendauer des Taktgenerators, n_1: durch Meßzähler vorgegebene Zahl von Taktimpulsen). Anschließend wird auf die Referenzspannung $-U_{ref}$ umgeschaltet, bis der Umkehrintegrator wieder mit $u_A(t_2)$ den Nulldurchgang erreicht (ramp run down). In diesem Moment hält der Nullpunkt-Komparator den Ergebniszähler an, damit das Resultat $u_A(t_2) = 0 = U_{ref}(n_2T)/\tau - U_{in}(n_1T)/\tau$ schließlich $n_2/n_1 = U_{in}/U_{ref}$ entspricht und nach Gl. (4.2) als Binärwort ausgegeben werden kann. Als analoge Grundbestandteile werden für diese Verfahren wenige Analogschalter, in der Regel ein Integrator (OPAMP mit RC-Beschaltung oder Kondensator mit U/I-Umsetzer) und ein Nullpunkt-Komparator sowie die Bezugsfrequenz $f = 1/T$ benötigt. Die verschiedenen Varianten, wie das Dual-Slope-Verfahren nach Abb. 4.1b), das Quad-Slope- und Charge-Balancing-Verfahren usw. weisen hinsichtlich ihrer Realisierbarkeit als vollintegrierte MOS-Schaltung Vor- und Nachteile auf, die aus den unterschiedlichen Genauigkeitsanforderungen an die einzelnen Analogkomponenten bei einer vorgegebenen Auflösung resultieren. Die wenigen passiven Präzisionsbauelemente (z. B. RC-Beschaltung des Integrators) sind bei den heute gefertigten Schaltkreisen aus Gründen der großen Zeitkonstanten τ, die ein Vielfaches der reziproken Netzfrequenz $f = 50$ Hz betragen kann, nicht mitintegriert. Dieser Kompromiß erlaubt es, bei vertretbarem Aufwand Auflösungen von 12 bit bis 15 bit zu erreichen. Auf der Basis von CMOS-Technologien sind z. B. kostengünstig Digital-Multimeter herstellbar [Möwi 85]. Die Auflösungsgrenze von ca. 16 bit wird für MOS-Lösungen in erster Linie durch das $1/f$-Rauschen bestimmt, das infolge der mit der Genauigkeit zunehmenden Umsetzungszeit (10 ms···1 s) stark ansteigt.
Bei einem A/D-Umsetzer nach dem sukzessiven Approximationsverfahren wird die zu wandelnde Spannung U_{dac} des D/A-Umsetzers in einem Komparator verglichen. Abhängig vom Ergebnis dieses Vergleiches (Komparatorausgang A) stellt eine Logik das Digitalwort so ein, bis schließlich $U_{dac} \cong U_{in}$ gilt. Als bedeutungsvollste grundlegende kapazitive D/A-Umsetzungsverfahren sind in der MOS-Technik das noch genauer vorzustellende serielle und parallele Ladungsverteilungsprinzip nach [Suez 75], [Mcry 75] zu nennen, das gleichzeitig die Ausgangsbasis für hochauflösende A/D-Umsetzer bis 16 Bit bildet [Naga 85], [Lee 84]. Weiterhin ist das parallele Ladungsverteilungsprinzip nicht nur für lineare, sondern auch für nichtlineare A/D-Umsetzungsverfahren in Ge-

stalt der PCM-Codecs einsetzbar, da hier die Transferkennlinie des D/A-Umsetzers als sogenannte Kompandierungskennlinie einen pseudologarithmischen Verlauf mit Hilfe von 13 Segmenten approximieren muß, um Qualitätsverluste der Sprachsignale im Übertragungskanal zu minimieren [Tsiv 76], [Cave 79]. Bei der Nutzung von Widerstandstechniken als D/A-Umsetzer hat sich vor allem auch in Kombination mit den kapazitiven D/A-Umsetzern des 2^NR-Prinzip nach [Hama 78] bzw. [Foto 79], [Tsuk 84] bewährt (vgl. 4.2.3.). Zwar bleibt dieses 2^NR-Umsetzungsprinzip allein infolge des Flächenverbrauches der Widerstandskette und Schaltermatrix auf 8-bit-Wortbreiten beschränkt, dennoch lassen sich mit den einfachsten Metall-Gate-Technologien hohe Ausbeuten und ein der niedrigsten differentiellen Linearitätsfehler von $\pm 1/10$ LSB erzielen. Die nachteilige Wirkung der Analogschalter als Ladungsschalter gemäß 2.6.2. ist hier nicht gegeben. Aus diesen Gründen hat dieses Umsetzungsverfahren neben der direkten Integration auf Mikroprozessorchips eine häufige Anwendung gefunden. Alle anderen klassischen Umsetzungsverfahren wie die R-$2R$-Technik (D/A-Umsetzer als R-$2R$-Kettenleiternetzwerk) oder die binärgewichtete Stromquellentechnik übersteigen als integrierte MOS-Lösungen ebensowenig die 8-bit-Wortbreite und liefern nur geringfügige Vorteile bezüglich der Umsetzungszeit, das aber in der Regel wieder auf Kosten der Verlustleistung geht [Post 80], [Rie2 84].

Eine interessante Alternative zu sukzessiven Approximationsverfahren stellt der algorithmische A/D-Umsetzer dar [Hodg 78], [Li 84]. Dabei wird durch fortlaufende Multiplikation der unbekannten Spannung U_{in} mit dem Faktor 2 und Addition bzw. Subtraktion der Referenzspannung U_{ref} eine sukzessive Annäherung an den Wert $U_{in} \cong U_{ref}$ erreicht. Diese Grundoperationen werden mit den SC-Summations- und Multiplikationsschaltungen entsprechend Gl. (3.195) ausgeführt. Die Geschwindigkeit wird durch die Einschwingzeit des OPAMP bestimmt und liegt bei ca. 1 µs/bit. Eine wesentliche Fehlerursache, die die Genauigkeit auf 10 bit bis maximal 12 bit begrenzt, ist hier der Schalteroffset. Hervorzuhebende Eigenschaften dieses Umsetzungsprinzips sind der fehlende Sample- und Hold-Verstärker, die hardwaremäßig nicht festgelegte Auflösung und die wahlweise Verarbeitung von bipolaren und unipolaren Eingangsspannungen U_{in}.

Aus Trendanalysen läßt sich unter Kenntnis verschiedener technologiespezifischer Schritte ableiten, daß vollintegrierte Einchip-A/D-Umsetzerentwicklungen, abgesehen von Exoten in naher Zukunft in Richtung sehr hoher Auflösungen und Genauigkeiten bei mittleren Abtastfrequenzen ($\geqq$ 16 bit/50 kHz) und in Richtung relativ hoher Auflösungen bei sehr hohen Abtastfrequenzen (12 bit/100 MHz) zu erwarten sind. Als erfolgreiche Beiträge, die für die erstgenannte Richtung mit Auflösungsbreiten über 12 bit auf dem NMOS/CMOS-Sektor aus wirtschaftlichen Gründen unter den Randbedingungen

- Verwendung von MOS-Standard-Bulk-Technologien,
- Einsatz von diffundierten- oder Poly-Si-Widerständen und den üblich zu integrierenden Kapazitäten

geleistet wurden, sind das sukzessive Approximationsverfahren mit Fehlerkorrektur und digitaler Kalibrierung und als D/A-Umsetzer die parallel-seriellen Widerstandsverfahren zu nennen [Boya 81], [Hodg 83], [Lee 84], [Tsuk 84], [Post 83].

Die sehr schnellen A/D-Umsetzer werden nach dem Parallel- oder Flash-Prinzip realisiert. Abb. 4.1b) zeigt den grundsätzlichen Aufbau solcher Schaltkreise. Durch die Referenzteilerkette als D/A-Umsetzer werden die einzelnen U_{dac_i}-Werte in einem einzigen Schritt mit dem unbekannten Analogsignal U_{in} verglichen. Für ein N-bit-Wort werden 2^{N-1} Komparatoren benötigt. Ein zusätzlicher Komparator dient zur Überlauf- und Fehlererkennung. Die Encoderlogik dekodiert das 2^{N-1}-bit-Wort meist in den Gray- und danach in den üblich geforderten Binärcode. Die Nutzung des Gray-Codes als einschrittiger Code ist für diese A/D-Umsetzerklasse mit hohen Abtastraten deshalb so bedeutungsvoll, weil dieser eine hohe Geschwindigkeit und Genauigkeit erlaubt. Falsche Zwischenwerte bei den eingangsseitig schnellen Signaländerungen $u_{in}(t)$ und auch eventuelle ausgangsseitige Schaltspitzen werden vermieden. Der breite Einsatz der schnellen Parallel-A/D-Umsetzer für Bildverarbeitungsaufgaben (Fernsehstudiotechnik, Radartechnik, Transientenrecorder in der medizinischen Röntgentechnik (Computertomographie)) ist nicht zu unterschätzen. So werden beispielsweise innerhalb der digitalen Signalverarbeitungsstrecke im Fernsehstudio $n \times$ (A/D-D/A)-Umsetzungen hintereinander durchgeführt, so daß die A/D-D/A-Umsetzungsfehler die Signale systematisch verschlechtern. Hier liegen für $n = 14$ bis $n = 16$ bereits die Anforderungen bei 9-bit/25-MHz-A/D-Umsetzern [Shmi 82], [Tsuk 85]. Für Breitbandkommunikationssysteme werden durch entsprechende Qualitätsansprüche Auflösungen bis 12 bit erzwungen. Mit 4096 Komparatoren gehören dann diese Schaltkreise bereits zur Analog-VLSI-Gruppe. Auf schnelle 8-bit-D/A-Umsetzer mit Abtastraten zwischen 20 MHz bis 80 MHz sei auf [Drah 83], [Miki 86] verwiesen.

4.2. Sukzessive Approximationsverfahren

4.2.1. Serieller Ladungsverteilungsumsetzer

Bei diesem Umsetzungsverfahren wird nach Abb. 4.2a) aus einer Referenzspannung U_{ref} die Spannung U_{dac} dadurch gebildet, daß die Transistorschalter S_1 bis S_4 so gesteuert werden, daß entsprechende Auf-, Ent- und Umladungsvorgänge der beiden gleichgroßen Kapazitäten C vor sich gehen, wobei die binär gestuften Spannungen analog Gl. (4.2)

$$U_{dac} = \sum_{i=1}^{N} a_{N-i+1} \frac{U_{ref}}{2^i} \tag{4.12}$$

mit $a_i \in \{0, 1\}$ erzeugt werden. Zur Steuerung von S_1 bis S_4 ist eine Logik erforderlich, deren Umfang die notwendige Chipfläche bestimmt und daher minimiert werden sollte. Die Erzeugung der binär gestuften Spannungen nach Gl. (4.12) erfolgt im Interesse einer minimierten Umsetzungszeit nach dem Prinzip der systematischen Erweiterung der Wandlungszyklen [Ried 81]. Im ersten Zyklus wird über S_2 die Kapazität C auf U_{ref} aufgeladen, anschließend durch S_1 umgeladen, so daß $U_{dac} = U_{ref}/2$ als erster Spannungsvergleich mit U_{in} dem Spannungspegel-Komparator angeboten wird (damit eine Spannungshalbierung von U_{ref} möglich wird, muß stets zum Zyklusbeginn mit S_4 die zweite Kapazität C entladen werden). Das Analogsignal U_{in} läßt sich bei diesen A/D-Umsetzungsverfahren der Intermediate-speed-Norm nach Tab. 4.1 zweckmäßig mit der angegebenen Sample- und Hold-Schaltung zur Verfügung stellen. In Abhängigkeit der Low- oder High-Pegel-Reaktion des Spannungspegel-Komparators ($U_{in} < U_{dac}$: A $\triangleq$ Low-Pegel, $U_{in} > U_{dac}$: A $\triangleq$ High-Pegel) wird im zweiten Zyklus nach dem ersten Umlade-

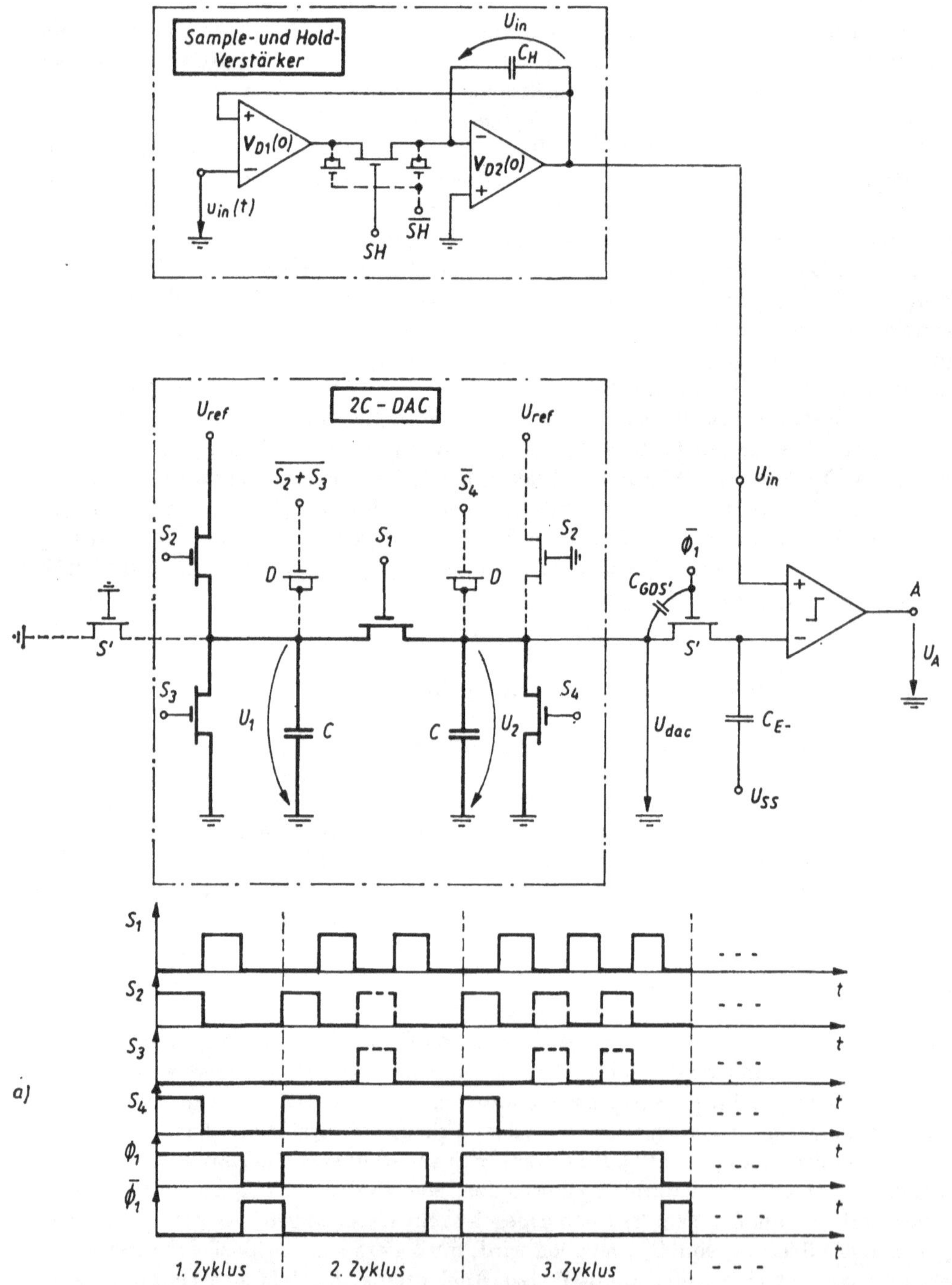

Abb. 4.2 A/D-Umsetzer nach dem seriellen Ladungsverteilungsprinzip;

a) 2C-D/A-Umsetzer (--- aus Symmetriegründen und Kompensation des Feedthrough-Errors) einschließlich Spannungspegel-Komparator und Sample- und Hold-Verstärker ($0 \leqq u_{in}(t) \leqq U_{ref}(1 - 2^{-(N+1)})$, für OPAMPs $V_{D1,2}(0) \to \infty$ steht über der Haltekapazität C_H näherungsweise $U_{in} \pm U_{offDV1}$ (vgl. S. 141)),

vorgang mit S_2 die Kapazität C erneut auf U_{ref} aufgeladen oder mit S_3 entladen, so daß die zweite Umladung mit S_1 auf $U_{dac} = 3/4\ U_{ref}$ oder $U_{dac} = 1/4\ U_{ref}$ führt usw. In Abb. 4.2a) sind noch der Offsetkompensationstakt Φ_1 und Spannungsvergleichstakt $\bar{\Phi}_1$ des Spannungspegel-Komparators eingezeichnet worden, die man beispielsweise für Abb. 3.30a) benötigt (Φ_{1V} als verzögerter Φ_1-Takt wurde aus formalen Gründen hier nicht mit eingezeichnet). Insgesamt wurde das Ladungsverteilungsprinzip für maximal 12 Zyklen ausgelegt, das sich nach einigen Optimierungsschritten der Steuerlogik im

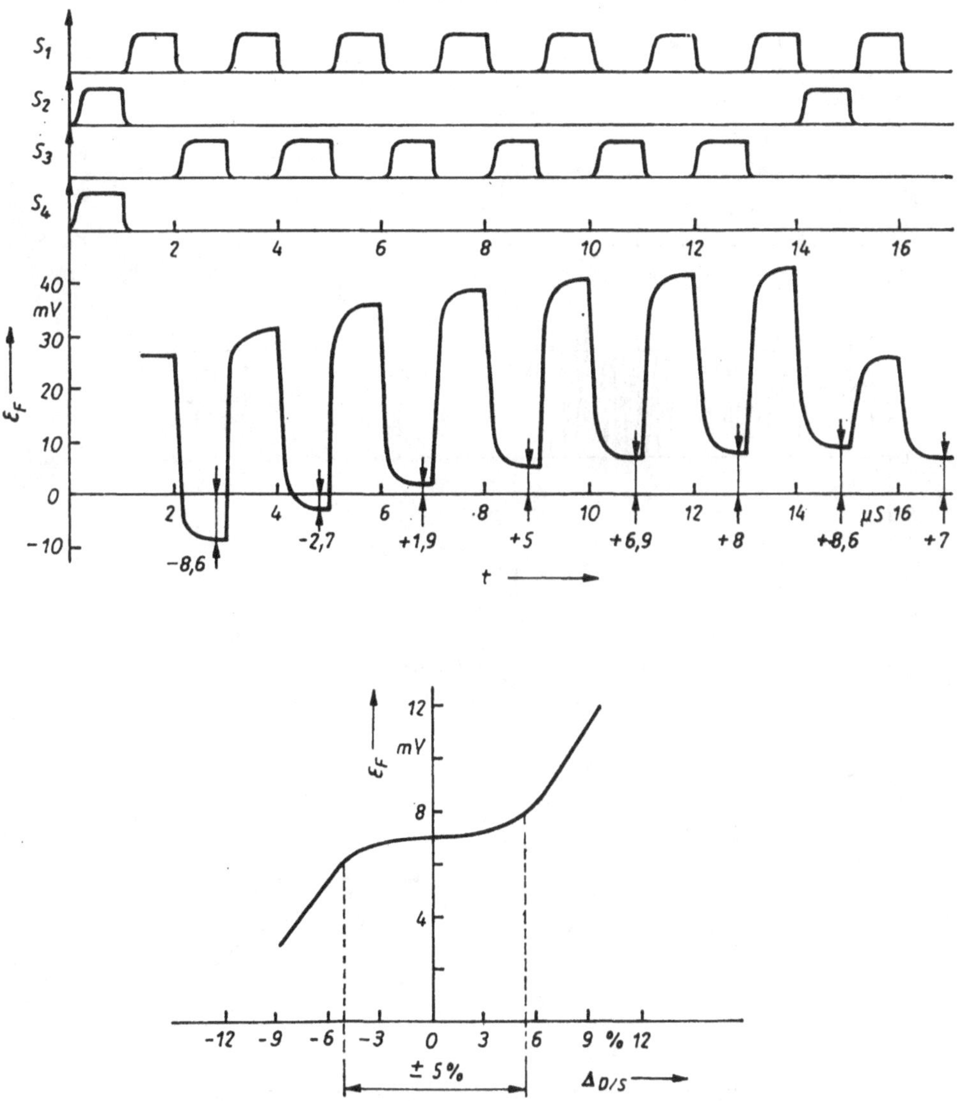

Abb. 4.2 b) Aufnahme des Feedthrough-Errors ε_F für die Knotenspannung U_2 während der D/A-Umsetzerumladungsfolge nach dem Binärwort 10000000 (1:MSB) und ε_F-Änderung infolge der prozentualen Abweichungen $\Delta_{D/S}$ der Dummy-Transistoren D zu den Ladungsschaltern S,

wesentlichen mit zwei 12-bit-Schieberegistern und einem 4-bit-Zähler lösen läßt. Durch die maximale Breite des Binärwortes mit $N = 12$ bit ist eine genaue Analyse über die Auflösungsfähigkeit bzw. die Genauigkeit ε_{AD} des A/D-Umsetzers möglich. Die Basisfrequenz des Clock-Taktes beträgt dabei 500 kHz.
Die Kapazitäten C setzen sich aus der eigentlich zu integrierenden Kapazität C', der Sperrschichtkapazität $C_{S/DB}$ der gemeinsamen diffundierten Gebiete der Schaltertransistoren $S_{1,2,3}$ bzw. $S_{1,4}$, S' und der Sperrschichtkapazität C_{SK} des Kanalgebietes des jeweils leitenden Transistorschalters zusammen, d. h.

$$C = C' + C_{S/DB} + C_{SK}. \tag{4.13}$$

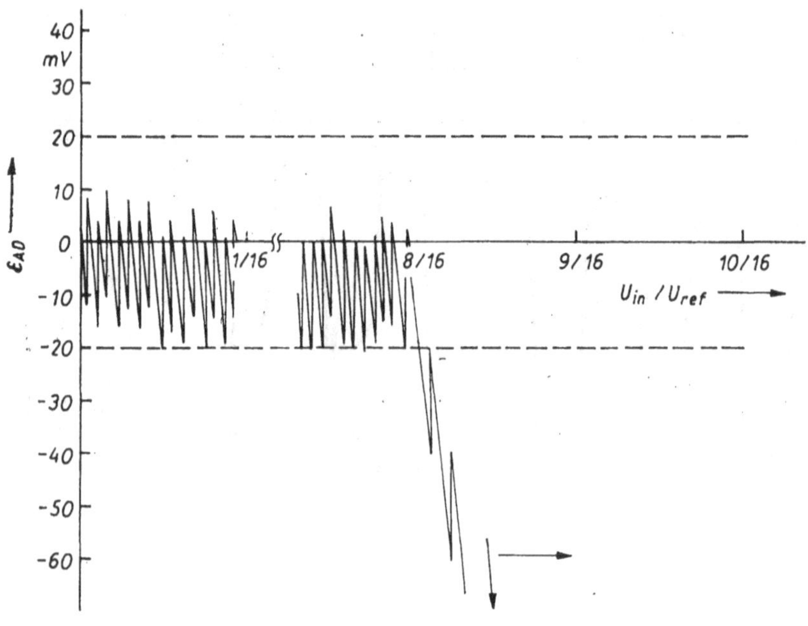

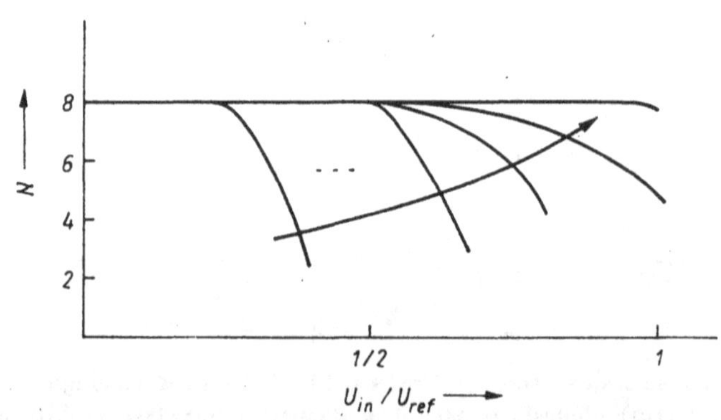

Abb. 4.2 c) Darstellung der Umsetzungsgenauigkeit ε_{AD} und Auflösung N über dem gesamten Umsetzungsbereich U_{in} einschließlich des möglichen Fehlerverhaltens,

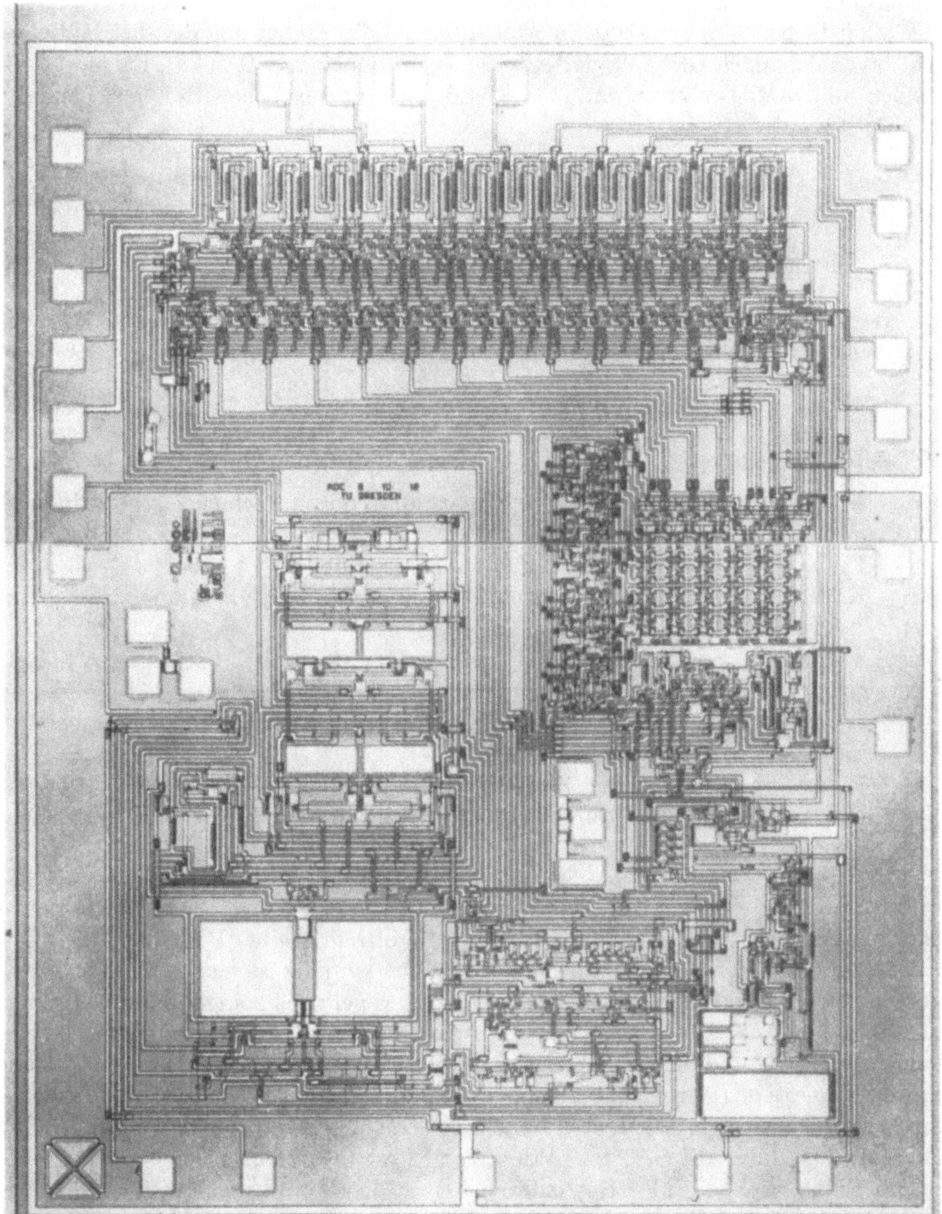

Abb. 4.2 d) Layoutaufnahme des seriellen Ladungsverteilungsumsetzers in einer NMOS-E/D Technologie nach [Rie2 84] (Parallelausgabe des Binärwortes mit max. 12 bit), Umsetzungszeit max. 180 µs, $P_V = 150$ mW, $A_C = 2{,}8 \times 3{,}5$ mm², $U_{ref} = 5{,}12$ V, $U_{DD1} = 10$ V, $U_{DD2} = 5$ V für TTL-kompatible Ausgangstreiber der Pins, $U_{SS} = -5$ V, ca. 630 Transistoren)

Ausgangspunkt für die Dimensionierung der beiden gleichgroßen Kapazitäten C und der Schalter S_1 bis S_4 des 2C-DAC in Abb. 4.2a) ist die Einhaltung des differentiellen Linearitätsfehlers nach Gl. (4.9), der mit den Definitionen von Gl. (4.4), Gl. (4.8) z. B. für einen 8-bit-A/D-Umsetzer mit $N = 8$ und einer vorgegebenen Referenzspannung $U_{ref} = 5{,}12$ V auf

$$|\varepsilon_{DA}| = U_{ref}\, 2^{-(N+2)} \leqq 5\,\mathrm{mV} \tag{4.14}$$

und

$$|U_{offC}| \leqq 5\,\mathrm{mV} \tag{4.15}$$

führt. Der Fehleranteil des D/A-Umsetzers ε_{DA} setzt sich unter Worst-case-Betrachtungen aus der linearen Überlagerung folgender Einzelgrößen zusammen

$$\varepsilon_{DA} = \varepsilon_M + \varepsilon_{LV} + \varepsilon_T + \varepsilon_U + \varepsilon_{LC} + \varepsilon_{LT} + \varepsilon_F, \tag{4.16}$$

für die gilt:

- ε_M — Abweichung zwischen beiden Kapazitäten durch technologische Einflüsse (Mismatch-error),
- ε_{LV} — Fehler durch Zeitkonstante der Ladungsverteilung,
- ε_T — Kapazitätsschwankungen durch Temperatureinflüsse (Temperature-coefficient-error),
- ε_U — nichtlineare Spannungsabhängigkeit der MOS-Kapazität (Voltage-coefficient-error),
- ε_{LC} — Leckstrom der Kapazitäten durch nichtideales Dielektrikum (Leakage-current-error),
- ε_{LT} — Leckstrom der gesperrten MOS-Schaltertransistoren S_i,
- ε_F — Überkopplungsfehler durch Kanalrückwirkungskapazitäten (Feedthrough-error).

Der hauptsächliche Fehler des Verfahrens ist in Gl. (4.16) ε_F, der sich durch die schon in 2.6.2. diskutierte Problematik des Restschalteroffsets ergibt [Post 79], [Rie2 84]. Um die durch $S_{2,3,4}$ erzielten Feedthrough- bzw. Überkopplungsfehler zu kompensieren, werden an den Knoten der beiden Kapazitäten C gegenphasig angesteuerte Dummy-Transistoren mit $C_D \cong C_{ox2,3,4}/2 = C_{ox}/2$ angebracht. Um Ladungsverluste zu vermeiden, dürfen sich die Schaltimpulse S_1 bis S_4 untereinander bezüglich ihrer Flanken nicht überschneiden. Demgegenüber ist zwischen den Schaltern $S_{2,3,4}$ und den Dummy-Transistoren D eine symmetrische Flankenüberschneidung erwünscht. Damit wird ε_F im wesentlichen durch die Schalterwirkung von S_1 gebildet. Geht man vom ersten Umladungsschritt zwischen beiden Kapazitäten aus, ist durch die Low/High-Flanke von S_1 anfangs M1 im Pinch-off-Bereich, d. h., es existiert für den Langkanalschalter vereinfacht, nur $C_{GS1} \cong 2/3 C_{ox1}$, $C_{GD1} \cong 0$. Im weiteren Verlauf geht M1 mit $C_{GS1} = C_{GD1} \cong C_{ox}/2$ in den aktiven Bereich über. Nach erfolgter High/Low-Flanke bleibt durch $U_1 = U_2$ der Schalter S_1 im aktiven Bereich, so daß die letztgenannten Kapazitäten ihre Gültigkeit behalten. Durch die unterschiedlichen Rückwirkungskapazitäten, die bei der Low/High- und High/Low-Flanke auftreten, muß somit der Restüberkopplungsfehler ε_{F1} übrig bleiben, der meist noch durch die unterschiedlichen Flankensteilheiten bzw. Nichtlinearitäten der Flanken beeinflußt wird. Mit diesen Feststellungen gilt im ersten Umladungsschritt

$$\tilde{U}_1 = \tilde{U}_2 = (U_1 + U_2)/2 + \varepsilon_{F1}. \tag{4.17}$$

Im zweiten Umladungsschritt wird erneut ε_{F2} gebildet, das der Halbierung von ε_{F1} entspricht. Somit ergibt sich für einen N-bit-A/D-Umsetzungsablauf nach N Umladungen mit $N \geqq 8$ in guter Näherung

$$\varepsilon_F = \varepsilon_{F1} + \varepsilon_{F1}/2 + \cdots + \varepsilon_{F1}/2^N \cong 2\varepsilon_{F1}, \tag{4.18}$$

d. h., der Überkopplungsfehler ε_{F1} wird kummulativ um etwa seinen eigenen Betrag erhöht. Um für ε_F eine einfache analytische Beziehung angeben zu können, wird ε_{F1} bei steilen Anstiegs- und Abfallrampen des S_1-Impulses abgeschätzt, das unter Berücksichtigung von Gl. (4.18) auf

$$\varepsilon_F = \frac{C_{ox1}}{C}\Big(\Big(U_{DD} - \Big(U_{Pon} + K_{2n}\sqrt{2V_F - U_{SS}} - \sqrt{2V_F}\Big)\Big) - \Big(U_{DD} - U_{ref}/2 - \Big(U_{Pon} + K_{2n}\sqrt{U_{ref}/2 + 2V_F - U_{SS}} - \sqrt{2V_F}\Big)\Big)\Big) \tag{4.19}$$

führt. Neben ε_F tritt als zweite wichtige Fehlerkomponente der Schalteroffset während der $\bar{\Phi}_1$-Taktphase durch $C_{GDS'}$ auf. Diese Fehlerkomponente wird zum Komparatoroffset U_{offC} nach Gl. (4.15) gezählt. Geht man in Abb. 3.30a) während des Flankenüberganges $\Phi_{1V}/\bar{\Phi}_1$ am Eingang E- von einer idealen Kompensationswirkung zwischen $C_{GSS'}$ und $C_{D'}$ aus, wird die Spannungsverfälschung von U_{dac} im wesentlichen durch das Verhältnis $C_{GDS'}/C$ bestimmt. Diese Spannungsverfälschung ist dann besonders groß, wenn der D/A-Umsetzer nach mehreren Umladungsschritten sehr kleine Spannungen $U_{dac} \to 0$ V liefert und für $U_{DSS'} \to 0$ V Gl. (3.206) durch den weitaus größeren Schalteroffset

$$U_{offC} \approx U_{offS'} \cong \frac{C_{GDS'}}{C}\Big(U_{DD} - \Big(U_{Pon} + K_{2n}\sqrt{2V_F - U_{SS}} - \sqrt{2V_F}\Big)\Big) \tag{4.20}$$

zu einer zweitrangigen Bedeutung werden läßt. Somit sollte die Dimensionierung der Kapazitäten C' und der Schalter S_1 bis S_4 nicht wie bei [Suez 75] nach der geometrischen Abweichung ε_M (vgl. Tab. 2.6) und der Aufladezeit $t_a = 20R_{on(S_2)}C'$ ($\varepsilon_{LV}/\varepsilon_{DA}$ $\leqq 0{,}01\%$) erfolgen, da diese Fehler im Verhältnis zu ε_F und $U_{offS'}$ nur einen Bruchteil ausmachen. Die Dimensionierung des D/A-Umsetzers muß sich nach den Beziehungen von Gl. (4.19), Gl. (4.20) orientieren, indem eine Optimierung zwischen den Gateflächen der Schaltertransistoren S_1 bis S_4, S' und der Größe der zu integrierenden Kapazitäten C' ausgeführt wird. Da nach Gl. (2.202) und Gl. (4.19) für die Ladungsschalter

$$R_{onS(n)} = \frac{1}{K_{1N'}\left(\dfrac{B}{L}\right)_S (U_{GS} - U_{Pn})} \sim \frac{C''_{ox}(BL)_S}{C'} \tag{4.21}$$

ein reziprokes Verhältnis zwischen niedrigem Schalterwiderstand und Schalteroffset bezüglich der Kanalbreite B als Entwurfsparameter besteht, ist die Gatefläche soweit zu minimieren, daß für große Kapazitäten $C' \geqq 25$ pF die Gesamtumsetzungszeit $t_{AD} \leqq 300$ µs bleibt, damit die bisher kaum berücksichtigten Fehlergrößen in Gl. (4.16) wie z. B. die Leckstromeinflüsse, nicht zum Tragen kommen. Zunächst sei mit $C' = 25\,\text{pF}$ nach Computersimulationen die Schalteroptimierung in der Form $(B/L)_{S_{2,3,4}} = 100/5$, $(B/L)_{S_1} = 25/5$ und $(B/L)_{S'} = 50/5$ vorgenommen [Rie2 84]. Mit $U_{\text{Pon}} = 0{,}75\,\text{V}$, $2V_F = 0{,}54\,\text{V}$, $K_{2n} = 0{,}5\sqrt{\text{V}}$, $C_{\text{ox1}} = C_{\text{GDS}'} \cong 0{,}037\,\text{pF}$, $U_{\text{DD}} = 10\,\text{V}$, $U_{\text{ref}} = 5{,}12\,\text{V}$, $U_{\text{SS}} = -5\,\text{V}$ ergibt sich für Gl. (4.19)

$$\varepsilon_F \cong 4{,}1\,\text{mV} \tag{4.22}$$

und für Gl. (4.20)

$$U_{\text{offS}'} \cong 12{,}5\,\text{mV}. \tag{4.23}$$

Analysiert man die kritischste Umladungsfolge des D/A-Umsetzers nach Abb. 4.2a) für das Binärwort 10000000 $\triangleq U_{\text{in}} = U_{\text{ref}}/2$, so zeigt sich mit realen Ansteuerflanken nach Abb. 4.2b) der Verlauf der Fehlerspannung ε_F. Die Knotenspannung U_2 wird durch den Überkopplungsfehler am Umsetzungsende relativ um 7 mV verfälscht. Folglich bleibt Gl. (4.22) nur ein grober Richtwert. Das gleiche läßt sich für den Schalteroffset nach Gl. (4.23) sagen. Auch hier ist die Schwankung von der Gestalt der Ansteuerflanken abhängig. Die sehr guten Meßergebnisse in Abb. 3.30b) treffen für den Komparator nur dann zu, wenn eine symmetrische Eingangsbelastung vorliegt. Der Vollständigkeit halber wurde in Abb. 4.2b) der Einfluß der prozentualen Abweichung der Dummy-Transistoren zu den Schaltertransistoren im Layout mit $\Delta_{D/S}$ auf den Überkopplungsfehler ε_F während der Umladungsfolge untersucht. Für Layoutabweichungen bis ca. $\pm 5\%$ beträgt die Fehlerschwankung $\Delta\varepsilon_F = \pm 1\,\text{mV}$. Mit Layoutentwürfen nach Abb. 2.54c) läßt sich dieser Fehlerbetrag für die hier entsprechend groß gewählten Gateflächen einhalten und bleibt eine untergeordnete Fehlerquelle. Insgesamt ergibt sich, daß aus diesen Gründen die Einhaltung der Linearitäts- und Monotoniebedingung für die Transferkennlinie bereits beim 8-bit-A/D-Umsetzer nach dem seriellen Ladungsverteilungsverfahren unter diesen Dimensionierungsbedingungen von vornherein nicht sicher ist. Dies findet seine Bestätigung in den Meßergebnissen von Abb. 4.2c) des entworfenen A/D-Umsetzerschaltkreises nach Abb. 4.2d). Mit nur sehr geringen Ausbeuten sind Testmuster lieferbar, die im Bereich $0 \leqq U_{\text{in}} \leqq 100\,\text{mV}$ über eine Auflösung von 10 bit und nachfolgend bis $U_{\text{in}} \leqq U_{\text{ref}}(1 - 2^{-(N+1)})$ einen maximalen Umsetzungsfehler $\varepsilon_{\text{AD}} = +1/2\,\text{LSB}/-1\,\text{LSB}$ liefern, das einer Auflösung von 8 bit entspricht und die Forderung von Gl. (4.11) einhält. Der differentielle Linearitätsfehler liegt im Bereich von 2/5 LSB/$-$1/5 LSB [Rie2 84]. Für die Mehrzahl der Schaltkreise ergibt sich aber ein vorzeitiger Auflösungsabfall, wobei zusätzlich die Monotoniebedingung der Transferkennlinie nicht mehr aufrechterhalten werden kann. Um mit hohen Ausbeuten eine 8-bit-Auflösung zu sichern, müssen bei Beibehaltung der Schalterdimensionierungen die Kapazitäten C' heraufgesetzt werden. Für einen 8-bit-D/A-Umsetzer ($U_{\text{ref}} = 5{,}12\,\text{V}$) sind als Richtwerte für PMOS-Metall-Gate-Technologien Kapazitäten $C' = 250\,\text{pF}$ und für NMOS-Metall-Gate-Technologien $C' = 100\,\text{pF}$ anzusehen [Post 79]. Für eine 10-bit-Auflösung wären Kapazitäten von 400 pF notwendig, das auf prinzipielle Grenzen der D/A-Umsetzung stößt, da neben der enormen Fläche kein sinnvoller Kompromiß zwischen allen Fehleranteilen in Gl. (4.16) gefunden werden kann. Folglich ist eine 9-bit-D/A-Umsetzung für Silizium-Gate-Technologien mit diesem Verfahren lösbar, das bei Berücksichtigung des Quantisierungsfehlers durch den Komparatoroffset mit Sicherheit einer 8-bit-A/D-Umsetzung entspricht. Werden die Kapazitäten mit den Werten

$C' = 100$ pF integriert, ergibt sich für Gl. (4.19), Gl. (4.20) als Abschätzung

$$\varepsilon_F \cong 1 \text{ mV} \quad (4.24)$$

$$U_{\text{offS}'} \cong 3{,}1 \text{ mV}. \quad (4.25)$$

Diese größeren Kapazitäten sind nach Abb. 2.60b) segmentiert und zentralisiert zu entwerfen, um bei diesen Layoutflächen den Fehlereinfluß des Oxiddickengradienten zu verkleinern. Nach Abb. 2.60c) war hinsichtlich der Anschlußformen zwischen den Kapazitäten vor allem die Kontaktierung auf den Poly-Si-Flächen zu vermeiden. Nach [Mcry 81] wurde für die Variante (1) ein Fehler $\varepsilon_M/U_{ref} = 0{,}00026$ und für die Variante (2) ein Fehler von $\varepsilon_M/U_{ref} = 0{,}00037$ zwischen den Kapazitäten festgestellt. Der Grund ist in einer gewissen Unsicherheit der Alu-Kontaktierung und einer eventuell höheren Kantenabweichung der Alu-Gebiete im Vergleich zum Poly-Si zu suchen.
Die A/D-Umsetzerdaten sind in Tab. 4.2 zusammengefaßt. Hierbei ist zu bemerken, daß sich die Umsetzungszeit t_{AD} verdreifacht hat. Bei einer Bezugsfrequenz $f_{clock} = 500$ kHz und einer Schalterimpulsdauer $t_S = 1$ µs betrug für den vorhergehenden A/D-Umsetzer die Umsetzungszeit $t_{AD} = 88$ µs.

Tab. 4.2 Daten eines seriellen Ladungsverteilungsumsetzers.

Parameter	2C-A/D-Umsetzer
U_{ref}	5,12 V
Auflösung	20 mW
N	8 bit
Linearitätsfehler	±1/2 LSB
t_{AD}	264 µs
C'	100 pF
P_V	100 mW
A_C	2,6 × 3,3 mm²

4.2.2. Paralleler Ladungsverteilungsumsetzer

Wird anstelle zweier gleichgroßer Kapazitäten ein binär gewichtetes Kapazitätsfeld nach Abb. 4.3a) für den D/A-Umsetzer angenommen, brauchen die binär quantisierten Spannungen U_{dac} nicht durch die sich ständig erweiternden Ladungsverteilungszyklen gewonnen zu werden, sondern entstehen in jedem Zyklus durch einen einzigen Schaltvorgang. Somit ist die Umsetzungszeit ca. zehnmal geringer als in Tab. 4.2 ($t_{AD} = 20$ µs nach [Mcry 75]), der Flächenverbrauch dafür aber deutlich größer. Der entscheidende Vorteil des Verfahrens besteht in der Auflösungserhöhung, da der kummulative Überkopplungsfehler ε_F nach Gl. (4.19) entfällt und durch den Einsatz eines Nullpunkt-Komparators kein vergleichbar großer Restschalteroffset wie in Gl. (4.20) auftritt. Als Nullpunkt-Komparator könnte die bereits in Abb. 3.31 beschriebene Lösung dienen oder man verwendet einen mehrstufigen Verstärker mit dem Auto-zero-Gegenkopplungsschalter S_C, wobei als Offsetspeicherungskapazität vorteilhafterweise die sehr große binärgewichtete Ersatzkapazität $2\,C$ dient. Eine andere Möglichkeit wäre, die Einzelstufen-Auto-zero-Variante mit algebraischer Differenzbildung nach Abb. 3.29c) zu verwenden [Foto 79]. Hier wäre $C_{m1} = 2\,C$.

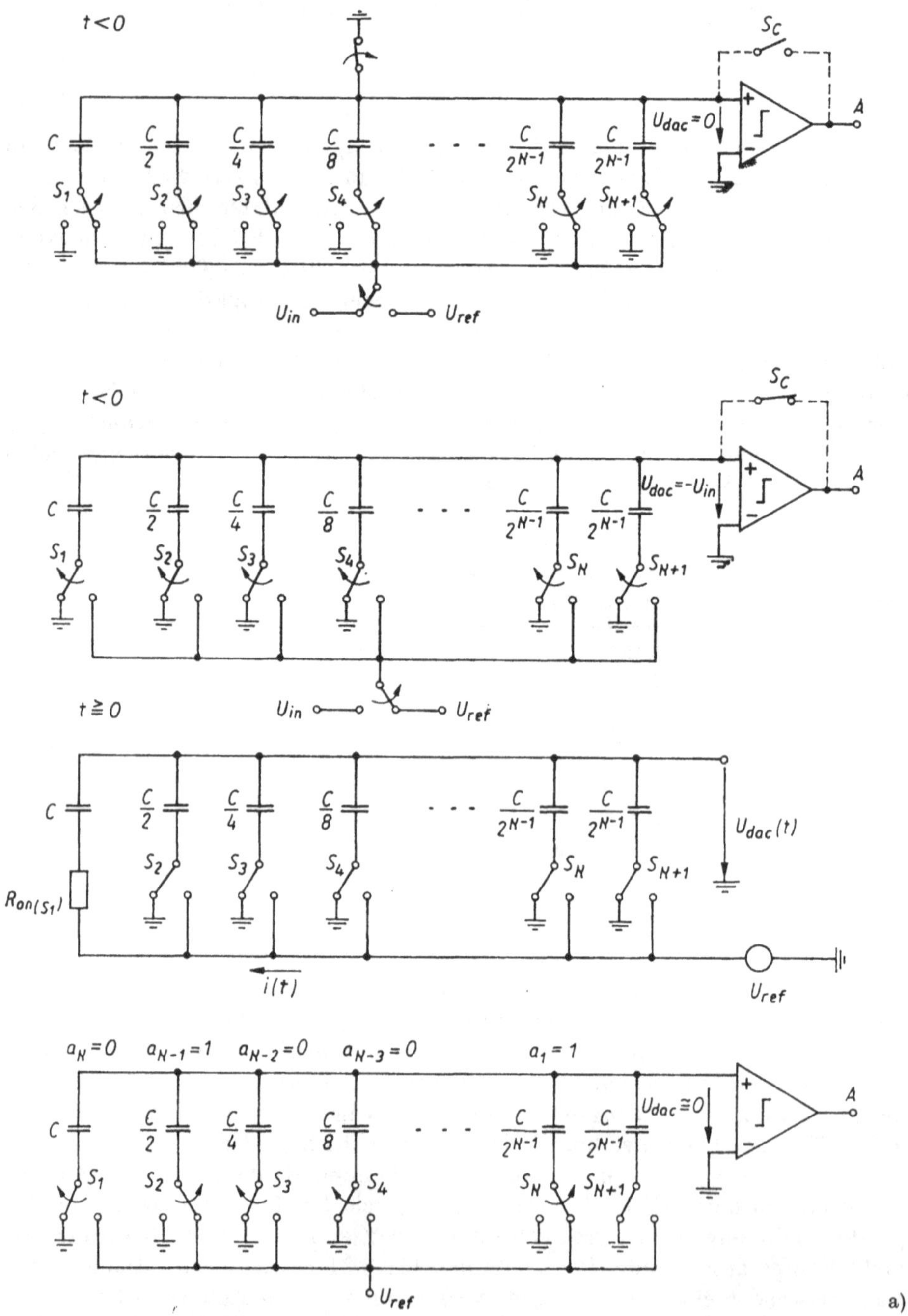

Abb. 4.3 D/A-Umsetzer nach dem parallelen Ladungsverteilungsprinzip;

a) Funktionsablauf der parallelen Ladungsverteilung für das sukzessive Approximationsverfahren,

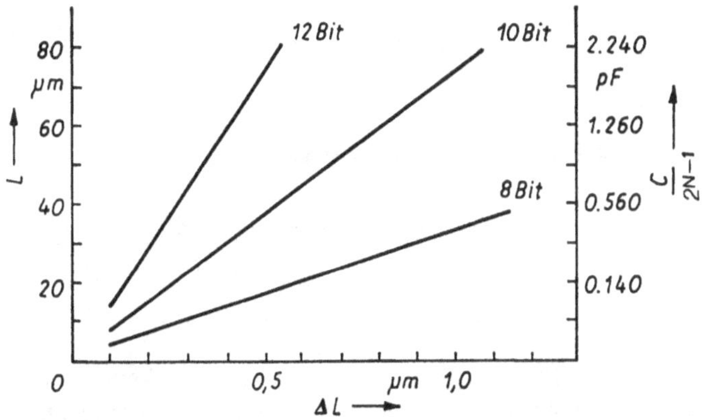

b)

Abb. 4.3 b) Darstellung der Auflösung N des A/D-Umsetzers in Abhängigkeit von der Kantenunsicherheit ΔL der kleinsten binärgewichteten quadratisch entworfenen Kapazität $C/2^{N-1}$ einschließlich ihrer Kantenlänge L [Dahm 78]

Im Abtastmodus wird zurst das gesamte Kapazitätsfeld auf U_{in} aufgeladen. Danach beginnt der Haltemodus, indem die unteren Anschlüsse der Kapazitäten auf Masse gelegt werden, der Masse-Schalter in den Off-Zustand geht und der untere Umschalter an U_{ref} gelegt wird. Die insgesamt gespeicherte Ladung beträgt $Q_{\text{dac}} = -2\,CU_{\text{in}}$. Am Komparatoreingang steht die Spannung $U_{\text{dac}} = -U_{\text{in}}$ zur Verfügung, die für die S_{C}-Gegenkopplungslösung vom Komparatoroffset überlagert wird ($U_{\text{dac}} = -U_{\text{in}} + U_{\text{offC}}$). Der Ladungsverteilungsmodus erfolgt im dritten Schritt, indem der MSB-Schalter S_1 zuerst an U_{ref} geschaltet wird. Folglich entsteht durch den Stromfluß $i(t)$ über $R_{\text{on}(S_1)}$ hinweg ein kapazitiver Einschwingvorgang für die Spannung $u_{\text{dac}}(t)$. Wird der Schalterwiderstand $R_{\text{on}(S_1)}$ nach Gl. (2.202) als linear angesehen, entsteht ein einfaches Netzwerk aus der Parallelschaltung von U_{ref} mit der Reihenschaltung von $R_{\text{on}(S_1)}$, der MSB-Kapazität C und der Ersatzkapazität des binärgewichteten Feldes mit

$$C_{\text{ers}} = \sum_{i=1}^{N-1} C/2^i + C/2^{N-1}. \tag{4.26}$$

Mit den beiden Anfangswerten

$$u_{\text{dac}}(t \leqq -0) = -U_{\text{in}}, \tag{4.27}$$

$$\frac{\mathrm{d}u_{\text{dac}}}{\mathrm{d}t}(t = 0) = \frac{U_{\text{ref}}}{C_{\text{ers}} R_{\text{on}(S_1)}}, \tag{4.28}$$

ergibt sich die Differentialgleichung erster Ordnung für $t \geqq 0$ als

$$\frac{\mathrm{d}u_{\text{dac}}}{\mathrm{d}t} + \frac{1 + C_{\text{ers}}/C}{C_{\text{ers}} R_{\text{on}(S_1)}}\, u_{\text{dac}} = \frac{U_{\text{ref}} - (1 + C_{\text{ers}}/C)\, U_{\text{in}}}{C_{\text{ers}} R_{\text{on}(S_1)}}, \tag{4.29}$$

deren Lösung auf

$$u_{\text{dac}}(t) = -U_{\text{in}}(1 + \mathrm{e}^{-t/\tau}) + \frac{U_{\text{ref}}}{1 + C_{\text{ers}}/C} \tag{4.30}$$

und

$$\tau = \frac{1 + C_{ers}/C}{C_{ers} R_{on(S_1)}} \tag{4.31}$$

führt. Für $t \to \infty$ entsteht mit Gl. (4.26) die D/A-Umsetzerspannung

$$u_{dac}(t \to \infty) = U_{dac} = -U_{in} + \frac{U_{ref}}{1 + \dfrac{\sum\limits_{i=1}^{N-1} \dfrac{C}{2^i} + \dfrac{C}{2^{N-1}}}{C}} = -U_{in} + U_{ref}/2. \tag{4.32}$$

Anhand Gl. (4.30) und Gl. (4.31) wird sofort deutlich, daß die Geschwindigkeit des Einschwingvorganges mit dem Schalterwiderstand $R_{on(S_1)} \to 0$ steuerbar ist, d. h., allgemein sollten die Schalter S_1 bis S_{N+1} mit großen B/L-Werten entworfen werden, damit die Impulsdauer minimiert wird. Durch $R_{on(S_1)}C_{ers}$ in Gl. (4.31) und den Restschalteroffset während des U_{ref}-Anschlusses folgen weiterführend die analogen Aussagen wie zur Beziehung nach Gl. (3.231). Am Komparatorausgang A wird ein High-Pegel registriert, wenn $U_{dac} < 0$ bleibt ($U_{in} > U_{ref}/2$: $a_N \triangleq$ MSB $= 1$), ansonsten entsteht für $U_{dac} > 0$ ein Low-Pegel ($U_{in} < U_{ref}/2$: $a_N \triangleq$ MSB $= 0$). Anschließend werden der Abtast- und Haltemodus wiederholt. Im nächsten Ladungsverteilungsmodus wird S_2 an U_{ref} gelegt. In Abhängigkeit von der vorhergehenden Komparatorreaktion ist gleichzeitig entschieden, ob S_1 erneut an U_{ref} zu schalten ist oder nicht. So entsteht unter Einbeziehung von Gl. (4.32) jetzt

$$U_{dac} = -U_{in} + \frac{U_{ref}}{1 + \dfrac{C/2}{3/2\,C}} = -U_{in} + \frac{3}{4}\,U_{ref} \tag{4.33}$$

oder

$$U_{dac} = -U_{in} + \frac{U_{ref}}{1 + \dfrac{3/2\,C}{C/2}} = -U_{in} + \frac{1}{4}\,U_{ref} \tag{4.34}$$

bzw. allgemein

$$U_{dac} = -U_{in} + a_N \frac{U_{ref}}{2} + \frac{U_{ref}}{4}. \tag{4.35}$$

Diese Zyklen laufen sukzessive ab, bis schließlich

$$U_{dac} = -U_{in} + \left(a_N \frac{U_{ref}}{2} + a_{N-1} \frac{U_{ref}}{4} + \cdots + a_1 \frac{U_{ref}}{2^N}\right) \tag{4.36}$$

mit

$$a_i \in \{0, 1\} \qquad (i = 1, \ldots, N) \tag{4.37}$$

gilt. Nach dem gesamten Umsetzungsablauf ist $U_{dac} \cong 0$, so daß damit Gl. (4.36) der Beziehung nach Gl. (4.2) entspricht und beispielsweise eine endgültige Schalterstellung von Abb. 4.3a) entsteht. Abschließend sei bemerkt, daß die niedrigste Kapazität $C/2^{N-1}$ doppelt vorkommen muß, da ansonsten eine exakte binäre Teilung der Referenzspannung U_{ref} nur für $N \to \infty$ möglich wäre. In diesem Fall würde z. B.

$$C_{ers} = \sum_{i=1}^{\infty} C/2^i = C \tag{4.38}$$

entstehen. Da die Binärwortlänge N endlich ist, muß das stets verbleibende Restglied $C/2^{N-1}$ zur kapazitiven Binärfolge in Gl. (4.38) bzw. Gl. (4.26) addiert werden.
Da hier als Verfahrensschwerpunkt mit wachsender binärer Verkleinerung der Kapazitäten ihre Genauigkeitsanforderungen zueinander ansteigen, rückt nach Gl. (4.16) vor allem der Fehlereinfluß von ε_M, ε_U, ε_T in den Mittelpunkt. Zum präzisen segmentierten und zentralisierten Entwurf des Kapazitätsfeldes einschließlich der Eigenschaften der MOS-Kapazitäten wurde in 2.7 schon ausführlich Stellung genommen. Abb. 4.3b) zeigt die kleinste Kantenlänge L der niedrigsten quadratischen Kapazität des binärgewichteten Feldes in Abhängigkeit der Kantenunsicherheit ΔL, wenn man D/A-Umsetzer für Auflösungen von 8 bit bis 12 bit realisieren will (vgl. auch Gl. (2.224)). Danach ergibt sich ein nichtlinearer Flächenanstieg des Kapazitätsfeldes für 8-bit-, 10-bit- und 12-bit-D/A-Umsetzer wie 1:17,5:300 [Dahm 78]. Dieser enorme Flächenanstieg läßt sich durch den Einsatz des Patterngenerators (Schneidungenauigkeiten des Rubilithcutters entfallen), durch die Verwendung von Chromschablonen (Fehler der Emulsionsschicht verschwindet [Dahm 78]) und durch die Beachtung der Entwurfshinweise nach 2.7 reduzieren, dennoch bleibt mit den bisher tatsächlich praktizierten Ergebnissen der Entwurf von 12-bit-D/A-Umsetzern neben der gerinfügigen Restschalteroffsetwirkung im Ladungsverteilungsmodus und dem Komparatoroffset allein aus Flächengründen fragwürdig, so daß als realistische Grenze für A/D-Umsetzer eine Auflösung von 10 bit ($U_{ref} = 5{,}12$ V) angesehen werden muß [Mcry 75], [Dahm 78].

4.2.3. A/D-Umsetzer nach dem PSAR-Prinzip

Das PSAR-Prinzip (potentiometric successive approximation register) wird in einer 3-bit-Version in Abb. 4.4a) gezeigt. Als D/A-Umsetzer wird allgemein eine $2^N R$-Widerstandskette verwendet, deren binär quantisierte Spannungen über eine Schaltermatrix abgegriffen werden. Zunächst wird im gezeigten Beispiel der MSB-Schalter mit dem High-Pegel von a_3 gesetzt, so daß unter der Bedingung $a_{1,2} = 0$ die D/A-Umsetzerspannung $U_{dac} = 7/16\, U_{ref}$ beträgt und im Komparator mit U_{in} verglichen wird. Eine entsprechende High- oder Low-Reaktion am Ausgang A legt a_3 mit 1 oder 0 fest und $a_2 = 1$, $a_1 = 0$ sind die nachfolgenden Schalterbelegungen. Dies geht sukzessive soweit, bis nach dem dritten bzw. allgemein N-ten Zyklus das richtige Binärwort $a_N \cdots a_3 a_2 a_1$ zur Verfügung steht. Wird der A/D-Umsetzer für eine 8-bit-Auflösung realisiert, entsteht eine Reihenschaltung von 256 Widerständen, deren Einzelanzapfungen insgesamt von 510 Schaltern angewählt werden können. Gemäß der real vorgegebenen Chipfläche bleibt für solche lange Widerstandsketten zum Mäanderentwurf nach Abb. 4.4b) kaum eine andere Alternative, da mit diesem Prinzip eine optimale Flächenauslastung möglich ist. Die MOS-Schalter werden jeweils zwischen den Widerstandsketten angeordnet. Nach den bereits in 2.8. detailliert getroffenen Aussagen zu Kontaktlochabmessungen einschließlich der Meßergebnisse nach Abb. 2.66b), werden die Genauigkeitsanforderungen an einen 8-bit-D/A-Umsetzer weitestgehend erfüllt. Der maximale Fehler der D/A-Umsetzerspannung U_{dac} wird durch den MSB-Spannungsteiler bestimmt (10000000/01111111-Entscheidung), der für diese lange Widerstandskette mit den Daten nach Tab. 2.7 (vgl. Abb. 4.4b): $L_m \gg B$, $U_{ref} = 5{,}12$ V) ohne den Kontaktierungsunsicherheitsfehler nur

$$\varepsilon_M \cong U_{ref} \left(\frac{127{,}5\,R}{256\,R}\right) \left|\frac{\Delta R}{R}\right| \cong 3{,}6 \text{ mV} \tag{4.39}$$

beträgt. Werden Widerstandskette und Schaltermatrix im diffundierten Gebiet ohne Kontaktierungen entworfen, entsteht eine zusätzliche Fehlerquelle zur Gl. (4.39) nur noch durch die Kontaktierungsunsicherheit des U_{ref}- und Masseabschlusses (vgl. 2.8). Der Fehlereinfluß durch den Spannungskoeffizienten γ_U ist vernachlässigbar, da die Potentialdifferenz $\Delta U_i = 20$ mV bis auf den ersten und letzten Widerstand zwischen den Widerständen konstant bleibt, d. h., für die Einzelwiderstände gilt in guter Näherung $R_i' = R_i(1 + \gamma_U \Delta U_i) \cong R_i$. Diese Aussage trifft unter Berücksichtigung von γ_U nach Tab. 2.7 auch für den Spannungsabgriff im ungünstigsten Fall mit $U_{dac1} = \dfrac{R/2(1 + \gamma_U \times 10 \text{ mV})}{255{,}5\,R(1 + \gamma_U \times 5{,}11 \text{ V})}\, U_{ref} = \dfrac{U_{ref}}{511}(0{,}998981) = 10{,}0094$ mV genauso zu. Da die Einzelspannungen U_{daci} prinzipiell durch Widerstandsverhältnisse gebildet werden, erzeugt auch der Temperaturkoeffizient γ_T im Bereich von 0 °C bis 70 °C meist noch keine erheblichen Fehler. Die Schaltermatrix liefert kaum einen Schalteroffset, da sämtliche Schalter gegenphasig angesteuert werden, und in ihrer Funktion als Spannungsschalter ist der Restschalteroffset nur ein dynamischer Fehler, da die Ladung einseitig über die Widerstandskette relativ niederohmig abfließen kann. Der entscheidende Fehler bleibt neben Gl. (4.39) hier wieder der Restschalteroffset des Komparators am Eingang. Die kurze Umsetzungsgeschwindigkeit des A/D-Umsetzers ($t_{AD} = 20$ µs nach [Hama 78]) folgt aus der Minimierung der Einschwingzeit der Schaltermatrix, die sich durch die systematische Vergrößerung der Schalter-B/L-Werte vom LSB- bis zum MSB-Entscheid ergibt. Eine Auflösungserhöhung des Verfahrens durch formale Vervielfachung der Elemente der Widerstandskette und der Schaltermatrix wird vor allem aus Flächengründen nicht angestrebt. Von [Calm 80] wird das 8-bit-Prinzip auf einen 10-bit-A/D-Umsetzer heraufgesetzt, indem man ein erweitertes Parallelverfahren, bestehend aus einer 8-bit- und einer 2-bit-Widerstandskette aufbaut.

4.2.4. Hochauflösende A/D-Umsetzer

Die Realisierung von A/D-Umsetzern für relativ hohe Auflösungen um 12 oder 13 bit kann durch solche kostenaufwendigen technologischen Maßnahmen wie die Lasertrimmung, Zener-Zapping oder ROM-Trimmung der linearen Elemente des D/A-Umsetzers erreicht werden [Come 77], [Webb 78], [Redf 79], [Cony 80]. Für A/D-Umsetzungsaufgaben in digitalen Audio- oder High-Fidelity-Systemen werden Auflösungen über 13 bit benötigt, so daß die eben genannten Methoden immer unzweckmäßiger erscheinen, da die nach Tab. 2.6, Tab. 2.7 angegebenen Bauelementeigenschaften unter Einfluß der Temperaturschwankungen zur nicht mehr vernachlässigbaren Drift der Widerstands- und Kapazitätswerte innerhalb des D/A-Umsetzers führen. Die Aufgabe besteht somit darin, entweder das D/A-Umsetzungsverfahren einer weiteren Fehlerminimierung innerhalb seines Arbeitsalgorithmus zu unterziehen oder die komplexeren

a)

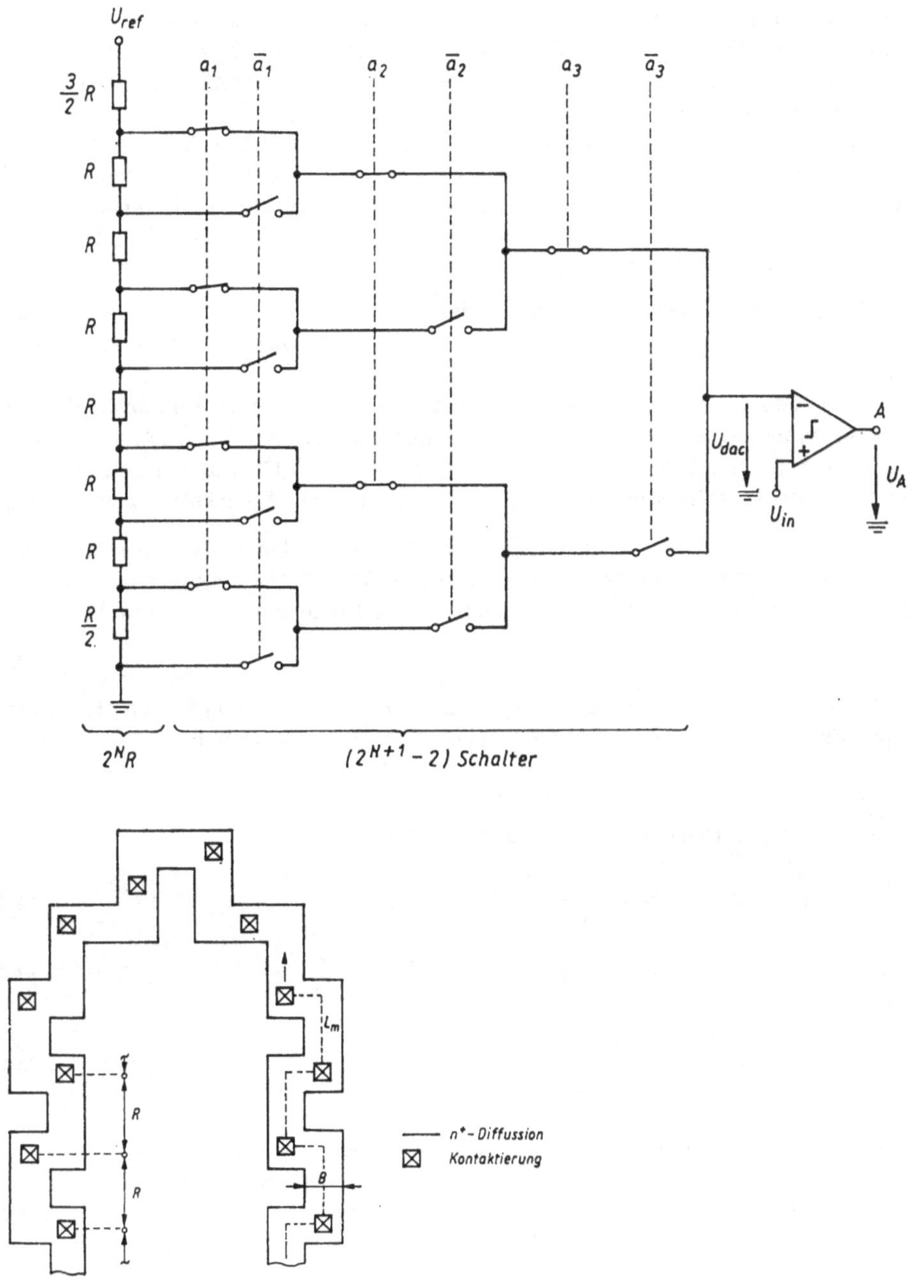

b)

Abb. 4.4 $2^N R$-D/A-Umsetzer;

a) Darstellung eines $2^N R$-D/A-Umsetzers für $N = 3$ bit,

b) Entwurf einer n^+-Widerstandskette nach dem Mäanderprinzip

selbstkorrigierenden Prinzipien mit digitaler Kalibrierung zu verwenden. In beiden Fällen werden höhere Anforderungen an den Komparierungsvorgang gestellt, der bezüglich seines Offsets grundsätzlich an der Rauschgrenze der MOS-Transistoren liegen sollte. Insgesamt tritt die Problematik zur Auflösungsgrenze von MOS-A/D-Umsetzern spürbar in den Mittelpunkt.
Der in Abb. 4.5a) gezeigte hochauflösende D/A-Umsetzer läßt sich für A/D-Umsetzer bis ca. 16 bit einsetzen. Dieses Verfahren geht mit den Vorzügen der algorithmischen D/A-Umsetzer in Gestalt der Verwendung weniger Kapazitäten und einem Vermeiden großer Kapazitätsverhältnisse konform [Mcch 77], [Malo 82], [Malo 83]. Ein wesentlich geringerer Linearitätsfehler resultiert

a) in der Fehlerminimierung innerhalb des Arbeitsalgorithmus des D/A-Umsetzers, indem das serielle Ladungsverteilungsprinzip pro Zyklus doppelt ausgeführt wird und
b) im Einsatz der offsetkompensierten SC-Instrumentationsverstärker nach Abb. 3.23a), b) als symmetrische Differenzkonfiguration (streuintensitiver Entwurf, minimaler Differenzrestschalteroffset, Spannungsabhängigkeit der MOS-Kapazitäten spielt eine untergeordnete Rolle) zur Erzeugung der hochgenauen D/A-Umsetzerspannung U_{dac}.

Als Ausgangspunkt der Betrachtungen wird erneut der erste Umladungszyklus des seriellen Ladungsverteilungsverfahrens nach Abb. 4.2a) herangezogen. Wird der allgemeine D/A-Umsetzungsfehler ε_{DA} nach Gl. (4.16) in der normierten Form

$$e = \varepsilon_{DA}/U_{ref} \tag{4.40}$$

als Abweichung zwischen beiden Kapazitäten C und $C(1+e)$ interpretiert, ergibt sich am Ende des ersten Zyklus die fehlerbehaftete Ladungsaufteilung

$$C(1+e)\,U_{ref} = \big(C + C(1+e)\big)\,U_{dac1} \tag{4.41}$$

bzw. die binär quantisierte Spannung mit $e \ll 1$ als

$$U_{dac1} = U_{ref}\,\frac{(1+e)}{(2+e)} \cong \frac{U_{ref}}{2}\,(1+e/2). \tag{4.42}$$

Für jeden weiteren Zyklus i bleibt der Fehler $\frac{1}{2}\left(1+\frac{e}{2}\right)$ erhalten, so daß im Vergleich zur Gl. (4.12) genauer

$$U_{dac} = \sum_{i=1}^{N} \frac{a_{N-i+1}(1+e/2)^i\,U_{ref}}{2^i} \tag{4.43}$$

folgt.
Eine Minimierung des normierten D/A-Umsetzungsfehlers e ergibt sich dadurch, wenn bereits im ersten Zyklus nach dem Ladungsausgleich durch S_{1H} in Abb. 4.2a) die linke Kapazität C kurzgeschlossen wird und die rechte Kapazität die Ladung $CU_{ref}/2$ speichert. Ein nochmaliger Ladungsausgleich durch S_{1H} führt anstelle Gl. (4.42) jetzt auf

$$U_{dac1} = U_{ref}\,\frac{(1+e)}{(2+e)^2} \cong \frac{1}{4}\left(1-\frac{e^2}{4}\right)U_{ref}. \tag{4.44}$$

Indem die Umladung in jedem Zyklus zweimal wiederholt wird, werden die Kapazitäten C und $C(1+e)$ gegenseitig vertauscht, so daß sich näherungsweise der Umsetzungsfehler e kompensieren kann.

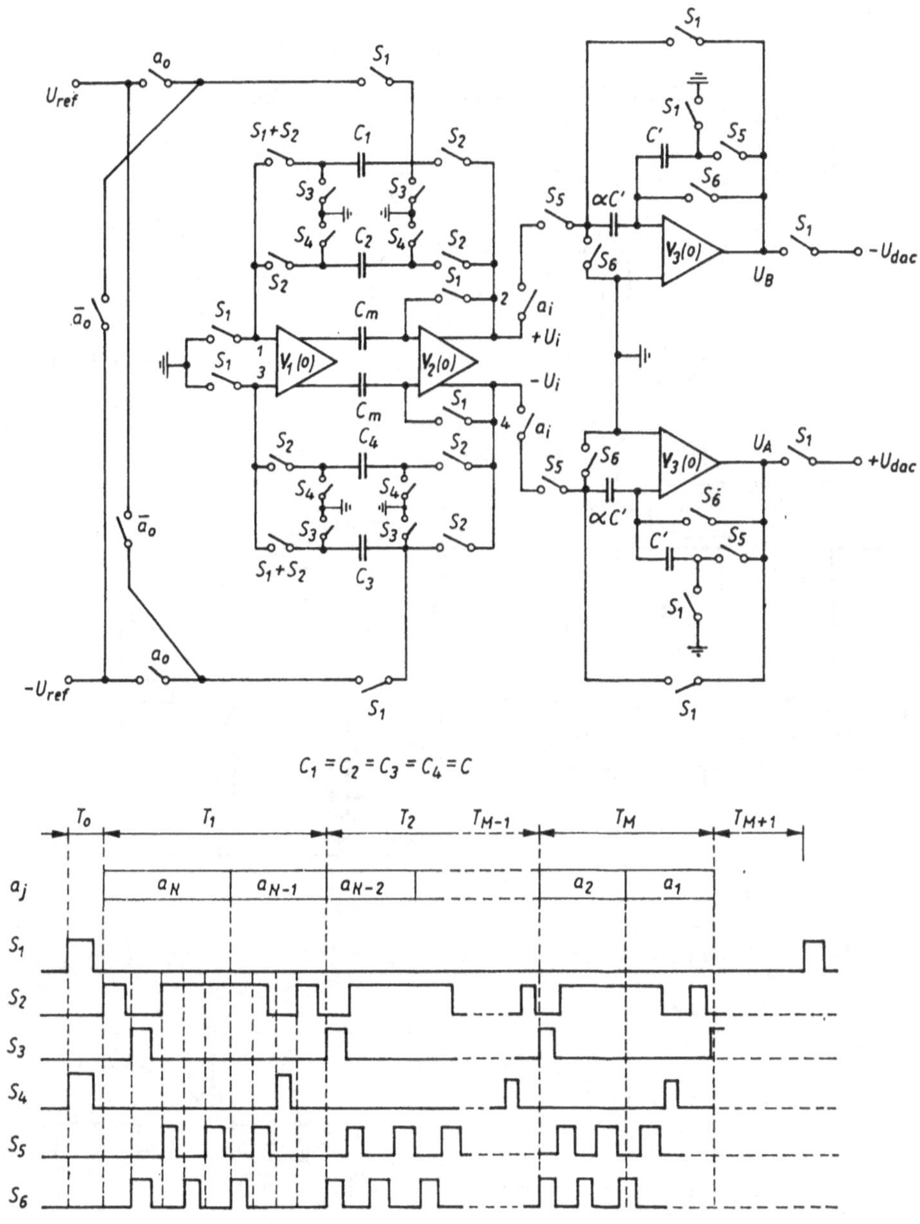

Abb. 4.5 Prinzipien für hochauflösende A/D-D/A-Umsetzer;

a) D/A-Umsetzer als Differenzkonfiguration bis Auflösungen von 16 bit einschließlich Taktdiagramm unter Nutzung des gegenseitig vertauschbaren seriellen Ladungsverteilungsprinzips zweier gleichgroßer Kapazitäten nach [Naga 85],

b) selbstkorrigierender A/D-Umsetzer mit digitaler Kalibrierung nach dem parallelen Ladungsverteilungsprinzip einschließlich der Nutzung der $2^M R$-Technik für eine 14-bit-Version nach [Tsuk 84]

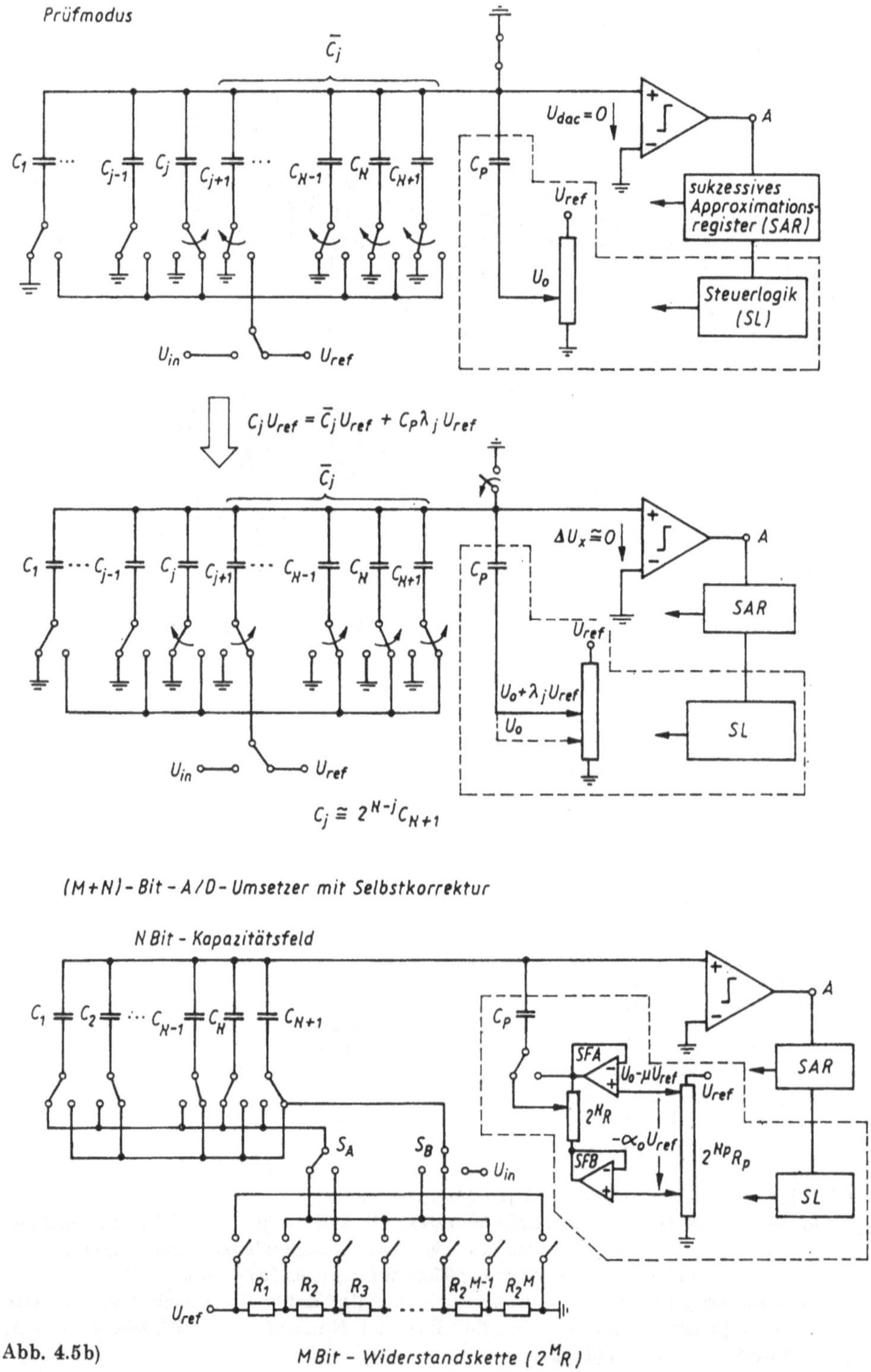

Prüfmodus
C̄j
Udac = 0
A
C1
Cj-1
Cj
Cj+1
CN-1
CN
CN+1
Cp
Uref
sukzessives Approximations-register (SAR)
U0
Steuerlogik (SL)
Uin
Uref
Cj Uref = C̄j Uref + Cp λj Uref
ΔUx ≅ 0
SAR
U0+λj Uref
SL
Cj ≅ 2^(N-j) CN+1
(M+N)-Bit-A/D-Umsetzer mit Selbstkorrektur
N Bit - Kapazitätsfeld
C2
SFA
U0-μUref
2^N R
-α0 Uref
2^Np Rp
SFB
SA
SB
Uin
R1
R2
R3
R2^M-1
R2^M
M Bit - Widerstandskette (2^M R)

Abb. 4.5b)

Dieses Grundprinzip wird mit dem Blockschaltbild nach Abb. 4.5a) verwirklicht. Die beiden Verstärker $V_1(0)$, $V_2(0)$ und die Memory-Kapazitäten C_m bilden den offsetkompensierten Instrumentationsverstärker Abb. 3.23b). Für $V_1(0)$ kann ein einfacher Differenzverstärker, für $V_2(0)$ ein OPAMP verwendet werden, der je nach Technologiewahl einen zwei- oder dreistufigen Differenzverstärkeraufbau mit Ausgangstreibern (Sourcefolgern) fordert ($V_2(0)$ ca. 70 dB). Die Instrumentationsverstärker $V_3(0)$ und die Kapazitäten $\alpha C'$, C' bilden als Arithmetikschaltung den beschriebenen Integrator (Abb. 3.23a)). Die Ladungsverteilungsoperationen werden mit Hilfe der vier gleichgroßen Kapazitäten $C_{1,2,3,4} = C$ vorgenommen. Hierbei seien die Relationen

$$C_1 = (1 + e_1)\, C_2 \tag{4.45}$$

und

$$C_3 = (1 + e_2)\, C_4 \tag{4.46}$$

definiert. Mit $a_0 \in \{1, 0\}$ wird das Vorzeichenbit festgelegt. Für positiv auszuweisende Signale U_{dac} entspricht $a_0 = 1$, für negative Signale U_{dac} dagegen $a_0 = 0$. Während des Intervalls T_0 werden C_1 auf $(2a_0 - 1)\, U_{ref}$ und C_3 auf $-(2a_0 - 1)\, U_{ref}$ aufgeladen. $C_{2,4}$ sind entladen. Der Instrumentationsverstärker $V_1(0)$, $V_2(0)$ speichert seinen statischen Offset auf den Kapazitäten C_m. Während der T_1-Phase sind die Kapazitätspaare $C_{1,2}$ und $C_{3,4}$ zwischen dem Eingang $V_1(0)$ und dem Ausgang $V_2(0)$ angeschlossen, wobei jetzt zwischen C_1, C_2 und C_3, C_4 eine Ladungsverteilung stattfindet. Anschließend werden C_1 und C_3 von C_2 und C_4 getrennt, $C_{1,3}$ werden entladen. Danach werden wieder beide Paare $C_{1,2}$, $C_{3,4}$ am Ein- und Ausgang des Instrumentationsverstärkers angeschlossen und die nachfolgende gewünschte zweite Ladungsverteilung führt schließlich an den Ausgängen von $V_2(0)$ auf

$$U_1 = (2a_0 - 1) \left(1 - \frac{(e_1{}^2 + e_2{}^2)}{8}\right) \frac{U_{ref}}{4}. \tag{4.47}$$

Im weiteren Verlauf von T_1 werden durch den Schalterwechsel S_5, S_6 die Ladungsmengen $(2a_N + a_{N-1})\, \alpha C' U_1$ bzw. $-(2a_N + a_{N-1})\, \alpha C' U_1$ auf die jeweiligen Kapazitäten C' umgeladen. Dieser Ladungstransfer geschieht in drei Etappen. Der Faktor $2a_N$ wird durch zwei identische Ladungstransferoperationen bestimmt, die hintereinander mit Hilfe von a_N gesteuert werden. Die dritte Ladungstransferoperation wird durch a_{N-1} gesteuert. Am Ende von T_1 stehen die beiden belastbaren Knotenspannungen

$$U_{A1} = (2a_0 - 1) \frac{\alpha C'}{C'} (a_N + a_{N-1}/2) \left(1 - \frac{e_1{}^2 + e_2{}^2}{8}\right) \frac{U_{ref}}{2} \tag{4.48}$$

$$U_{B1} = -(2a_0 - 1) \frac{\alpha C'}{C'} (a_N + a_{N-1}/2) \left(1 - \frac{e_1{}^2 + e_2{}^2}{8}\right) \frac{U_{ref}}{2}. \tag{4.49}$$

zur Verfügung. Für T_2, T_3 usw. wiederholen sich durch S_2, S_3, S_4 die $U_{ref}/4$-Schritte und durch S_5, S_6 die Ladungstransferschritte, so daß für das vorgegebene Binärwort $a_N, \ldots, a_1$ nach M Perioden die auszuweisende binärquantisierte Spannung $U_A = -U_B$ bis auf den in Gl. (4.48), Gl. (4.49) erzeugten Faktor $\alpha C'/C'$ entsteht. Die endgültige D/A-Umsetzerspannung $\pm U_{dac}$ wird zu Beginn des neuen Umsetzungszyklus während S_{1H} ausgegeben, wobei sich der Faktor $\alpha C'/C'$ dadurch eliminiert, indem durch Gegenkopplung von $\alpha C'$ der umgekehrte Ladungstransfer seitens C' stattfindet. Die D/A-

Umsetzungszeit beträgt für OPAMP-Einschwingzeiten von ca. 1 µs etwa 64 µs [Naga 85]. Das hochgenaue D/A-Umsetzungsergebnis ist im wesentlichen von der Konstanz der Referenzspannungen $\pm U_{\text{ref}}$ abhängig. Ein A/D-Umsetzer läßt sich dadurch realisieren, wenn nach jedem Bit a_i am Ausgang $U_{\text{A}} = -U_{\text{B}}$ über $S_{1\text{H}}$ die binärquantisierten belastbaren Spannungen $\pm U_{\text{dac}i}$ jeweils mit $\pm U_{\text{in}}$ innerhalb eines Spannungspegel-Komparators (Differenzverstärkerprinzip) verglichen werden. Am Ende der A/D-Umsetzung können beide Binärworte betragsmäßig addiert und einer arithmetischen Halbierung unterzogen werden, so daß ein sehr genauer Mittelwert entsteht.

Als Alternative zu dem eben beschriebenen Verfahren wurden bereits die selbstkorrigierenden A/D-Umsetzer erwähnt. Zur Erläuterung dieses Prinzips wird noch einmal der parallele Ladungsverteilungsumsetzer nach Abb. 4.3a) betrachtet. Das totale Kapazitätsfeld C_{t} ist ideal, wenn die $N + 1$ Einzelkapazitäten nach

$$C_{\text{t}} = 2C = \sum_{i=1}^{N} C/2^{i-1} + C/2^{N-1} \tag{4.50}$$

als ideal angesehen werden können. Für diesen Idealfall entsteht nach dem erfolgten Umsetzungsablauf mit Gl. (4.36)

$$U_{\text{in}} = \left(\frac{a_N}{2} + \frac{a_{N-1}}{4} + \cdots + \frac{a_1}{2^N}\right) U_{\text{ref}} + \varepsilon_{\text{AD}}, \tag{4.51}$$

d. h., das umgesetzte Spannungsäquivalent U_{in} unterliegt nur dem Quantisierungsfehler ε_{AD} nach Gl. (4.6). Für das reale Kapazitätsfeld weichen die Einzelkapazitäten von ihren exakten Werten um

$$\Delta C_j = \tilde{C}_j - C_j \qquad (j = 1, \ldots, N + 1) \tag{4.52}$$

ab, so daß für Gl. (4.51)

$$U_{\text{in}} = \left(\frac{a_N}{1} + \frac{a_{N-1}}{4} + \cdots + \frac{a_1}{2^N}\right) U_{\text{ref}} + \frac{1}{C_{\text{t}}} (a_N \Delta C_1 + a_{N-1} \Delta C_2 + \cdots + a_1 \Delta C_N) U_{\text{ref}} + \varepsilon_{\text{AD}} \tag{4.53}$$

gilt. Die gemessenen relativen Abweichungen der Einzelkapazitäten $\Delta C_j/C_{\text{t}}$ zeigt auszugsweise für eine 3-µm-CMOS-Technologie Tab. 4.3 und macht die Auflösungsbegrenzung zwischen 8 bit und 10 bit für $a_i \in \{1, 0\}$ $(i = 1, \ldots, N)$ in Gl. (4.53) sofort plausibel. Die Aufgabe des Selbstabgleiches muß nun darin bestehen, für jede kapazitive Einzelabweichung in Gl. (4.52) einen Korrekturschritt der Art $\Delta C_j \simeq 0$ vorzunehmen. Die Lösung dieser Problematik wird in der Regel in zwei A/D-Umsetzungszyklen vorgenommen. Im ersten Zyklus werden die Einzelfehler ΔC_j ermittelt und als digitale Information in einem Speicher notiert. Im zweiten Zyklus werden während jedem Ladungsverteilungsmodus die Fehler $\Delta C_j U_{\text{ref}}$ automatisch in Abhängigkeit der gespeicherten Fehlerinformation kompensiert und somit korrigiert. Das Selbstabgleichkonzept mit digitaler Kalibrierung zeigt Abb. 4.5b). Für jede Kapazität C_j wird eine komplementäre Kapazität $\bar{C}_j$ durch folgende Gleichungen definiert

$$\bar{C}_j = C_{j+1} + C_{j+2} + \cdots + C_{N+1} \qquad (j = 1, \ldots, N + 1) \tag{4.54}$$

$$\bar{C}_{N+1} = C_{N+1} = C/2^{N-1}. \tag{4.55}$$

Tab. 4.3 Abgeschätzte Meßwerte über relative Abweichungen der Einzelkapazitäten $\Delta C_i/C_t$ innerhalb eines binärgewichteten 8-bit-Kapazitätsfeldes nach [Tsuk 84].

normierte Kapazität $\Delta C_i/C_t$	Abweichung in %
$i = 1$	$-0{,}013$
$i = 2$	0,020
$i = 3$	0,003
$i = 4$	0,002
$i = 5$	$-0{,}010$
$i = 6$	$-0{,}004$
$i = 7$	0,002
$i = 8$	$-0{,}002$
$i = 9$	0,000

Ideal müßte nach Gl. (4.54), Gl. (4.55) $\overline{C}_j = C_j$ sein, das aber real nicht vorauszusetzen ist. Der Unterschied zwischen $\overline{C}_j$ und C_j wird in den beiden Blockschaltbildern von Abb. 4.5b) ermittelt, eine Verfahrensweise, die für jede Kapazität anzuwenden ist. Beispielsweise sei der Prüfmodus innerhalb des ersten Zyklus ausgesucht, bei dem die Kapazitäten $C_1, \ldots, C_{j-1}, C_{j+1}, \ldots, C_{N+1}$ an Masse geschaltet, C_j aber an U_{ref} gelegt wurde. Eine willkürliche Spannung U_0 wird an das untere Ende der Hilfskapazität C_p angeschlossen. Die oberen Kapazitätsanschlüsse befinden sich auf 0 V. Danach findet für alle Kapazitäten ein Schalterwechsel statt. Tritt irgendein Unterschied zwischen C_j und $\overline{C}_j$ auf, entsteht eine Spannungsabweichung ΔU_x am oberen Komparatoranschluß, die vom Nullpunkt-Komparator erkannt werden kann. Die Spannung am unteren Ende von C_p wird nun sukzessive solange verändert, bis eine Nullreaktion des Komparators auftritt und die oberen Kapazitätsanschlüsse erneut dem Nullpotential entsprechen. Beträgt die vom Referenzteiler abgenommene Spannung $U_0 + \lambda_j U_{\text{ref}}$ im Moment des Balancezustandes, gilt

$$C_j U_{\text{ref}} + \overline{C}_j \times 0 + C_p U_0 = C_j \times 0 + \overline{C}_j U_{\text{ref}} + C_p(U_0 + \lambda_j U_{\text{ref}}) \tag{4.56}$$

$$C_j = \overline{C}_j + \lambda_j C_p. \tag{4.57}$$

Die Spannung $\lambda_j U_{\text{ref}}$ wird durch eine Widerstandskette eingestellt, wobei λ_j als digitale Größe ausgewiesen werden kann. Dieser Schritt wird als digitale Kalibrierung bezeichnet. Wird für jede Kapazität C_j in einem Speicher durch λ_j digital die Widerstandskalibrierung festgehalten, kann im zweiten Zyklus während des Ladungsverteilungsmodus zur jeweiligen Kapazität die Korrekturladung $C_p \lambda_j U_{\text{ref}}$ hinzugeschaltet werden, damit ein gewünschter Selbstabgleich $\Delta C_j U_{\text{ref}} \cong 0$ entsteht. Selbstverständlich wird auch dieses A/D-Umsetzerprinzip in seiner Auflösungsbreite N begrenzt, da der Kalibrierungsschritt erneut eine Restriktion durch Komparatoroffset und Empfindlichkeit erfährt und im Zuschalten sehr kleiner Korrekturladungen auch durch den Schaltvorgang beeinträchtigt werden kann.

In Abb. 4.5b) wird das Blockschaltbild des kompletten $(M + N)$ bit-A/D-Umsetzers gezeigt. Der D/A-Umsetzer besteht aus einer M-bit-Widerstandskette nach dem $2^M R$-Prinzip von 4.2.3. und dem N-Bit-Kapazitätsfeld nach dem parallelen Ladungsverteilungsprinzip von 4.2.2. Die Kombination beider D/A-Umsetzungsverfahren nützt die jeweiligen Vorteile aus und bildet den günstigsten Kompromiß zwischen Flächenverbrauch und Genauigkeit der linearen Elemente [Foto 79]. Wird mit $M = 6$ und $N = 8$ ein 14-bit-A/D-Umsetzer aufgebaut, kann bereits die kleinste Kapazität $C_{8,9} = C/2^7$ vergleichsweise zu einem 10-bit-Kapazitätsfeld größer entworfen werden, so daß der Fehler zwischen den Kapazitäten ohnehin geringer ausfällt (3-µm-CMOS-Technologie: Al-Poly-Si-Kapazität $C_{N+1} = 28 \times 28\ \mu m^2$ in [Tsuk 84]). Der niedrige differentielle Linearitätsfehler der Widerstandskette wirkt sich gleichfalls positiv aus. Die 64 Widerstände können ideal noch als Linearstruktur entworfen werden, wobei die Anzapfungen im n^+-diffundierten Gebiet zu führen sind. Im Ladungskorrekturteil wird C_p in der Regel mit $\frac{1}{2} C_{N+1} = C/2^N$ festgelegt. Der Spannungsabgriff erfolgt für die oberen M Bits über den Spannungsfolger SFA des Referenzteilers R_p. Anschließend beginnt der Selbstabgleich für die unteren N Bits mit Hilfe des Referenzteilers R und dem Spannungsfolger SFB. Für beide Referenzteiler R_p, R werden 8-bit-Widerstandsketten verwendet. Zur Abspeicherung der Fehlerinformation genügt eine Speicherkapazität von 9 byte [Tsuk 84].

4.3. Parallelverfahren

In dieser Kategorie von A/D-Umsetzern stehen im wesentlichen die Aufgabenbereiche zur Bildsignalverarbeitung im Mittelpunkt. Die Auflösung bzw. Bitzahl N der A/D-Umsetzer für den Einsatz in TV-Systemen und Video-Recordern richtet sich nach dem geforderten minimalen Signal-Rauschabstand $\mathrm{SNR_{min}}$. So sind die Anforderungen für TV-Systeme mit

$$40\ \mathrm{dB} \leqq \mathrm{SNR_{min}} \leqq 45\ \mathrm{dB}, \tag{4.58}$$

$$N = \mathrm{ld}\ (U_{\mathrm{ref}}/Q_{\mathrm{E}}) = \mathrm{ld}\ (\mathrm{SNR_{min}}):\ 7 \cdots 8\ \mathrm{bit} \tag{4.59}$$

und für Video-Recorder durch

$$30\ \mathrm{dB} \leqq \mathrm{SNR_{min}} \leqq 35\ \mathrm{dB}, \tag{4.60}$$

$$N = \mathrm{ld}\ (\mathrm{SNR_{min}}):\ 6 \cdots 7\ \mathrm{bit} \tag{4.61}$$

festgelegt. Die Abtastfrequenzen liegen zwischen 15 MHz bis 20 MHz, für HDTV-Systeme über 65 MHz. Die Realisierung solcher Schaltkreise in Bipolartechnologien führt neben dem Kostenaufwand in der Regel zu einem Verlustleistungsverbrauch von mehreren Watt. Der entscheidende Vorzug der MOS-Technologien liegt darin, Entwürfe mit Verlustleistungen von maximal 600 mW zu präparieren, die gleichzeitig auch preiswerter sind.

Ausgangspunkt für die Betrachtungen von Parallel-A/D-Umsetzern sei zunächst der realisierte 4-bit-Funktionsblock nach Abb. 4.6a), b) [Rie2 85]. Wie für alle Parallelverfahren üblich, wird hier das unbekannte Signal U_{in} direkt in einem Schritt mit den D/A-Umsetzerspannungen $U_{\mathrm{dac}i}$ ($i = 1, \ldots, 15$) der Widerstandskette verglichen, umkodiert und als Binärwort nach Gl. (4.2) ausgegeben. Die direkte Umkodierung in ein

4-bit-Binärwort erfolgt allgemein nach der Beziehung

$$a_i = \sum_{j=1}^{2^{N-i}} \mathrm{A}_{2^{i-1}(2j-1)} \bar{\mathrm{A}}_{2^i(j)} \qquad (i = 1, \ldots, N) \tag{4.62}$$

$$\bar{\mathrm{A}}_{2^N} = 1\,. \tag{4.63}$$

Für die Komparatoren wurde die flächensparsame Lösung nach Abb. 3.33a) eingesetzt. Die Breite der n^+-diffundierten Widerstände einschließlich der Kontaktlochgröße für den U_{ref}- und Masseanschluß ergab sich aus Abschätzungen nach Tab. 2.8 und den Angaben in Abb. 2.65b), die Länge der einzelnen Widerstandsgebiete ist durch die Abmessungen des Komparators festgelegt. Mit einem gemessenen Schichtwiderstand von $R_{\mathrm{S}n^+} = 12\ \Omega$ beträgt der Ersatzwiderstand der gesamten Kette ca. 1,28 kΩ. Die einfache Steuerlogik mit insgesamt 112 Transistoren läßt sich nach dem Taktdiagramm von Abb. 3.33a) entwerfen, enthält im wesentlichen zwei Teiler-Flip-Flops, kombinatorische Logik und angepaßte Treiberstufen für die gesamte Komparatorkette. Der Ablauf der A/D-Umsetzung verläuft so, daß durch einen $\mathrm{ADC_{on}}$-Impuls die von einem externen Clock-Signal gesteuerte Logik aktiviert wird und nach der Ausgabe des Binärwortes anhält, wenn kein neuer $\mathrm{ADC_{on}}$-Impuls auftritt. Da die Umsetzungszeit t_{AD}

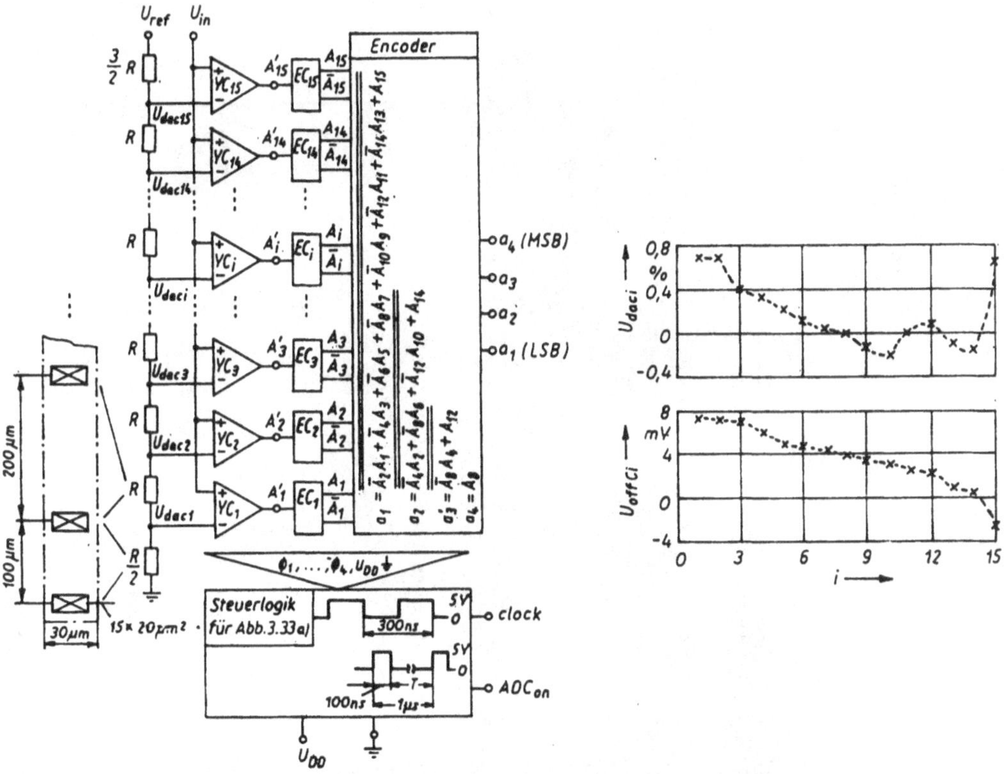

Abb. 4.6 A/D-D/A-Umsetzer für Very-high-speed- und Ultra-high-speed-Abtastraten;
a) 4-bit-A/D-Funktionsblock in einer 4-µm-NMOS-E/D-Technologie mit Very-high-speed-Abtastraten,

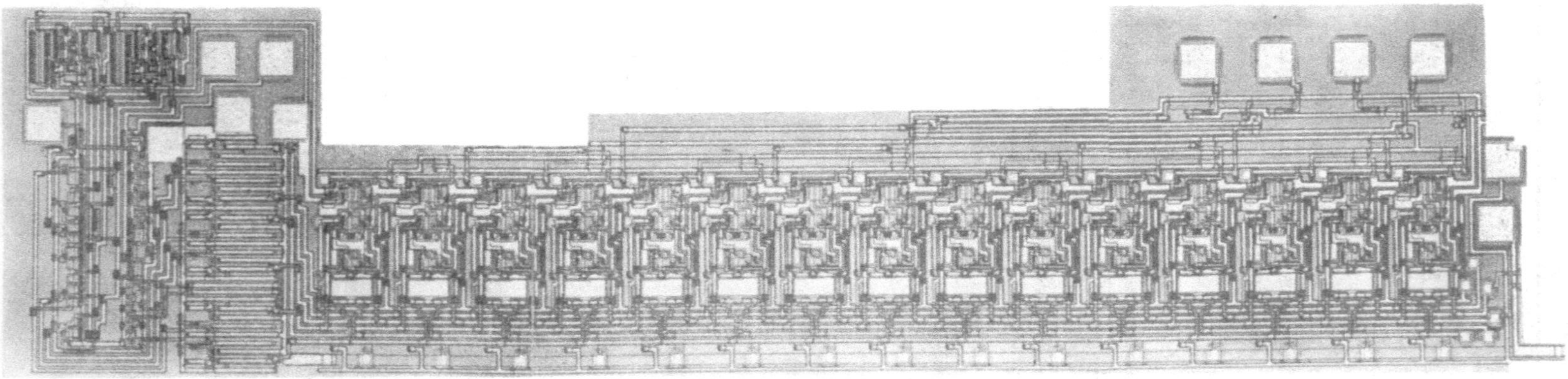

Abb. 4.6 b) Layout des realisierten 4-bit-A/D-Funktionsblocks

bekannt ist, wird danach die ADC_{on}-Frequenz festgelegt, so daß mit dieser Frequenz letztlich die Ausgabe der Binärworte erfolgen kann.
In Abb. 4.6a) wurden gleichfalls von einer 4-bit-Funktionseinheit die konkret gemessenen Spannungen der Widerstandskette $\tilde{U}_{daci}$ mit dem relativen Fehler

$$U_{daci} \text{ in } \% = \left(\frac{\tilde{U}_{daci} - U_{daci}}{U_{ref}}\right) 100 \tag{4.64}$$

für $U_{ref} = 320$ mV ausgewertet. Die $\tilde{U}_{daci}$-Werte zeigen eine maximale Abweichung der Spannungen von ihren Idealwerten um 2,2 mV, das nach Gl. (4.8) für Referenzspannungen $U_{ref} = 5{,}12$ V die Realisierung von A/D-Umsetzern mit Auflösungen bis 9 bit gestattet. Diese maximalen Abweichungen treten, genau wie in 2.8 erwähnt, am ersten und letzten Teilwiderstand auf, wobei die Widerstandsanzapfungen im diffundierten Gebiet geführt werden und Kontaktierungen nur aus Meßzwecken vorgenommen sind. Weiterhin zeigen bei konstanter Referenzspannung $U_{ref} = 320$ mV die Spannungswerte U_{daci} im Temperaturbereich von $-30\,°C \cdots +60\,°C$ für das hier interessierende Auflösungsniveau keine nennenswerten Drifterscheinungen. Die durchgeführten Offsetmessungen für jede Komparatorzelle ergeben einen durchschnittlichen Bereich von $-2\text{ mV} \leqq U_{offC} \leqq 7\text{ mV}$ (vgl. Gl. (3.230)). In Tab. 4.4 sind die Daten des Funktionsblocks zusammengefaßt. Nach diesem Grundlagentest sind A/D-Umsetzerentwürfe für Auflösungen bis 8 bit ($U_{ref} = 5{,}12$ V) nach dem Entwurfsprinzip in Abb. 4.7 ausführbar, die mit den in 3.4.2. angeführten Hochgeschwindigkeits-Komparatoren

Tab. 4.4 Parameter des 4-bit-A/D-Funktionsblocks nach Abb. 4.6a).

Parameter	Parallel-A/D-Umsetzer
U_{REF}	320 mV
Auflösung	20 mV
N	4 bit
Abtastperiode	0,5 µs
Linearitätsfehler	$+\frac{1}{2} / -1$ *LSB*
Linearitätsfehler bei $\Delta U_{DD} = \pm 10\%$	$+\frac{1}{2} / -\frac{7}{5}$ *LSB*
	$\pm\frac{1}{10}$ *LSB*
differentieller Linearitätsfehler	5 V
P_{VAD}*	52 mW
P_{VREF}**	80 mW
Transistorzahl für Steuerlogik	112
A_{Chip}	2,9 (4600) mm^2 (mil^2)

* P_{VAD}: Verlustleistung der Komparatorkette einschließlich Steuerlogik.
** P_{VREF}: Verlustleistung der integrierten Widerstandskette.

Abtastraten im Ultra-high-speed-Bereich, d. h., je nach den technologischen Möglichkeiten bis ca. 30 MHz, erlauben [Drah 83], [Yasu 84], [Tsuk 85]. Hierbei wird in Abhängigkeit vom Komparator ein Taktgenerator benötigt oder auch nicht. Durch das Überlaufsignal ÜL ist eine Kaskadierbarkeit weiterer Parallel-A/D-Umsetzer gewährleistet. Folglich sind der erste und letzte Referenzteilerwiderstand mit $R_1 = R_{256} = R/2$ zu bemessen. Die Referenzteilerkette ist von Komparatorblock zu Komparatorblock als Linearstruktur zu entwerfen. Die Verbindung sämtlicher Linearstrukturen über Alu-Leitungen führt zum Fine-Tuning des betreffenden Einzelwiderstandes durch Kontaktierungsversatz. Wird bei dem Encoder das MOS-spezifische PLA-Prinzip für den gesamten Umcodierungsablauf genutzt, ist die PLA-Ansteuerung über 3fach-AND-Gatter sinnvoll.

Die Problematik zur weiteren Erhöhung der Abtastrate und Auflösung richtet sich nach

- der Offsetminimierung und Signalverarbeitungsgeschwindigkeit des Komparators gemäß 3.4.2. und nach
- der Niederohmigkeit der Referenzteilerkette und der Signalquelle U_{in} einschließlich der Komparatoreingangskapazität C_{Com}.

Der letzte Gesichtspunkt spielt vor allem beim Einsatz der Auto-zero-Komparatoren nach Abb. **3.33a**), b) eine maßgebliche Rolle, da die Referenzteilerkette durch die Umladungsvorgänge belastet wird und demzufolge Wechselspannungsanteile $|Z(\omega)|/R$ führt, die die Genauigkeit ε_{AD} des Umsetzers einschränken können. Ein entsprechend verallgemeinerungswürdiger Modellansatz der Referenzteilerkette mit verteilter Belastung gestattet die Darstellung des maximalen A/D-Umsetzungsfehlers ε_{AD} in Abhängigkeit von $|Z(\omega)|/R = 1/(f_{\text{AD}} R C_{\text{Com}})$ [Ding 79]. Von [Ding 79] wird verdeutlicht,

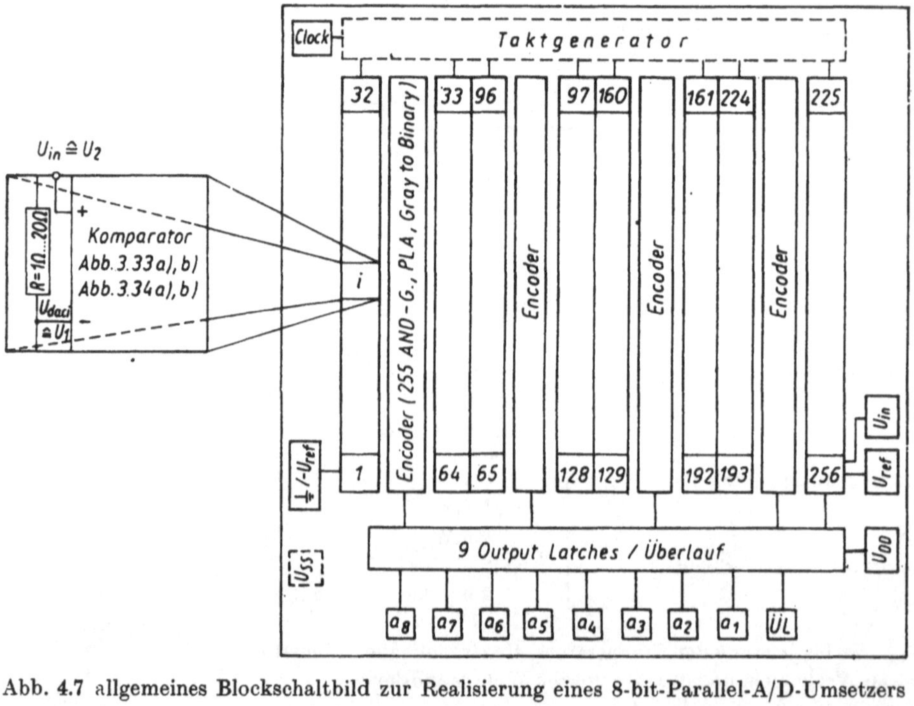

Abb. 4.7 allgemeines Blockschaltbild zur Realisierung eines 8-bit-Parallel-A/D-Umsetzers

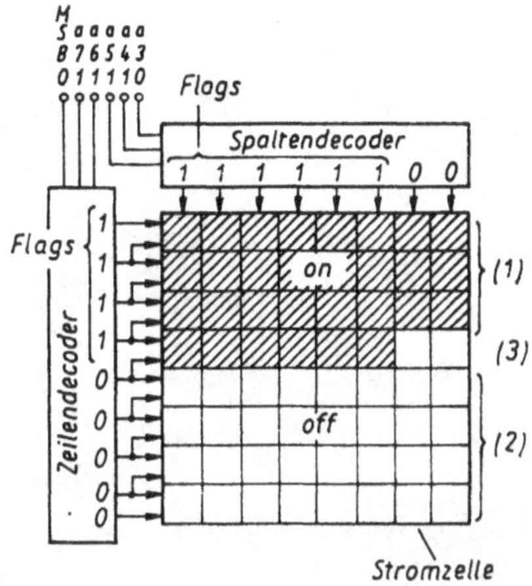
M S B
a7 a6 a5 a4 a3
0 1 1 1 1 0
Flags
Spaltendecoder
1 1 1 1 1 1 0 0
Flags
Zeilendecoder
on
(1)
(3)
off
(2)
Stromzelle

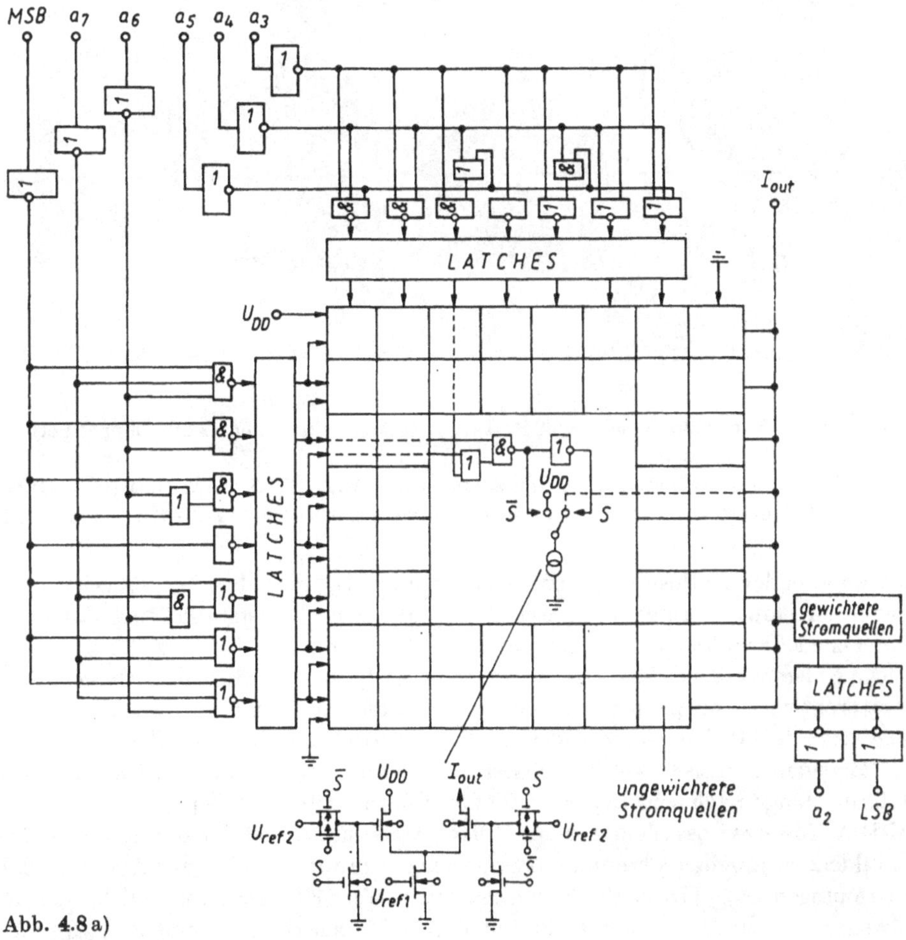
MSB
a_7
a_6
a_5
a_4
a_3
LATCHES
I_{out}
U_{DD}
LATCHES
$\bar{S}$
S
gewichtete Stromquellen
LATCHES
ungewichtete Stromquellen
a_2
LSB
U_{ref2}
U_{ref1}

Abb. 4.8 a)

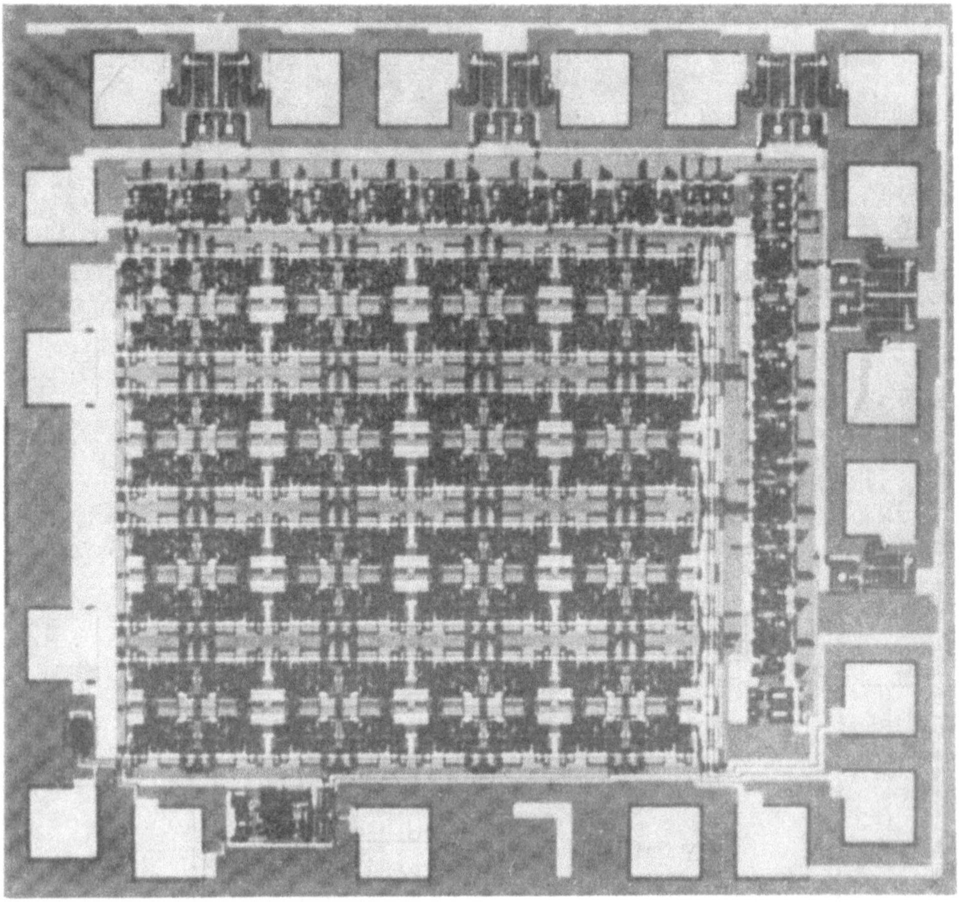

b)

Abb. 4.8 a) Funktionsprinzip eines 80-MHz-D/A-Umsetzers in einer 2-μm-Doppel-Poly-Si-CMOS-Technologie,
b) Layout des realisierten D/A-Umsetzers nach a) Miki, T., u. a.: An 80 MHz 8b CMOS D/A Converter. ISSCC 86, Dig. of. Techn. Papers, **33** (1986) 2, 132–133, © 1986 IEEE

daß mit wachsender Auflösung N bzw. Genauigkeit ε_{AD} und/oder der Abtastrate f_{AD} bei gegebener Komparatoreingangskapazität C_{Com} der Einzelwiderstand R des Referenzteilers immer mehr verkleinert werden muß. Für $N = 8$ bit und $f_{AD} = 20$ MHz beträgt der übliche Referenzteilerwiderstand ca. 20 Ω und ist durch n^+-diffundierte Gebiete dem Komparatorentwurf angepaßt noch realisierbar. Eine Auflösungs- und Abtastratenerhöhung setzt den Referenzteilerwiderstand R drastisch herab, d. h., Werte um 1 Ω, die mit Polyciden realisiert werden müssen, sind dann der Standard. Dies impliziert gleichfalls die Frage nach sehr niedrigen Kontaktierungswiderständen.
Parallel-D/A-Umsetzer bestehen aus der Referenzteilerkette und der durch das Binärwort zu bildenden jeweiligen kombinatorischen Logik für die Schalter zur Abnahme der Einzelspannungen U_{daci} [Drah 83]. Für Abtastraten über 30 MHz haben solche Lösungen entweder eine zu lange Einschwingzeit der D/A-Umsetzerspannungen U_{daci} oder

eine zu große Verlustleistung von mehreren 100 mW. Hier sind neue verlustleistungsarme Architekturen gefragt. Einen 80-MHz-D/A-Umsetzer in einer 2-µm-CMOS-Technologie für HDTV-Anwendungen zeigt Abb. 4.8a), b) ($P_V = 145$ mW, $A_C = 1{,}85 \times 2{,}05$ mm^2). Dabei handelt es sich um eine Matrixanordnung von geschalteten Konstantstromquellen, die von Hochgeschwindigkeits-Spalten- und Zeilendekodern je nach Bit-Belegung gesteuert werden [Miki 86]. Durch die hohen Umsetzungsgeschwindigkeiten werden kleine Gateflächen für die Schalter und Konstantstromquellen verwendet ($L = 2{,}5$ µm). Um den differentiellen Linearitätsfehler, hervorgerufen durch geringfügige Abweichungen der Konstantstromquellentransistoren, klein zu halten, wird für die höheren 6 Bits die Matrixanordnung ungewichteter Stromquellen gewählt, für die beiden unteren Bits gewichtete Stromquellen. Innerhalb der zweidimensionalen Dekodierung der Matrix gibt es drei Gruppen von geschalteten Konstantstromquellen, die über die Gatter innerhalb jeder Zelle klassifiziert werden. Mit (1) und (2) sind alle Zeilen erfaßt, wo die Konstantstromquelle der Zellen entweder ein- oder ausgeschaltet sind. Die dritte Gruppe (3) sind die Zeilen, bei denen in Abhängigkeit vom Spaltendekor ein Teil der Konstantstromquellen ein- und ein anderer Teil ausgeschaltet ist. Die hohe Dekodiergeschwindigkeit resultiert aus der peripheren- und Zellenauswahllogik, d. h., es existieren nur zwei Dekodierschritte. Zusätzlich wird durch Einfügen der Latches das Pipelining-Prinzip zwischen peripherer und Zellenauswahllogik verwirklicht.

Werden durch die Dekoderanweisungen beispielsweise alle Konstantstromquellen einer Zeile sequentiell von links nach rechts eingeschaltet, fließt ein entsprechend großer Strom durch die Analog-Masseleitung, der die Referenzspannung U_{ref1} der Konstantstromquelle geringfügig beeinflussen kann, so daß ein integraler Linearitätsfehler entsteht. Um diese Problematik zu umgehen, werden die Konstantstromquellen symmetrisch zugeschaltet. Das Analogsignal ist der binärquantisierte Ausgangsstrom I_{out}, der jeweils alle 12,5 ns zur Verfügung steht. Eine weitere Skalierung der Matrix läßt Abtastraten von über 100 MHz zu. Gleichzeitig wird es schwieriger das 8-bit-Auflösungsniveau zu halten, da die Abweichung zwischen den Konstantstromquellentransistoren in Abhängigkeit der technologischen Prozeßführung zunehmen kann.

5. Computergestützte Entwurfsstrategien nach analog/digitalem Konzept für integrierte MOS-Strukturen

5.1. Übersicht

Eine gemeinsame Integration analoger und digitaler Funktionen auf einem Chip läßt sich nach Abb. 5.1a) mit dem herkömmlichen voll-und halb-kundenspezifischen Entwurfsmethoden (full- und semi-custom design) vornehmen. Hierbei geht aus den vergangenen Abschnitten hervor, daß die Besonderheit der effektiven Implementierung von MOS-Analogstrukturen in Digitalschaltkreisen neben einer dafür mehr oder weniger angepaßten Technologie vor allem in

- dem Wunsch nach einem hohen Maß an Entwurfsfreiheitsgraden,
- der Optimierung zwischen Verstärkung, Bandbreite, Slew-Rate/Einschwingzeit, Offset/Signal-Rauschabstand, Fläche und Verlustleistung und
- einem gezielten Vermeiden von parasitären Einflüssen auf die Analogparameter infolge der Anschlußmöglichkeiten und Verdrahtung (streuinsensitiver Entwurf, Symmetrieprinzip)

besteht. Diesen Aspekten kommt am ehesten der voll-kundenspezifische Entwurf entgegen, da die interaktive Entwurfsarbeit auf der untersten Ebene, d. h. dem Einzeltransistor nach Abb. 5.1b), nicht nur zur flächensparsamen und damit preiswerten Layoutlösung, sondern auch zur maximalen Erfüllung der geforderten Analogparameter bei sorgfältiger, zeitintensiver Entwurfs- und Simulationsarbeit führt [Good 83], [Kels 85]. Andererseits haben die mit halb-kundenspezifischen Methoden gefertigten Schaltkreise durch den hohen Automatisierungsgrad in der Entwurfsstrategie im Vergleich zum vollkundenspezifischen Entwurf sehr kurze Entwicklungszeiten (turnaround-time ca. 4 Wochen). Aus diesem Grund ist die durchschnittliche Jahreswachstumsrate im Zeitraum 1981—1990 für die mit Gate-Array- und Standardzellentechnik entworfenen Schaltkreise eineinhalb- bzw. viermal größer als mit vergleichbaren voll-kundenspezifischen Techniken [Line 84]. Somit werden Anfang der 90er Jahre erwartungsgemäß 50% aller realisierten Schaltkreise mit halb-kundenspezifischen Entwurfsmethoden erstellt. Dabei lohnt sich der Einsatz von Gate-Arrays primär für kleine Stückzahlen, d. h. meist unter 2000 Schaltkreisen. Gemäß Abb. 5.1a) werden durch ein bis auf die Verdrahtungsebenen vorgefertigtes Masterchip drei grundsätzliche Analog/Digital-Gate-Array-Fertigungsrichtungen vorgestellt. Indem neben den Logikkomponenten komplette Kapazitäts-, Widerstands- und Analogschalterfelder, Baublöcke wie OPAMPs, OTAs, Komparatoren, Referenzquellen und Sample- and-hold-Verstärker als fest angeordneter Layoutuntergrund entworfen werden, wird in seiner jeweiligen Hauptorientierung ein bestimmtes Spektrum verschiedener A/D-D/A-Umsetzerschaltkreise, streuinsensitiver SC-Filter oder Interface-Baugruppen durch Festlegung des

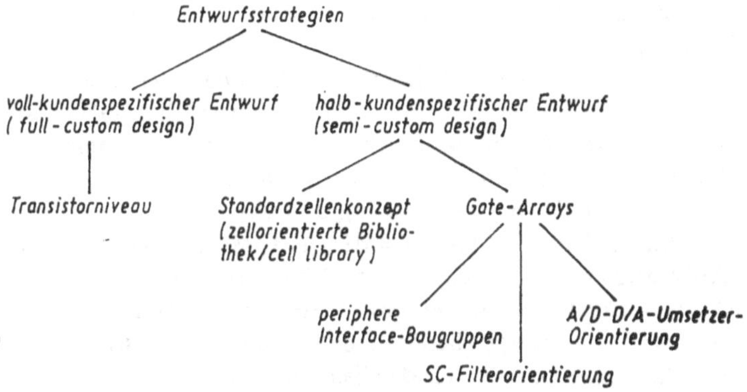

a)

Entwurfseinstieg	Leistungs - fähigkeit	Preis	Fläche	Entwurfs- zeit	Automatisie- rungsgrad
Transistorniveau	↑ zunehmend	↑ abnehmend	1.0	↓ abnehmend	↓ zunehmend
erzeugte Macros			1.1		
vorentworfene Baublöcke			1.2		
Standardzellen			1.6		
Gate - Arrays			2.0		

b)

Abb. 5.1 **Allgemeine Entwurfsgrundlagen nach analog/digitalem Konzept;**
a) Entwurfsstrategien,
b) Eigenschaften der integrierten Entwurfstechniken nach [Kels 85]

Verdrahtungsregimes angeboten. An diese Analog-Baublöcke können keine hochoptimierten Anforderungen gestellt werden, da durch die unterschiedlichen Verdrahtungsmöglichkeiten Belastungsschwankungen und damit Bandbreiten- und Slew-Rate-Änderungen einzurechnen sind. Folglich werden für Verstärker, OPAMPs, OTAs stets Pauschalwerte angegeben. Als Alternative zu den vorentworfenen Baublöcken bietet sich innerhalb der Gate-Array-Technik auch die Anordnung von unterschiedlichen Einzeltransistoren mit nachträglicher Verdrahtung zu Verstärkern, OPAMPs, OTAs und Komparatoren an. Die Verdrahtungsmöglichkeiten sind technologieabhängig und gehen für die einfachsten CMOS-Metall-Gate-Technologien von nur einer Alu-Ebene bis hin zu den leistungsfähigeren CMOS-Technologien mit zwei Poly-Silizium- und einer Alu-Ebene oder umgekehrt aus.
Für hohe Stückzahlen und eine große Schaltkreiskomplexität, wie sie z. B. bei MODEMs oder PCM-Codecs anzutreffen ist, wird der Trend in Richtung Standardzellenkonzept bzw. zellorientierter Entwurf auf analogem- und analog/digitalen Sektor maßgeblich beschleunigt. Als Standardzellen sind in der Regel die integrierten analogen MOS-

Grund- und Blockstrukturen anzusehen, die eine vorgegebene Geometrie haben, d. h. beispielsweise eine gleiche Höhe, aber unterschiedliche Breite (Breite der Verdrahtungskanäle variabel). Der zellorientierte Entwurf läßt allgemeiner auch freie Blockstrukturen zu, die unterschiedliche Abmessungen und Anschlußmöglichkeiten aufweisen. Die standardisierten und freien Baublöcke stellen hierbei optimierte und erprobte Schaltungen dar, die in einer Bibliothek abgespeichert werden. Der Vorteil dieser Maßnahmen liegt einerseits in der Katalogisierung und damit in einem unkomplizierten Zugriff der Strukturen, andererseits läßt sich dieser Katalog ständig erweitern. Da die MOS-Analogtechnik allgemein die Wahl freier Baublöcke bevorzugt, werden die Verdrahtungen meist interaktiv vorgenommen bzw. wird eine Verdrahtungssoftware mit komplexem Leistungsangebot benötigt. Folglich bleibt eine solche Entwurfssoftware firmengebunden und läßt sich schwer standardisieren. Nur das reine Standardzellenkonzept einschließlich der Verdrahtungssoftware macht in dieser Hinsicht Fortschritte, wobei sich bisher diese Programme auf biquadratische SC-Filter beschränken und logischerweise an eine feste Technologie gebunden sind [Kels 85].

5.2. Gate-Arrays

Ein übliches Beispiel für A/D-D/A-Umsetzer-orientierte Gate-Arrays zeigt Abb. 5.2a), b). Das Gate-Array TMG 6001 aus der 6000er Serie der Firma Telmos ist nach dem Matrixprinzip sich wiederholender Zellen in einer CMOS-Silizium-Gate-Technologie aufgebaut [Twad 82], [Twad 83]. Unterhalb der flächenmäßig überwiegenden zentralen Anordnung der Logikgatterzellen befindet sich der Analogteil. Hier sind deutlich die beiden Kapazitätsfelder und die senkrechte Anordnung der Gategebiete der Analogtransistoren zu erkennen. Die Gategebiete sind nebeneinander gruppiert (Stacked-layout-Technik) und können untereinander einfach verdrahtet werden. TMG 6001

a)

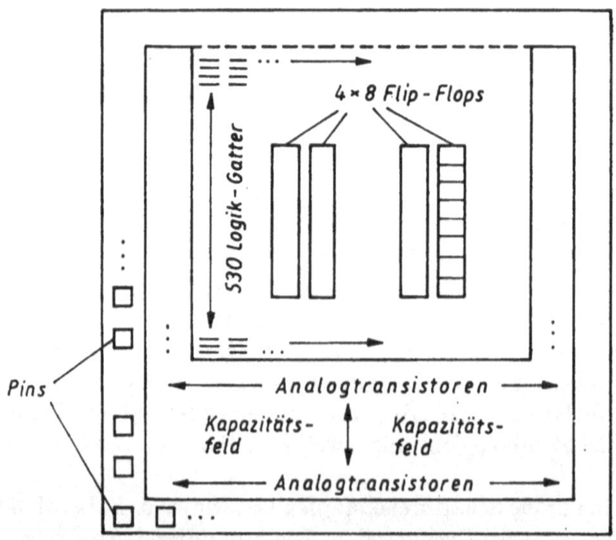

Abb. 5.2 Verschiedene Gate-Arrays;
a) einfaches Blockschaltbild zum CMOS-Gate-Array TMG 6001 (Telmos),

ermöglicht beispielsweise den Entwurf von 4-bit/6-MHz-Parallel-A/D-Umsetzern, 12-bit-A/D-Umsetzer nach dem Dual-slope-Verfahren (vgl. Abb. 4.1b)), OPAMPs ($f_T = 5$ MHz, $U_{offOA} = 2$ mV$\cdots$5 mV, e_{OA} ca. 10 µV), Stromspiegel usw. Die A/D-Umsetzerentwürfe nehmen jeweils etwa 1/4 der Gesamtfläche ein. Die Abweichung der Kapazitäten untereinander beträgt 0,1%, der Stromquellen 1% und der Widerstände 0,5%. Eine Erweiterung der Entwurfsmöglichkeiten bietet das Gate-Array TMG 6002. Hier sind besonders 8-bit-Parallel-A/D-Umsetzer und auch SC-Filterentwürfe 2. Ord-

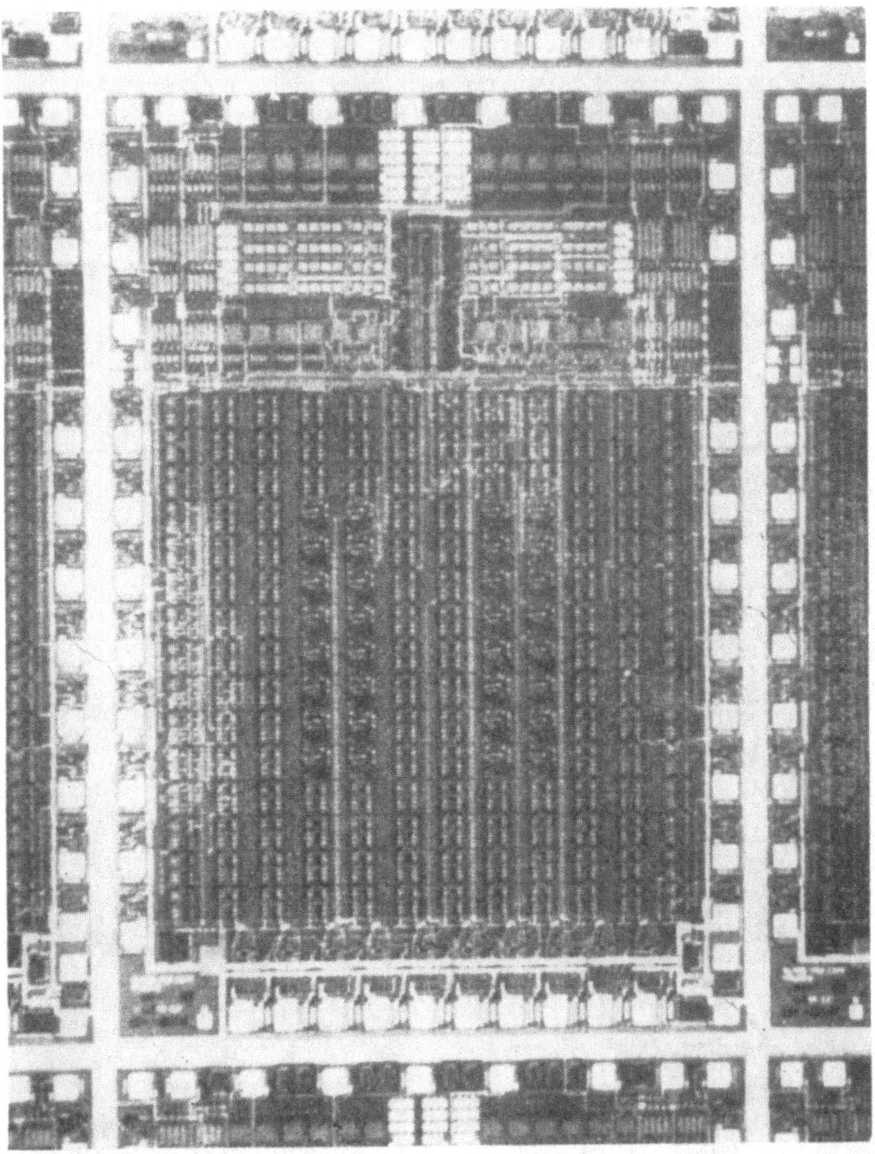

Abb. 5.2 b) Layout des TMG 6001 (p-Wannen-CMOS-Technologie, $A_C = 130 \times 195$ mil^2 bzw. $3{,}25 \times 4{,}9$ mm^2) nach [Twad 86],

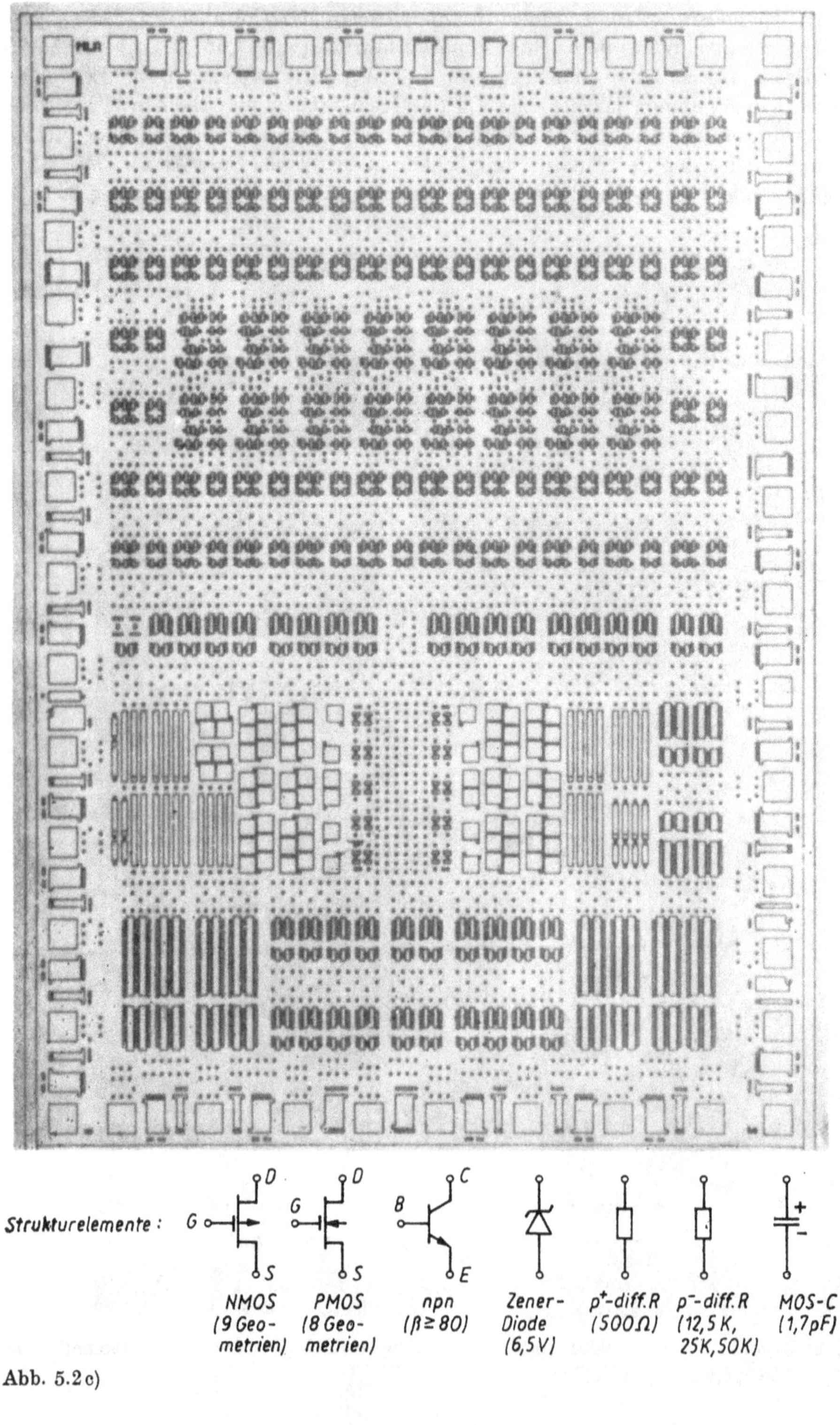
Strukturelemente:
G
D
S
G
D
S
B
C
E
+
−
NMOS
(9 Geometrien)
PMOS
(8 Geometrien)
npn
(β ≥ 80)
Zener-Diode
(6,5 V)
p⁺-diff. R
(500 Ω)
p⁻-diff. R
(12,5 K, 25 K, 50 K)
MOS-C
(1,7 pF)

Abb. 5.2c)

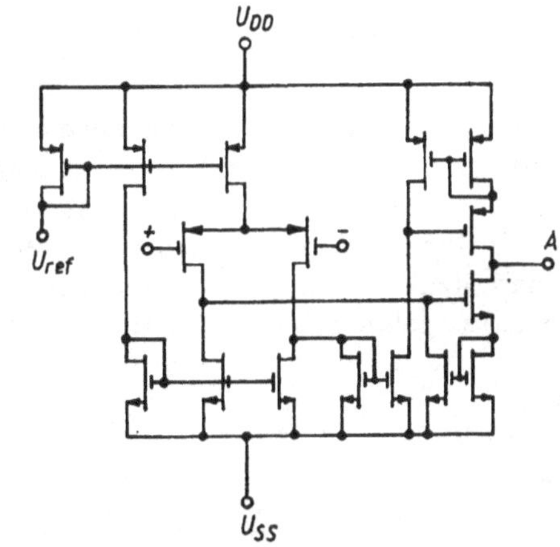

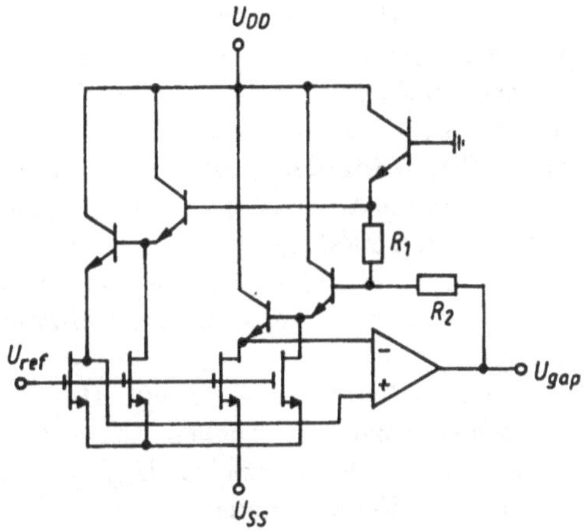

d) OTA

Bandgap - Referenzspannungsquelle

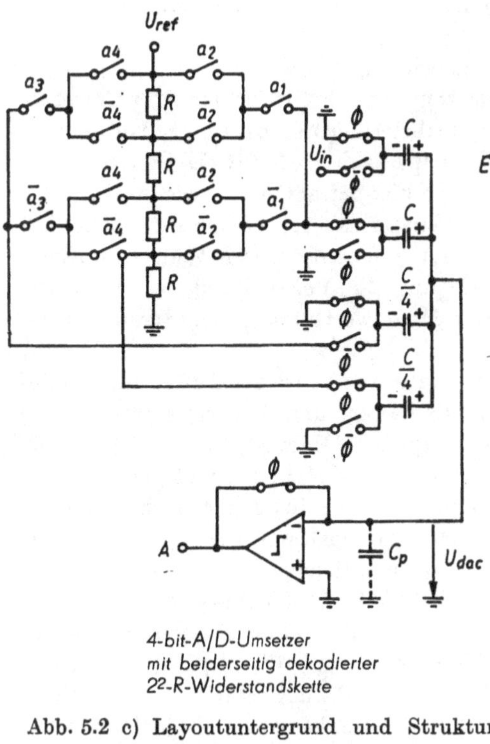

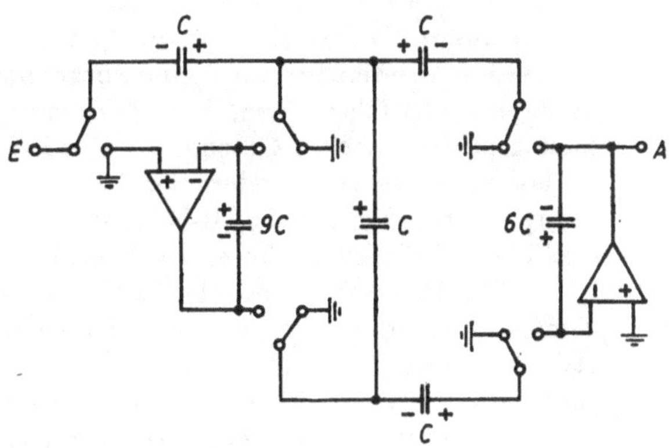

SC - Tiefpaßfilter

4-bit-A/D-Umsetzer
mit beiderseitig dekodierter
2^2-R-Widerstandskette

Abb. 5.2 c) Layoutuntergrund und Strukturdaten zum CMOS-Gate-Array MLA ($A_C = 136 \times 185$ mil^2 bzw. $3{,}4 \times 4{,}63$ mm^2) nach [Pick 83],

d) ausgewählte MLA-Entwurfsbeispiele durch Alu-Verdrahtung der Strukturelemente

nung hervorzuheben. Die konkrete Entwurfsaufgabe einschließlich Verdrahtungsregime wird als Design-Kit angeboten.
Eine sehr übersichtliche Darstellung des Layoutuntergrundes zeigt das A/D-D/A-Umsetzer-orientierte CMOS-Gate-Arry MLA (Interdesign) in Abb. 5.2c) [Pick 83], [Good 83]. Die Daten der vorentworfenen Strukturelemente einschließlich der Angaben sämtlicher B/L-Werte der Analog- und Digitaltransistoren verdeutlicht Tab. 5.1. Anhand der konkreten Abmessungen und Anzahlen lassen sich relativ einfach die Transistoren auf dem Chip lokalisieren, die Kapazitätsfelder und Pins sind sofort sichtbar. Insgesamt wurden 1781 Komponenten auf dem Gate-Array strukturiert. Mittels nur einer Alu-Schablone wird die Auswahl der gewünschten Schaltungen vorgenommen. Als Entwurfsgruppen gibt es

- einfache Spannungsteiler (vgl. Abb. 2.36c), d)),
- Referenzspannungsquellen mittels Zener-Diode ($U_{ref} = 6{,}5$ V),
- Bandgap-Referenzquellen ($U_{gap} = -1{,}22$ V),
- SC-Präzisionsspannungsteiler,
- OTAs,
- Auto-zero-Komparatoren (vgl. Abb. 3.29c)),
- 8-bit-A/D-Umsetzer nach dem PSAR-Prinzip unter Verwendung der Charge-Balancing-Technik,
- 8-bit-A/D-Umsetzer mit beiderseitig dekodierter 2^4-R-Widerstandskette,
- Algorithmische A/D-Umsetzer und
- streuinsensitive SC-Filter für die Sprachverarbeitung.

Eine kleine Auswahl des realisierten Spektrums zeigt Abb. 5.2d). Zu den A/D-Umsetzerprinzipien ist zu bemerken, daß die direkte Realisierung des parallelen Ladungsverteilungsprinzips nach 4.2.2. oder des PSAR-Prinzips nach 4.2.3. für Gate-Arrays meist zu flächenintensiv ist. Kombinationstechniken sind hier gefragt. Wird, wie in Abb. 5.2d) gezeigt, mit Hilfe des PSAR-Prinzips die Widerstandskette beiderseitig dekodiert, ergibt sich allgemein für einen N-bit-Umsetzer nur eine $2^{N/2}$-R-Widerstandskette [Redf 79]. Dies setzt aber als Schlüsselüberlegung die Verwendung des Auto-zero-Komparators unter doppelter Anwendung der Mittelwertbildung der Spannungsvergleiche nach Abb. 3.29c) voraus.
Innerhalb der Klasse der SC-Filter-orientierten Gate-Arrays ist die Aufteilung Digitalgatter-, Kapazitäts- und Analogtransistorfeld (Schalter- und Verstärkertransistoren) üblich, wobei eine Skalierung die Komplexität vergrößert [Mart 80], [Test 83], [Mok 83]. Ausdruck dafür ist z. B. das mit einer 2-µm-n-Wannen-CMOS-Technologie (vgl. Abb. 1.2d)) realisierte Analog/Digital-Array für biquadratische SC-Filter nach [Kuo 84]. Unterhalb des Feldes mit 600 Digitalgattern (2400 Transistoren, $t_t = 2{,}6$ ns) sind 448 Einheitskapazitäten C (20×20 µm²), jeweils 16 quantisierte $C/2$- und $C/4$-Werte, PMOS- und NMOS-Analogtransistorzellen ($B/L = 60/6$), 64 CMOS-Schalter ($B/L_{NMOS} = 4/4$, $B/L_{PMOS} = 4/3$), 32 NMOS-Schalter ($B/L = 4/4$), laterale Bipolartransistoren, Poly-Si-Widerstände, Pinched-n-Wannen-Widerstände und die 4-pF-Pole-splitting-Kapazitäten der OPAMPs angeordnet. Für die OPAMPs dient die Schaltung nach Abb. 3.7b) mit den in dieser Kurzkanaltechnologie erzielten Parametern

$$V_D(0) = 70\,\text{dB}, \quad f_T = 2\,\text{MHz}, \quad S_R{}^{+-} = 5\,\frac{\text{V}}{\mu\text{s}}\Big/-10\,\frac{\text{V}}{\mu\text{s}}\ (C_L = 80\,\text{pF}), \quad A_C = 0{,}2\,\text{mm}^2.$$

Die dafür entworfenen Analogtransistorzellen werden auch wieder nach der Stacked-layout-Methode spaltenartig wie die Logikgatter in Abb. 5.2b) gruppiert.

Tab. 5.1 Erläuterung der Strukturelemente nach Abb. 5.2c).

Symbol	Anzahl	Strukturelemente
A	42	pins
B	108	Digital-Array-Transistorzellen (od. 135 × 2fach-Eing. Gatter)
C	16	D-Flip-Flops m. Set/Reset (od. 64 äquiv. Gatter)
D	38	Analog-Array-Transistorzellen mittlerer Abmessung (2 × NMOS, 2 × PMOS/Zelle)
E	4	Analog-Array-Transistorzellen großer Abmessung (4 × NMOS, 4 × PMOS/Zelle)
F	84	MOS-Kapazitäten
G	10	Analogschalter minimaler Geometrie (2 × MNOS, 2 × PMOS/ Schalter)
H	2	NMOS- und PMOS-Hochimpedanztransistorpaare
I	1	NMOS- und PMOS-Transistorpaar mit sehr hoher Impedanz
J	27	NMOS- und PMOS-Buffer-Transistorpaare
K	8	NMOS-Treibertransistoren
L	2	Zener-Dioden
M	7	12,5 kΩ-p^--Widerstände
N	7	25 kΩ-p^--Widerstände
O	29	50 kΩ-p^--Widerstände
P	488	470 Ω-p^+-Widerstände (abgestimmt)
Q	76	410 Ω-p^+-Widerstände als periphere Crossunder

Symbol	PMOS B/L μm/μm	NMOS B/L μm/μm	Einzelanzahlen
B, C	22/8	8/8	270
D	60/12	24/12	76
E	290/24	155/24	16
G	8/8	8/8	10
H	10/130	12/330	2
I	7/335	7/840	1
J	665/8	170/8	27
K		665/8	8

5.3. Zellenbibliothek

Da im LSI- und vor allem im VLSI-Entwurf Verlustleistungs- und Flächenverbrauch der Analog-Baublöcke eine wichtige Randbedingung darstellen, sind optimierte Kundenwunschzellen in Form von Verstärkern, OPAMPs, OTAs, SC-Integratoren, Sample- und Hold-Verstärkern, Komparatoren und Referenzquellen gefragt. Die in den vorangegangenen Abschnitten dargestellten Schaltungen für einen vorgeschlagenen Parameterbereich (vgl. z. B. Tab. 3.3, Tab. 3.6, Tab. 3.7) zu berechnen und nach einem Zellenschema zu entwerfen, ist für Standardzellenentwurfsprogramme der gebräuchliche Weg. Die andere, kompliziertere Möglichkeit besteht unter Einbeziehung von 3.1.6., 3.2., 3.3. in der Erstellung einer Baublock-Entwurfssoftware, die bei Parametervorgabe (Technologiedaten, Analogdaten wie $V(0)$, f_T, S_R, ...) und Schaltungsspezifikation (SC-

Integratorspezifikation, OPAMP- und OTA-Varianten, Strong- oder Weak-inversion-Betrieb) die Dimensionierung von Kundenwunschverstärkern selbstständig vornimmt. Anschließend werden die Layouts für die Baublocktopologie automatisch generiert und wunschgemäß verschiedenen Kontrollsimulationen (DC-, AC-, Transient- und Rauschanalyse) einschließlich auszuführender Korrekturschritte unterzogen, bis die „maßgeschneiderte" Struktur entsteht [Degr 84]. Entsprechende Technologie- und damit Entwurfsregeländerungen führen zur Layoutadaptations-Software [Schi 85]. Werden solche Programme auf die generierten Analog-Baublockstrukturen angewendet,

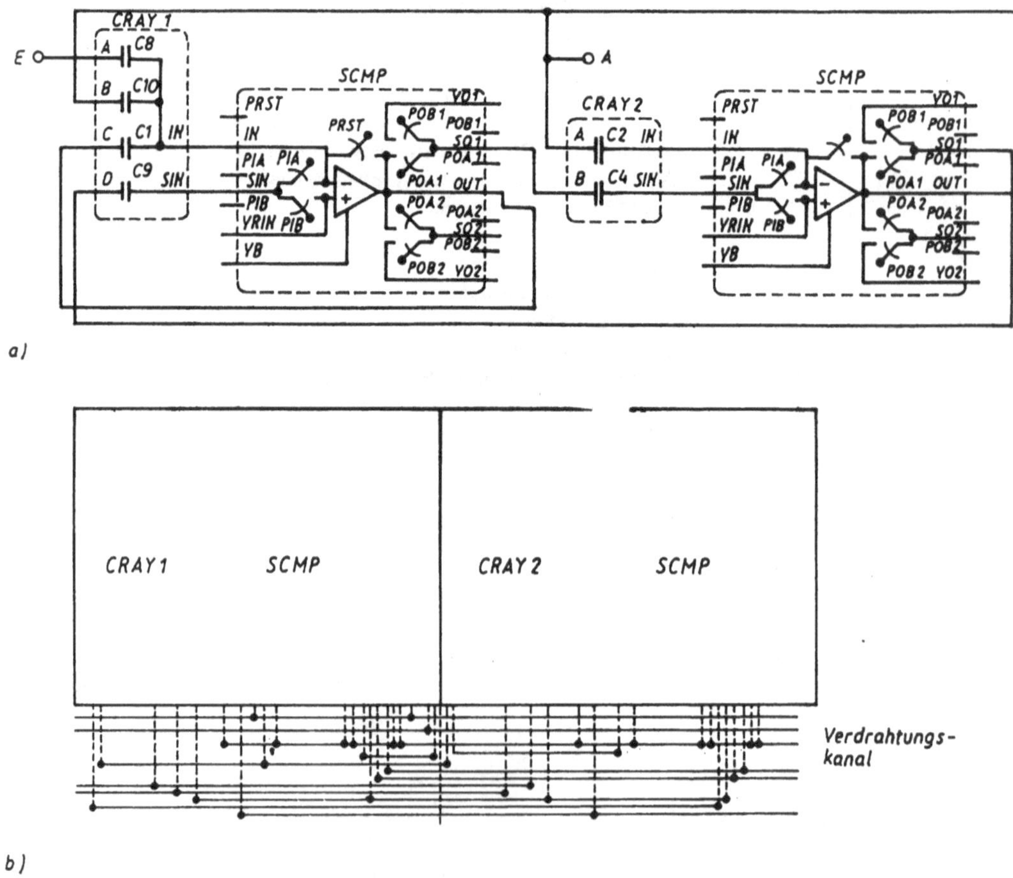

Abb. 5.3 Zellorientierte Entwurfsmethoden;
a) Einsatz der SC-Verstärkerzelle SCMP und der Kapazitätszellen CRAY1, CRAY2 für eine biquadratische SC-Filtereinheit nach [Kels 85],
b) Darstellung des Standardzellenkonzeptes nach a) in Form der beiden symbolischen Layoutblöcke einschließlich Verdrahtungskanal,

Abb. 5.3 c) Blockschaltbild und Layoutentwurf mit unterschiedlichen Analogzellen (SC-Filtern, OPAMPs, Kapazitätsfeldern, ...) des CMOS-Codecs nach Iwata, A., u. a.: A Single-Chip CMOS CODEC with Switched-Capacitor Filters. ISSCC 81, Dig. of Tech. Papers, 28 (1981) 2, 244–245, © 1981 IEEE

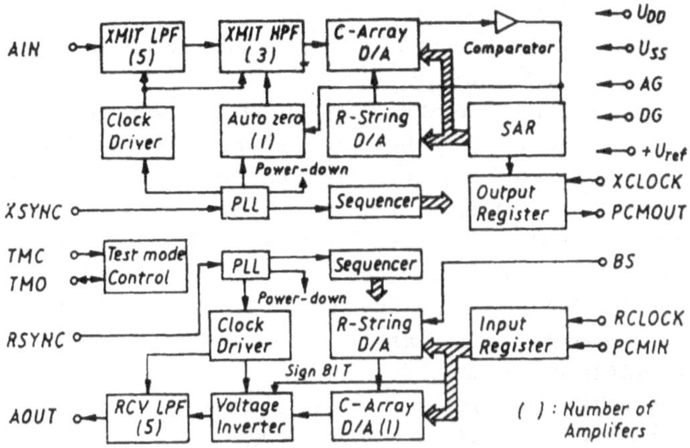

Blockschaltbild

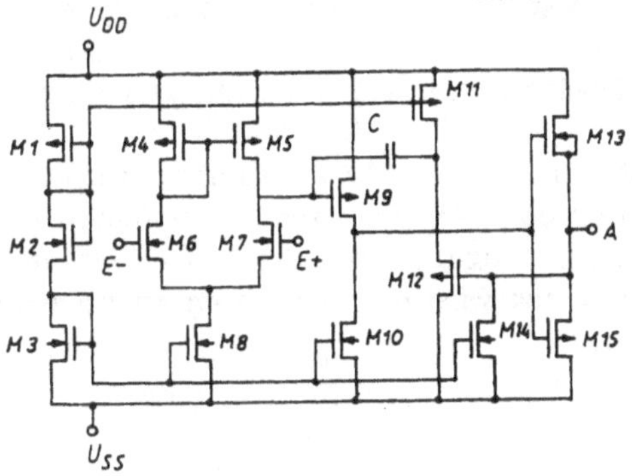

OPAMP

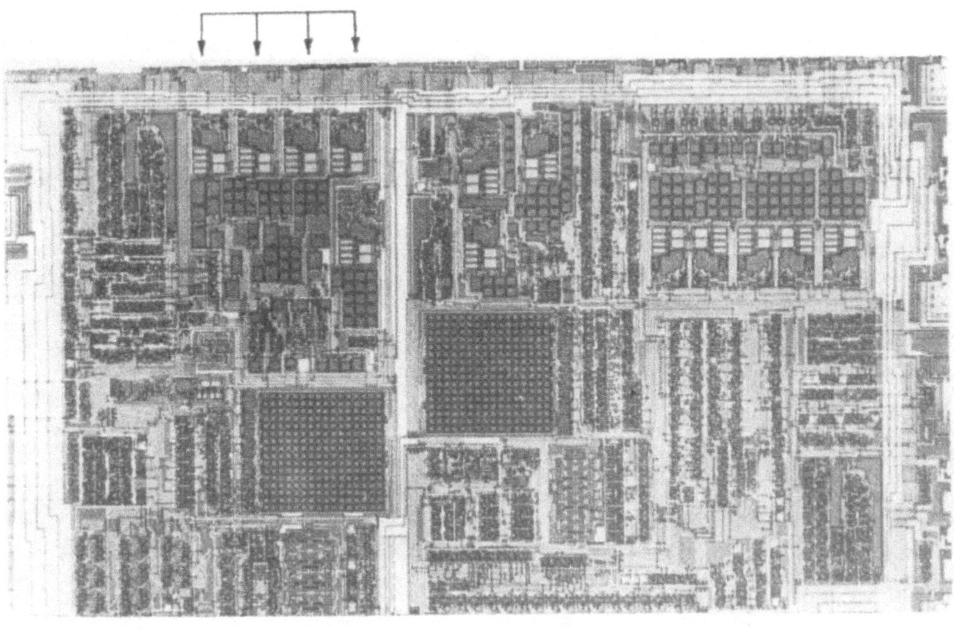

ist eine nachfolgende Neuermittlung der Steilheiten, Kanalleitwerte und Layoutkapazitäten unumgänglich, um die elektrisch optimierte Schaltung auf Einhaltung der geforderten Parameter zu überprüfen.
Stellvertretend für den erstgenannten Weg wird das SC-Standardzellenkonzept nach Abb. 5.3a), b) für biquadratische Filter kurz behandelt [Kels 85]. Der Nutzer hat die Möglichkeit, die mit einem bestimmten Namen versehenen Standardzellen (SCMP: SC-Verstärker, CRAY1,2: Kapazitätsfelder, ASW: Analogschalterfeld, ..., VCMP: Spannungspegel-Komparator) aus einer Bibliothek als Layoutblöcke zu generieren und in einer Kette anzuordnen. Innerhalb des freizulassenden Verdrahtungskanals werden mit dem Channel-Router die entsprechenden Anschlüsse miteinander verdrahtet. Auf diese Weise lassen sich z. B. zur Analyse des Sprachspektrums Bandpaß- und Tiefpaßfilter-Banks entwickeln, die 22-Kanal-Band- und Tiefpaßfilter beinhalten. Für jeden Kanal werden SC-Filterblöcke 6. bzw. 8. Ordnung verwendet, deren Synthese wiederum aus biquadratischen Filterstrukturen erfolgt [Kura 84]. Die Simulationssoftware für SC-Filteranalysen ist in der Regel so aufgebaut, daß innerhalb der geschalteten Kapazitätsnetzwerke für OPAMPs/OTAs meist entsprechende Makromodelle Verwendung finden [Mase 83].
Ein typisches LSI-Analog/Digital-Entwurfsbeispiel, das auf der Basis von Standardzellen und freien Blockstrukturen entwickelt wurde, ist der PCM-Codec-Schaltkreis nach Abb. 5.3c) [Iwat 81]. Deutlich sichtbar sind die OPAMP-Baublöcke für die SC-Filter, die Kapazitätsfelder der SC-Filter und der D/A-Umsetzer. Die Standardzellentechnik beschränkt sich hier maßgeblich auf die digitale Steuerlogik. Die Gesamtverdrahtung und Anordnung der Funktionseinheiten wird interaktiv vorgenommen bzw. bleibt strenggenommen ein Full-custom-Schritt.

6. Anhang

6.A.1. Langkanalstrommodellierung des integrierten MOS-Transistors

6.A.1.1. Pinch-off-Bereich

Für den n-Kanal-Enhancementtransistor läßt sich bei Kanallängen $L \geqq 5\ \mu m$ im Pinch-off-Bereich unter Strong-inversion-Bedingungen, d. h. nicht zu kleinen effektiven Steuerspannungen

$$U_{GSE} = U_{GS} - U_{Pn} \geqq 0{,}2\ V \tag{A1.1}$$

und nicht zu hohen Gatespannungen (keine Stoßionisation in der drainseitigen Raumladungszone), der Kanalstrom vorteilhaft nach [Dien 78] in der Form

$$I_D = h_1 U_{GSE}^2 (1 + h_2 U_{DS}) \tag{A.1.2}$$

angeben. Die Modellgleichung (A1.2) ergibt sich aus der Kombination der quadratischen Kennlinie des Enhancementtransistors mit $h_1 U_{GSE}^2$ und eines, von den Steuerspannungen U_{GSE}, U_{DS}, U_{SB} abhängigen linearen Stromzuwachses, der den oft nicht zu vernachlässigenden Ausgangsleitwert g_d bestimmt. In Gl. (A1.2) bedeuten

$$h_1 = \frac{K_{1n} K_{5n}^2}{2(1 + K_{3n} U_{GSE})}, \tag{A1.3}$$

$$h_2 = \frac{2K_{4n}}{K_{5n} U_{GSE}}, \tag{A1.4}$$

wobei unter Einbeziehung von Gl. (A1.1) für die Schwellspannung

$$U_{Pn} = U_{Pon} + K_{2n} \left(\sqrt{-U_{BS} + 2V_F} - \sqrt{2V_F} \right) \geqq 0 \qquad (-U_{BS} \geqq 0) \tag{A1.5}$$

gilt und die sechs Parameter im einzelnen als Schwellspannungskonstante

$$U_{Pon} = 2V_F + U_{FBn} + \frac{d_{ox}}{\varepsilon_{ox}} \sqrt{4eN_A V_F \varepsilon_H} + \Delta U_{Pon}{}^1 \geqq 0 \qquad (U_{Pon}: 0{,}2\ V \cdots 1{,}5\ V), \tag{A1.6}$$

[1] Die Schwellspannungsverschiebung ΔU_{Pon} kann für Überschlagsrechnungen näherungsweise durch ein rechteckiges Borimplantationsprofil $D_B'' = N_R y_R$ (N_R: Konzentration, y_R: Implantationstiefe) mit

$$\Delta U_{Pon} \cong e \frac{d_{ox}}{\varepsilon_{ox}} \left(N_R y_R + (x_{dE} - x_{do})\, N_A \right) \approx e \frac{d_{ox}}{\varepsilon_{ox}} D_B''$$

ausgedrückt werden ($x_{dE} - x_{do}$ ist die Tiefe der Kanalraumladungszone; x_{dE}, x_{do} stellen die Tiefen der Raumladungszone mit und ohne Implantation dar; N_A: Akzeptorenkonzentration des Bulkmaterials; d_{ox}: Oxiddicke des Gatematerials; ε_{ox}: Dielektrizitätskonstante des Gatematerials; e: Elementarladung).

Kennlinienkonstante

$$K_{1n} = K_{1n'} \frac{B}{L} \quad \left(K_{1n'} = \mu_n \frac{\varepsilon_{ox}}{d_{ox}}: 0{,}01\ \mathrm{mA/V^2} \cdots 0{,}03\ \mathrm{mA/V^2}\right), \tag{A1.7}$$

Bodykonstante

$$K_{2n} = \frac{d_{ox}}{\varepsilon_{ox}} \sqrt{2eN_A\varepsilon_H} \quad \left(K_{2n}: 0{,}3\sqrt{\mathrm{V}} \cdots 1{,}0\sqrt{\mathrm{V}}\right), \tag{A1.8}$$

Beweglichkeitskonstante (empirische Größe)

$$K_{3n}: 0{,}03\ \mathrm{V^{-1}} \cdots 0{,}06\ \mathrm{V^{-1}}, \tag{A1.9}$$

Anstiegskonstante/Leitwertkonstante

$$K_{4n} = K_{4n'} \frac{1}{L} \quad (K_{4n'}: 0{,}01\ \mu\mathrm{m} \cdots 0{,}2\ \mu\mathrm{m}) \tag{A1.10}$$

und Abschnürkonstante (empirische Größe)

$$K_{5n}: 0{,}6 \cdots 1{,}0 \tag{A1.11}$$

bezeichnet werden. Nach Abb. A1.1. liegen die realen, im Pinch-off-Bereich ansteigenden Drainstromverläufe bei vorgegebener effektiver Steuerspannung unter den Werten der idealen quadratischen Kennlinie $(K_{1n}/2)\, U_{GSE}^2$, und der Abschnürpunkt bzw. Übergang vom aktiven- in den Pinch-off-Bereich setzt vergleichsweise eher ein. Diese wichtigen Unterschiede sind durch die feldabhängige Beweglichkeit μ_n und die durch die drainseitige Raumladungszone hervorgerufene Kanallängenverkürzung ΔL begründet. Die Modellgleichung (A1.2) wird diesen innerelektronischen Eigenschaften durch $K_{3n} \neq 0$, $K_{4n} \neq 0$, $K_{5n} < 1$ nach Gl. (A1.9), Gl. (A1.10), Gl. (A1.11) gerecht. Eine relativ gute Übereinstimmung von Gl. (A1.2) mit den gemessenen Kennlinienverläufen wird durch ein Curve-fitting-Programm erzielt, indem mit Hilfe eines Optimierungsverfahrens die sechs Modellparameter nach Gl. (A1.6) bis Gl. (A1.11) angepaßt werden. Die Schwellspannungsbeziehung in Gl. (A1.5) geht von dem üblichen Ansatz nach [Tsil 78] aus, wobei der Bodyeffekt durch die Backgatesteuerung $-U_{BS} = U_{SB}$ im Arbeitspunkt hervorgerufen wird. Mit der positiven Schwellspannungsverschiebung ΔU_{Pon} in Gl. (A1.6) wird für eine n-Kanal-Silizium-Gate-Technologie (nSGT) gesichert, daß der aus Fermi-Potential $2V_F(V_F = U_T \ln N_A/N_i$; U_T: Temperaturspannung, N_i: Intrinsic-Konzentration) und negativer Flatbandspannung U_{FBn} resultierende negative Schwellspannungsanteil mindestens kompensiert wird. In der Analogtechnik ist die meßtechnische Bestimmung der Schwellspannung U_{Pn} bzw. U_{Pon} sowie ihre grundsätzliche Festlegung in Abhängigkeit der Klemmenspannungen und des fließenden Querstromes entscheidend, da eine damit in Verbindung stehende effektive Steuerspannung z. B. für einen Konstantstromquellentransistor in Differenzverstärkerstufen zu erheblichen Arbeitspunktschwankungen führen kann. Hierzu wird Abb. A1.2. betrachtet. Für den Enhancementtransistor mit $U_{SB} = 0$ V gibt es nach [Tsiv 84] vier Schwellspannungsfestlegungen:

– Im Strong-inversion-Bereich wird die Schwellspannung U_{PH} definiert, bei der ein Meßstrom von z. B. $I_{D0} = 1\ \mu$A für einen Testtransistor mit definierten Gateabmessungen fließt.

- Durch Geradenextrapolation an der quadratischen Kennlinie läßt sich eine Schwellspannung U_{Pext} ermitteln.
- Im Moderate- bzw. Übergangsbereich zwischen Weak- und Strong-inversion-Fall wird die bereits nach Gl. (A1.6) bekannte Schwellspannung mit

$$U_{\mathrm{P2V_F}} = U_{\mathrm{Pon}} \tag{A.1.12}$$

angewendet, da hier gerade das Oberflächenpotential $V_{\mathrm{S}} = 2V_{\mathrm{F}}$ erreicht, das zur vollständigen Kanalinversion führt (Meßströme I_{Don} um 10 nA bei Testtransistoren mit $B/L = 1$, $L = 30\,\mu\mathrm{m}$).

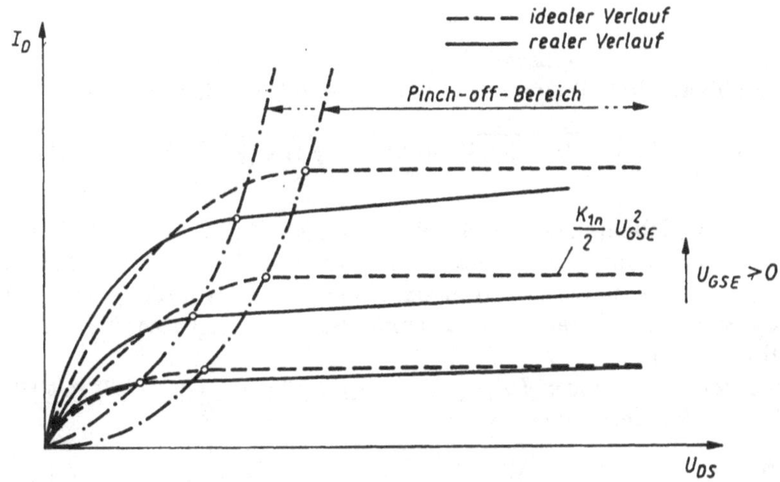

Abb. A1.1 Ausgangskennlinienfeld des MOS-Transistors mit idealem und realem Drainstromverlauf I_{D} im Pinch-off-Bereich

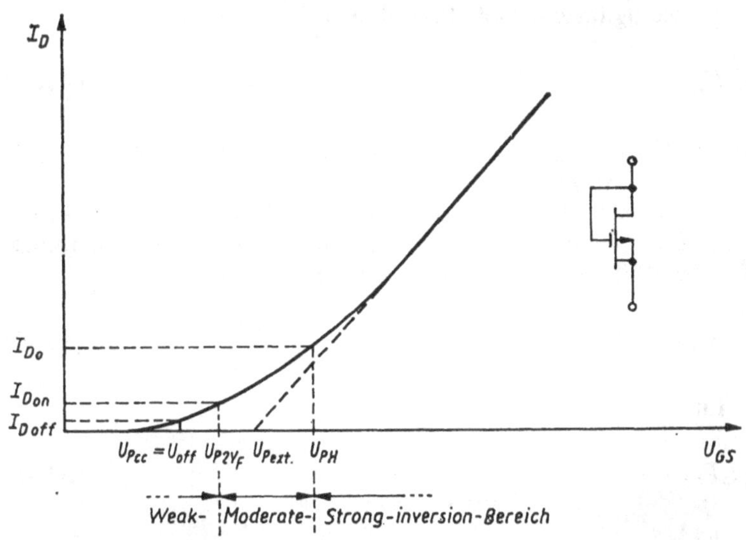

Abb. A1.2 Verschiedene Schwellspannungsdefinitionen im Weak-, Moderate- und Strong-inversion-Bereich

— Im Weak-inversion- bzw. exponentiellen Subthreshold-Strombereich setzt bei einer bestimmten Spannung $U_{GS} = U_{Pcc} \geqq U_{off}$ (Constant-current-threshold $\geqq$ Turn-off-voltage U_{off}) ein spezifizierbarer stetiger Stromfluß ein (Meßströme $I_D \geqq I_{Doff}$ um 10 pA bei mit oben vergleichbaren Testransistoren).

Für kleinere effektive Steuerspannungen und Querströme ist Gl. (A1.12) nach den Messungen von [Ried 84] eine geeignete Festlegung. Für effektive Steuerspannungen von mehreren Volt sollte nach [Tsiv 84] der realistischere Wert mit

$$U_{Pon} = 2V_F + 6U_T + U_{FBn} + \frac{d_{ox}}{\varepsilon_{ox}} \sqrt{4eN_A\varepsilon_H(V_F + 3U_T)} + \Delta U_{Pon} \quad (A1.13)$$

verwendet werden, der U_{Pext} mit einschließt (Temperaturspannung $U_T = k\mathrm{T}/e$; k: Boltzmannkonstante; T: absolute Temperatur). Bei $U_{SB} \neq 0$ V würde sich damit

$$U_{Pn} = U_{Pon} + K_{2n}\left(\sqrt{-U_{BS} + 2V_F + 6U_T} - \sqrt{2V_F + 6U_T}\right) \quad (A1.14)$$

ergeben.
Eine Analyse der vier Modellparameter nach Gl. (A1.6), Gl. (A1.7), Gl. (A1.8), Gl. (A1.10) zeigt, daß sich sowohl durch den lateralen Entwurf (Kanallänge L, Kanalbreite B) als auch durch technologische Schritte (Gateoxiddicke d_{ox}, Substratdotierung N_A) U_{Pon}, K_{1n}, K_{2n}, K_{4n} verändern lassen, so daß damit die Analogeigenschaften vieler Schaltungen beeinflußbar sind.
Für kleine effektive Steuerspannungen U_{GSE} und $K_{3n} \cong 0$ folgt für Gl. (A1.2) mit Gl. (A1.3) und Gl. (A1.4) die Vereinfachung

$$I_D = \frac{K_{1n}}{2} (K_{5n}U_{GSE})^2 + K_{1n}K_{4n}K_{5n}U_{GSE}U_{DS}. \quad (A.1.15)$$

Wird schließlich die Näherung $K_{4n} \cong 0$, $K_{5n} \cong 1$ angesetzt, ergibt sich die herkömmliche ideale Kennliniengleichung im Pinch-off-Bereich mit

$$I_D = \frac{K_{1n}}{2} U_{GSE}^2. \quad (A1.16)$$

Bei gleichen Spannungen U_{GSE}, U_{DS}, U_{BS} beträgt die Drainstromabweichung $\Delta I_D/I_D$ zwischen Gl. (A1.2) mit Gl. (A1.3) bis Gl. (A1.11) zur Gl. (A1.15) in der Regel 10% und zur Gl. (A1.16) etwa 30% bis 50%. Ein sinnvoller Kompromiß zwischen diesen Drainstrombeziehungen bildet für unkomplizierte und dennoch relativ genaue Schaltungsberechnungen eine Mittelwertbildung für die Gl. (A 1.3), (A1.4). Mit

$$K_{1N} = \frac{B}{L} K_{1N'}, \quad (A1.17)$$

dem gemittelten Wert für

$$K_{1N'} = (\mu_n F_n) \frac{\varepsilon_{ox}}{d_{ox}}, \quad (A1.18)$$

$$F_n = \frac{K_5^2}{1 + K_{3n}U_{GSE}} \quad (F: 0{,}3 \cdots 1{,}0) \quad (A1.19)$$

und dem Mittelwert für

$$K_{4N} = \frac{1}{L} K_{4N'}, \tag{A1.20}$$

$$K_{4N'} = K_{4n'}/K_{5n} \qquad (K_{4N'}: 0{,}02\cdots 0{,}3) \tag{A1.21}$$

folgt nach Gl. (A1.2), Gl. (A1.3), Gl. (A1.4)

$$I_D = \frac{K_{1N}}{2} U_{GSE}^2 + K_{1N} K_{4N} U_{GSE} U_{DS}. \tag{A1.22}$$

Da Einkanal- bzw. Komplementärtechnologien zusätzlich p-Kanal-Enhancement- und n-Kanal-Depletiontransistoren benötigen, müssen ebenfalls geeignete Gleichstrommodelle vorhanden sein. Die einfachste Lösung ergibt sich in der formalen Anpassung dieser Gleichstrommodelle z. B. an die Gl. (A1.22), wobei sämtliche Konstanten meßtechnisch neu zu bestimmen sind. Somit lautet die Drainstrombeziehung für den p-Kanal-Enhancementtransistor (z. B. CMOS-Technologie mit p-Wanne)

$$I_D = \frac{K_{1P}}{2} U_{SGE}^2 + K_{1P} K_{4P} U_{SGE} U_{SD} \tag{A1.23}$$

mit

$$|U_{Pp}| = |U_{Pop}| + K_{2p}\left(\sqrt{-U_{SB} + 2V_F} - \sqrt{2V_F}\right) \geqq 0 \tag{A1.24}$$

und

$$|U_{Pop}| = 2V_F - U_{FBp} + \frac{d_{ox}}{\varepsilon_{ox}} \sqrt{4eN_D V_F \varepsilon_H} + \Delta U_{Pop} \geqq 0$$
$$(|U_{Pop}|: 0{,}5\ \mathrm{V} \cdots 1{,}5\ \mathrm{V}), \tag{A1.25}$$

$$K_{1P} = K_{1P'} \frac{B}{L} \qquad \left(K_{1P'} \leqq \frac{1}{2} K_{1N'}\right), \tag{A1.26}$$

$$K_{2p} = \frac{d_{ox}}{\varepsilon_{ox}} \sqrt{2eN_D \varepsilon_H} \qquad \left(K_{2p}: 0{,}3\sqrt{\mathrm{V}} \cdots 0{,}8\sqrt{\mathrm{V}}\right), \tag{A1.27}$$

$$K_{4P} = K_{4P'} \frac{1}{L} \qquad (K_{4P'} \geqq 2K_{4N'}). \tag{A1.28}$$

Für den n-Kanal-Depletiontransistor folgt

$$I_D = \frac{K_{1D}}{2} U_{GSE}^2 + K_{1D} K_{4D} U_{GSE} U_{DS} \tag{A1.29}$$

mit

$$U_{PD} = U_{PoD} + K_{2D}\left(\sqrt{-U_{BS} + U_D} - \sqrt{U_D}\right) \leqq 0 \tag{A1.30}$$

und

$$U_{PoD} = 2V_F + U_{FBD} + \frac{d_{ox}}{\varepsilon_{ox}} \sqrt{2eN_{AD} U_D \varepsilon_H} - \Delta U_{PoD} \leqq 0$$
$$(U_{PoD}: -2\ \mathrm{V} \cdots -6\ \mathrm{V}) \tag{A1.31}$$

$$K_{1D} = K_{1D'} \frac{B}{L} \qquad (K_{1D'} \cong K_{1N'}) \tag{A1.32}$$

$$K_{2D} = \frac{d_{ox}}{\varepsilon_{ox}} \sqrt{2eN_{AD}\varepsilon_H}, \tag{A1.33}$$

$$K_{4D} = K_{4D'} \frac{1}{L} \quad (K_{4D'} \cong K_{4N'}) \tag{A1.34}$$

(U_D: Diffusionsspannung). Durch die gesicherte Relation $2V_F \gtrapprox U_D$ läßt sich über die beiden Substratdotierungen N_A und N_{AD} der Näherungswert

$$K_{2D} \cong K_{2n} \tag{A1.35}$$

einstellen.

6.A.1.2. Subthreshold-Bereich

Der Subthreshold-Strom wird unterhalb der Schwellspannung $U_{Pn} = U_{P2V_F}$ durch den exponentiellen Drainstromverlauf in Abhängigkeit von der effektiven Gate-Sourcespannung

$$U_{GSE} = U_{GS} - U_{Pn} \leqq 0 \tag{A1.36}$$

charakterisiert (vgl. Abb. A1.2.). In logarithmischer Darstellung zeigt dies der lineare Drainstrombereich in Abb. A1.3. Dieser wird auch als Weak-inversion-Strom bezeichnet, wenn das Oberflächenpotential V_S der Bedingung

$$V_F \leqq V_S < 2V_F \tag{A1.37}$$

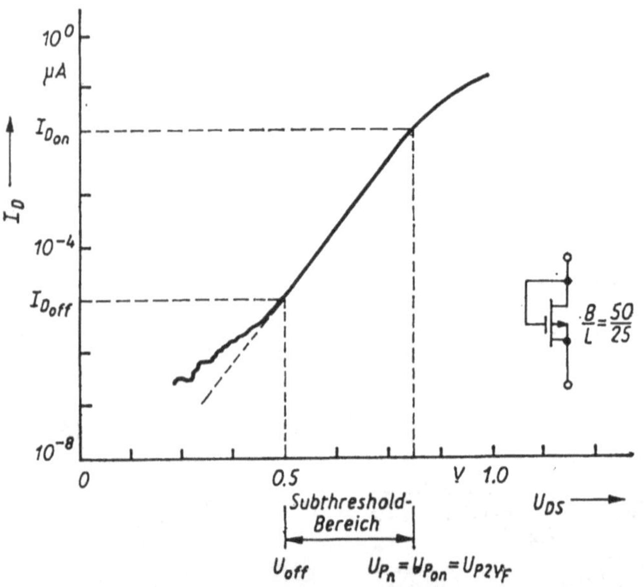

Abb. A1.3 Logarithmische Darstellung des Subthreshold-Stromes I_D für einen n-Kanal-Enhancementtransistor (Gateabmessungen für B, L in μm)

genügt. Bei homogener Substratdotierung wird für den Weak-inversion-Strom nach [Dien 82]

$$I_D = I_{Don}\, e^{U_{GSE}/(\eta U_T)_n}(1 - e^{-U_{DS}/U_T}) \tag{A1.38}$$

angesetzt, der sich für $U_{DS} \gg U_T$ in

$$I_D = I_{Don}\, e^{U_{GSE}/(\eta U_T)_n} \tag{A1.39}$$

mit

$$I_{Don} = K_{1n} U_T^2 \tag{A1.40}$$

und

$$\eta_n = 1 + \frac{d_{ox}}{\varepsilon_{ox}} \sqrt{\frac{eN_A \varepsilon_H}{2(2V_F + U_{SB})}} \tag{A1.41}$$

vereinfacht. Unterhalb des Weak-inversion- bzw. Subthreshold-Strombereiches für $I_D \sim 1$ pA zeigt Abb. A1.3. nach den Messungen von [Ston 84] ein unstetiges Drainstromverhalten, so daß dieser Bereich für analoge Aufgaben nicht mehr genutzt werden kann. Für p-Kanal-Enhancementtransistoren ergeben sich die gleichen Aussagen. Nach einer üblichen CMOS-Langkanaltechnologie von [Ston 84] mit $d_{ox} = 80$ nm, $K_{1n'} = 0{,}012\ \text{mA/V}^2 = 3K_{1p'}$, $U_{Pon} = 0{,}8$ V wurden bei Raumtemperatur die für Gl. (A1.38), Gl. (1.39) benötigten Werte

$$(\eta U_T)_n = 54\ \text{mV} \tag{A1.42}$$

und

$$(\eta U_T)_p = 41\ \text{mV} \tag{A1.43}$$

gemessen.
An dieser Stelle sei hervorgehoben, daß hier nur einfache überschaubare Langkanalstrommodelle angegeben werden, um damit die grundsätzlichen Probleme der MOS-Analogtechnik behandeln zu können. Auf präzise CAD-Modelle, die für Low-Power-Analogentwürfe mit Genauigkeiten zwischen simulierten und gemessenen Drainströmen I_D unter 2% im gesamten Betriebsbereich arbeiten, sei auf [Tuch 84] verwiesen. Noch komplizierter werden die Modellbetrachtungen im Kurzkanalbereich. Hier bilden analytische Strommodelle wie das 10-Parametermodell nach [Scha 84] einen günstigen Kompromiß zwischen Aufwand, Speicherplatz und Modellgenauigkeit, für einfache Abschätzungen in der Analogtechnik sind diese Modelle jedoch ungeeigneter, so daß bestimmte Aussagen mit Hilfe einfacher Skalierungstheorien wie in [Wong 83] gewonnen werden.

6.A.2. Modellierung der innerelektronischen- und äußeren Kapazitäten des integrierten MOS-Transistors

Betrachtet wird der innere MOS-Transistor (intrinsic part) in Abb. A2.1. unter Strong-inversion-Bedingungen, d. h. bei voll ausgebildetem Kanal, indem die Klemmenspannungen im Arbeitspunkt (A) der Bedingung $U_{GSA} - U_{Pn} > U_{DSA} > 0$ genügen. Die Ableitung der Kleinsignalparameter bzw. des Kleinsignalersatzschaltbildes einschließlich der hier behandelten innerelektronischen Kapazitäten erfolgt gewöhnlich nach

Anlegen der zeitkontinuierlichen Steuersignale $u_{gs}(t)$, $u_{bs}(t)$, so daß am Ausgang des MOS-Transistors bei zeitkontinuierlichem Kanalstrom die Kleinsignalwechselspannung $u_{ds}(t)$ zu registrieren ist. Die Elektronendichte n an der Kanaloberfläche wird somit durch die orts-, zeitabhängige Potentialfunktion $u(x, t)$ moduliert. Den Verlauf von $u(x, t)$ gewinnt man aus der Lösung der partiellen Differentialgleichung

$$\mu_n \frac{\partial^2 u^2(x, t)}{\partial^2 x} = 2 \frac{\partial u(x, t)}{\partial t}, \tag{A2.1}$$

wenn man den MOS-Transistor als nichtlineare gesteuerte RC-Leitung betrachtet und unter Berücksichtigung der Kontinuitätsgleichung in eindimensionaler Form für die Elektronenstromdichte eine reine Feldstromdichte annimmt. Gl. (A2.1) wird bezüglich der Zeit t im Sinne der verallgemeinerten symbolischen Methode einer Transformation mit $p = j\omega$ [Wuns 85] unterzogen und bezüglich des Ortes x als Randwertaufgabe gelöst. Da Source- und Drainstrom als Feldströme $\boldsymbol{I}_s(x, p)$, $\boldsymbol{I}_d(x, p)$ durch Differentiation der ortsabhängigen Potentialfunktion an den Rändern $x = 0$ und $x = L$ gewonnen werden können ($\boldsymbol{I}_g = \boldsymbol{I}_s - \boldsymbol{I}_d$) und die y-Parameter des Π-Ersatzschaltbildes wiederum durch Differentiation der Transistorströme nach den Vierpolklemmenspannungen berechnet werden, läßt sich danach ein entsprechendes HF-Ersatzschaltbild mit frequenzabhängigen Kleinsignalparametern ableiten [Möwi 74].

Wird davon ausgegangen, daß sich die Elektronendichte n bzw. Kanalladung Q_n gegenüber den von außen angelegten Kleinsignalwechselspannungen bis zur Grenzfrequenz

$$\omega_G = \frac{\mu_n(U_{GSA} - U_{Pn})}{L^2} (1 - a^2)^2 \tag{A2.2}$$

mit

$$a = 1 - U_{DSA}/(U_{GSA} - U_{Pn}) \geqq 0 \tag{A2.3}$$

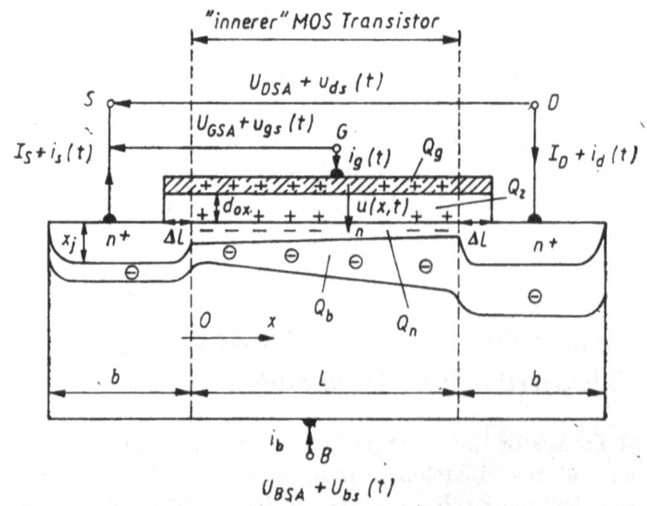

Abb. A2.1 **Querschnitt des integrierten MOS-Transistors in eindimensionaler Betrachtungsweise zur Ableitung des Kleinsignalersatzschaltbildes unter quasistationären Bedingungen**

quasistationär verhält, entfallen die Frequenzabhängigkeiten der Kleinsignalparameter (Tiefpaßcharakteristik 1. Ordnung) einschließlich gewisser induktiver Effekte, so daß sich das einfachste Kleinsignalmodell für den inneren MOS-Transistor mit den innerelektronischen Kapazitäten C_{gs} und C_{gd} ergibt. Berücksichtigt man noch als kapazitive Elemente des äußeren MOS-Transistors (extrinsic part) die Source-Bulk-, Drain-Bulk-Raumladungskapazitäten der n$^+$-diffundierten Gebiete mit $C_S(U_{SBA})$, $C_S(U_{DBA})$ und die Streukapazitäten infolge der Gateüberlappung ΔL zu den n$^+$-diffundierten Gebieten mit C_{gso}, C_{gdo}, entsteht das vollständige Kleinsignalersatzschaltbild nach Abb. A2.2. (durch Vernachlässigung von Substrat- und Kontaktwiderständen erfolgt der Übergang zu den äußeren Klemmen G, D, S, B direkt, so daß die zeitlich sich ändernden Steuersignale $u_{is}(t)$ durch die Frequenzfunktionen $\boldsymbol{U}_{iS}(p)$ bzw. kurz $\boldsymbol{U}_{iS}$ für $i = $ G, D, B beschrieben werden). Für die kapazitiven Zweige ergeben sich die Beziehungen

$$C_{GS} = C_{gs} + C_{gso} \tag{A2.4}$$

$$C_{GD} = C_{gd} + C_{gdo} \tag{A2.5}$$

$$C_{S/DB} = C(U_{S/DBA}). \tag{A2.6}$$

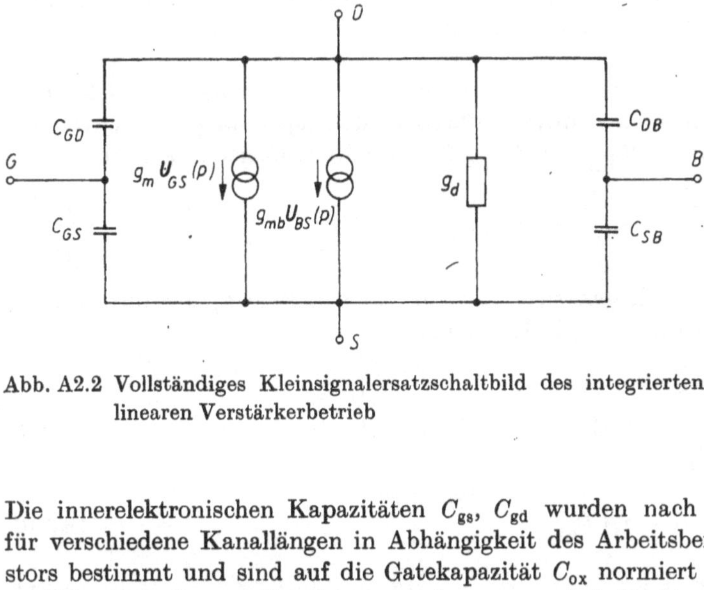

Abb. A2.2 Vollständiges Kleinsignalersatzschaltbild des integrierten MOS-Transistors für den linearen Verstärkerbetrieb

Die innerelektronischen Kapazitäten C_{gs}, C_{gd} wurden nach [Iwai 85] meßtechnisch für verschiedene Kanallängen in Abhängigkeit des Arbeitsbereiches des MOS-Transistors bestimmt und sind auf die Gatekapazität C_{ox} normiert (ohne Streukapazitäten) in Abb. A2.3. dargestellt. Geht man davon aus, daß die hier konstant angenommene Schwellspannung U_{Pn} in der Regel für kleine Kanallängen trotz optimierter Technologie geringfügig absinkt, wird deutlich, daß sich für kürzer werdende Kanallängen die Spannungsabhängigkeit der innerelektronischen Kapazität C_{gs} vor allem im Pinch-off-Bereich gegenüber den typischen Langkanaltechnologien (vgl. Abb. A2.6.) vergrößert, während der spannungsabhängige Verlauf von C_{gd} über den gesamten Aussteuerbereich hinweg mehr verflacht. Somit müssen grundsätzlich bei genauer kapazitiver Modellierung diese spannungsabhängigen Funktionen im Subthreshold- (Weak-inversion-Fall), Pinch-off- (Moderate- und Strong-inversion-Fall) und aktiven Betriebsbereich (Strong-inversion-Fall) ermittelt werden.

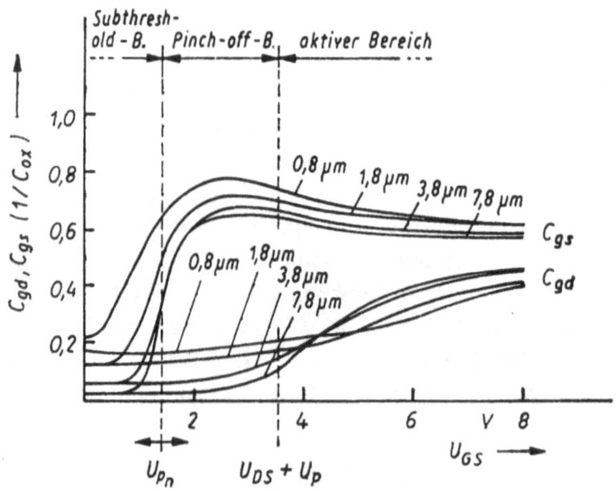

Abb. A2.3 Auf die Gatekapazität C_{ox} normierte Darstellung der innerelektronischen Kapazitäten C_{gd}, C_{gs} nach [Iwai 85] für verschiedene Kanallängen des MOS-Transistors im gesamten Arbeitsbereich (Technologieparameter: $U_{Pon} = 0{,}8$ V, $U_{DSA} = -2$ V, $d_{ox} = 70$ nm, $x_j = 0{,}4$ µm, $B = 99{,}2$ µm, $N_B = 20\,\Omega$cm, Kanalborimplantation $2{,}8 \times 10^{12}$ cm², Feldborimplantation 5×10^{12} cm²)

Sucht man speziell für den linearen Verstärkerbetrieb im Pinch-off-Bereich unter Strong-inversion-Bedingungen für größere effektive Steuerspannungen $U_{GSE} = U_{GSA} - U_{Pn}$ nach einem Richtwert für C_{gs} und C_{gd}, folgt für Kanallängen $L \geqq 5$ µm

$$C_{gs} \cong 2/3\, C_{ox} \tag{A2.7}$$

$$C_{gd} \cong 0. \tag{A2.8}$$

Die Streukapazitäten $C_{gd/so}$ lassen sich über die Eindringtiefe x_j der diffundierten Gebiete mit $x_j \cong \Delta L$ und $C''_{ox} = \varepsilon_{ox}/d_{ox}$ in der Form

$$C_{gd/so} \cong B x_j C''_{ox} \tag{A2.9}$$

angeben, so daß unter Berücksichtigung von Gl. (A2.7), Gl. (A2.8) die kapazitiven Zweige nach Gl. (A2.4), Gl. (A2.5)

$$C_{GS} \cong B\left(\frac{2}{3}\,L + x_j\right) C''_{ox} \tag{A2.10}$$

$$C_{GD} \cong B x_j C''_{ox} \tag{A2.11}$$

lauten.

Im Kurzkanalbereich $L < 5$ µm wächst der Einfluß der inneren und äußeren Fringing-Kapazitäten C_{if}, C_{of} nach Abb. A2.4., so daß vor allem bei konstanter Oxiddicke d_{ox} (vgl. Abb. A2.3.), aber auch bei einer Technologieoptimierung notwendigerweise zu skalierenden Oxiddicke im Subthreshold- und Pinch-off-Bereich C_{gs} und C_{gd} zunehmen [Ried 87]. Die innere arbeitspunktabhängige Fringing-Kapazität C_{if} ergibt sich dadurch, daß unterhalb der Schwellspannung U_{Pn} bzw. oberhalb des Abschnürpunktes am source-, drainseitigen Anschluß durch die ausgeprägteren Randfeldeffekte bei u_s-, u_d-Änderung eine erhöhte Raumladungsänderung der diffundierten Gebiete letzt-

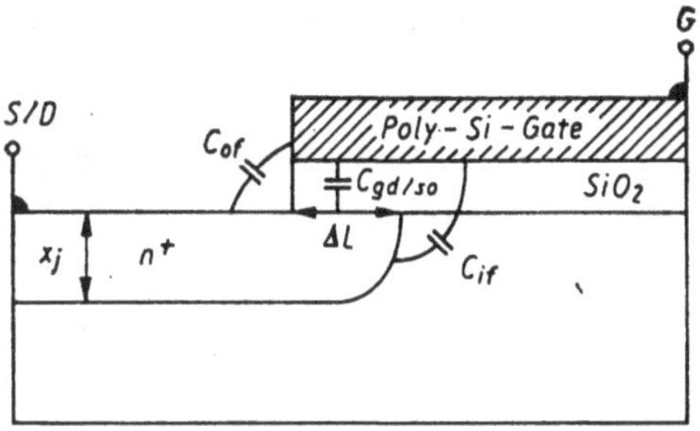

Abb. A2.4 Innerelektronische- und äußere Kapazitäten des MOS-Transistors im Subthreshold-Bereich (innere Fringing- bzw. Randkapazität C_{if} als arbeitspunktabhängiger C_{gs}-, C_{gd}-Anteil, arbeitspunkt- und von der Kanallänge L unabhängige äußere Rand- und Streukapazitäten C_{of}, $C_{gd/so}$) und im Pinch-off-Bereich (C_{if} nur als C_{gd}-Anteil bedeutungsvoll)

lich eine vergrößerte Gateladungsänderung hervorruft. Die äußere arbeitspunktunabhängige Fringing-Kapazität C_{of} gewinnt deshalb an Bedeutung, da die inhomogenen äußeren Randfelder im Verhältnis zur homogenen Feldverteilung im Plattenkondensatormodell von C_{ox} infolge der Abmessungen B, $L \sim d_{Poly}$ (Dicke des Gatematerials) nicht mehr vernachlässigbar sind. Führt man den Vertikalparameter

$$m = d_{ox}/d_{Poly} < 1 \tag{A2.12}$$

ein, läßt sich über eine konforme Abbildung und die Lösung der Laplaceschen Gleichung die äußere Fringing-Kapazität in der normierten Form

$$\frac{C_{of}}{C_{ox}} = \frac{d_{ox}}{\pi L}\left[\left(m + \frac{1}{m}\right)\ln\left(\frac{1+m}{1-m}\right) + 2\ln\left(\frac{1}{4}\left(\frac{1}{m} - m\right)\right)\right] \tag{A2.13}$$

angeben. Gl. (A2.13) wurde in Abb. A2.5. ausgewertet. Danach muß bei einer gleichzeitigen Skalierung von L und d_{ox} der Vertikalparameter m vergrößert werden, da ansonsten C_{of} beträchtlich ansteigen kann. Insgesamt lassen sich zum Beispiel für eine effektive Steuerspannung $U_{GSE} = 1$ V und eine ausgewählte Kurzkanaltechnologie mit den Parametern $L = 1{,}2$ µm, $d_{ox} = 30$ nm, $d_{Poly} = 300$ nm, $N_B = 1{,}2 \times 10^{15}$ cm^{-3}, $U_{Pn}(U_{BSA} = -2\text{ V}) = 1{,}6$ V nach [Ried 87] für Gl. (A2.10), Gl. (A2.11) die Richtwerte im Pinch-off-Bereich

$$C_{GS} = C_{gs} + C_{gso} + C_{of} \approx B\left(\frac{7}{10}\,L + x_j\right)C''_{ox} \tag{A2.14}$$

$$C_{GD} = C_{gd} + C_{gd} + C_{of} \approx B\left(\frac{1}{10}\,L + x_j\right)C''_{ox} \tag{A2.15}$$

abschätzen.

Für die Raumladungskapazitäten der n^+-diffundierten Source-Bulk-, Drain-Bulk-Gebiete gilt in guter Näherung die Beziehung

$$C_S(U_{S/DBA}) = A_S C_S''(1 + U_{S/DBA}/U_D)^{-h} \tag{A2.16}$$

mit der Gesamtfläche des diffundierten Drain- bzw. Sourcegebietes A_S, der flächenbezogenen Raumladungskapazität

$$C_S'': \left(\frac{eN_B\varepsilon_{Si}}{2U_D}\right)^{1/2} \cdots \left(\frac{e\varepsilon_{Si}\eta}{12U_D}\right)^{1/3} \tag{A2.17}$$

η: Störstellengradient), der Diffussionsspannung

$$U_D \approx 0{,}7\ \text{V} \tag{A2.18}$$

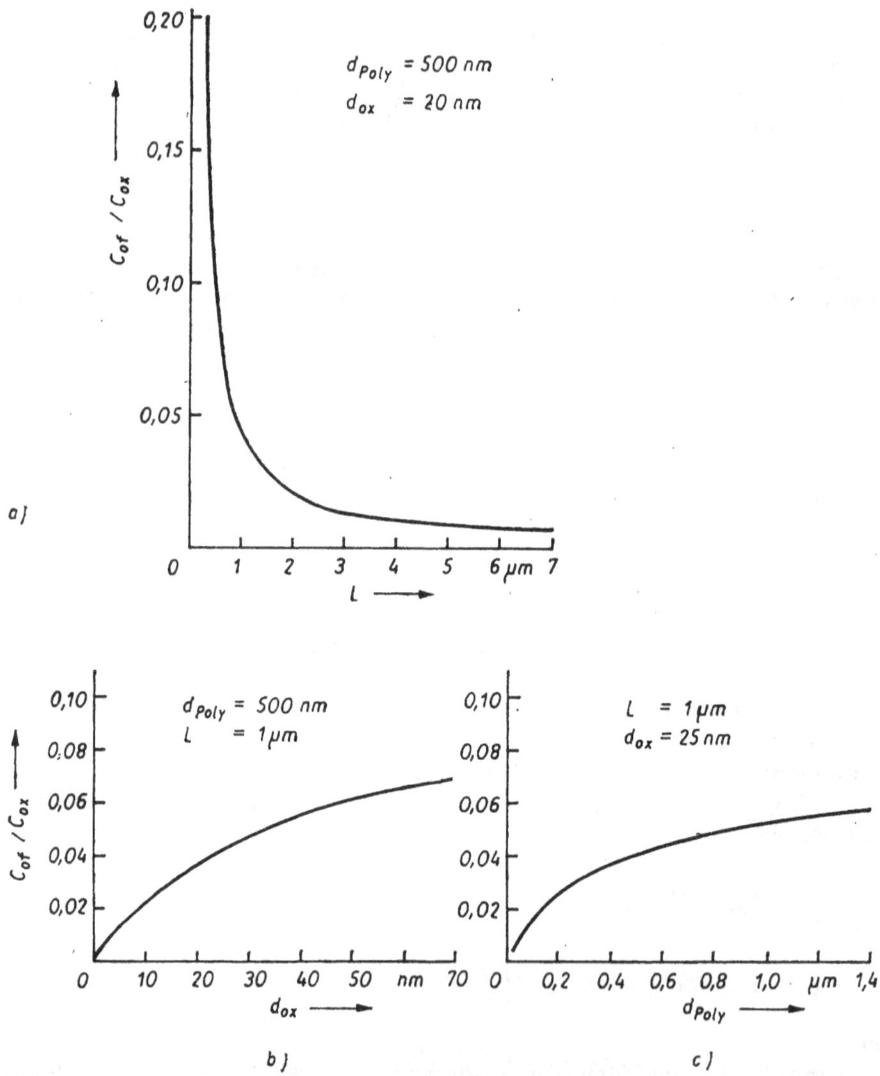

Abb. A2.5 Auf die Gatekapazität C_{ox} normierte Darstellung der äußeren Fringing-Kapazität C_{of} in Abhängigkeit von (a) der Kanallänge L, (b) der Oxiddicke d_{ox}, (c) der Dicke des Gatematerials d_{Poly}

und dem Exponenten

$$h = 0{,}4 \tag{A2.19}$$

(durch 2D-Simulationen und auch meßtechnisch ermittelt, allgemein gilt: $1/3 \leqq h \leqq 1/2$).

Der exakte Kleinsignalmodellierungsweg führt analytisch nur dann zum Ergebnis von Gl. (A2.1), wenn der kapazitive Strom über die Kanal-Bulk-Raumladungskapazität vernachlässigt wurde. Für Langkanal- und näherungsweise auch Schmalkanaltransistoren mit $L \gg B$ (z. B. Lastelemente in Verstärkern) und Transistoren mit großen lateralen Gateabmessungen B, L nimmt die Bulkraumladungszone Q_b in Abb. A2.1. unterhalb des gesteuerten Kanals bezüglich ihrer innerelektronischen kapazitiven Rückwirkung einen nicht zu vernachlässigenden Anteil ein. Teilt man im ungünstigsten Fall bei angelegter Substratsteuerung $U_{BS}(p)$ die Bulkraumladungszone nach einer ladungsorientierten Betrachtungsweise in die beiden Rückwirkungskapazitäten $C_{bs} = -\partial Q_b/\partial u_s(U_{BSA}; x = 0)$ und $C_{bd} = -\partial Q_b/\partial u_d(U_{BDA}; x = L)$ auf, läßt sich nach [Tsiv 80] näherungsweise für den Pinch-off-Betriebsbereich eine weitestgehend nur von den vorhandenen Kleinsignalparametern g_m, g_{mb} abhängige Abschätzung in der Form

$$\frac{C_{bs}}{C_{gs}} \cong \frac{C_{bd}}{C_{gd}} \cong \frac{g_{mb}}{g_m} \tag{A2.20}$$

finden, die mit Gl. (A2.6), Gl. (A2.16) auf

$$C_{SB} \cong C_S(U_{SBA}) + g_{mb}/g_m C_{gs} \tag{A2.21}$$

$$C_{DB} \cong C_S(U_{DBA}) + g_{mb}/g_m C_{gd} \cong C_S(U_{DBA}) \tag{A2.22}$$

führt. Gl. (A2.22) wird vollständig mit $C_{gd} \neq 0$ nur im Übergang zum aktiven Betriebsbereich angesetzt.

Das Kleinsignalersatzschaltbild nach Abb. A2.2. kann bei der Einschätzung des Frequenzverhaltens des integrierten Kurz-, Schmal- und Langkanal-MOS-Transistors bzw. von Verstärkerstufen zu erheblichen Fehlern führen, wenn vor allem an der Grenze vom Pinch off- zum Subthreshold-Bereich (kleine effektive Steuerspannungen U_{GSE}) oder im Subthreshold-Bereich gearbeitet wird [Tuch 83], [Ried 87]. Dies ist im wesentlichen durch die prinzipielle Nichtreziprozität der arbeitspunktabhängigen innerelektronischen Kapazitäten $C_{ij} \neq C_{ji}$ begründet, die nur nach der ladungsorientierten Betrachtungsweise mit der Definition $C_{ij} = -\partial Q_i/\partial u_j(U_{ijA})$ durch Simulationen und meßtechnisch gefunden werden kann. Abb. A2.6. zeigt für einen Langkanaltransistor mit großen Gateabmessungen diesen Zusammenhang. Auf dieser Grundlage läßt sich nach [Krau 84] ein kapazitives Ersatzschaltbild bzw. insgesamt ein Kleinsignalmodell nach Abb. A2.7. ableiten. Die kapazitiven Zweige sind wegen ihrer nichtlinearen Spannungsabhängigkeiten gemäß Abb. A2.6. im Pinch-off-Bereich unkompliziert nur für effektive Steuerspannungen $U_{GSE} \geqq 0{,}5$ V mit

$$C_{GB} \cong C_{gb} \approx C_{bg} = 0{,}07\, C_{ox} \tag{A2.23}$$

$$C_{sg} \cong 2/5\, BLC''_{ox} \tag{A2.24}$$

$$C_{SG} \cong C_{sg} + C_{sgo} = B(2/5\, L + x_j)\, C''_{ox} \tag{A2.25}$$

$$C_{DG} \cong C_{dgo} = Bx_j C''_{ox} \tag{A2.26}$$

$$C_{dg} \cong 4/15\, BLC''_{ox} \tag{A2.27}$$

$$C_{db} \approx g_{mb}/g_m C_{dg} \tag{A2.28}$$

$$C_{DB} \cong A_S C_S''(1 + U_{DBA}/0{,}7\ \mathrm{V})^{-0{,}4} \tag{A2.29}$$

$$C_{sb} \approx g_{mb}/g_m C_{sg} \tag{A2.30}$$

$$C_{SB} \cong C_{sb} + A_S C_S''(1 + U_{SBA}/0{,}7\ \mathrm{V})^{-0{,}4} \tag{A2.31}$$

ermittelbar, wobei Gl. (A2.16), Gl. (A2.18), Gl. (A2.19) gültig bleiben und näherungsweise die analogen Beziehungen für Gl. (A2.20), Gl. (A2.21), Gl. (A2.22) Verwendung finden. Anhand Gl. (A2.23) wird deutlich, daß für Langkanaltransistoren eine von Null verschiedene Gate-Bulk-Kapazität C_{gb} existiert, die bisher im Kleinsignalmodell nach Abb. A2.2. nicht berücksichtigt werden konnte. Einschränkend sei hierzu bemerkt, daß dies für $L \leqq 10\ \mu m$ und größere effektive Steuerspannungen nach den Messungen von [Iwai 85] auch nicht bedeutungsvoll ist. Für hochohmige Transistoren mit $L \gg B$ kann C_{GB} noch durch die Gate-Bulk-Streukapazität

$$G_{gbo} = 2\Delta BLC_f'' \tag{A2.32}$$

vergrößert werden, die sich entlang der Kanallänge L durch die Polysilizium-Überlappung ΔB über dem dickeren Feldoxid ($C_f'' \sim 0{,}1\, C''_{ox}$) ergibt. Für Schmalkanaltransistoren bleibt die Modellstruktur nach Abb. A2.7. erhalten, während für Kurzkanaltransistoren die beiden gesteuerten kapazitiven Quellen $pC_{dg}U_{GS}$, $pC_{db}U_{BS}$ in $pC_{dg}U_{GS} - pC_{gd}U_{DS}$ und $pC_{db}U_{BS} - pC_{bd}U_{DS}$ modifiziert werden [Ried 87]. Hier macht sich vor allem der kapazitive Fringing-Einfluß durch C_{gd} und der durch den zunehmenden Einfluß der drainseitigen Raumladungszone auf die Kanallängenverkürzung im Pinch-off-Bereich auftretende C_{bd}-Anteil bemerkbar. Für eine konkrete Kurzkanaltechnologie wurden die spannungsabhängigen Kapazitätsverläufe analog Abb. A2.6. von [Ried 87] durch 2D-Simulationen berechnet.

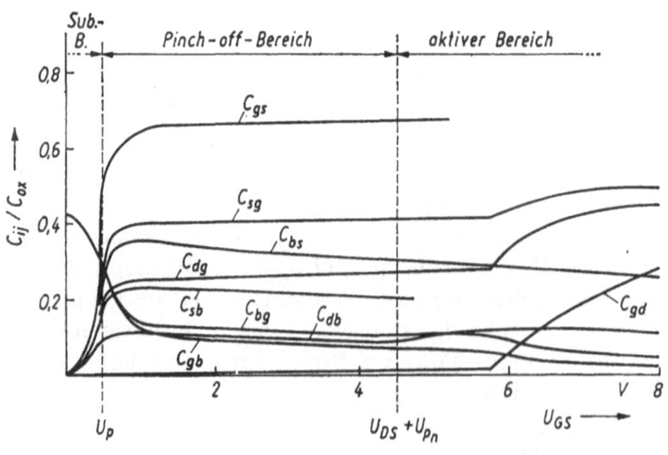

Abb. A2.6 Auf die Gatekapazität C_{ox} normierte Darstellung der wichtigsten nichtreziproken innerelektronischen Kapazitäten über den gesamten Arbeitsbereich für MOS-Langkanaltransistoren nach [Tuch 83] und Abschätzungen nach [Krau 84] (Technologieparameter: $B = L = 100\ \mu m$, $d_{ox} = 87{,}8$ nm, $U_{DSA} = 4$ V, $U_{BSA} = 0$ V, $U_{Pon} = 0{,}5$ V, $N_B = 5 \times 10^{15}\ cm^{-3}$)

Die Gültigkeit des abgeleiteten Kleinsignalmodells für den inneren Transistor in Abb. A2.7. ist nach Gl. (A2.2), Gl. (A2.3) unter Pinch-off-Bedingungen mit $U_{DSA} \geqq U_{GSA} - U_{Pn}$ mindestens bis zur Grenzfrequenz

$$\omega_G = \frac{\mu_n(U_{GSA} - U_{Pn})}{L^2} \tag{A2.33}$$

gewährleistet. Hierbei sind die Beziehung $v = \mu_n E$ vorausgesetzt, die nicht mehr richtig ist, wenn E die Grenzfeldstärke erreicht bzw. übersteigt (Ladungsträgergeschwindigkeitssättigung). Diese Voraussetzung sollte auch für Kurzkanaltransistoren innerhalb der Skalierungsregeln eingehalten werden, so daß Gl. (A2.33) als eine generelle Entwurfsbeziehung für die Existenz der Kleinsignalmodelle unter quasistationären Bedingungen anzusetzen ist, d. h., es treten nur solche Modelle auf.

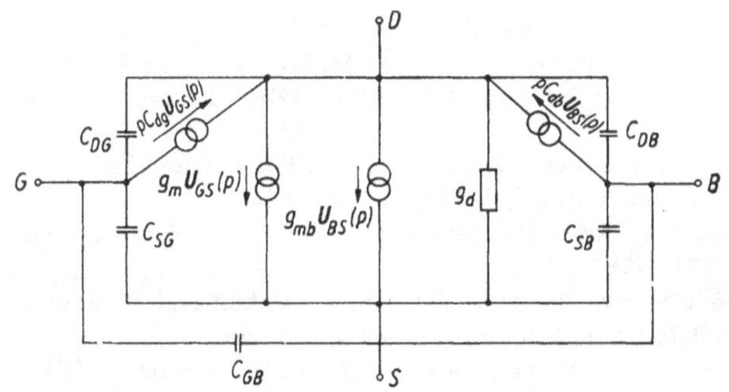

Abb. A2.7 Vollständiges MOS-Kleinsignalersatzschaltbild für MOS-Lang- und Schmalkanaltransistoren nach [Krau 84], [Ried 87] zur genaueren Beschreibung des Frequenz- und Transientverhaltens analoger Schaltungen

7. Literaturverzeichnis

[Amya 79] AMEMIYA, Y., KATO, K.: Compensation for Voltage Dependence of Diffused Feedback Resistors in Operational Amplifiers. IEEE J., SC-**14**, (1979) 6, 1118–1120

[Aoki 82] AOKI, M., u. a.: Low l/f Noise Design of Hi-CMOS Devices. IEEE Transac., ED-**29**, (1982) 2, 296–299

[Baba 84] BABANEZHAD, J., TEMES, G. C.: A Linear NMOS Depletion Resistor and Its Application in an Integrated Amplifier. IEEE J., SC-**19**, (1984) 6, 932–938

[Bert 79] BERTAILS, J.-C.: Low-Frequency Noise Considerations for MOS Amplifier Design. IEEE J., SC-**14**, (1979) 4, 773–776

[Blak 94] BLAKESLEY, T. H.: A new electrical theorem. The London Dublin and Edinburgh Philosophical Magazine and Journ. of Science, **37**, (1894), 448–450

[Blau 78] BLAUSCHILD, R. A. u. a.: A new NMOS temperature-stable voltage reference. IEEE J., SC-**13** (1978) 6, 767–777

[Boon 75] BOORNARD, A., HSU, S. T.: Low-Noise Integrated Silicon-Gate FET Amplifier. IEEE J., SC-**10** (1975) 6, 542–544

[Boya 81] BOYACIGILLER, Z. G. u. a.: An error-correcting 14b/20 μs CMOS A/D converter. ISSCC 81, Dig. of Techn. Papers, **28** (1981) 2, 62–63

[Brod 85] BRODERSON, R.: A/D Architectures of the Future. ISSCC 85, Dig. of Techn. Papers, **32** (1985) 2, 228–229

[Cave 79] CAVES, I. T. u. a.: A PCM Voice Codec with On-Chip Filters. IEEE J., SC-**14** (1979) 1, 65–73

[Chri 68] CHRISTENSON, S., u. a.: Low frequency noise in MOS-transistors I — Theory, II — Experiments. Solid State Electronics **11** (1968) 9, 797–820

[Chua 82] CHUNANG, C. T.: Analysis of the Settling Behaviour of an Operational Amplifier. IEEE J., SC-**17** (1982) 1, 74–80

[Cich 85] CICHOCKI, A., UNBEHAUEN, R.: Design of precision switched-capacitor generalised integrators and their applications to the synthesis of nonlinear networks. IEE Proceedings, **132** (1985) 5, 225–236

[Come 77] COMER, D. T.: A monolithic 12-bit D/A convertor. ISSCC 77, Dig. of Techn. Papers, **24** (1977) 2, 104–105

[Cony 80] CONNOLY, J. J., u. a.: Monolithic 12-bit + sign successive approximation A/D convertor. ISSCC 80, Dig. of Techn. Papers, **27** (1980) 2, 12–13

[Cox 83] COX, D. B.: A Digitally Programmable Switched-Capacitor Universal Active Filter/Oscillator. IEEE J., SC-**18** (1983) 4, 383–389

[Culm 80] CULMER, D. D. u. a.: Expanded Analog-to-Digital Converter having one-half LSB shift. US Patent 4196420 (1980)

[Dahm 78] DAHMS, J.: MOS-Kondensatoren über hochdotiertem Substrat in integrierbaren A/D-Umsetzern. Dissertation A, Dortmund 1978

[Dien 78] DIENER, K.-H., u. a.: Computergerechte Modellfamilie für integrierte MOS-Transistoren; Teil I: Anreicherungstransistor. Nachricht./Elektr., **28** (1978) 10, 414–417

[Ding 79] DINGWALL, A. G. F.: Monolithic expandable 6 Bit 20 MHz CMOS/SOS A/D converter. IEEE J., SC-**14** (1979) 6, 926–932

[Degr 82] DEGRAUWE, M. G. u. a.: Adaptive Biasing CMOS Amplifiers. IEEE J., SC-**17** (1982) 3, 522–528

[Degr 84] DEGRAUWE, M. G. R., SANSEN, W. M. C.: The Current Efficiency of MOS Transconductance Amplifiers. IEEE J., SC-**19** (1984) 3, 349–359

[Degr 85] VITTOZ, E., u. a.: A Micropower CMOS-Instrumentation Amplifier. IEEE J., SC-**20** (1985) 3, 805–807

[Drah 83] DRAHEIM, P.: Digital Signal Processing for Video Applications. IEEE J., SC-**18** (1983) 3, 280–285

[Ento 83] ENOMOTO, T. u. a.: Design, Fabrication, and Performance of Scaled Analog IC's. IEEE J., SC-**18**, (1983) 4, 395–402

[Enz 84] ENZ, C.: Analysis of Low-Frequency Noise Reduction by Autozero Technique. Electronics Letters **20** (1984) 23, 959–960

[Flei 80] FLEISCHER, P. E., LAKER, K. R., u. a.: An NMOS Analog Building Block for Telecommunication Applications. IEEE Trans., CAS-**27** (1980) 6, 552–558

[Förs 85] FÖRSTE, T.: Thermischen Verhalten von MOS-Strukturen im Temperaturbereich von 77 K bis 423 K. Wiss. Zeitschr. d. TU Dresden, **34** (1985) 4, 121–124

[Förs 86] FÖRSTE, T.: Untersuchung des thermischen Verhaltens von MOS-Strukturen für hochintegrierte Schaltkreise. Dissertation A, TU Dresden 1986

[Foto 79] FOTOUHI, B., HODGES, D. A.: High-Resolution A/D Conversion in MOS/LSI. IEEE J., SC-**14** (1979) 6, 920–926

[Fras 80] FRASER, D. L., u. a.: A Process-Insensitive High-Performance NMOS Operational Amplifier. IEEE J., SC-**15** (1980) 6, 921–928

[FuSa 72] FU, H. S., SAH, C. T.: Theory and experiments on surface 1/f noise. IEEE Transac., ED-**19** (1972) 2, 273–285

[Gobe 83] GOBET, C. A., KNOB, A.: Noise Analysis of Switched Capacitor Networks. IEEE Trans., CAS-**30** (1983) 1, 37–43

[Good 83] GOODENOUGH, F.: Analog arrays, standard cells build one-chip systems. Electronic Design, **31** (1983) 18, 77–90

[Gord 78] GORDON, B. M.: Linear Electronic Analog/Digital Conversion Architectures, Their Origins, Parameters, Limitations, and Applications. IEEE Trans., CAS-**25** (1978) 7, 391–418

[Gray 74] GRAY, P. R., MEYER, R. G.: Recent Advances in Monolithic Operational Amplifier Design. IEEE Trans., CAS-**21** (1974) 3, 317–327

[Gray 82] GRAY, P. R., YEN, C. R.: An MOS Switched Capacitor Sampling Differential Instrumentation Amplifier. ISSCC82 – Dig. of Techn. Papers, **25** (1982), 82–83

[Greg 79] GREGORIAN, R., NICHOLSON, W. E.: CMOS Switched-Capacitor Filters for a PCM Voice Codec. IEEE J., SC-**14** (1979) 6, 970–980

[Hama 78] HAMADE, A. R.: A single chip all-MOS 8-bit A/D converter. IEEE J. SC-**13** (1978) 6, 785–791

[Haqu 79] HAQUE, Y. A. u. a.: A two-chip PCM codec with filters. IEEE J., SC-**14** (1979) 6, 961–969

[Heim 65] HEIMAN, F. P., WARFIELD, G.: The Effects of Oxide Traps on the MOS-Capacitance. IEEE Transac., EC-**12** (1965) 2, 167–178

[Hodg 78] HODGES, D. A. u. a.: Potential of MOS Technologies for Analog Integrated Circuits. IEEE J., SC-**13** (1978) 3, 285–293

[Hodg 83] LEE, H.-S., HODGES, D. A.: Self-Calibration Technique for A/D Converters. IEEE Trans., CAS-**30**, (1983) 3, 188–190

[Hoff 78] HOFF, M. E.: MOS voltage reference circuit. U.S. Patent 4100437 (1978)

[Höff 79] HÖFFLINGER, B., u. a.: Schaltungsanordnung für einen getakteten Spannungsvergleicher. DE-OS 2918981 (1979)

[Host 79] HOSTICKA, J. B.: Improvement of the Gain of MOS Amplifiers. IEEE J., SC-**14** (1979) 6, 1111–1118

[Hsu 70] HSU, S. T.: Surface state related 1/f Noise in MOS-Transistors. Solid State Electronics, **13**, (1970) 11, 1451–1459

[Huan 80] HUANG, J. Y.: Resistor Termination in A/D and D/A Converters. IEEE J., SC-**15** (1980) 6, 1084–1087

[Iwat 81] IWATA, ATSUSHI u. a.: Low Power PCM CODEC and Filter System. IEEE J., SC-**16** (1981) 2, 73–79

[Iwai 85] IWAI, H., u. a.: A Scaleable Technique for the Measurement of Intrinsic MOS Capacitances with Atto-Farad Resolution. IEEE J., SC-**20**, (1985) 3, 264–267

[Kama 74] KAMATH, B. Y.: Relationship between Frequency Response and Settling Time of Operational Amplifiers. IEEE J., SC-**9** (1974) 6, 347–352

[Kels 73] KELSON, G., u. a.: A Monolithic 10-b Digital-to-Analog Converter Using Ion Implantation. IEEE J., SC-**8** (1973) 6, 396–403

[Kels 85] KELSON, G.: Design Automation Techniques for Analog VLSI. VLSI DESIGN, (1985) 1, 78–82

[Klei 83] KLEIN, H. W.: Entwurf und Optimierung von CMOS-Operationsverstärkern – Switched-Capacitor-Anwendungen. Dissertation A, RWTH Aachen 1983

[Krau 85] KRAUSS, M.: Realisierung von Kondensatoren in integrierten SCOV-Schaltungen. Wiss. Zeitschr. d. TU Dresden, **34** (1985) 4, 131–138

[Krau 84] KRAUSS, M.: Ein Ladungssteuer-Kapazitätsmodell des MOS-Transistors für die Kleinsignalanalyse. TU Dresden-Informationen, 09/05/84

[Krau 86] KRAUSS, M.: MOS-Analogschalter in integrierten SCOV-Schaltungen. Wiss. Zeitschr. d. TU Dresden, **35** (1986) 4, 153–157.

[Kühn 84] KÜHNEL, C.: Reduzierung der Eingangsoffsetspannung und deren Drift bei Operationsverstärkern mit Eingangsstufen aus MOS-Feldeffekttransistoren. Nachricht./Elektr., **34** (1984) 1, 29–32

[Kuo 84] KUO, J. B. u. a.: A 2 µm Poly-Gate CMOS Analog/Digital Array. ISSCC 84, Dig. of Techn. Papers, **31** (1984) 2, 262–263

[Kura 84] KURAISHI, Y. u. a.: A Single-Chip 20-Channel Speech Spectrum Analyzer Using a Multiplexed Switched-Capacitor Filter Bank. IEEE J., SC-**19** (1984) 6, 964–970

[Lahl 83] LAHL, J.: Untersuchung diffundierter Widerstände und Poly-Si-Widerstände bezüglich ihrer Genauigkeit in Abhängigkeit von Struktur- und Prozeßparametern. Diplomarbeit, TU Dresden 1983

[Lee 84] LEE, H.-S. u. a.: A Self-Calibrating 15 Bit CMOS A/D Converter. IEEE J., SC-**19** (1984) 6, 813–819

[Li 84] LI, W. P. u. a.: A Ratio-Independent Algorithmic Analog-to-Digital Conversion Technique. IEEE J., SC-**19** (1984) 6, 828–836

[Lin 70] LIN, H. C.: Comparison of Input Offset Voltage of Differential Amplifiers Using Bipolar Transistors and Field-Effect Transistors. IEEE J., SC-**5** (1970) 3, 126 bis 129

[Lin 82] LIN, T. L. u. a.: A Monolithic Audio Spectrum Analyzer for Speech Recognition Systems. ISSCC 82, Dig. of Techn. Papers, **29** (1982) 2, 272–273

[Line 84] LINEBACK, J. R.: Gate array makers must shrink dies to expand markets in the face of a strong challenge from standard cells. Electronics Week, **57** (1984) 16, 19–21

[Malo 82] MALOBERTI, F., MONTECCHI, F.: A new type of successive approximation A/D convertor with switched capacitors. Alta Freq., **51** (1982), 93–95.

[Malo 83] MALOBERTI, F.: Switched-capacitor building blocks for analogue signal processing. Electronics Letters, **19** (1983) 7, 263–265.

[Mant 69] MANTENA, N. R., LUCAS, R. C.: 1/f Noise in MOS-transistors. Electronics Letters, **5** (1969) 24, 607ff.

[Mart 80] MARTIN, K.: Exact Design of Switched-Capacitor Bandpass Filters Using Coupled-Biquad Structures. IEEE Trans., CAS-**27** (1980) 6, 469–475

[Mase 83] MASETTI, G., TURCHETTI, C.: A Macromodel for Integrated All-MOS Operational Amplifiers. IEEE J., SC-**18** (1983) 4, 389–394

[Mcch 77] MACCHARLES, R. H., u. a.: An algorithmic analogue-to-digital convertor. ISSCC 77, Dig. of Techn. Papers, **24** (1977) 2, 96–97

[Mcry 75] McCHREARY, J. L., GRAY, P. R.: All-MOS Charge Redistribution Analog-to-Digital Conversion Techniques – Part I. IEEE J., SC-**10** (1975) 6, 371–378

[Mcry 81] McCREARY, J. L.: Matching Properties and Voltage and Temperature Dependence of MOS Capacitors. IEEE J., SC-**16** (1981) 6, 608–614

[Meye 82] GRAY, P. R., MEYER, R. G.: MOS Operational Amplifier Design – A Tutorial Overview. IEEE J., SC-**17** (1982) 6, 969–982

[Miki 86] MIKI, T. u. a.: An 80 MHz 8b CMOS D/A Converter. ISSCC 86, Dig. of Techn. Papers, **33** (1986) 2, 132–133

[Milk 85] MILKOVIC, M.: Current Gain High-Frequency CMOS Operational Amplifiers. IEEE J., SC-**20** (1985) 4, 845–851

[Mok 83] MOK, T. u. a.: A Mask programmable SCF AND Logic Array For Semi Custom Analog System Integration. CICC 83, **5** (1983) 5, 272–276

[Momo 85] MOMOSE, H., u. a.: 1,0-μm n-Well CMOS/Bipolar Technologie. IEEE J., SC-**20** (1985) 1, 137–143

[Möwi 74] MÖSCHWITZER, A., u. a.: Halbleiterelektronik/Arbeitsbuch. Verlag Technik, Berlin 1974

[Möwi 77] MÖSCHWITZER, A., LUNZE, K.: Halbleiterelektronik. Lehrbuch. Verlag Technik, Berlin 1977

[Möwi 79] MÖSCHWITZER, A., u. a.: Zur Problematik der MOS-Analogschaltkreise. IET, **9** (1979) 4, 289–304

[Möwi 85] KRAUSS, M., MÖSCHWITZER, A.: Integrierter U/f-Umsetzer für Digitalvoltmeter in n-Kanal-Enhancement/Depletion-Technik. Nachricht./Elektr., **35** (1985) 10, 378 to 379

[Müll 79] MÜLLER, R.: Rauschen. Halbleiterelektronik Band 15. Springer Verlag, Berlin–Heidelberg–New York 1979

[Murr 69] MURRMAN, H., D'ANDREA, G.: Correction terms for contacts to diffused resistors. IEEE Trans., ED-**17** (1970) 3, 484–485

[Nafi 86] NAJAFI, K., WISE, K. D.: Implantable Multielectrode Array with On-Chip Signal Processing. ISSCC 86, Dig. of Techn. Papers, **33** (1986) 2, 98–99

[Naga 85] NAGARAJ, K.: High-resolution switched-capacitor algorithmic digital-to-analogue convertor. IEE Proceedings, **132** (1985) 5, 200–204

[Nagu 77] NAGUIB, H. M., HOBBS, L. H.: Al/Si and Al/poly-Si contact resistance in integrated circuits. J. Electrochem. Soc., **124** (1977) 4, 573–577

[Ogey 80] OGNEY, H. J., GERBER, B.: MOS voltage reference based on polysilicon gate work function difference. IEEE J., SC-**15** (1980) 3, 264–269

[Ohri 79] OHRI, K. B., CALLAHAN, J. R.: Integrated PCM Codec. IEEE J., SC-**14** (1979) 1, 38–46

[Pick 83] PICKERRELL, T. W.: New Analog Capabilities On Semicustom CMOS. CICC 83, **5** (1983) 5, 174–179

[Post 79] POST, H.-U.: Schaltungskomponenten für MOS-integrierbare A/D-D/A-Umsetzer. Dissertation A, Universität Dortmund 1979.

[Post 80] Post, H.-U., Waldschmidt, K.: A High Speed NMOS A/D Converter Source Array. IEEE J., SC-**15** (1980) 3, 295–300

[Post 83] Post, H.-U., Schoppe, K.: A 14 Bit Monotonic NMOS A/D-Converter. IEEE J., SC-**18** (1983) 3, 297–301

[Pouj 73] Poujois, R., u. a.: Low-Level MOS Transistor Amplifier Using Storage Techniques. ISSCC 73, Dig. of Techn. Papers, **20** (1973) 2, 152–153

[Pouj 78] Poujois, R., Borel, J.: A Low Drift Fully Integrated MOSFET Operational Amplifier. IEEE J., SC-**13** (1978) 4, 499–503

[Pouj 78] Poujois, R. u. Borel, J.: A Low Drift Fully Integrated MOSFET Operational Amplifier. IEEE J., SC-**13** (1978) 4, 499–503

[Redf 79] Redfern, T. P., u. a.: A Monolithic Charge-Balancing Successive Approximation A/D-Technique. IEEE J., SC-**14** (1979) 6, 912–919

[Reich 85] Reichel, M.: Serienmessungen an präparierten Widerstandsketten in MOS-Standardtechnologien einschließlich in gebondeter Technik. Meßbericht S9/Bl, 4/85, TU Dresden 1985.

[Reich 86] Reichel, M.: Entwurf schneller CMOS-Strukturen. Diplomarbeit, TU Dresden 1986

[Rein 76] Reinschke, K., Schwarz, P.: Verfahren zur Rechnergestützten Analyse linearer Netzwerke. Akademie Verlag, Berlin 1976

[Ribn 84] Ribner, D. B., Copeland, M. A.: Design Techniques for Cascoded CMOS Op Amps with Improved PSRR and Common-Mode Input Range. IEEE J., SC-**19** (1984) 6, 919–925

[Ried 81] Riedel, F., u. a.: Untersuchungen zu Logikkonzepten für vollintegrierte MOS-Analog-Digital-(A/D)-Wandler mit zwei Kapazitäten. Z. elektr. Inform.- u. Energietechnik, **11** (1981) 2, 97–112

[Rie1 83] Riedel, F.: Das Frequenzverhalten integrierter MOS-Verstärkerstufen in Einkanaltechnik. IET, **13**, (1983) 3, 193–224

[Rie2 83] Riedel, F.: Ein Beitrag zur Problematik der Frequenzgangkompensation in integrierten MOS-Operationsverstärkern. Z. elektr. Inform.- und Energietechnik, **13** (1983) 2, 159–181

[Rie3 83] Riedel, F.: Entwurf von MOS-Komparatoren für A/D-Konverter. Z. elektr. Inform.- und Energietechnik, **13** (1983) 6, 519–543

[Rie1 84] Riedel, F.: Scaling of analog MOS structures. Vortrag, TU Budapest am 28. 6. 1984.

[Rie2 84] Riedel, F.: Wissenschaftliche Grundlagen für den Entwurf neuartiger analoger MOS-Schaltkreise. Dissertation B, TU Dresden 1984

[Rie1 85] Riedel, F.: Ein verallgemeinertes Modell zum Entwurf integrierter MOS-Operationsverstärker für die analoge Signalverarbeitung. AEÜ, **39** (1985) 4, 233–241

[Rie2 85] Riedel, F.: A/D-Umsetzer als Funktionsblöcke mit very high speed- und ultrahigh speed-Abtastraten. AEÜ, **39** (1985) 6, 359–369

[Ried 86] Riedel, F., Weder, U.: Entwurf hochleistungsfähiger MOS-Operationsverstärker. Nachricht./Elektr., **36** (1986) 2, 77–79

[Ried 87] Riedel, F.: Kleinsignalmodel für Kurz- und Schmalkanal-MOS-Transistoren. AEÜ, **41** (1987) 1, 13–20

[Russ 74] Russell, J. A., Gray, P. R.: A Fast-Settling Monolithic Operational Amplifier Using Doublet Compression Techniques. IEEE J., SC-**9** (1974) 6, 332–339

[Saar 83] Saari, V. R.: Low-Power High-Drive CMOS Operational Amplifiers. IEEE J., SC-**18** (1983) 1, 121–127

[Scha 84] Schaarschmidt, J., u. a.: Prozeß- und Bauelementesimulation für MOS-Schaltkreise. Nachrichtentechnik/Elektronik-**34** (1984) 3, 109–112

[Schi 85] Schiele, W.: Automatic design rule adaptation of leaf cell layouts. INTEGRATION, the VLSI journal, **3** (1985), 93–112

[Schu 78] SCHUMACHER, K.: Modellierung, Entwurf und Untersuchung von MOS-Operationsverstärkern für die Großintegration. Dissertation, Ruhr-Universität Dortmund 1978

[Schü 83] SCHÜFFNY, R.: Beiträge zur Entwicklung von KMOS-Schaltkreisen-Skalierungstheorie und experimentelle Ergebnisse. Dissertation B, TU Dresden 1983

[Scot 60] SCOTT, E. R.: Linear Circuits. Addison-Wesley Publishing Company, London 1960

[Senf 86] SENF, U.: Dimensionierung und Simulation einer vorgegebenen CMOS-Komparatorschaltung. Ing.-Arbeit, TU Dresden 1986

[Sheu 84] SHEU, B. J., CHENMING, HU: Switch-Induced Error Voltage on a Switched Capacitor. IEEE J., SC-**19** (1984) 4, 519–525

[Shmi 82] SCHMITT, A.: 9-Bit-A/D-Umsetzer für Video-Anwendungen. Elektronik, **31** (1982) 3, 87–90

[Shyu 82] SHYU, J. B., u. a.: Random Errors in MOS-Capacitors. IEEE J., SC-**17** (1982) 6, 1070–1076

[Solo 74] SOLOMON, J. E.: The Monolithic Op Amp: A Tutorial Study. IEEE J., SC-**9** (1974) 6, 314–331

[Song 82] SONG, B. S., GRAY, P.: Threshold-Voltage Temperature Drift in Ion-Implanted MOS-Transistors. IEEE J., SC-**17** (1982) 2, 291–298

[Song 83] SONG, B. S., GRAY, P.: A precision curvature-compensated CMOS-bandgap reference. IEEE J., SC-**18** (1983) 6, 634–643

[Soo 85] SOO, C. D. u. a.: A 750 MHz NMOS Lateched Comparator. ISSCC 85, Dig. of Techn. Papers, **32** (1985) 2, 146–147

[Stam 83] STAMMWITZ, W.: Entwurf von Referenzspannungsquellen für MOS-A/D-Konverter. Diplomarbeit, TU Dresden 1983

[Ston 84] STONE, D. C., u. a.: Analog CMOS Bulding Blocks for Custom and Semicustom Applications. IEEE Transac., ED-**31**, (1984) 2, 189–195.

[Suez 75] SUAREZ, R. E., u. a.: All-MOS Charge Redistribution Analog-to-Digital Conversion Techniques – Part II. IEEE J., SC-**10** (1975) 6, 379–385

[Test 83] TESTA, L. C.: A Semi-custom Switched Capacitor Array in Metal Gate CMOS. CICC 83, **5** (1983) 5, 180–183

[Tiet 78] TIETZE, U., SCHENK, Ch.: Halbleiterschaltungstechnik. Springer Verlag, Berlin–Heidelberg–New York 1978.

[Toby 76] TOBEY, M. C. u. a.: Flat-band voltage reference. U.S. Patent 3975648 (1976)

[Toy 79] TOY, E.: An NMOS Operational Amplifier. ISSCC 79, Dig. of Techn. Papers, **22** (1979) 2, 134–135

[Tsan 84] TSANTES, S.: Alan Grebene's Linear Response. VLSI DESIGN, **5** (1984) 5, 18

[Tsiv 76] TSIVIDIS, Y. P. u. a.: A Segemented μ-255 Law PCM Voice Encoder Utilizing NMOS Technologie. IEEE J., SC-**11** (1976) 6, 740–747

[Tsi1 78] TSIVIDIS, Y. P.: Design Considerations in Single – Channel MOS Analog Integrated Circuits. A Tutorial. IEEE J., SC-**13**, (1978) 3, 383–391

[Tsi2 78] TSIVIDIS, Y. P.; ULMER, R. W.: A CMOS voltage reference. IEEE J. SC-**13** (1978) 6, 774–778

[Tsiv 80] TSIVIDIS, Y.: Relation Between Incremental Intrinsic Capacitances and Transconductances in MOS Transistors. IEEE Transac., ED-**27**, (1980) 5, 946–948

[Tsiv 84] TSIVIDIS, Y., MASETTI, G.: Problems in Precision Modeling of the MOS Transistor for Analog Applications. IEEE Transac., CAD-**3**, (1984) 1, 72–79

[Tsuk 84] TSUKADA, T. u. a.: High-Accuracy MOS A/D Converter with Inherent Self-Compensation. Electronics and Communications in Japan, **67**-C (1984) 1, 77–86

[Tsuk 85] TSUKADA, T., u. a.: CMOS 8b 25 MHz Flash ADC. ISSCC 85, Dig. of Techn. Papers (1985) 2, 34–35

[Tuch 83] TURCHETTI, C., u. a.: On the Small-Signal Behaviour of the MOS Transistor in Quasistatic Operation Solid State Electronics, **26**, (1983) 10, 941–949

[Tuch 84] TURCHETTI, C., MASETTI, G.: A CAD-Oriented Analytical MOSFET Model for High-Accuracy Applications. IEEE Transac., CAD-3, (1984) 2, 117–122

[Twad 82] TWADDEL, W.: Semicustom CMOS chip mixes analog and digital parts. Electronic Design, 30 (1982) 15, 188.

[Twad 83] TWADDELL, W.: Standard-cell design inroads spur specialized gate array growth. Electronic Design News, 28 (1983) 24, 49–58

[Vitt 79] VITTOZ, E. A., NEYROUND, O.: A low-voltage CMOS bandgap reference. IEEE J., SC-14 (1979) 4, 573–577

[Vitt 85] VITTOZ, E. A.: The Design of High-Performance Analog Circuits on Digital CMOS Chips. IEEE J., SC-20 (1985) 3, 657–665

[Webb 78] WEBB, R. W.: A high speed 13-bit monolithic D/A convertor. ISSCC 78, Dig. of Techn. Papers, 25 (1978) 2, 142–143

[Wong 83] WONG, S., SALAMA, C. A. T.: Impact of Scaling on MOS Analog Performance. IEEE Journal, SC-18, (1983) 1, 106–114

[Wuns 85] WUNSCH, G., SCHREIBER, H.: Analoge Systeme. Verlag Technik, Berlin 1985

[Yasu 84] YASUHIKO, F., u. a.: A bulk CMOS 20 MS/s 7b flash ADC. ISSCC 84, Dig. of Techn. Papers, 31 (1984) 2, 56–57

[Yee 78] YEE, Y. S., u. a.: A 1 mV MOS Comparator. IEEE J., SC-13 (1978) 3, 294–297

[Yuka 81] YUKAWA, A.: A Highly Sensitive Strobed Comparator. IEEE J., SC-16 (1981) 2, 109–113

[Yuka 85] YUKAWA, A.: A CMOS 8-Bit High-Speed A/D Converter IC. IEEE J., SC-20 (1985) 3, 775–779

[Youn 79] YOUNG, I. A.: A High-Performance All-Enhancement NMOS Operational Amplifier. IEEE J., SC-14 (1979) 6, 1070–1077

[Zapf 78] ZAPF, H. L.: DC Transfer Characteristic, Offset Voltage Sensitivities and CMRR of FET Differential Stages. IEEE J., SC-13 (1978) 2, 262–265.

[Zoje 85] ZOJER, B. u. a.: A 6-Bit/200-MHz Full Nyquist A/D Converter. IEEE J., SC-20 (1985) 3, 780–786

8. Quellennachweis

Abb. 2.32 in:

[Rie2 84]	RIEDEL, F.: Wissenschaftliche Grundlagen für den Entwurf neuartiger analoger MOS-Schaltkreise. Dissertation B, TU Dresden 1984.
Abb. 3.36c)	— ebenda —
Abb. 4.2d)	— ebenda —
Abb. 4.6b)	— ebenda —
Abb. 4.8b)	MIKI, T., u. a.: An 80 MHz 8b CMOS D/A Converter. ISSCC 86, Dig. of Techn. Papers, **33** (1986) 2, 132—133 © 1986 IEEE
Abb. 5.2b)	TWADDELL, W. (Western Editor): Telmos Inc., 740 Kifer Road, Sunnyvale, CA 94086, Circle No 700, gen. 11. 6. 86.
Abb. 5.3c)	IWATA, A., u. a.: A Single-Chip CMOS CODEC with Switched-Capacitor Filters. ISSCC 81, Dig. of Techn. Papers, **28** (1981) 2, 244—245 © 1981 IEEE

9. Sachwortverzeichnis

MIX
Papier | Fördert gute Waldnutzung
FSC® C083411

Zeitfracht Medien GmbH
Ferdinand-Jühlke-Straße 7
99095 Erfurt, Deutschland
produktsicherheit@kolibri360.de